Die Regeln der Fotografie

Haje Jan Kamps

Übersetzung: Johannes Leckebusch, www.johannes-leckebusch.de
Lektorat: Gerhard Rossbach
Projektmanagement: Miriam Metsch
Copy-Editing: Alexander Reischert, Redaktion ALUAN
Satz: Ulrich Borstelmann, Dortmund
Herstellung: Susanne Bröckelmann
Umschlaggestaltung: Helmut Kraus, www.exclam.de
Senior Designer: Kate Haynes
Design: Andrew Milne
Colour Origination: Ivy Press Reprographics
Druck und Bindung: Hergestellt in China

Bibliografische Information der Deutschen Nationalbibliothek
Die Deutsche Nationalbibliothek verzeichnet diese Publikation in der Deutschen Nationalbibliografie; detaillierte bibliografische Daten sind im Internet über http://dnb.d-nb.de abrufbar.

ISBN:
Print 978-3-86490-484-4

1. Auflage 2017

Wieblinger Weg 17
69123 Heidelberg

First published in Great Britain in 2012 by Ilex, a division of Octopus Publishing Group Ltd, Carmelite House, 50 Victoria Embankment, London EC4Y 0DZ

UK ISBN 9781908150585

5 4 3 2 1 0

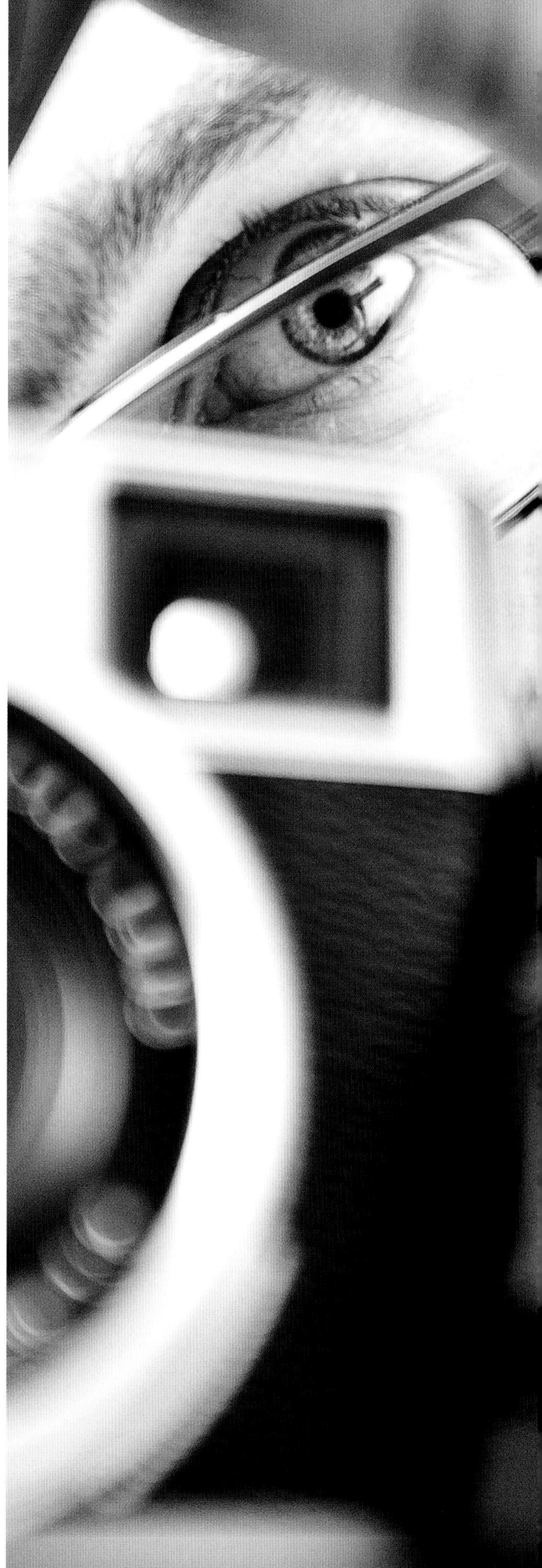

Haje Jan Kamps

Die Regeln der Fotografie

… und wann man sie brechen sollte

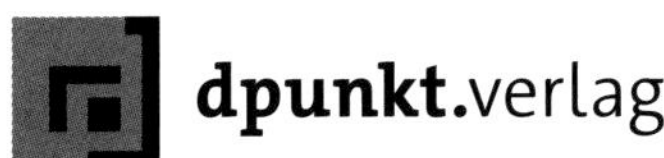

Inhalt

5 Fotografische Konzepte

6 Licht

7 Die digitale Dunkelkammer

8 Anhang

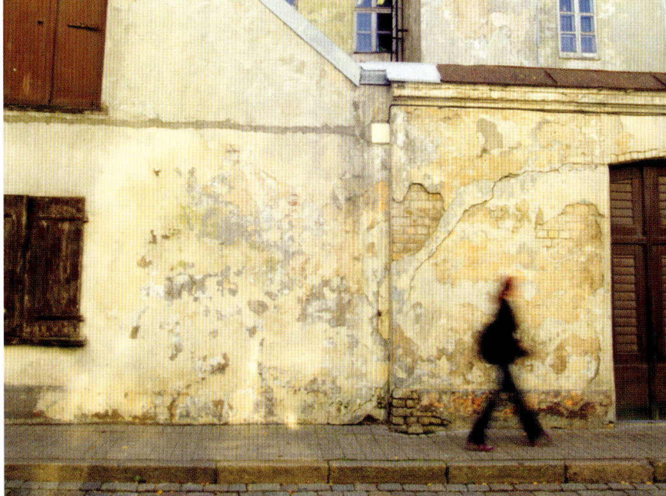

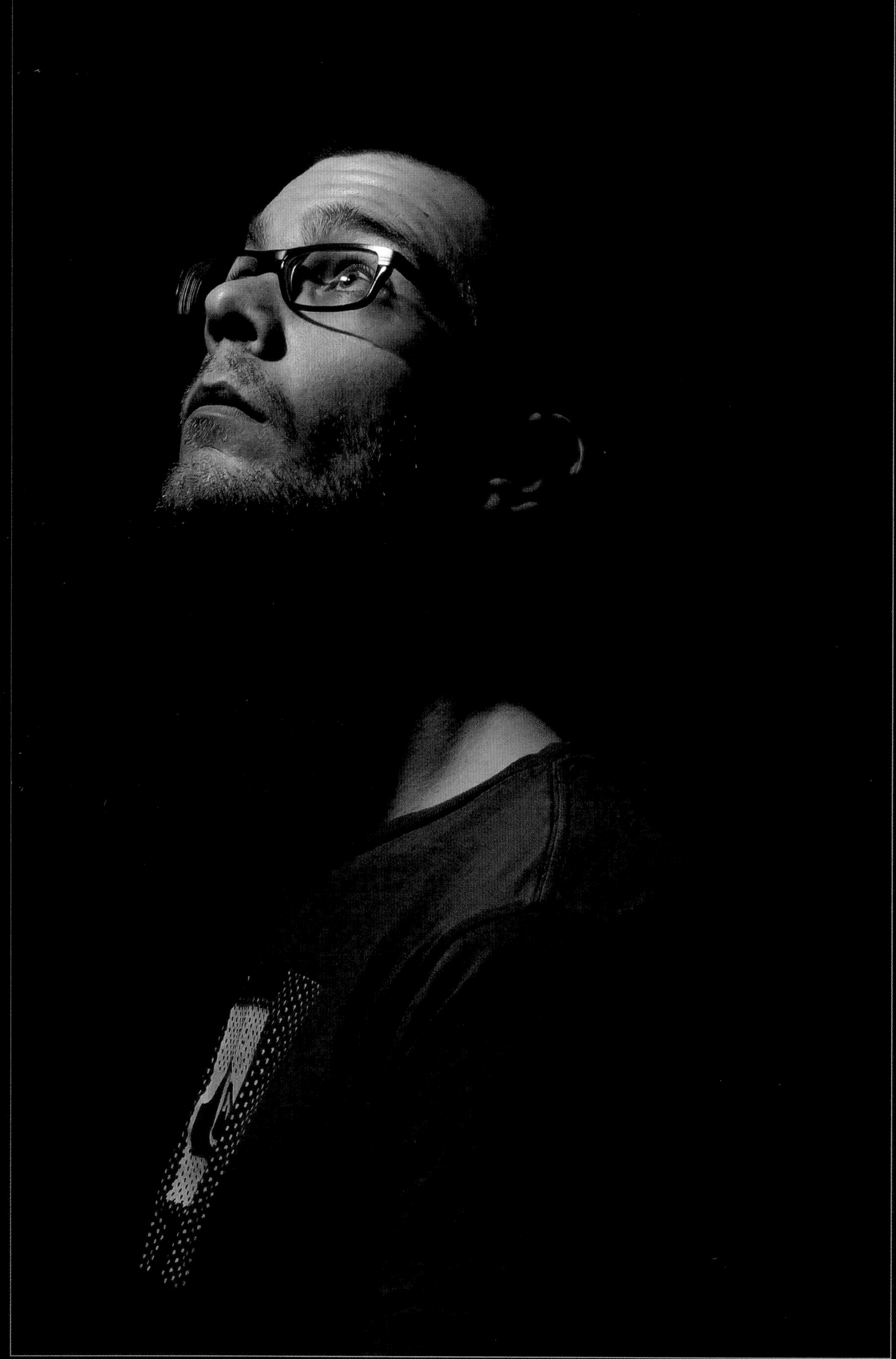

1 Einführung

Wenn Ihnen eine unbekannte Person begegnet, gewinnen Sie aus ihrem Anblick einen ersten Eindruck. Wie sie gekleidet ist, wie sie spricht, wo Sie ihr begegnet sind, was Sie bereits über sie wissen und wie sie aussieht – aus all dem bildet sich ein geistiges Stereotyp. Es mag sich später herausstellen, dass es vollkommen unpassend war, aber es fungiert weiterhin als Grundlage des gewonnenen Eindrucks. Für uns Menschen ist das die einzige Möglichkeit, im sozialen Miteinander zurechtzukommen, denn wir begegnen täglich hunderten von Leuten und haben einfach nicht die Zeit, uns über jede einzelne Person ein fundiertes individuelles Urteil zu bilden.

Mit der Fotografie verhält es sich ähnlich. Ein Fotograf macht tausende von Aufnahmen. Die Regeln der Fotografie bilden die Stereotypen, die Klischees, die schnellen Vorgaben, um gute Aufnahmen zu machen. Wenn Sie beispielsweise eine Landschaft aufnehmen, achten Sie darauf, dass der Horizont gerade verläuft. Wenn Sie eine Person fotografieren, setzen Sie die Schärfe auf die Augen. Bei einer Blume versucht man, deren Schönheit einzufangen.

Die Regeln der Fotografie bringen Sie auch nicht weiter als die Stereotypen. Wenn Sie aber das Rad für jedes Foto neu erfinden müssten, verbrächten Sie Ihr Fotografenleben mit sehr wenigen Aufnahmen.

Als Fotografen sind wir Künstler und Rebellen und platzen vor lauter kreativen Ideen und Visionen. Die Regeln der Fotografie sind Bausteine, die uns helfen, gute Bilder zu machen – davon ausgehend schlagen wir unsere eigene Richtung ein und bilden

Die Ziele dieses Buches

Beim Schreiben dieses Buches hatte ich drei Ziele vor Augen. Als Erstes geht es um einige Grundlagen der Fotografie und die Art der benötigten Ausrüstung. Betrachten Sie das Buch aber nicht als Ersatz für die Gebrauchsanleitung Ihrer Kamera (die sollten Sie auf jeden Fall lesen, um deren Eigenschaften und Fähigkeiten kennenzulernen). Im Gegensatz zu trockenen Fakten wie »Schalter A macht dies, Hebel B macht das« beschäftigen wir uns damit, wie Sie die verfügbaren Möglichkeiten nutzen können, um die Fotos zu machen, von denen Sie schon immer geträumt haben.

Bei unserem zweiten zentralen Aspekt (ein kleiner Schritt für einen Fotografen, ein riesiger Sprung für die Fotografie ...) will ich einige Zeit verwenden, um Ihnen die »Regeln« der Fotografie nahezubringen. Es ist ein bisschen so, als würde man wieder in seine Schulzeit zurückversetzt, fürchte ich, aber ohne über die Grundlagen zu reden, können wir den Berg der Kreativität nicht erklimmen.

Viele Fotoanfänger kämpfen sich ohne Kenntnis dieser Regeln ab. Zum Beispiel schaffen sie es zwar vielleicht, ein Foto scharf zu bekommen, aber es fehlen ihnen die Kenntnisse für die nächste Stufe, um die Aufnahme in ein visuelles Kunstwerk zu verwandeln. Kurz gesagt: Ohne jegliches Wissen über die Regeln der Fotografie ist es unwahrscheinlich, dass sich Ihre Aufnahmen jemals von Schnappschüssen zu Kunstwerken entwickeln – etwas, was sie an ihre Wände hängen, auf jeden Fall etwas, worauf Sie stolz sein könnten.

Die goldenen Regeln der Fotografie zu lernen hilft Ihnen dabei, hervorragend statt nur durchschnittlich zu fotografieren. Um aber wirklich die nächste Stufe zu erreichen, müssen wir noch eins drauflegen: Sie müssen zu erkennen lernen, wann es eine gute Idee ist, die Regeln zu brechen. Es gibt Situationen, in denen das Biegen – oder Brechen – der Regeln dazu führt, dass eine Aufnahme aufbewahrt zu werden lohnt.

Wenn das Brechen der fotografischen Regeln aber so lohnenswert ist, warum plagen wir uns dann in diesem Buch an erster Stelle mit deren Studium ab? Es gibt ja gute Gründe für die Existenz dieser Regeln. In Jahrhunderten der Kunst

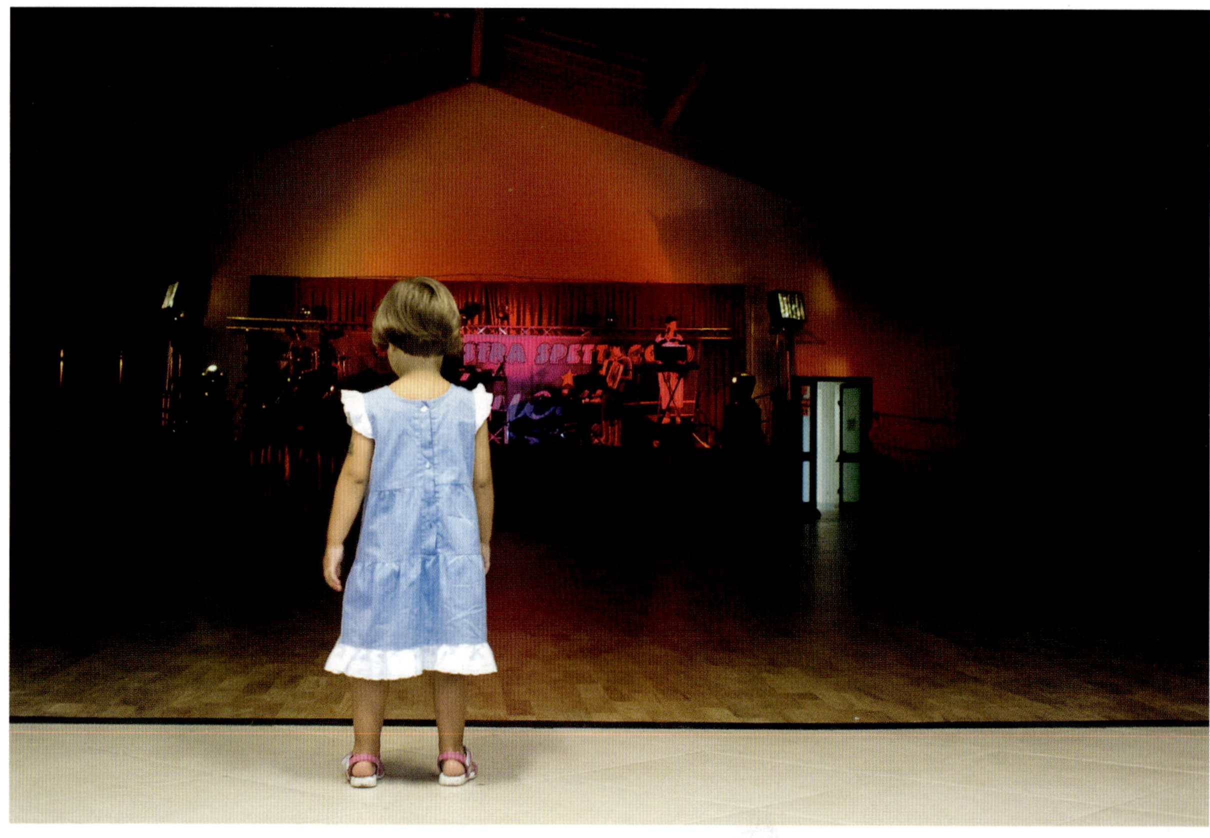

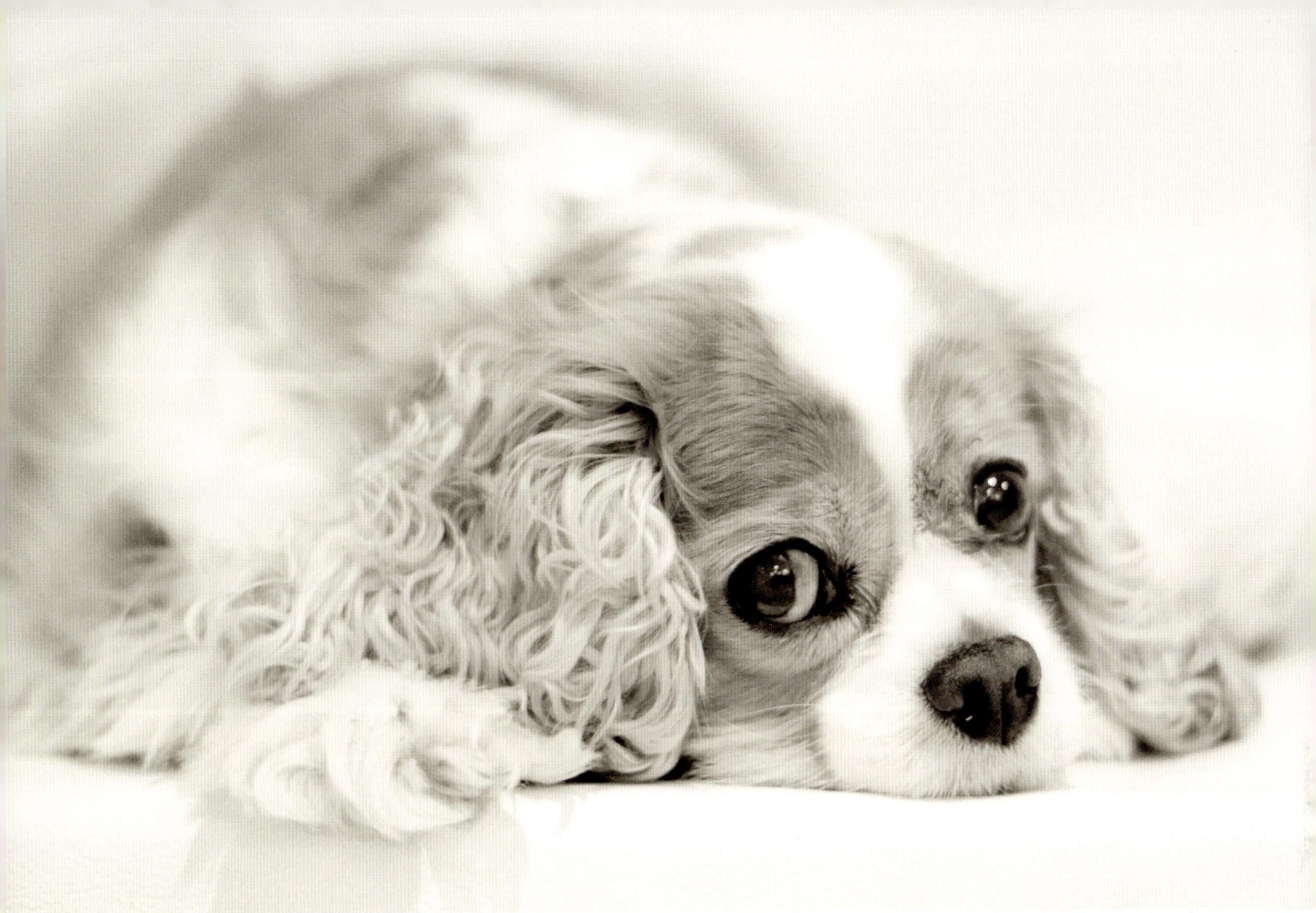

Oben *Geringe Schärfentiefe und eine typische Komposition nach der Drittelregel bringen Leben in dieses Foto, aber durch eine leichte Überbelichtung (technisch als High-Key-Fotografie bezeichnet, siehe später in diesem Buch) wird dem Bild ein Hauch von Unschuld beigefügt.*

Gegenüber *Wenn Sie an den »Regeln« der Fotografie kleben bleiben, werden Sie zielgerichtet dahin geführt, solide überzeugende Bilder wie dieses zu machen. Die Regeln liefern dafür ein verlässliches Fundament.*

Rechts *Als Fotografen sind wir unseren Betrachtern verpflichtet. Man erwartet Unterhaltung, Erstaunen oder Amüsement. Langweilen Sie, dann verlieren Sie das Spiel. Lassen Sie uns daher ein paar Regeln brechen und die Sache interessant halten.*

haben sich Konventionen entwickelt, wie man eine Komposition für das Publikum reizvoller macht.

Und schließlich kennen Sie doch alle den Ausdruck »über den Tellerrand hinausschauen«. Ich möchte Ihnen dazu folgende Gedanken mit auf den Weg geben: Wenn man nicht weiß, was jenseits des Tellerrandes liegt, wie kann man dann über ihn hinausdenken?

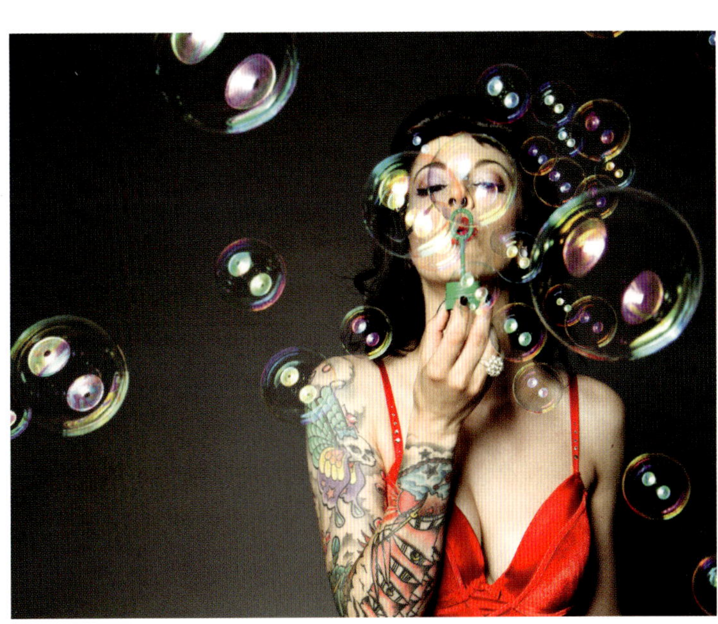

Ausrüstung:
Zeig mir Deins, ich zeig Dir meins.

Fotografieren kann man mit jeder Kamera. Es gibt z. B. wunderbare Modeaufnahmen, die nur mit einem iPhone, etwas Licht und viel Geduld aufgenommen wurden.

Wenn Sie wissen, was Sie tun sollte die Art der verfügbaren Ausrüstung Ihrem kreativen Erfolg nicht im Wege stehen. Um über Ihre Fotos die maximale Kontrolle zu erhalten, brauchen Sie eine Kamera mit manuellen Einstellungen. Das bedeutet entweder eine höherwertige Kompaktkamera, eine sogenannte »Bridge«-Kamera (im Wesentlichen eine sehr große Kompaktkamera), eine EVIL-Kamera oder eine SLR-Kamera.

Kompaktkameras sind Geräte, die mehr oder weniger gut in Ihrer Tasche Platz finden. Die meisten heute verkauften Digitalkameras sind solche Kompaktmodelle – davon sind einige besser für die kreative Arbeit geeignet als andere. Wichtig ist, ob die Kamera ein Moduswahlrad hat, um verschiedene Aufnahmemodi einzustellen.

Bridge-Kameras sind sehr gut ausgestattet, aber nicht mehr wirklich kompakt, sie weisen in der Regel alle erwartbaren manuellen Einstellmöglichkeiten sowie Zoomobjektiv mit größerem Bereich auf.

Systemkameras (auch EVIL-Kameras für »electronic viewfinder interchangeable lens camera« genannt, also Kameras mit elektronischem Sucher und Wechselobjektiven) bilden eine Übergangsform zwischen SLR- und Kompaktkameras. Sie werden auch als MILC (»mirrorless interchangeable lens camera«), d. h. spiegellose Kameras mit Wechselobjektiven bezeichnet. Im Allgemeinen deutlich kleiner als SLR-Kameras, kann man sie mit verschiedenstem Zubehör und unterschiedlichen Objektiven betreiben, was sie deutlich flexibler als Bridge- oder Kompaktkameras macht.

SLR-Kameras bilden die Oberklasse mit Sensoren mit der höchsten Qualität und den vielseitigsten Einstellmöglichkeiten auf und man kann eine Vielzahl der unterschiedlichsten Objektive an das Gehäuse ansetzen.

Oben *Die Canon PowerShot S100 ist eine High-End-Kamera mit kompletten manuellen Einstellmöglichkeiten.*

Rechts *Die Nikon P500 ist eine Superzoom-Bridge-Kamera.*

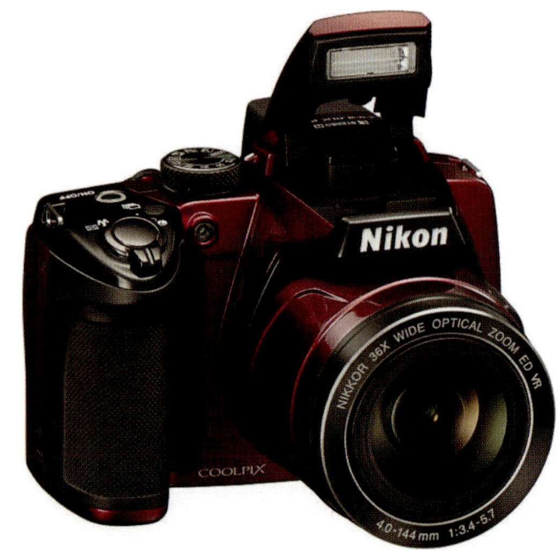

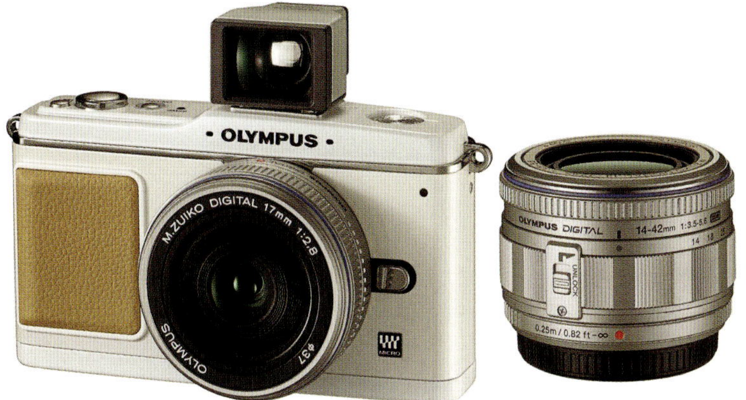

Links *Zu den Vorteilen von EVIL-Kameras (Systemkameras) gehören ihre geringe Größe und die Möglichkeit, Wechselobjektive zu verwenden.*

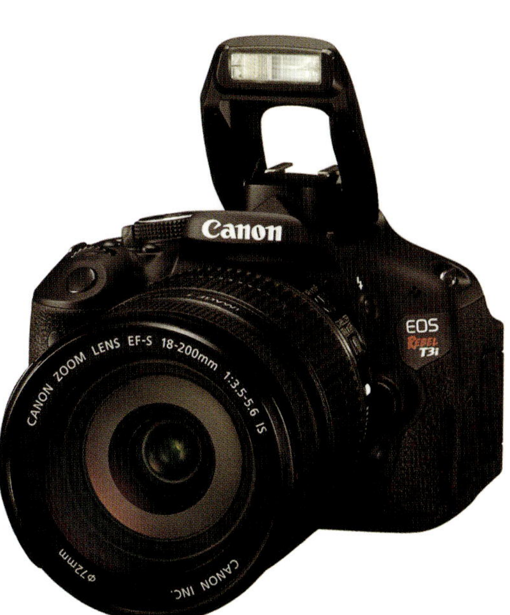

Oben *SLR-Kameras gibt es in allen Varianten von Design und Größe.*

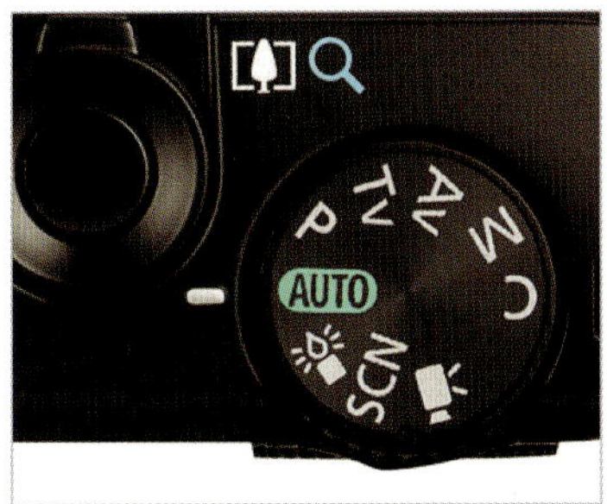

Rechts *Wenn Ihre Kamera so etwas besitzt – ein Moduswahlrad –, dann bietet sie wahrscheinlich alles, was man braucht, um die meisten in diesem Buch behandelten Techniken einzusetzen.*

Was nun haben all diese Kameras gemein? Die Kontrolle über Belichtungszeit, Blende, ISO-Einstellung (Empfindlichkeit), Weißabgleich, Blitzsteuerung, Schärfentiefe, Farbe usw. Praktisch jeder Parameter, der für die Erscheinungsweise einer Aufnahme von Bedeutung ist, kann bei den hier gezeigten Kameras eingestellt werden. Durch diese Einstellmöglichkeiten üben Sie als Fotograf die volle Kontrolle über die Parameter Ihrer Komposition aus, anstatt darauf angewiesen zu sein, was die Kamera zu bestimmen in der Lage ist.

SLR- und Systemkameras (EVIL) haben tendenziell bessere Sensoren als Kompaktkameras. Wenn Sie beispielsweise eine von einer 10-Megapixel-Kompaktkamera gemachte Aufnahme mit der einer SLR-Kamera (bei derselben Anzahl von Megapixeln!) vergleichen, werden Sie in der Regel feststellen, dass die SLR/EVIL-Kamera eine höhere Bildqualität liefert.

Insgesamt gesehen sind SLR/EVIL-Kameras schneller – schneller beim Einschalten, Scharfstellen, Aufnehmen eines Fotos und von Serienbildern. Sie weisen kürzere minimale Verschlusszeiten auf, was vor allem bei Aufnahmen wichtig ist, in denen Bewegung eingefroren werden soll.

Schließlich bieten SLR-Kameras, da sie größer sind, leichter zugängliche Einstellungen. Man muss sich nicht lange durch Menüs quälen, wie es bei den meisten Kompaktkameras der Fall ist. An einer SLR-Kamera befinden sich Schalter und Einstellrädchen, mit denen sich die Vorgaben schnell verändern lassen.

Ausrüstung:

Auswahl einer Kamera

Es werden unzählige verschiedene Kameramodelle auf dem Markt angeboten. Wie findet man das für einen selbst am besten geeignete? Dies ist wirklich eine persönliche Entscheidung, die von vielen Faktoren abhängt. Im Folgenden ein paar Punkte, die man beachten sollte.

Preis

Fangen Sie damit an, Ihr Budget festzulegen, da dies der effektivste Weg ist, besonders extravagante Kameras auszuschließen. Denken Sie daran, dass SLR-Kameras im Allgemeinen mit einem billigen »Kitobjektiv« oder sogar ganz ohne Objektiv geliefert werden. Über Objektive reden wir später, aber als Faustregel sollten Sie in Ihrem Budget für Objektive den gleichen Betrag wie für die Kamera ansetzen.

Man sollte im Auge behalten, dass viele Neukäufer von SLR-Kameras mit einer erschwinglichen Einstiegskamera beginnen, um sich mit den Grundfunktionen vertraut zu machen, um nach einigen Jahren zu einem komfortableren Modell aufzusteigen. Wenn Sie mit einer teuren, mit allem erdenklichem Schnickschnack ausgestatteten Kamera einsteigen, könnte das zu einer frustrierenden Erfahrung werden, da diese im Allgemeinen nicht viele Automatikfunktionen aufweisen. Fortschrittliche Kameras bieten dem unerfahrenen Fotografen weniger Hilfestellungen.

Größe

SLR-Kameras sind größer und schwerer als Kompaktkameras, im Allgemeinen umso schwerer, je

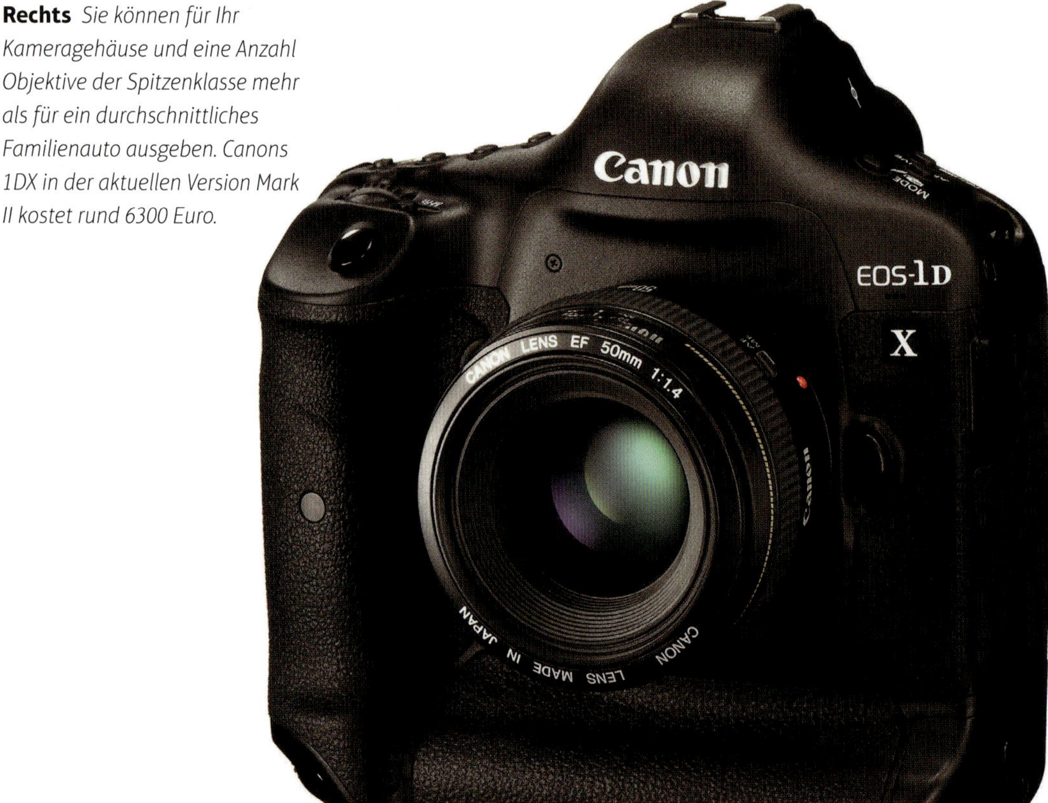

Rechts *Sie können für Ihr Kameragehäuse und eine Anzahl Objektive der Spitzenklasse mehr als für ein durchschnittliches Familienauto ausgeben. Canons 1DX in der aktuellen Version Mark II kostet rund 6300 Euro.*

mehr Fähigkeiten sie aufweisen. Außerdem gilt die Regel: Je mehr Fähigkeiten die Kamera besitzt, desto mehr Energie benötigt sie, sodass größere und bessere SLRs dahin tendieren, auch größere und schwerere Batteriepakete zu verwenden. Wenn es Ihnen nichts ausmacht, eine schwerere Kamera (zuzüglich der Objektive) mitzuführen, spielt das wahrscheinlich für Ihre Entscheidung keine große Rolle; wenn Sie aber vorhaben, mit der Kamera viel unterwegs zu sein, könnte für Sie ein leichteres Gehäuse zum wichtigen Kriterium werden.

Auflösung

Die Frage, über wie viele Megapixel (MP) Ihre neue Kamera verfügt, ist bei Weitem nicht so wichtig wie andere Merkmale, solange Sie nicht vorhaben, Ihre Fotos in Postergröße auszudrucken. Unabhängig davon weisen selbst Einstiegskameras heutzutage bereits weit über 10 MP auf, was für die meisten Anwendungen mehr als ausreichend ist.

Die Megapixel spielen nur im Hinblick auf die Größe der gewünschten Abzüge eine Rolle. Eine 6-MP-Kamera liefert Abzüge bis zu 28 x 36 cm, während eine 11-MP-Kamera Ausdrucke bis zu 40 x 50 cm erlaubt.

VOLLFORMAT – JA ODER NEIN?

In den Zeiten der mit Film bestückten SLRs bezog man alle Kameras auf das 35-mm-Format, weil das Format des Films 35 x 24 mm betrug. Bei den digitalen SLR-Kameras haben die Sensoren jedoch unterschiedliche Formate. Die größten Sensoren entsprechen in etwa dem Format auf dem 35-mm-Film und werden daher als »Vollformat« bezeichnet. Darunter gibt es die APS-C-Sensoren, deren Größen von 21 x 14 mm bis 29 x 19 mm reichen. Wegen ihrer geringeren Größe bilden diese einen engeren Bildwinkel ab, häufig als Crop-Faktor bezeichnet. Als Faustregel gilt, dass der Crop-Faktor etwa 1,5 beträgt: Um diesen Faktor verlängert sich scheinbar die Brennweite der verwendeten Objektive (weil der Bildausschnitt an Crop dem einer entsprechend längeren Brennweite bei Vollformat entspricht).

Die Aufnahmeauflösung ist nicht die einzige Auflösung, die man in Betracht ziehen muss – auch das LCD-Display am Rücken der Kamera ist wichtig. Einige Einstiegskameras haben sehr niedrig auflösende Displays, sodass es schwierig ist, darauf wichtige Details in den Aufnahmen zu erkennen. Der beste Weg, um herauszufinden, welches Modell Ihren Anforderungen entspricht, besteht also darin, zunächst einmal einige Kameras auszuprobieren.

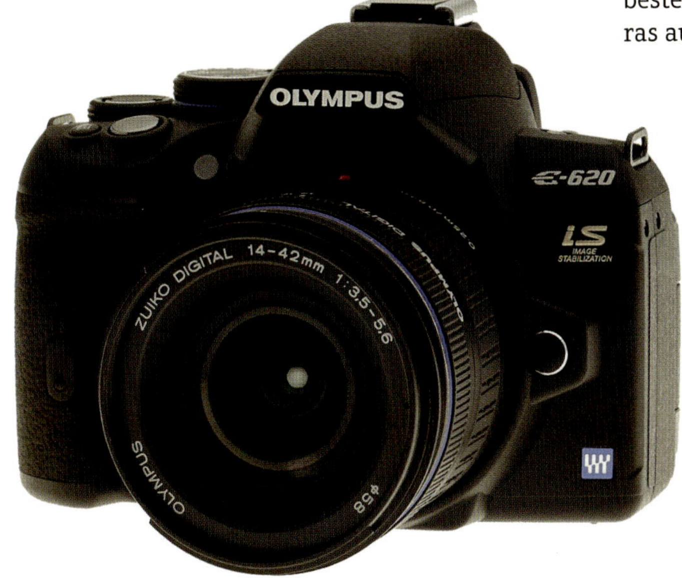

Links *SLR-Kameras können sich in Größe und Gewicht unterscheiden – von dieser zierlichen Olympus E-630 bis zur Canon EOS-1D X, die dreimal so viel wiegt.*

Zusätzliche Eigenschaften

Kameras bieten noch viele zusätzliche Funktionen, entscheidend ist, welche davon Sie benötigen und wofür Sie sie verwenden wollen.

Serienbild-Modus Erzeugt eine Serie von rasch nacheinander belichteten Aufnahmen, ideal für bewegtes Geschehen oder Sportaufnahmen. Teurere Kameras schaffen mehr Aufnahmen pro Sekunde und in einer Serie.

Hohe ISO-Einstellung Geeignet für Aufnahmen in der Nacht oder bei wenig Licht, jedoch ungeeignet, wenn die höheren ISO-Einstellungen zu extremem Bildrauschen führen (siehe Seiten 24-25).

Größe des LCD-Bildschirms Wenn Sie nicht gerne schielen wollen, um Ihre Aufnahme zu prüfen, ist ein größerer LCD-Bildschirm zu empfehlen. Vergleichen Sie die Auflösung der Bildschirme – ein größeres Display mit geringerer Auflösung ist nicht besser als ein kleines mit höherer.

Blitz Ein eingebauter Blitz ist gut für Fotoanfänger, die im Moment keine zusätzlichen Ausgaben für einen externen Blitz haben wollen.

Bildstabilisierung Einige neuere SLR-Kameragehäuse verfügen über eine eingebaute Verwacklungsreduzierung bzw. Bildstabilisierung – was seltener zur Verwacklung von Freihandaufnahmen mit längeren Belichtungszeiten führt. Alternativ muss man in teurere Objektive investieren, um deren entsprechende Technik zu nutzen.

Die Auswahl einer neuen SLR-Kamera erfordert einiges an Zeit und Überlegungen, man sollte sie sich leisten können, und wünscht eine Vielfalt von nützlichen Funktionen. Aber man muss nicht gleich eine Hypothek aufnehmen, um sich eine Kamera anzuschaffen, die alles kann.

Ich selbst habe jahrelang Einstiegskameras verwendet. Die meisten Fotos in diesem Buch wurden mit einem Kameragehäuse aufgenommen, das weniger als 650 Dollar kostet. Ich sage den Leuten gerne, dass es bestimmt nicht ihre Kamera ist, die sie daran hindert, bessere Fotos zu machen.

Unten *Eine Kamera mit Blitz an Bord ist hilfreich, um Fotos zu machen, die man ansonsten nicht bekommen würde. Jedoch habe ich verschiedene Kameras besessen, die keinen eingebauten Blitz besaßen, und habe ihn höchst selten vermisst.*

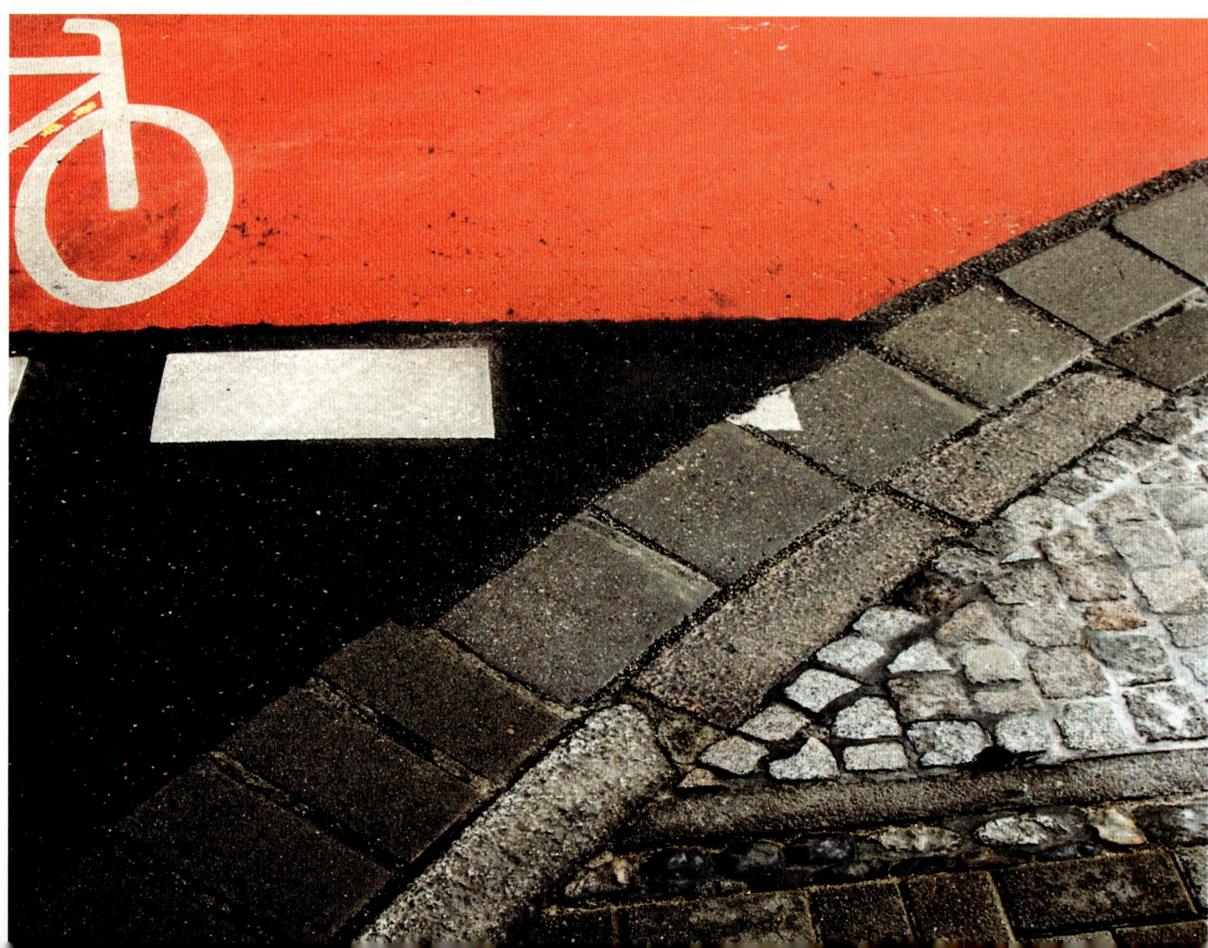

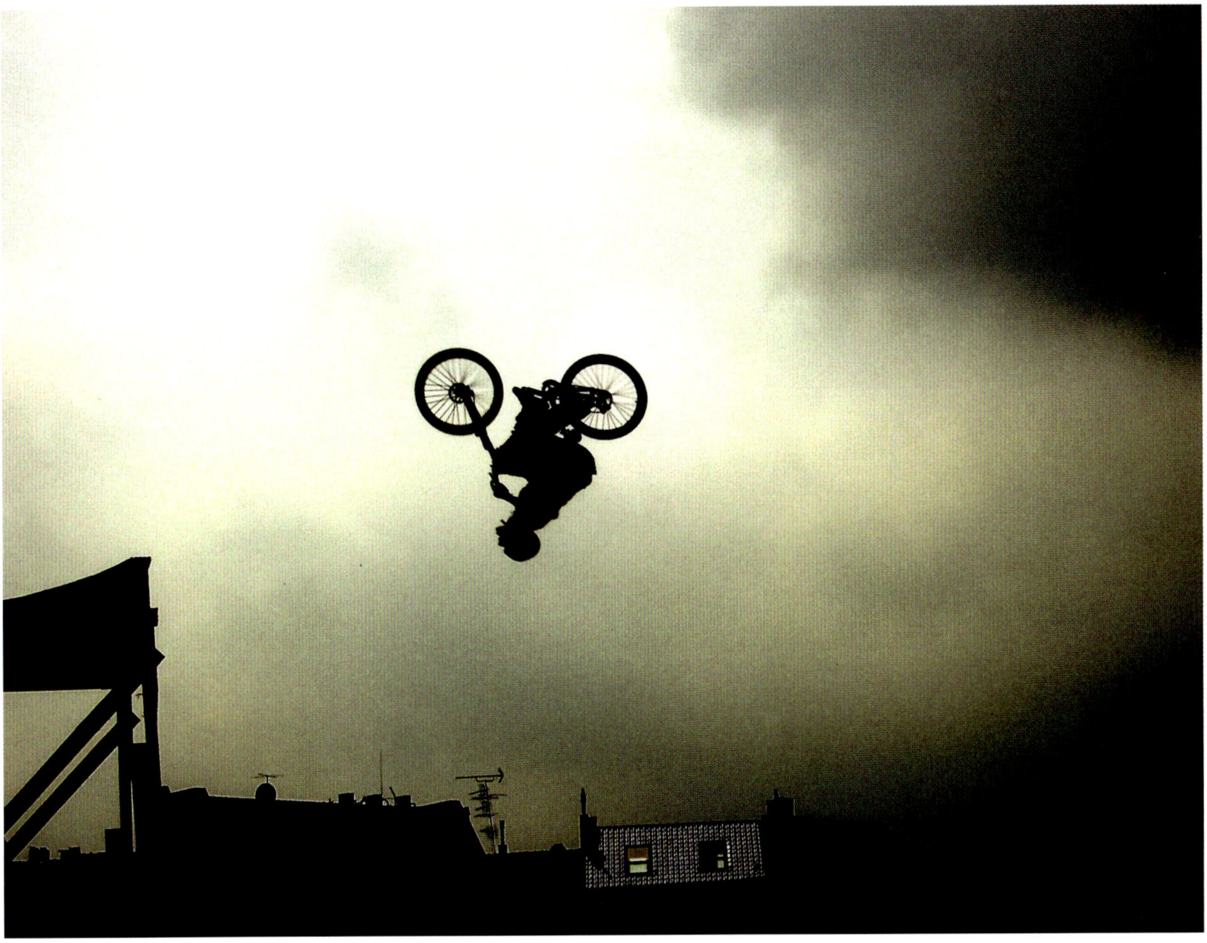

Oben *Wenn sich Ihre Motive wenig bewegen, brauchen Sie keinen Serienbildmodus, kurze Belichtungszeiten oder Ähnliches. Wenn Sie Sportfotograf werden oder solche Ereignisse wie auf diesem Foto festhalten wollen, sollten Sie diese Eigenschaften aber ernsthaft ins Auge fassen.*

Unten *Überlegen Sie, womit Sie sich als Fotograf beschäftigen wollen, und wählen die dazu passende Kamera. Man braucht keine extravagante Ausrüstung für wunderbare Aufnahmen.*

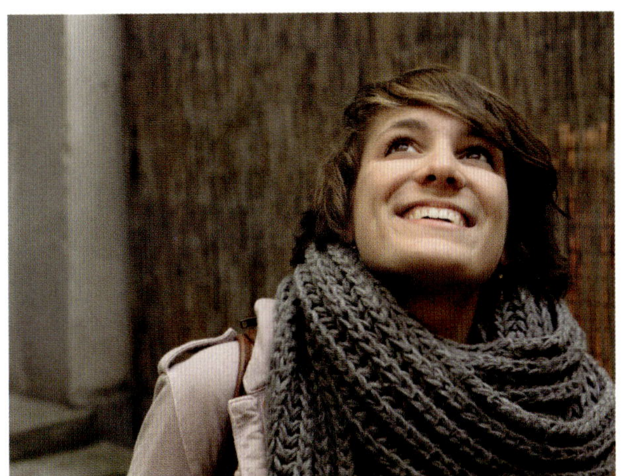

MEGAPIXEL SIND NICHT ALLES

Viele Leute glauben, dass die von einer Kamera gemachten Fotos umso besser sind, je mehr Megapixel sie pro Bild aufnehmen kann. Das stimmt einfach nicht – auch wenn Kamerahersteller die Anzahl der Megapixel gerne als Verkaufsargument verwenden. Tatsächlich wird eine 12-Megapixel-SLR viel bessere Bilder liefern als eine 16-Megapixel-Schnellschusskamera. Das kommt daher, dass der Sensor und die einzelnen Fotozellen, die das Licht einfangen, viel größer und daher effizienter sind, somit klarere und schärfere Bilder mit besseren Farben und höherem Kontrast aufnehmen. Kurz gesagt, die Sensorgröße ist ein besserer Indikator für die Bildqualität als die simple Anzahl der Megapixel.

Ausrüstung:
Objektive

Was SLR- und EVIL-Kameras so mächtig macht, ist ihre chamäleonartige Wandlungsfähigkeit. Das Kameragehäuse enthält die Elektronik, aber der erfasste Ausschnitt der Welt wird durch das gewählte Objektiv bestimmt. Ein Weitwinkelobjektiv erfasst einen breiten Ausschnitt der Welt, während ein Teleobjektiv wie ein Feldstecher wirkt, der Fernes heranholt. Es übersteigt die Thematik dieses Buches, alle Feinheiten und Details der Wahl des benötigten Objektivs zu behandeln, aber werfen wir einen kurzen Blick auf die Eigenschaften und Fachbegriffe, die Sie berücksichtigen bzw. kennen sollten.

Objektive, die dem Kameragehäuse als Zubehör beiliegen, heißen Kitobjektive. Meistens haben sie einen Brennweitenumfang von ungefähr 18–55 mm. Das ist der für den Einstieg passende Bereich von Weitwinkel zum leichten Tele. Je nachdem, was Sie fotografieren, mag das Weitwinkel nicht weit genug reichen und das Tele nicht knackig genug sein, und dann wird es Zeit, über eine Aufrüstung nachzudenken.

Man sollte sich auch darüber im Klaren sein, dass Kitobjektive deutlich weniger scharf sind als höherwertige (als Zubehör verfügbare) Objektive. Das will nicht heißen, dass Sie mit einem Kitobjektiv keine guten Fotos machen könnten, aber wenn Sie die bestmögliche Qualität haben wollen, sollten Sie es durch etwas Höherwertiges ersetzen.

Weitwinkelobjektive sind dafür konstruiert, »alles ins Bild zu bekommen«. Sie sind ideal, um weite Szenarien zu erfassen, wie es oft bei Landschaften und Architekturfotografie erforderlich ist. Sie sind auch ideal für Innenaufnahmen, wenn man wenig Möglichkeit zum Abstandnehmen hat und mehr von der Szenerie erfassen will. Von Weitwinkel spricht man ab Brennweiten von 40 mm oder kürzer (bezogen auf Vollformat).

Teleobjektive sind das Gegenteil von Weitwinkelobjektiven. Sie helfen ein bestimmtes Motiv zu isolieren und eignen sich ideal für Porträtaufnahmen, Sport oder Wildtiere. Von Teleobjektiven spricht man ab 70 mm und längeren Brennweiten (bezogen auf Vollformat, siehe »Effektive Brennweite« im Kasten auf der rechten Seite).

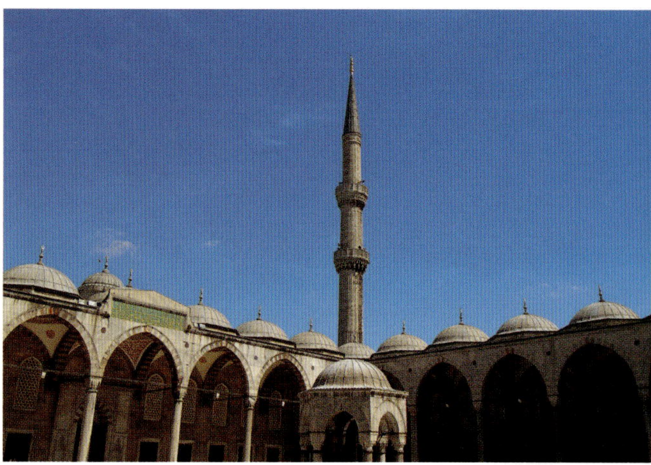

Oben *Ich habe viele wunderbare Fotos mit preiswerten Objektiven aufgenommen, aber es scheint tatsächlich eine direkte Beziehung zwischen der Schärfe meiner Fotos und dem Preis des Objektivs zu bestehen. Diese Aufnahme wurde mit einem Canon-Objektiv der Lichtstärke 1,4 gemacht – eine der schärfsten Linsen, die man für Geld bekommen kann.*

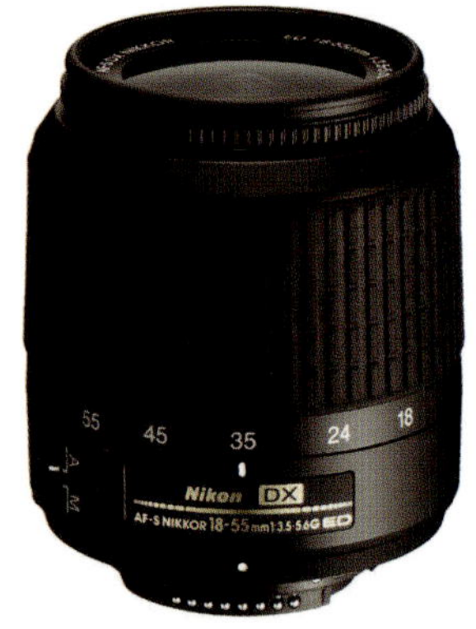

Links *Ein Kitobjektiv wie das 18–55 mm von Nikon ist gut für den Einstieg, aber Sie werden die Fähigkeiten Ihrer Kamera damit kaum voll ausnutzen, wenn Sie sich nicht irgendwann entscheiden, ein höherwertiges Objektiv anzuschaffen.*

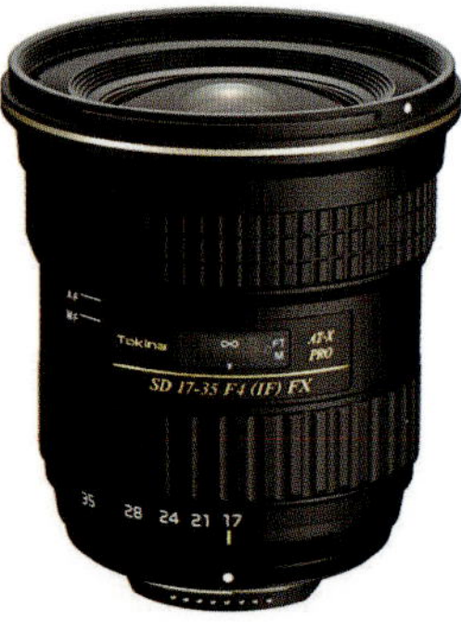

Rechts *Dieses 17–35-mm-Objektiv von Tokina ist ein Beispiel für ein Weitwinkelzoom.*

Ein Zoomobjektiv bietet einen bestimmten Bereich einstellbarer Brennweiten an. Erinnern Sie sich an das früher erwähnte Kitobjektiv? Das ist ein Zoom. Durch Verändern der Brennweite ist man flexibler und kann Aufnahmen von Motiven machen, die sich weiter weg oder näher befinden, das ist ideal für die Reisefotografie. Denn dann möchten Sie Leute porträtieren, werden aber ebenso Gebäude, Landschaften usw. fotografieren. Der Nachteil von Zoomobjektiven, besonders in der niedrigen Preisklasse, liegt in ihrer tendenziell geringeren Schärfe gegenüber entsprechenden Festbrennweiten.

Das Gegenteil eines Zooms nennt man Festbrennweite. Solche Objektive haben nur eine Brennweite, es gibt sie in Varianten als Weitwinkel (wie das EFL 28 mm), als »Normalobjektive« (50 mm) oder als Teleobjektive (beispielsweise 100 mm).

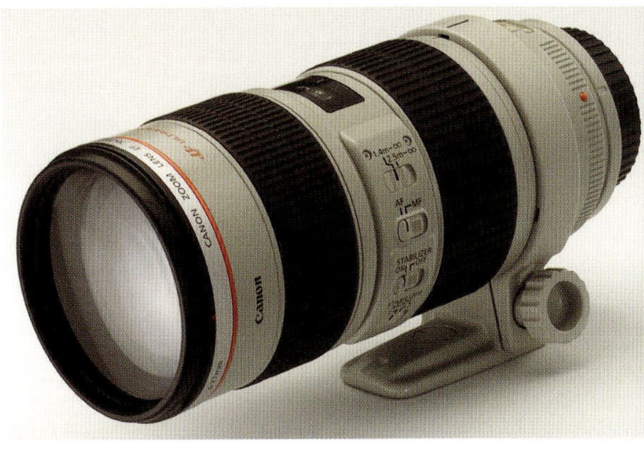

Oben *Ein 70–200-mm-Tele-Zoomobjektiv*

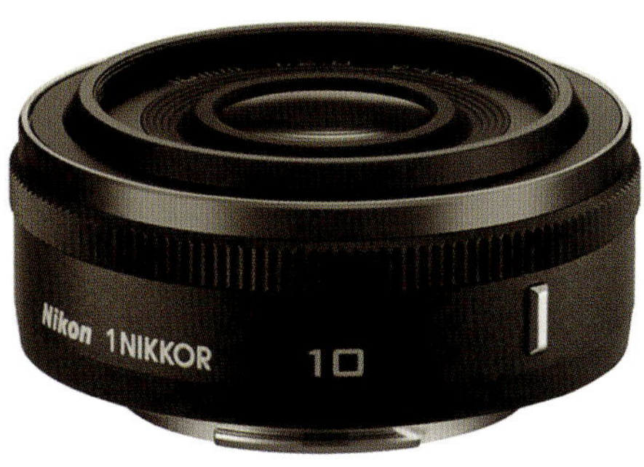

Unten *Dieses 10-mm-Objektiv von Nikon ist eine Festbrennweite: Es verfügt nur über eine Brennweite.*

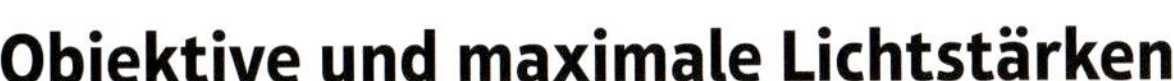

Objektive und maximale Lichtstärken

Schließlich sollten Sie sich über die maximale Blendenöffnung oder Lichtstärke informieren (die Blende ist jene Öffnung im Objektiv, durch die das Licht eintritt). Der Zahlenwert der maximalen Blende ist normalerweise auf das Objektiv gedruckt. Ein Objektiv kann beispielsweise eine Brennweite von 100 mm bei Lichtstärke 2,8 aufweisen. Sie wird üblicherweise als »1:2,8« notiert, maßgeblich ist also die Zahl nach »1:«. Sie bezeichnet die größte am Objektiv einstellbare Blende. Wir werden später darüber reden, welchen Einfluss die Blende auf die Fotografie hat, doch sollten Sie bei der Auswahl von Objektiven zweierlei beachten:

- Ein Objektiv mit größerer maximaler Offenblende vermag eine geringere Schärfentiefe zu erzeugen. Damit kann man Hintergründe verschwimmen lassen, um Objekte von ihm abzusetzen.
- In Situationen mit wenig Licht ist ein lichtstärkeres Objektiv von Vorteil, da es mehr Licht hindurchlässt als eines mit einer geringeren Offenblende.

Vor der Auswahl eines Objektivs sollten Sie schließlich darauf achten, dass manche Zoomobjektive unterschiedliche maximale Lichtstärken je nach eingestellter Brennweite aufweisen. Sie werden etwa mit »1:3,5–5,6« bezeichnet. Bei der kürzesten Brennweite beträgt demnach die Lichtstärke 1:3,5. Beim Zoomen auf die maximale Brennweite verringert sie sich, in diesem Fall auf 1:5,6. Das heißt also, wenn Sie auszoomen, beträgt die maximale Blendenöffnung 1:3,5, beim Einzoomen verringert sie sich auf 1:5,6.

EFFEKTIVE BRENNWEITE

An einer Vollformatkamera verhält sich ein 50-mm-Objektiv wie ein 50-mm-Objektiv, an einer Kamera mit verkleinertem Sensor (»Crop-Kamera«) wirkt es aber wie eine um den Crop-Faktor verlängerte Brennweite: Die »effektive Brennweite« beträgt dann z. B. ca. 50 x 1,5 = 75 mm. Anders gesagt, um ein Weitwinkelbild wie mit 20 mm an einer Vollformatkamera aufzunehmen, brauchen Sie an einer Crop-Kamera eine Brennweite von 13 mm. Umgekehrt wirkt die Verwendung eines 200-mm-Objektivs an einer Crop-Kamera so, als hätte man eine 300-mm-Optik verwendet.

Grundkonzepte:

Die Belichtung bestimmen

Wenn Sie ein Foto machen, legen Sie (oder Ihre Kamera) die Werte für drei Variablen fest: zusammen definieren Belichtungszeit, Blende und ISO (Empfindlichkeit) die Menge an Licht, die von der Kamera aufgezeichnet wird.

Die Belichtungszeit gibt an, wie lange der Verschluss offen bleibt – stellen Sie sich vor, Sie drehen einen Wasserhahn auf, um ein Glas zu füllen. Bleibt er lange offen, fließt viel Wasser heraus; wenn Sie ihn nur kurz aufdrehen, bekommen Sie nur einen kleinen Spritzer.

Die Blende gibt statt der Dauer der Öffnung deren Größe an. Eine kleine Blende bedeutet, dass weniger Licht auf den bildgebenden Sensor trifft. Durch eine große Blende erhalten Sie sehr viel Licht.

Die letzte Belichtungsvariable ist die ISO-Zahl. Sie beeinflusst nicht die Menge des in die Kamera fallenden Lichtes, sondern sie gibt die Empfindlichkeit des Bildsensors an. Wenn der Sensor eine höhere Empfindlichkeit aufweist (also eine höhere ISO-Zahl), dann braucht er weniger Licht, um die »korrekte« Belichtung zu erhalten.

Auf den nächsten Seiten werfen wir einen näheren Blick auf jedes dieser Konzepte, um zu erfahren, welchen Einfluss das einzelne davon auf ein Bild hat.

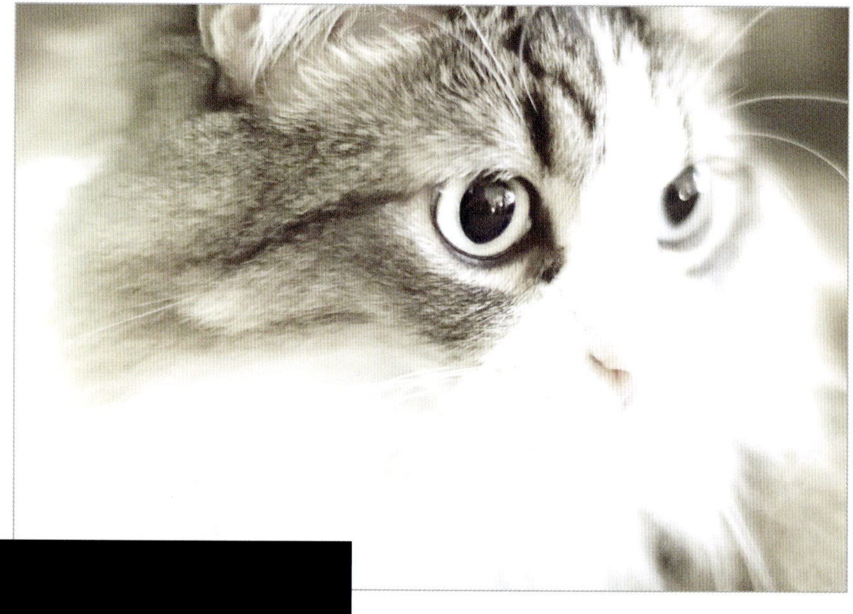

Rechts *Wenn Sie aus Versehen Ihre Fotos überbelichten, werden sie ungefähr so aussehen – es geht eine Menge an Details in den Lichtern verloren. Man kann die Belichtung durch eine kürzere Belichtungszeit, eine kleinere Blende oder einen niedrigeren ISO-Wert reduzieren.*

Links *Dieses Foto einer Blume könnte wunderschön sein (ich weiß das, weil ich es schließlich auch korrekt aufgenommen habe), aber diese Aufnahme ist extrem unterbelichtet. Kurz gesagt: Das Foto ist zu dunkel! Man kann die Belichtung erhöhen, indem man eine längere Belichtungszeit wählt, eine größere Blende oder einen höheren ISO-Wert.*

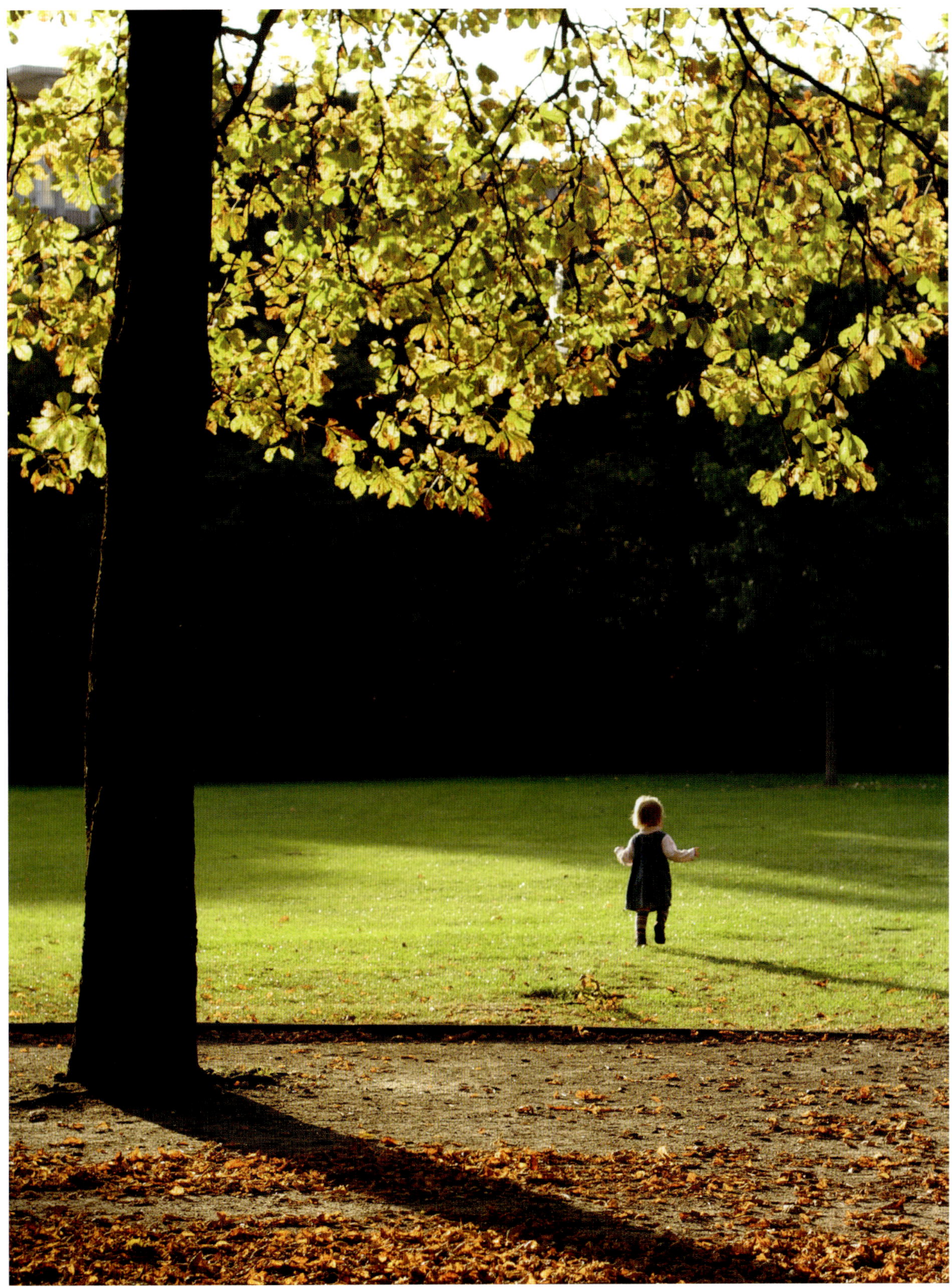

Oben *Die absolut perfekte Belichtung trägt viel zum »Qualitätseindruck« eines Fotos bei. In dieser Aufnahme ist das Gras ziemlich hell, während der Baumstamm sehr dunkel erscheint, aber insgesamt ist das Bild perfekt belichtet.*

Grundkonzepte:
Belichtungszeit

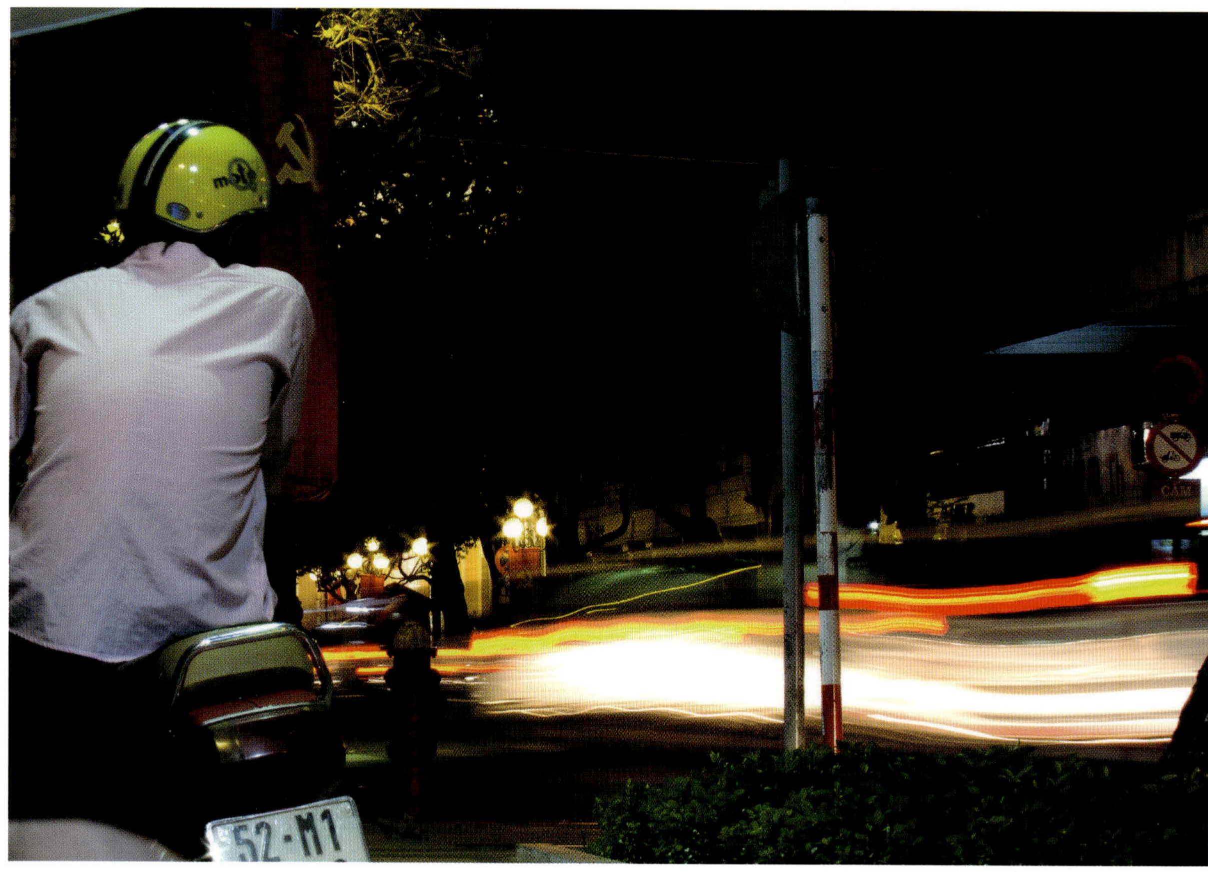

Oben *Dieses Bild wurde mit einer langen Belichtungszeit (2,5 Sekunden) gemacht. Der Motorradfahrer saß vollkommen still (daher scheint er sich überhaupt nicht zu bewegen), während sich der im Hintergrund vorbeirauschende Verkehr bewegt und daher in Form von Lichtschleiern wiedergegeben ist.*

Wenn das Thema Bewegung lautet, ist die Belichtungszeit Ihr bester Freund. Welche Belichtungszeit ist aber »die richtige«? Das ist tatsächlich eine vertrackte Frage. Denn jede Belichtungszeit kann die »richtige« sein, das hängt davon ab, welchen Effekt man erzielen will – ob man Bewegung einfrieren möchte, die Bewegung andeuten, sie durch Verwischungseffekte inszenieren oder einfach nur eine Szene aufnehmen möchte. Es hängt auch davon ab, ob sich das Motiv auf den Fotografen zu- oder von ihm wegbewegt, von einer Seite auf die andere oder gar nicht.

Die Belichtungszeit wird in Sekunden oder Sekundenbruchteilen gemessen. Der Umfang der verfügbaren Belichtungszeiten hängt von den Einstellbereichen der Kamera ab und kann typischerweise einen Bereich von 30 Sekunden (wirklich lang) bis zu einer 1/8000 Sekunde (sehr kurz) umfassen. Die Menge an Licht, die durch den Verschluss eintritt, ist direkt proportional zur Zeit, während der der Verschluss geöffnet ist – eine Belichtungszeit von 1/500 Sekunde lässt also doppelt so viel Licht eintreten wie eine Belichtungszeit von 1/1000 Sekunde etc.

Es kommt immer auf die Belichtungszeit an, wenn sich Ihr Motiv bzw. irgendein Teil des Aufnahmebereiches bewegt oder wenn es ein Problem ist, genügend Licht für eine korrekte Belichtung zu erhalten. Bei Landschaften, Gebäuden oder anderen unbewegten Objekten ist die Belichtungszeit weniger von Bedeutung, es sei denn, dass Sie bei sehr schwachem Licht fotografieren und eine lange Verschlusszeit brauchen, um die richtige Belichtung zu erreichen.

Rechts *Das Gefühl von Bewegung und Verwischung in diesem Bild rührt daher, dass sich der Mann bewegt, während der Verschluss offen ist. Um die Verwischung zu reduzieren, benötigt man eine kürzere Belichtungszeit – oder man akzeptiert den Effekt und belässt ihn so, wie er ist.*

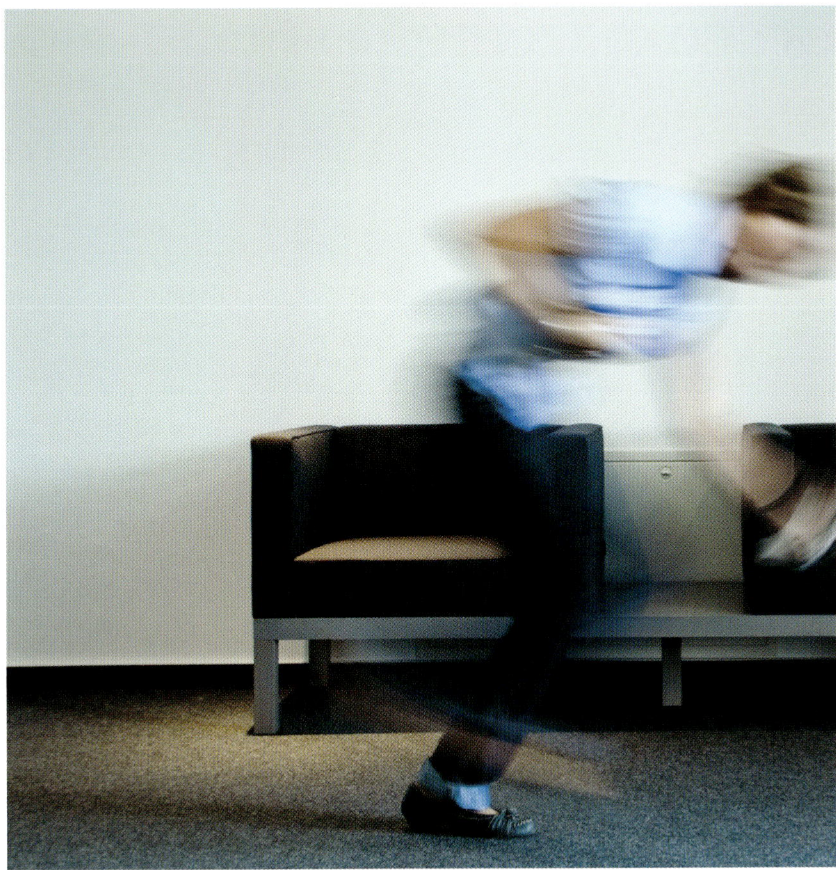

Unten *Um die Bewegung eines Vogels im Flug einzufrieren, braucht es eine kurze Belichtungszeit. Bei dieser Aufnahme wurde eine 1/640 Sekunde verwendet.*

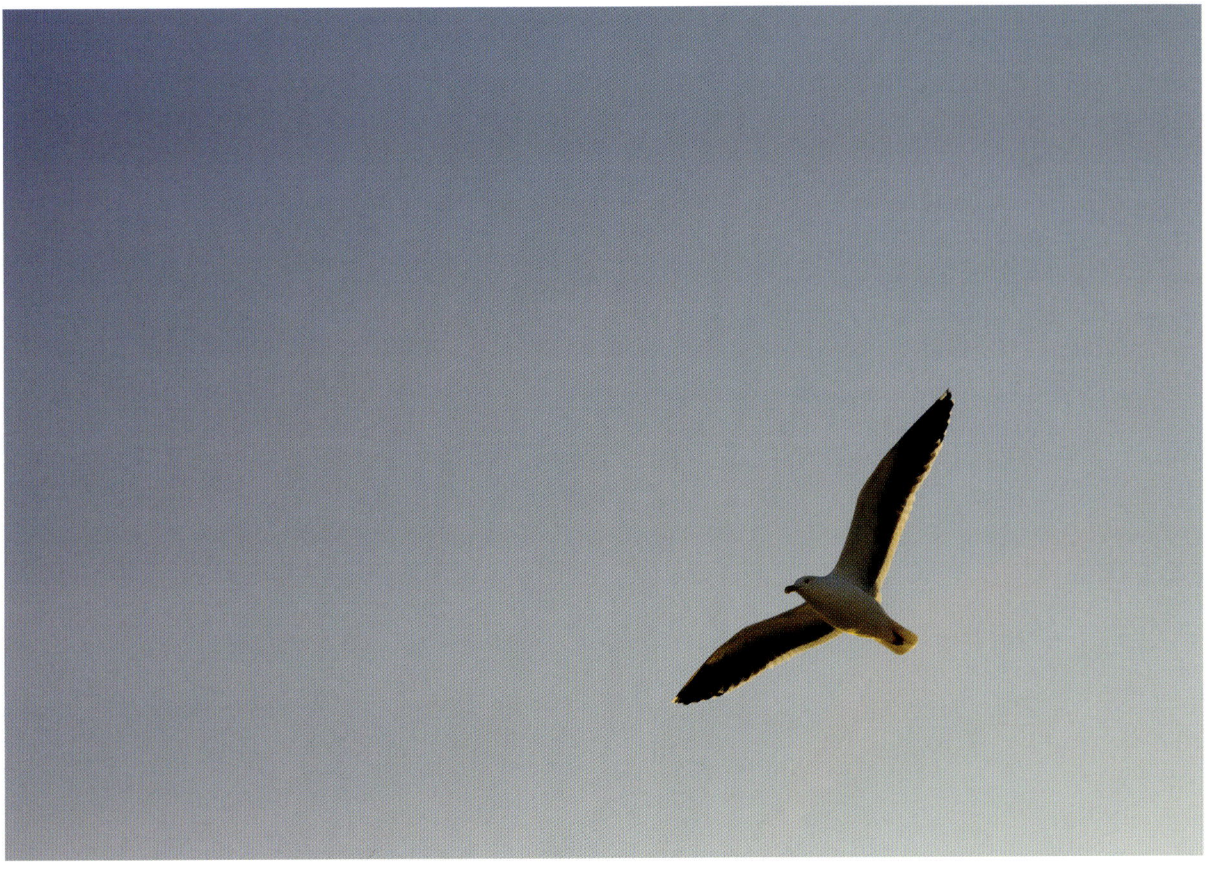

Grundkonzepte:
Blende

Die Blende ist das Loch variabler Größe in den Objektiven Ihrer Kamera, das die Menge des Lichtes steuert, das auf den Sensor treffen kann. Je größer sie ist, desto mehr Licht gelangt während der Verschlussöffnung auf den Sensor. Die Blende ist wichtig für die korrekte Belichtung, sie fügt Ihren Fotos aber auch eine neue überraschende Eigenschaft hinzu: die Schärfentiefe.

Die Blende wird durch Blendenzahlen beschrieben (Blende 1,8, Blende 5,6 usw.). Damit das noch etwas verwirrender wird, bedeutet eine kleinere Blendenzahl eine größere Öffnung. Um das zu verstehen, hilft es, daran zu denken, dass die Blendenzahl aus einem Bruch gebildet wird: Die Brennweite wird durch den Durchmesser der Blendenöffnung geteilt. Im Englischen wird die Blende als f/1.8, f/5.6 usw. angegeben, wobei »f« für »focal length« (oder »Brennweite«) steht. Sie müssen sich nicht näher mit der Mathematik beschäftigen, denken Sie einfach daran, dass größere Zahlen (f/16 bzw. Blende 16) kleinere Blendenöffnungen und somit weniger Licht, kleinere Zahlen (wie f2.0 bzw. Blende 2,0 oder f/3.5 bzw. Blende 3,5) größere Blendenöffnungen, also mehr Licht bedeuten.

Unten *Durch eine große Blende (hier 1:1,4) gelangt viel Licht auf den Bildsensor und es entsteht eine sehr enge, deutliche Schärfenzone. Das viele Licht muss durch eine kurze Belichtungszeit und die ISO-Einstellung ausbalanciert werden (1/500 Sekunde und ISO 800).*

Gegenüber *Durch eine kleinere Blende (1:8,0) wird ein größerer Bereich der Aufnahme scharf, ich finde die Wirkung viel besser als bei der Aufnahme mit großer Blende. Zum Ausgleich des durch Blende 8 reduzierten Lichteinfalls musste ich eine längere Belichtungszeit (1/13 Sekunde) verwenden, behielt aber die gleiche ISO-Einstellung bei.*

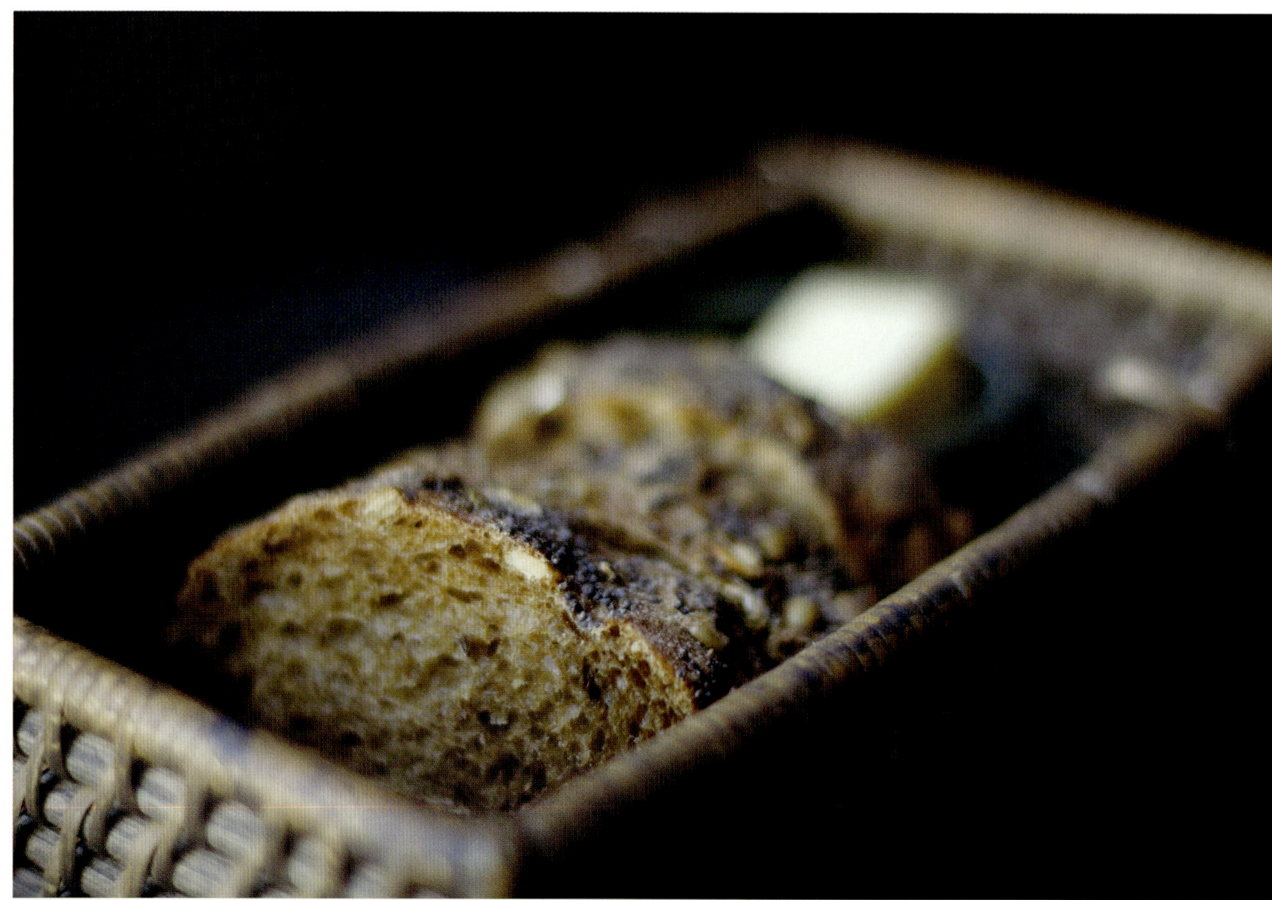

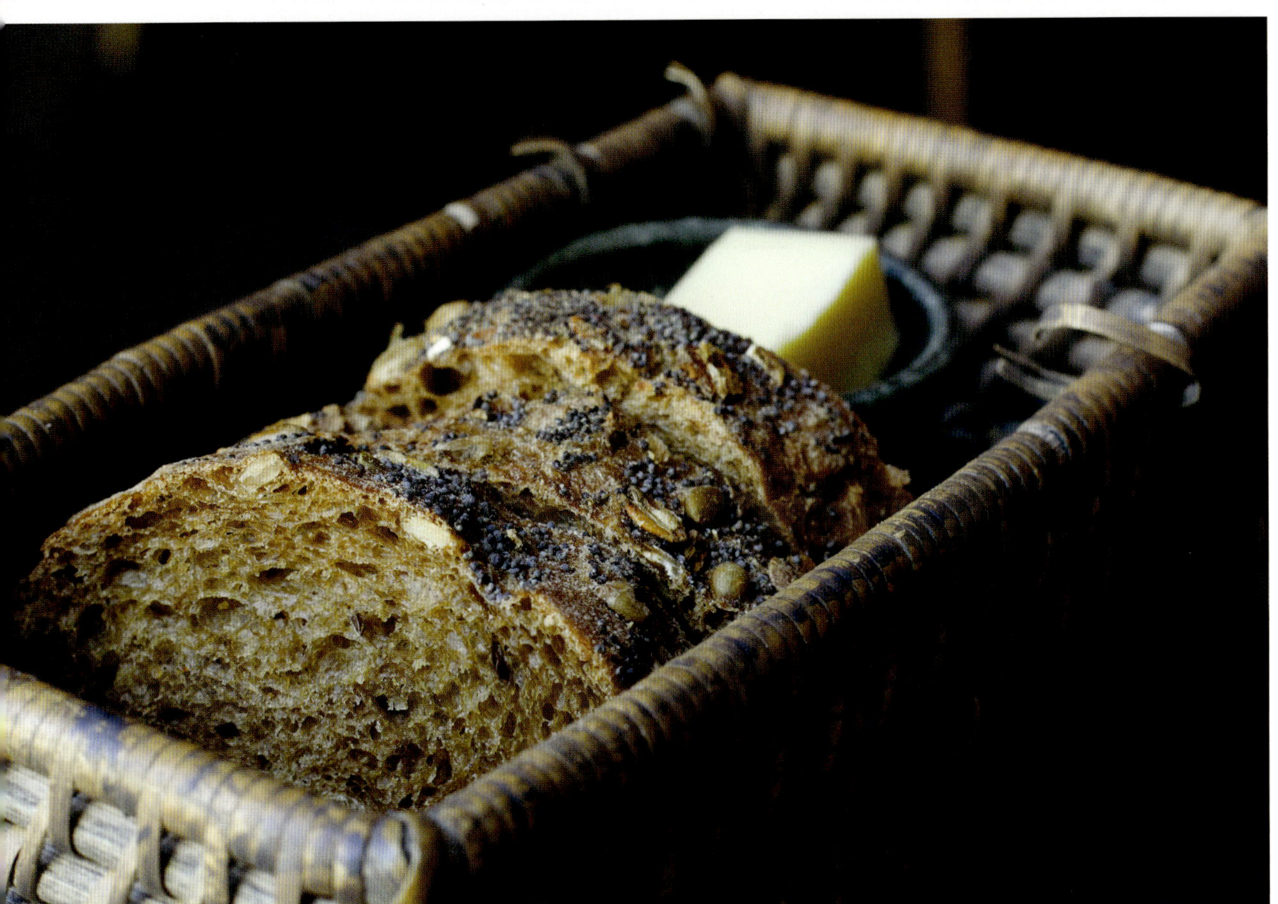

Warum nicht bei jeder Aufnahme so viel Licht wie möglich eintreten lassen? Dazu muss man sich damit beschäftigen, wie die Blende die Schärfentiefe beeinflusst – also das Ausmaß, in dem die Schärfe zwischen der Ebene, auf die man scharfgestellt hat, und dem Bereich davor und dahinter abnimmt. Je größer die Blende, desto geringer ist die Ausdehnung der Schärfentiefe, desto kleiner wird der Bereich, in dem die Aufnahme scharf erscheint.

BLENDE = GESCHWINDIGKEIT

Im Englischen spricht man bei hoher Lichtstärke von »schnellen Objektiven« . Obwohl die Blende nicht direkt die Belichtungszeit beeinflusst, bestimmt sie die Menge des einfallenden Lichtes, der der Kamerasensor bei der Aufnahme ausgesetzt ist, wobei eine größere Blende mehr Licht bedeutet, was zur Folge hat, dass man kürzere (»schnellere«) Belichtungszeiten verwenden kann. Wenn Sie also »schnelle Bilder« (mit kurzen Belichtungszeiten) machen wollen, etwa bewegte Szenen, Sportaufnahmen usw., dann brauchen Sie wahrscheinlich ein »schnelles Objektiv«, mit hoher Lichtstärke.

Wenn Sie den größten Bereich des Bildes scharf haben wollen, können Sie eine mittlere Blende verwenden – zum Beispiel 11. Wenn Sie aber nur das Motiv scharf haben wollen und alles davor und dahinter in Unschärfe verschwimmen soll, dann verwenden Sie die größte Blendenöffnung, die Ihr Objektiv zur Verfügung stellt, beispielsweise 1:4,0 oder 1:1,8.

Wichtig ist, dass eine kleinere Blende weniger Licht hindurchlässt als eine große. Infolgedessen benötigen Sie, je kleiner die Blende, eine desto längere Belichtungszeit (oder eine höhere benötigte ISO-Einstellung), um die korrekte Belichtung zu erzielen. Wir besprechen das ausführlicher später in diesem Buch.

TIPP

Schauen Sie nach, ob es an Ihrer Kamera eine Schärfentiefe-Vorschautaste gibt, mit der man testen kann, ob eine größere oder kleinere Blende benötigt wird. Sie können auch mit der Blende experimentieren, indem Sie dasselbe Motiv mit unterschiedlichen Blenden aufnehmen, um zu sehen, welche den gewünschten Effekt erzeugt.

Grundkonzepte:
ISO

ISO ist ein Messwert, der die Empfindlichkeit des Kamerasensors für Licht bezeichnet. Je höher die maximale ISO-Einstellung Ihrer Kamera, desto empfindlicher ist sie, was bedeutet, dass sie (theoretisch) unter schwachen Lichtbedingungen bessere Ergebnisse liefern sollte. Jede Verdoppelung der ISO-Zahl verdoppelt die Lichtempfindlichkeit des Sensors.

Wenn Sie zum Beispiel mit der Einstellung ISO 100 fotografieren, aber die Aufnahmen zu dunkel (unterbelichtet) ausfallen, können Sie eine größere Blende oder eine längere Belichtungszeit einstellen, um mehr Licht zu erfassen, oder Sie könnten die ISO-Einstellung auf 200 erhöhen, um die Empfindlichkeit der Kamera zu verdoppeln. Reicht das immer noch nicht? Dann erhöhen Sie auf 400, nun ist die Empfindlichkeit der Kamera gegenüber der anfänglichen Einstellung vervierfacht. Das Erhöhen der Empfindlichkeit ist ein einfaches Mittel, die korrekte Belichtung zu erzielen, besonders wenn Sie mit kurzen Belichtungszeiten oder bei wenig Licht arbeiten.

Warum nicht gleich immer die höchstmögliche ISO-Einstellung verwenden? Hauptsächlich, weil das im Bild sichtbare »digitale Rauschen« umso deutlicher sichtbar wird, je höher die ISO-Ein-

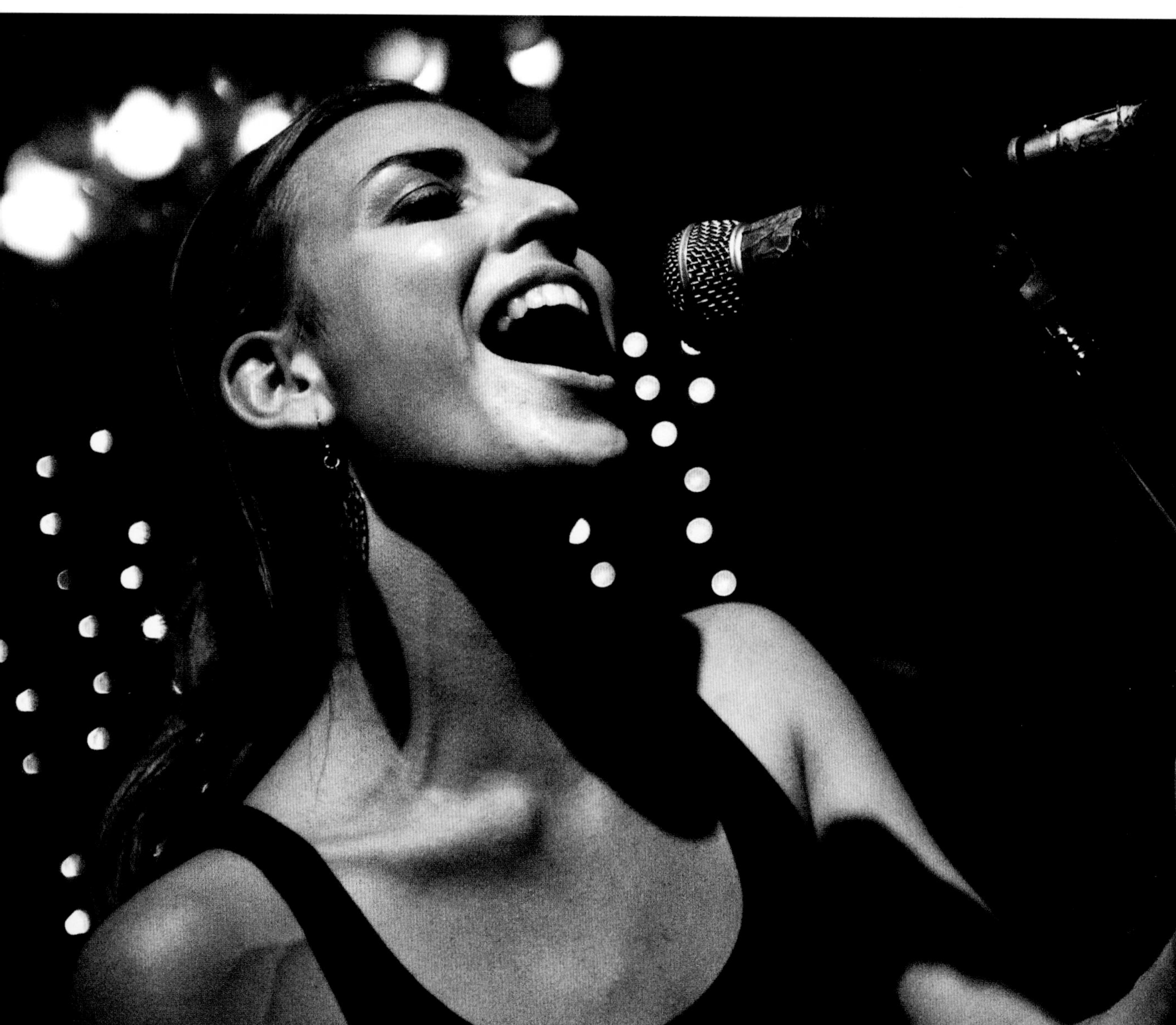

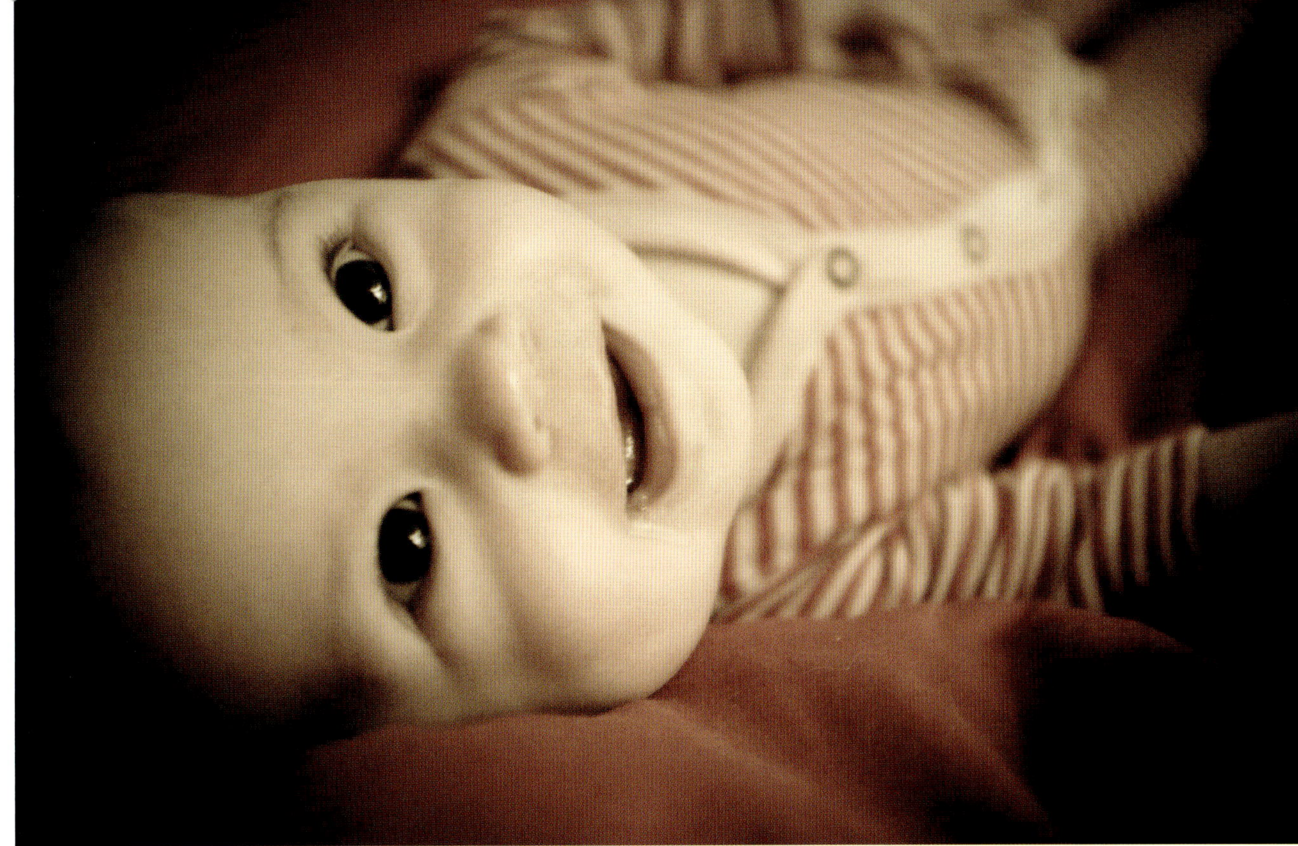

Oben *Bei der heutigen Kamerageneration ist das digitale Rauschen sehr gering geworden. Dieses Foto wurde mit ISO 1600 aufgenommen. Es weist nicht nur sehr viel weniger Rauschen auf als das 4000-ISO-Bild gegenüber, sondern das vorhandene Rauschen ist auch viel weniger störend.*

Gegenüber *Dieses Foto wurde mit einer Fujifilm X100-Kamera gemacht. Obwohl es mit ISO 4000 aufgenommen wurde, sieht es immer noch hervorragend aus – ein Zeugnis dafür, wie weit wir bereits gekommen sind. Zögern Sie also nicht, den ISO-Wert zu erhöhen, wenn es nötig ist!*

ANDERE RAUSCHQUELLEN

Hohe ISO-Werte sind nicht die einzige Ursache für Rauschen in einem Digitalfoto. Kleinere Sensoren rauschen tendenziell mehr als größere. Längere Belichtungszeiten (ein paar Sekunden oder mehr) und grelle Lichtquellen können ebenfalls mehr Rauschen verursachen. Das Wissen darüber, was Rauschen hervorruft, hilft dabei, perfekte Fotos zu machen.

stellung ist. Diese Störung macht sich in Form von »Artefakten« oder kleinen Flecken im Bild bemerkbar. Darum ist es am besten, immer die niedrigstmögliche ISO-Einstellung zu wählen, um die Aufnahmen klar und rauschfrei zu halten, außer wenn ein niedriger ISO-Wert zur Unterbelichtung führt.

Probieren Sie Ihre Kamera mit unterschiedlichen ISO-Einstellungen in verschiedenen Lichtsituationen aus, um auszutesten, was sie zu leisten im Stande ist. Beispielsweise könnten Sie feststellen, dass die Kamera bei sehr schwachem Licht mit ISO 1600 Aufnahmen mit relativ wenig Rauschen liefern kann, dass Sie aber keine höheren Einstellungen wählen sollten, wenn es sich irgendwie vermeiden lässt.

Die meisten SLR-Kameras bieten eine ISO-Automatik, selbst im manuellen Modus. Das heißt, die Kamera erhöht den ISO-Wert so weit, wie sie es für nötig hält, um die korrekte Belichtung zu erhalten. Dies kann dazu führen, dass manche Aufnahmen mit höheren ISO-Werten erfolgen als gewünscht. Erwägen Sie, die ISO-Automatik abzuschalten, oder prüfen Sie, ob sich ein Höchstwert für den ISO-Wert vorgeben lässt.

Grundkonzepte:
Weißabgleich

Wenn Sie auf etwas schauen, das weiß oder grau ist oder irgendeine andere Farbe aufweist, nehmen Ihre Augen das Licht auf und das Gehirn interpretiert die Farben. Wenn sich das Licht ändert (beispielsweise von Tageslicht zu Innenraumlicht), passen sich die Augen automatisch an, sodass die Farben gleich erscheinen, selbst wenn sie es nicht sind.

Leider verfügt ein Kamerasensor nicht über die gleichen Fähigkeiten, darum benötigt er einen Weißabgleich, um sicherzustellen, dass jede Aufnahme die korrekte Farbtemperatur erfasst. Leider irrt sich die Kamera gelegentlich, obwohl sie eigentlich den Weißabgleich gut abschätzen kann.

Jedes Licht hat seine eigene Farbe – mit Anteilen von Blau- und Grün- bis zu Rot- und Orangetönen. Das Verständnis der unterschiedlichen Lichtfarben kann Ihnen als Fotograf helfen, zu erkennen, wann Korrekturen des Weißabgleichs nötig sind, um Ihr Foto in den richtigen Farben wiederzugeben, oder die Farben der Aufnahme zu korrigieren, um ein besseres Foto zu erhalten.

Unten sind ein paar Beispiele verschiedener Lichtarten und ihrer relativen Farben aufgelistet.

Blauer Himmel	Kühl, Blau
Schatten an einem klaren Tag	Kühl, Blau/Weiß
Sonne an einem klaren Tag	Warm, Orange
Elektronischer Blitz	Kühl, Weiß
Sonnenauf- oder -untergang	Warm, Rot

Unten *Diese Zusammenstellung zeigt drei Beispiele eines Weißabgleichs. Das erste Bild ist um einiges zu kühl (zu blau), das zweite ist mehr oder weniger korrekt ausbalanciert und das letzte Bild ist zu warm (zu rötlich).*

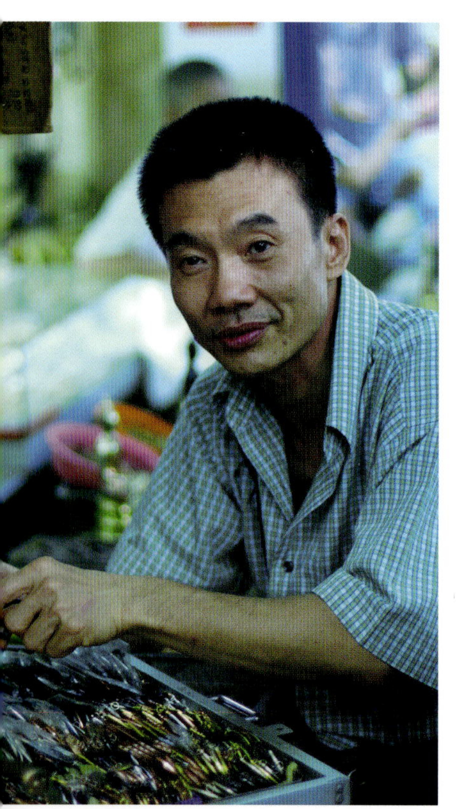

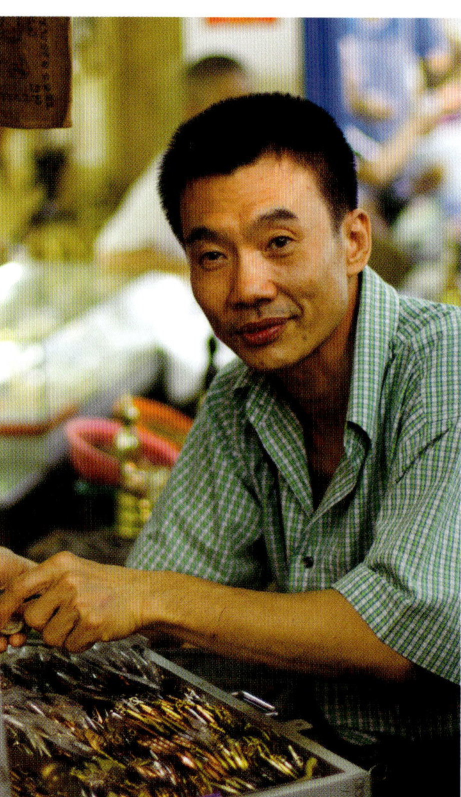

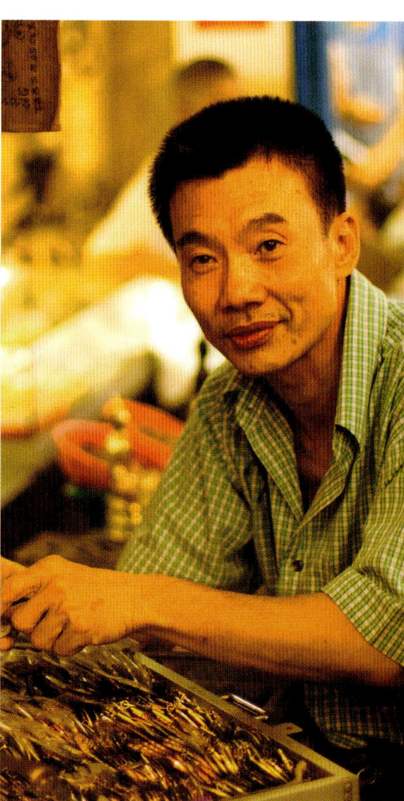

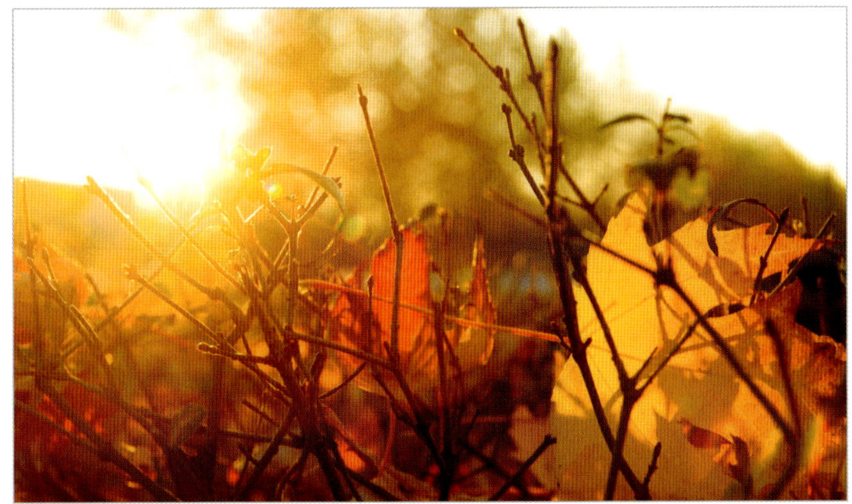

Links *Wenn Sie in der Goldenen Stunde – direkt vor Sonnenuntergang oder direkt nach Sonnenaufgang – fotografieren, werden die Bilder häufig sehr warm, was aber, wie zu sehen, nicht schlecht sein muss. Wenn der Weißabgleich technisch nicht korrekt ist, aber zum Foto passt, dann belassen Sie ihn so.*

Unten *Unten Spezielle sogenannte Graukarten kann man verwenden, um bei der Aufnahme einen exakten Weißabgleich zu erhalten.*

Jede dieser Lichtarten kann Probleme verursachen, je nachdem, was Sie fotografieren. In den meisten Fällen wird Ihre Kamera bei automatischem Weißabgleich versuchen, das Szenario im Hinblick auf neutrale (weiße oder graue) Objekte abzugleichen, um den Weißabgleich so einzustellen, dass die Szene korrekt wiedergegeben wird. Trotzdem kann es ratsam sein, den Weißabgleich manuell einzustellen, entweder durch Wahl des Modus oder durch direkte Einstellung der Balance, um mehr Kontrolle über die Bildkomposition zu erhalten.

Wenn Sie beispielsweise an einem klaren Tag Porträtaufnahmen machen, haben Sie es mit »kühlem Licht« zu tun, das dazu neigt, selbst bei korrektem Weißabgleich auf der Haut etwas hart zu wirken. Durch manuelle Korrektur des Weißabgleichs können Sie die Hauttöne wärmer wiedergeben, was den Personen ein natürlicheres Aussehen verleiht. Überprüfen Sie die Weißabgleich-Voreinstellungen der Kamera und testen diese – Sie werden in den meisten Fällen feststellen, dass sich so allgemeine Farbtemperaturprobleme lösen lassen und bessere Fotos entstehen.

Um in einer Szenerie einen 100-prozentig korrekten Weißabgleich zu erhalten, nutzen Sie Graukarten, damit die Kamera die exakten Einstellungen für die richtige Wiedergabe der Szenerie ermitteln kann. Graukarten sind preiswert und sollten zur Ausrüstung jedes Fotografen gehören. Fotografieren Sie einfach die Graukarte mitten in der Szenerie, die Sie aufnehmen wollen (d.h., halten Sie sie vor das Objektiv), und programmieren die Kamera darauf, dass sie dieses Foto als Referenz für den Weißabgleich verwenden soll. Das ist ein effektiver Weg, den korrekten Weißabgleich der Aufnahme sicherzustellen.

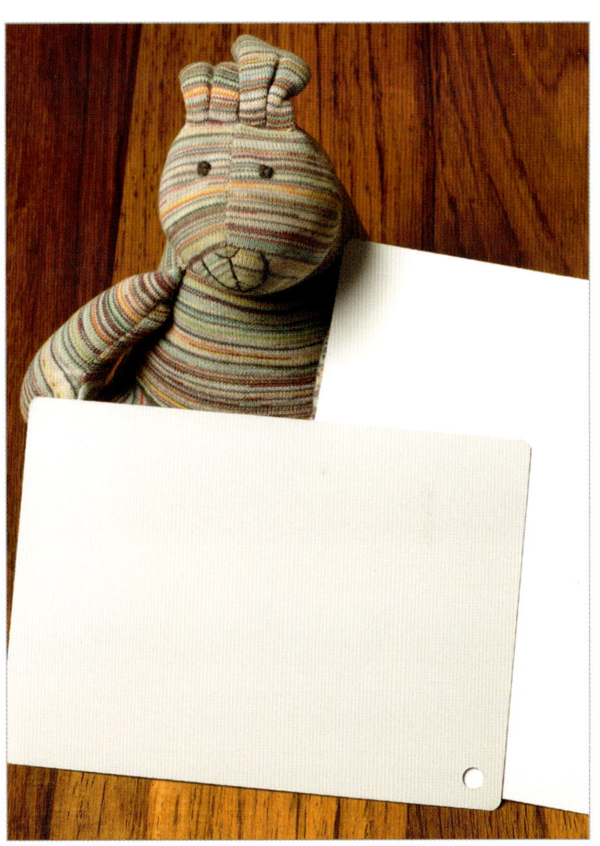

TIPP

Wenn Sie sich während des Fotografierens nicht mit dem Weißabgleich belasten wollen, lassen Sie die Kamera die Bilder im RAW-Format abspeichern. Diese Dateien zeichnen alle von der Kamera erfassten Daten auf, was bedeutet, dass Sie den Weißabgleich nachträglich noch im Computer festlegen können, anstatt ihn während einer Fotositzung austüfteln zu müssen.

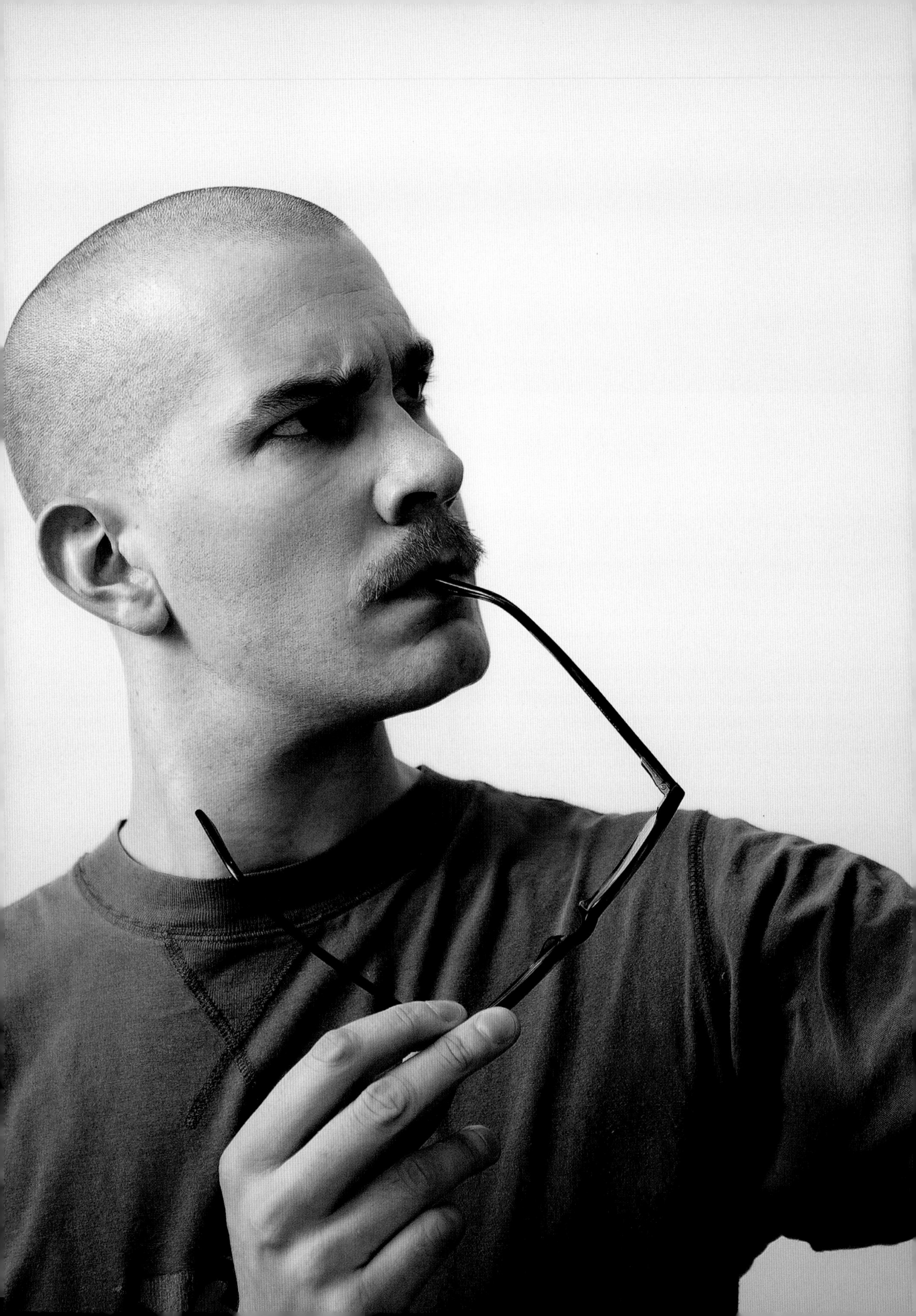

2 Belichtung

In Kapitel 1 haben wir kurz über die drei Elemente und deren Zusammenwirken gesprochen, die bestimmen, wie ein Foto belichtet wird. In diesem Kapitel möchte ich auf die Belichtungsregeln detaillierter eingehen und darauf, in welchen Situationen es passt, an diesen Regeln festzuhalten – und wann man sich über sie hinwegsetzen kann.

Links *Dieses Bild hat einen vollen Tonwertumfang vom satten Schwarz bis zum reinen Weiß mit vielen Zwischentönen. Eine perfekte Belichtung!*

Die Elemente einer Belichtung

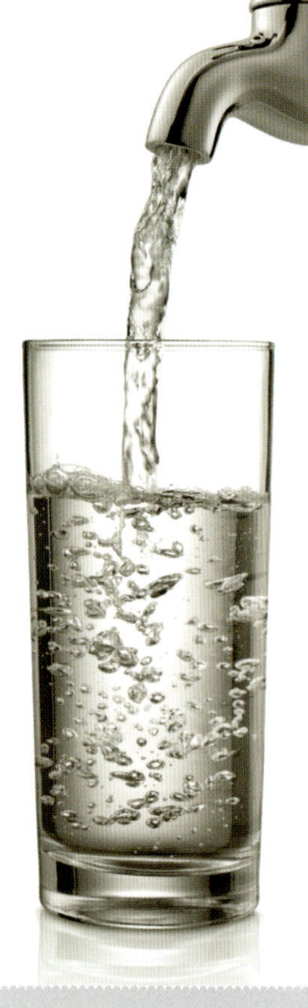

Die drei Faktoren, die eine Belichtung beeinflussen, sind die Belichtungszeit, die Blende und die ISO-Einstellung (Empfindlichkeit). Es ist sehr wichtig zu verstehen, wie diese drei Elemente zusammenwirken. Ohne das Wissen darüber ist es schwierig, ein bestimmtes fotografisches Niveau zu erreichen.

Sie haben aber Glück. Es ist nicht allzu schwer (ich werde die Faktoren in diesem Kapitel in allen Details erklären), und sobald Sie sich das Grundkonzept angeeignet haben, wird es Ihnen leichtfallen, im vollen oder teilweise manuellen Einstellmodus zu arbeiten – solange Sie die Zeit haben, die Einstellungen vorzunehmen, und wissen, wann sie benötigt werden.

Oben *Wenn Ihnen die Theorie der Belichtung Probleme bereitet, stellen Sie sie sich vor wie ein Glas, das mit Wasser gefüllt werden soll, so wie in der Analogie beschrieben.*

DIE WASSERGLAS-ANALOGIE

Lassen Sie uns ein Beispiel verwenden, das leichter zu verstehen ist als Licht – etwa ein Glas voll Wasser.

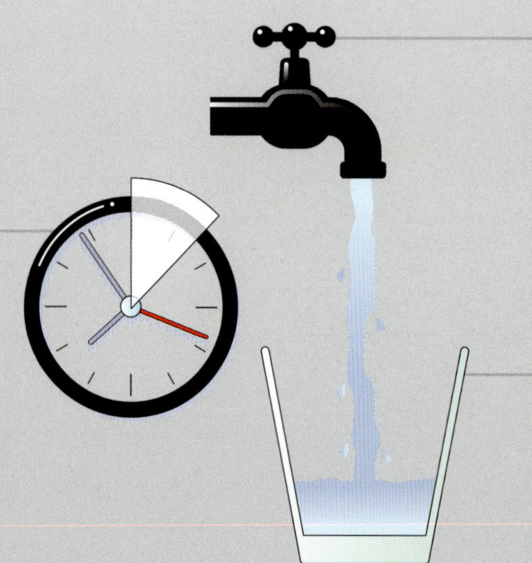

Belichtungszeit Während die Entsprechung zur Blende darin besteht, *wie weit* Sie den Wasserhahn aufdrehen, beschreibt die Belichtungszeit, *wie lange* Sie diesen geöffnet lassen. Je länger er aufgedreht bleibt, desto mehr Wasser läuft heraus. Öffnet man ihn nur kurz, kommt auch nur wenig Wasser heraus.

Blende Die Blende kann man damit vergleichen, wie weit der Hahn aufgedreht wird (wie viel Licht man in die Kamera gelangen lässt). Je weiter man den Hahn aufdreht, desto schneller fließt das Wasser in das Glas.

ISO Die letzte Einstellung bei einer Belichtung ist die der ISO (Empfindlichkeit). In der Wasserglas-Analogie entspricht sie der Größe des Glases. Bei einer niedrigen ISO-Zahl haben wir es mit einem großen Glas zu tun. Bei höheren Werten ist das Glas kleiner und mit weniger Wasser gefüllt.

Äquivalente Belichtungen

Die Wasserglas-Analogie beschreibt das Ziel: Es besteht darin, das Glas zu füllen, wobei es keine große Rolle spielt, wie Sie das erreichen. Sie können das Wasser lange Zeit tröpfeln lassen (also eine kleine Blende einstellen), bis das Glas endlich voll ist. Oder Sie öffnen den Hahn ganz (entspricht einer großen Blende), aber nur sehr kurz, und das Glas ist voll.

Das Gleiche gilt in der Fotografie. Zwei unterschiedliche Belichtungseinstellungen können dazu führen, dass die gleiche Lichtmenge in der Kamera aufgezeichnet wird.

Was für Einstellungen soll man also vornehmen, wenn man fotografiert? Das hängt davon ab, was Sie mit Ihren Bildern ausdrücken möchten. Wenn Sie die »perfekte« Schärfentiefe haben wollen, aber mehr Licht brauchen, werden Sie zunächst die Blende entsprechend einstellen, um dann die passende Belichtungszeit oder ISO-Einstellung selbst zu wählen oder von der Kamera einstellen zu lassen (je nachdem, welcher Modus verwendet wird), damit eine korrekte Belichtung erzielt wird.

TIPP: Halbieren/Verdoppeln

Ein einfacher Weg, um sich den Zusammenhang zwischen ISO, Belichtungszeit und Blende zu merken ist die Halbierungs-Verdoppelungs-Regel. Diese besagt, dass man, um die gleiche Belichtung zu erhalten, beim Halbieren eines Parameters (entweder der Blende, Belichtungszeit oder ISO) einen der beiden anderen Parameter verdoppeln muss und vice versa. Ein Beispiel: Wenn Sie für eine Aufnahme mit korrekter Belichtung die Einstellungen ISO 100, Blende 5,6 und Belichtungszeit 1/250 Sekunde eingestellt haben und sich entscheiden, die Blende auf 1:8,0 zu halbieren, müssen Sie entweder die Belichtungszeit auf 1/125 Sekunde verdoppeln oder den ISO-Wert auf 200 erhöhen, um dieselbe Belichtung zu erhalten.

Unten *Um Bewegung zu kontrollieren (um sie einzufrieren oder als großartigen freien Fluss zu zeigen), müssen Sie die Belichtungszeit vorgeben. Hier sieht das Wasser infolge einer 30-Sekunden-Belichtung bewegt und flüssig aus.*

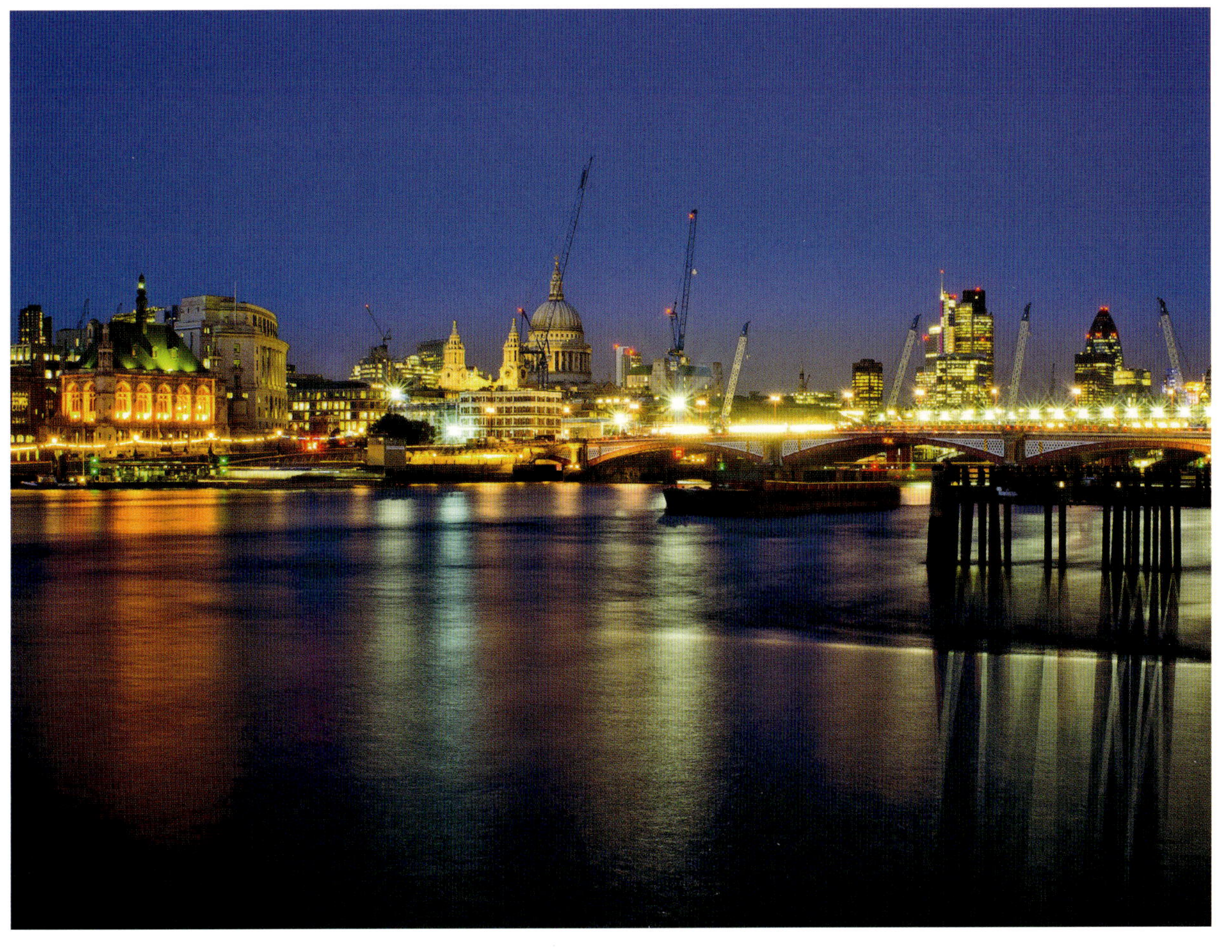

Aufnahmemodi

Ihre Kamera bietet verschiedene Aufnahmemodi. Diese Modi sind Vorgaben für die Kamera und legen fest, welche Belichtungsvariablen Sie selbst wählen wollen und welche die Kamera von sich aus einstellen soll.

In Abhängigkeit vom eingestellten Aufnahmemodus gibt es nur die Möglichkeit, einen oder zwei der Belichtungsparameter zu verändern, solange Sie nicht im rein manuellen Modus fotografieren wollen. Der Kasten unten fasst die üblichen manuellen und halbmanuellen Modi und ihre Funktionsweisen zusammen.

Modus	Ihre Einstellungen	Einstellungen durch die Kamera
Manuell (M)	Blende, Belichtungszeit, ISO	-
Blendenvorwahl (A oder AV) mit Zeitautomatik	Blende, ISO	Belichtungszeit
Zeitvorwahl (S, T oder Tv) mit Blendenautomatik	Belichtungszeit, ISO	Blende
Programm (P)	ISO	Blende/Belichtungszeit

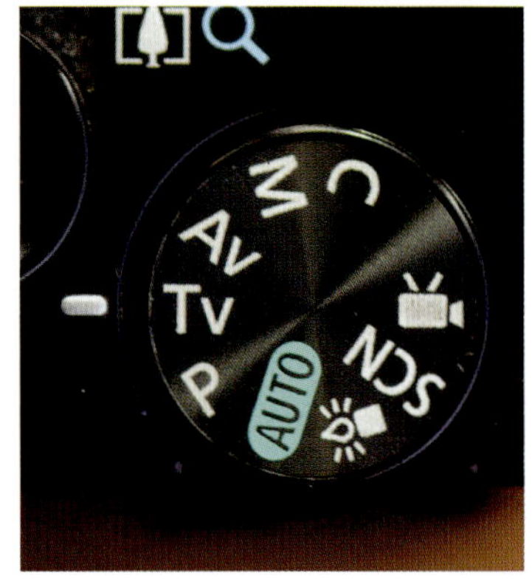

Oben *Das Moduswahlrad an Ihrer Kamera bestimmt, welche Belichtungsparameter Sie selbst festlegen und welche der Kamera überlassen bleiben.*

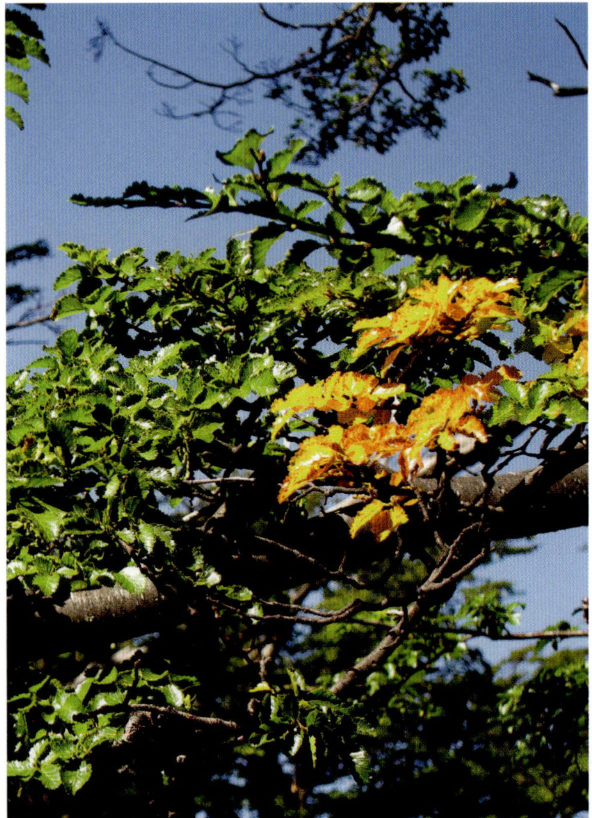

Bei den meisten Kameras kann man in vielen Aufnahmemodi eine »automatische ISO-Einstellung« wählen.

Für die Wahl des »richtigen« Aufnahmemodus müssen Sie als erstes überlegen, wie das fotografische Ergebnis aussehen soll. Bei der Aufnahme von Bewegungen (ob Sie diese nun einfrieren oder durch Bewegungsunschärfe darstellen wollen) geht es vor allem um die Wahl der Belichtungszeit. Wenn Sie eine bestimmte Schärfentiefe erzielen wollen, müssen Sie die Blende voreinstellen. Bei komplexen Aufnahmen, in denen sowohl Bewegung als auch Schärfentiefe eine Rolle spielen, verwenden Sie den manuellen Modus, da er die umfassendste kreative Kontrolle über die Aufnahme bietet, auch wenn die Einstellungen mehr Zeit kosten.

Links *Vollautomatische Modi sind gut für schnelle Schnappschüsse oder für den Fall, dass man nicht viel darüber nachdenken möchte, wie das Foto zustande kommt.*

Gegenüber *Bei diesem Foto wollte ich eine enge Schärfentiefe, um den Hintergrund verschwimmen zu lassen. Der Trick war die Verwendung von Blendenpriorität.*

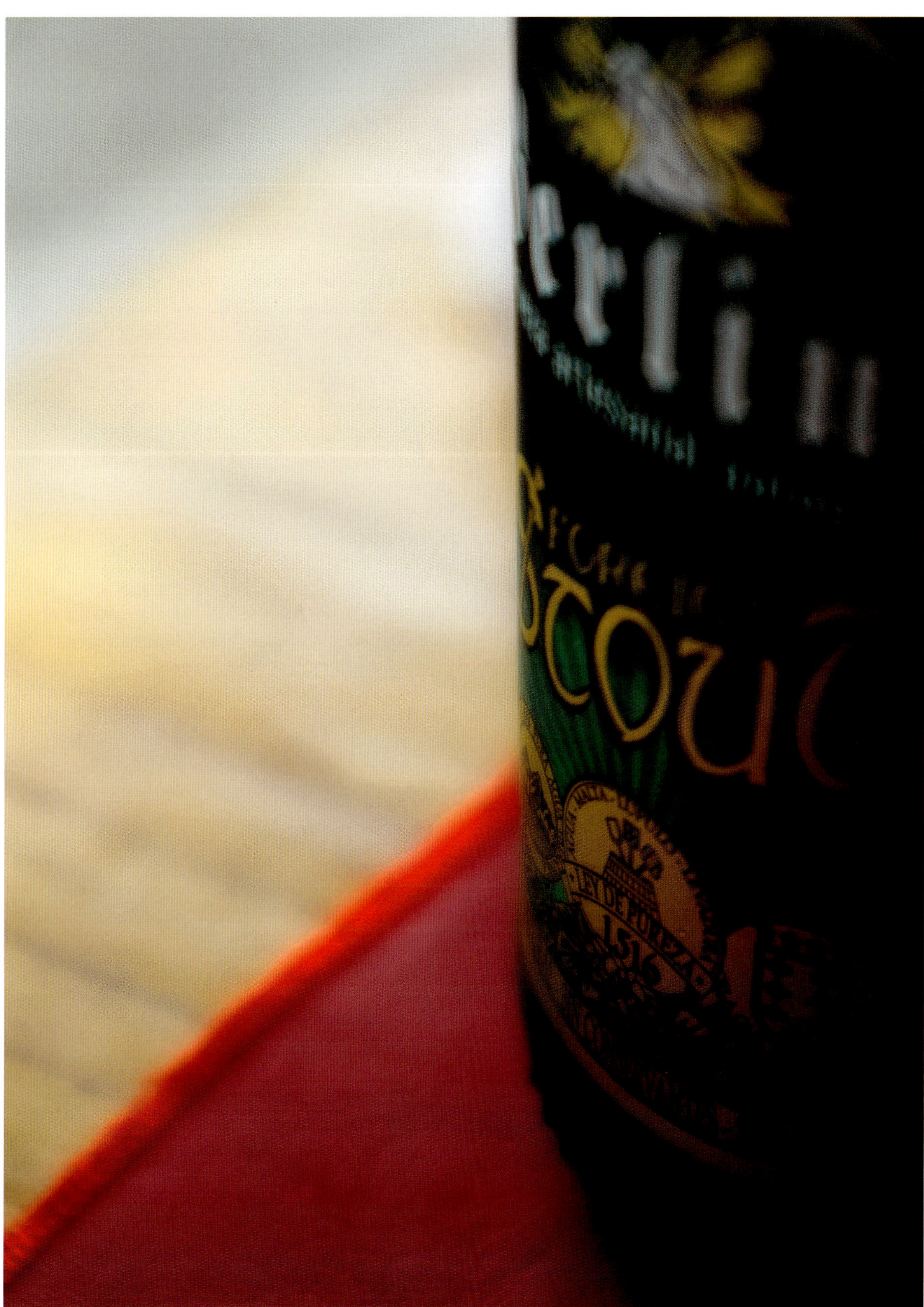
LEY DE PUREZA
1516

Was ist eine »korrekte« Belichtung?

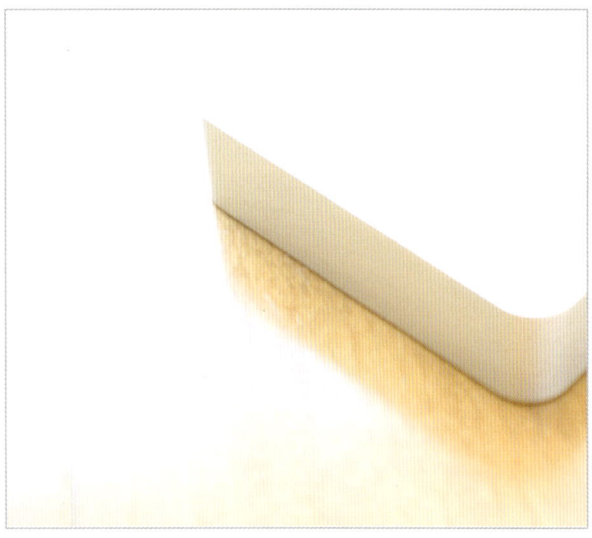

Oben *Aufgrund eines sonderbaren Messfehlers meinte meine Kamera, dies wäre eine »korrekte« Belichtung. Ich war nicht dieser Meinung und entschied mich stattdessen für den manuellen Einstellmodus.*

Unten *Wegen des von den Eisbergen reflektierten Sonnenlichtes wurde dieses Foto zu dunkel belichtet. Ich musste die Belichtung manuell einstellen, um es so wie gewünscht aufzunehmen.*

Fotografenneulinge begehen häufig den Fehler, dass sie den Belichtungswert auf »±0 EV« stellen, was natürlich sinnvoll ist, wenn man davon ausgeht, dass die Kamera dadurch anzeigt, dass die Aufnahme korrekt belichtet wird.

Aus Sicht der Kamera ist deren Belichtungsmessung immer korrekt – aber was die Kamera als »korrekt« betrachtet, mag zuweilen nicht wirklich zu Ihrer kreativen Vorstellung eines Fotos passen. Wenn Sie vollkommen von der Belichtungsmessung der Kamera abhängig sind, dürfen Sie sich später auf einige unerfreuliche Überraschungen gefasst machen.

Eine Porträtaufnahme im Schatten vor hellem Hintergrund (unter einem Baum) ist perfekt, um Ihre Kamera zu verwirren. In dieser Situation möchte die Kamera das Licht in der Szene ausgewogen halten, also bezieht sie die Helligkeit des Hintergrundes in die Belichtung mit ein und kompensiert sie. Unglücklicherweise bewirkt dies, dass das Subjekt sehr dunkel wiedergegeben wird. Obwohl also die Belichtungsmessung der Kamera eine »korrekte« Belichtung anzeigen mag, wird mit diesen Einstellungen keine gute Aufnahme entstehen.

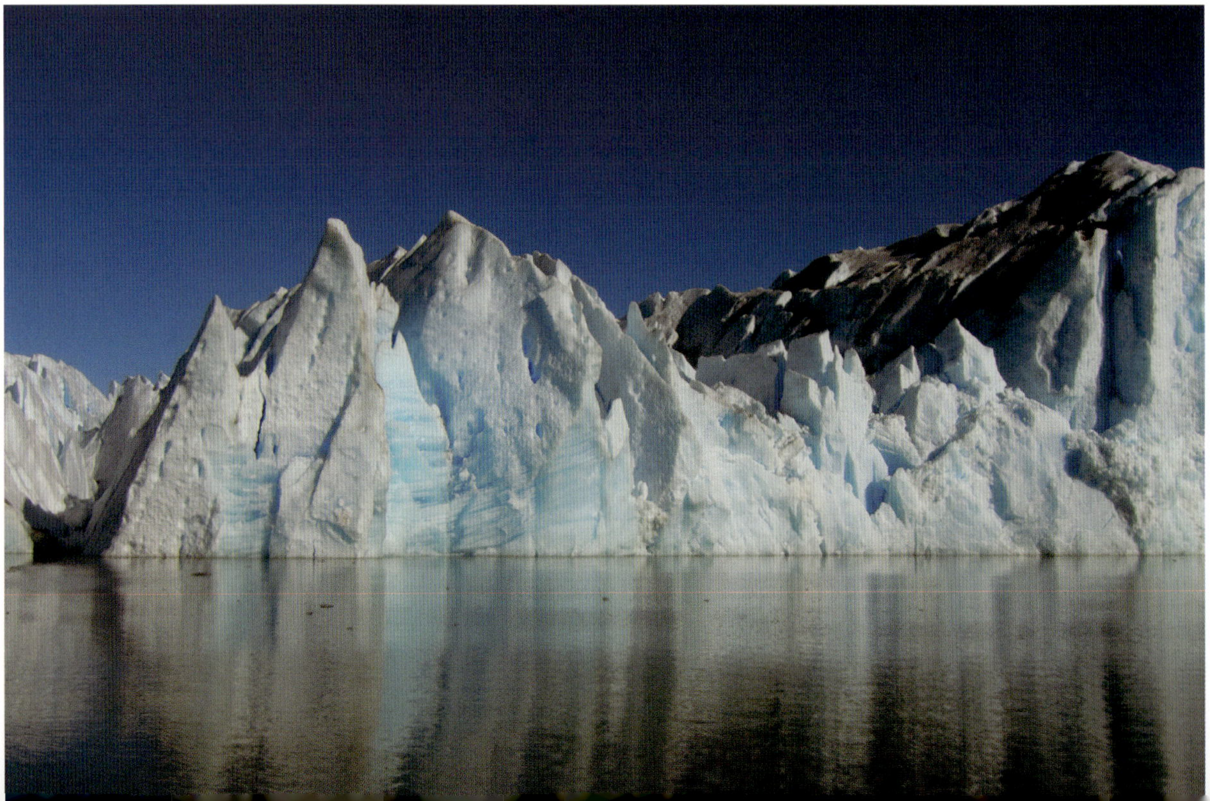

Die gewünschte Belichtung erhalten

Die »korrekte« Belichtung ist diejenige, die das gewünschte Bild liefert. Das bedeutet häufig, dass man die »0EV« korrigiert oder ignoriert. Oder aber man verändert die Messmethode der Kamera, sodass sie besser zur Aufnahme passt – und zu Ihrer kreativen Vision. Im vorher diskutierten Beispiel, bei dem es um ein Porträt im Schatten eines Baumes ging, könnten Sie mit Spotmessung die Person korrekt belichten und den Rest des Bildes außer Acht lassen. Alternativ könnten Sie die Belichtungskorrektur verwenden, um die Kamera zu zwingen, über- oder unterzubelichten. Oder Sie könnten gleich den manuellen Einstellungsmodus verwenden, um die gewünschte Belichtung vorzunehmen. Wir werden alle diese Verfahren besprechen, mit denen man der Kamera beibringt, was sie tun soll.

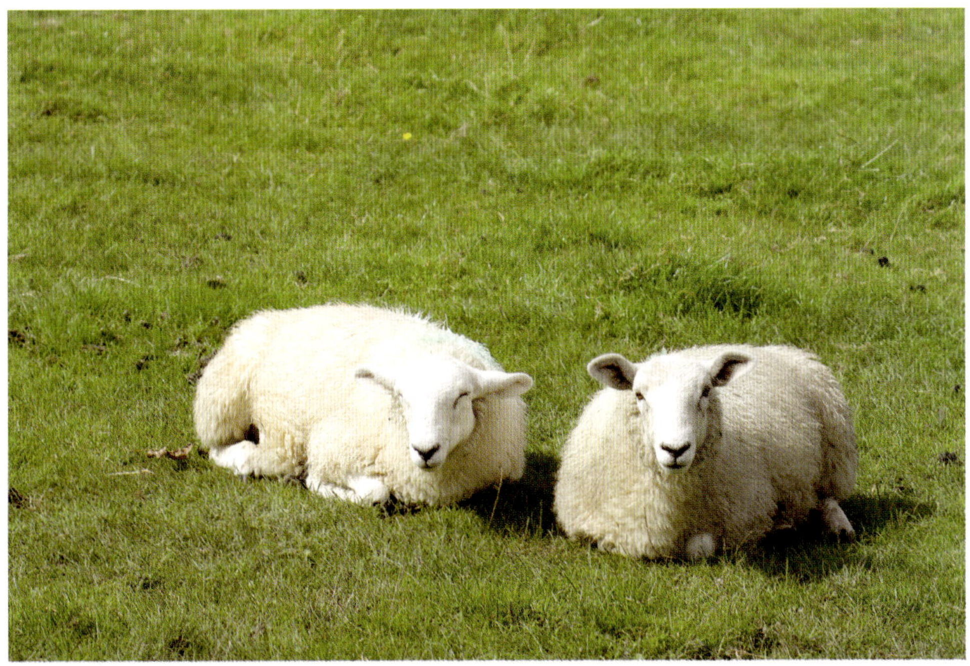

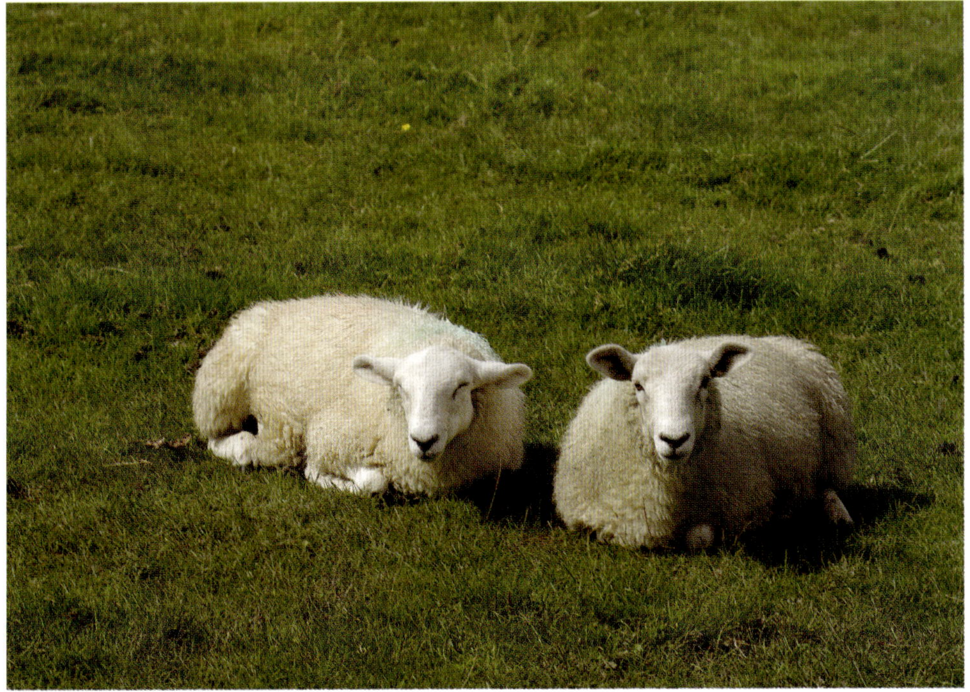

Links *Die gleichmäßige Farbe des Hintergrundes im oberen Bild verwirrte die Belichtungsmessung meiner Kamera, aber durch Einstellen einer Belichtungskorrektur von »–2/3 EV« gelang das untere Bild besser. Der Hintergrund mag ein wenig dunkel erscheinen, aber zumindest die Wolle der Schafe ist in allen Details gut durchgezeichnet.*

Messmethoden verstehen

SLR-Kameras verfügen über verschiedene Messmethoden, um bei der richtigen Belichtung zu helfen. Je nach Art der Komposition oder Lichtsituation funktionieren andere Messprogramme besser, und darum sollten Sie einige Zeit damit verbringen, diese zu testen, um sich mit den unterschiedlichen Resultaten vertraut zu machen.

Nachfolgend sind die üblichsten Belichtungsmethoden aufgeführt. Beachten Sie, dass diese je nach Kamerahersteller unterschiedliche Bezeichnungen haben können, die Funktionen sind aber im Wesentlichen gleich.

Matrixmessung ist üblicherweise die Standard-Messmethode. Sie bezieht eine »Matrix« der Szenerie in die Messung ein, um die beste Belichtung zu ermitteln, und versucht so viel wie möglich in der Szene passend zu belichten. Sie ist ideal für Actionfotografie und große Szenen mit vernünftig beschränktem Kontrast (Landschaften).

Spotmessung erfasst lediglich einen sehr kleinen Teil im Zentrum des Bildes. Wenn das Subjekt unabhängig von der Umgebung absolut korrekt belichtet werden muss, ist Spotmessung die beste Wahl. Dieser Modus kümmert sich nur darum, dass Ihr Subjekt (im mittleren Autofokus-Punkt) korrekt belichtet wird. Spotmessung eignet sich perfekt für Porträts und Makrofotografie.

Mittenbetonte Messung ist eine Art Zwischenform aus Matrix- und Spotmessung. Dieser Modus berücksichtigt Objekte in der Bildmitte stärker, bezieht aber das Umfeld auch mit ein. Dieser Modus funktioniert gut in Sonnenaufgangs- und -untergangssituationen.

Ein guter Test, der Ihnen hilft, sich mit den Messmethoden vertraut zu werden, besteht darin, einen Gegenstand oder eine Person vor ein Fenster zu stellen und mit jeder der Messmethoden eine Aufnahme zu machen, um anschließend die unterschiedlichen Ergebnisse zu vergleichen.

Unten *Die Matrixmessung kann meistens auch mit relativ komplizierten Lichtsituationen (wie dieser) gut umgehen.*

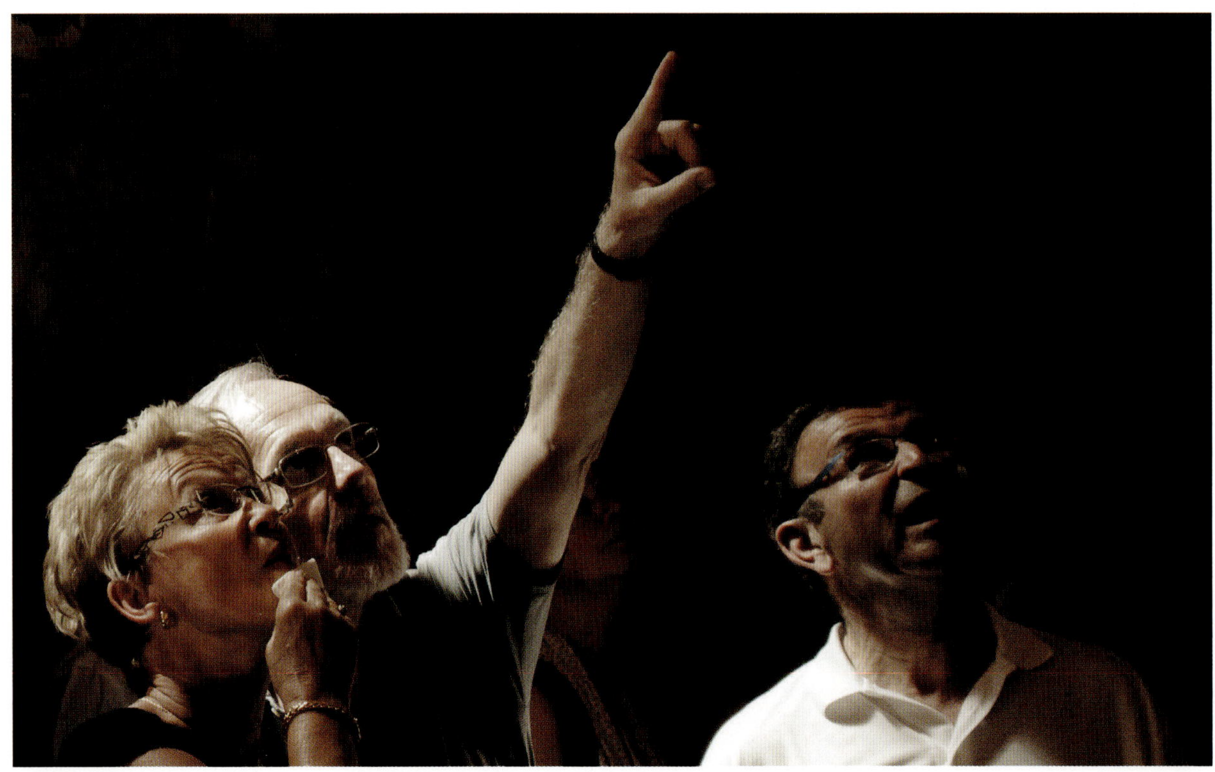

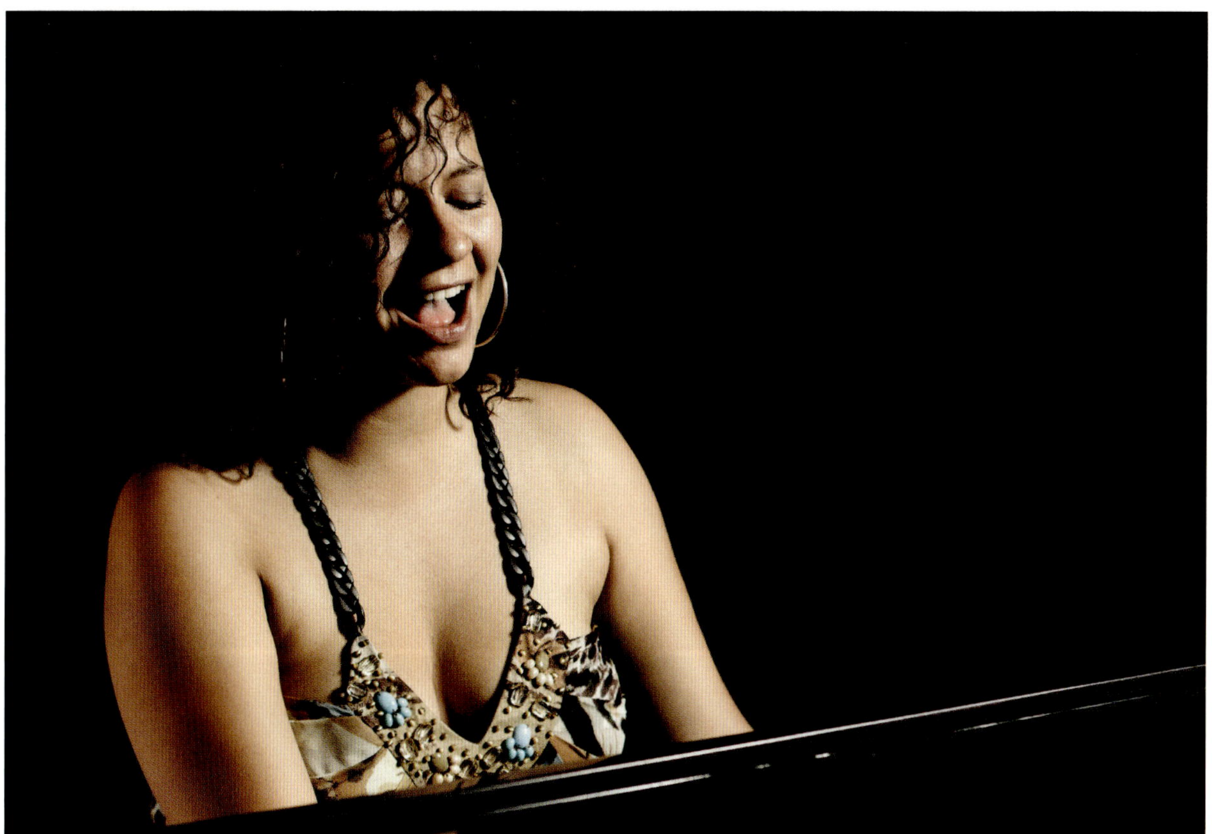

Oben *Der krasse schwarze Hintergrund in der Konzertfotografie kann die Belichtungsmessung austricksen; durch Spotmessung kann man der Kamera aber zu verstehen helfen, was Sie korrekt belichtet haben wollen – in diesem Fall die Musikerin.*

Aber auch beim Fotografieren unterwegs können Sie die verschiedenen Modi ausprobieren, um zu sehen, welche wann am besten funktionieren, bis Sie bereit sind, selbst die korrekte Belichtung zu wählen.

Belichtungskompensation

Ob Neuling oder alter Hase: Sie müssen darauf gefasst sein, die notwendigen Korrekturen vorzunehmen, um die perfekte Belichtung für wirklich beeindruckende Fotos zu bekommen. Gelegentlich erfordert das eine Belichtungskorrektur, indem Sie der Kamera zu »sagen«, dass eine Aufnahme abweichend von der Belichtungsmessung über- oder unterzubelichten ist. Die Belichtungskorrektur funktioniert in jeder der teilautomatischen Betriebsarten (Programm, Blendenvorwahl mit Zeitautomatik, Zeitvorwahl mit Blendenautomatik), indem man die Kamera messen lässt, was sie für die »korrekte« Belichtung hält, und dann die gewünschte Korrektur abzieht oder addiert. Weil die Art, wie EV (»exposure value«, zu Deutsch Belichtungswert) funktioniert, von Kamera zu Kamera etwas abweicht, beschreiben wir nicht alle Varianten.

Sobald Sie sich damit vertraut gemacht haben, braucht es nur noch einen Moment, um eine Aufnahme entsprechend einzustellen. Es ist viel einfacher, eine oder zwei Minuten für Korrekturen an der Kamera zu investieren, um eine korrekte Belichtung zu erhalten (also Ihre Komposition im besten Licht erscheinen zu lassen), als die Veränderungen mühsam in der Nachbearbeitung vorzunehmen.

TIPP

Meiner Erfahrung nach wird die Matrixmessung auf modernen Kameras immer besser; persönlich nutze ich Spot- oder mittenbetonte Messung nicht weiter. Wenn meine Matrixmessung nicht funktioniert, schalte ich auf volle manuelle Einstellung um. Prüfen Sie, was für Sie am besten funktioniert.

Ein Histogramm lesen

Diese ganze Diskussion über die »korrekte« Belichtung ist schön und gut, aber wie weiß man, ob man nun eine korrekte Belichtung hat?

Ein Histogramm kann wertvolle Informationen über die Belichtung einer Aufnahme liefern. Obwohl Sie Ihre Belichtung nicht ausschließlich an den in einem Histogramm enthaltenen Informationen ausrichten sollten, kann es eine ausgezeichnete Hilfe darstellen und anzeigen, wo ein paar Korrekturen vorgenommen werden sollten.

Ein Histogramm besteht aus einer Reihe von Säulen – üblicherweise 256 Stück. Diese repräsentieren die 256 Helligkeitsstufen, die von den Pixeln der Kamera wiedergegeben werden können. Die allererste Säule ganz links steht für reines Schwarz, während die Säule ganz rechts reines Weiß darstellt. Zwischen den Säulen für reines Weiß und reines Schwarz befinden sich alle Tonwerte, die Ihre Kamera aufzeichnen kann. Wenn Sie weit links oder weit rechts eine große Anzahl von Pixeln sehen (eine hohe Säule oder Spitze), kann dies auf eine Unter- oder Überbelichtung hinweisen.

Es gibt verschiedene Wege, zu einem Foto ein Histogramm anzuzeigen. Manche Kameras können ein »Live-Histogramm« anzeigen, das, während Sie mit der Kamera auf eine Szene zeigen, das Histogramm in Echtzeit wiedergeben. Die meisten Kameras können bei der Bildwiedergabe (oder im Wiedergabe- bzw. Play-Modus, wie es bei manchen Kameras heißt) ein Histogramm einblenden. Manche Kameras stellen ein Grauwert-Histogramm (Helligkeit) dar, das aus allen Farben einen Mittelwert bildet, während wiederum andere drei Histogramme für die drei Grundfarben Rot, Grün und Blau übereinander darstellen oder auch beides wahlweise und zusammen.

Es ist extrem nützlich, wenn die Kamera Histogramme anzeigt, aber es ist nicht der einzige Weg, an diese Daten zu kommen – auch in den meisten Programmen zur Bildnachbearbeitung (wie GIMP, Photoshop, Aperture oder Lightroom) kann man sie anzeigen lassen.

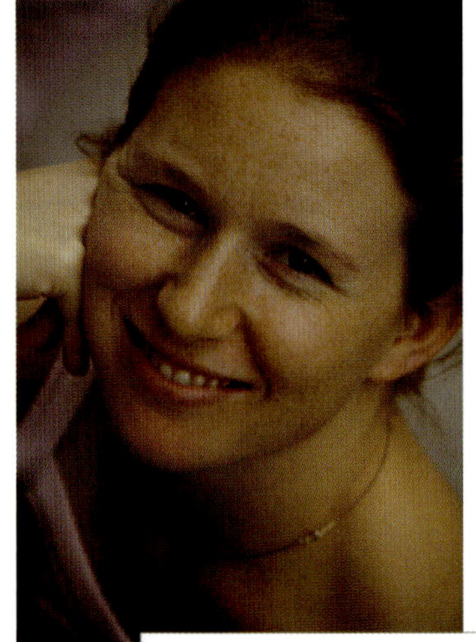

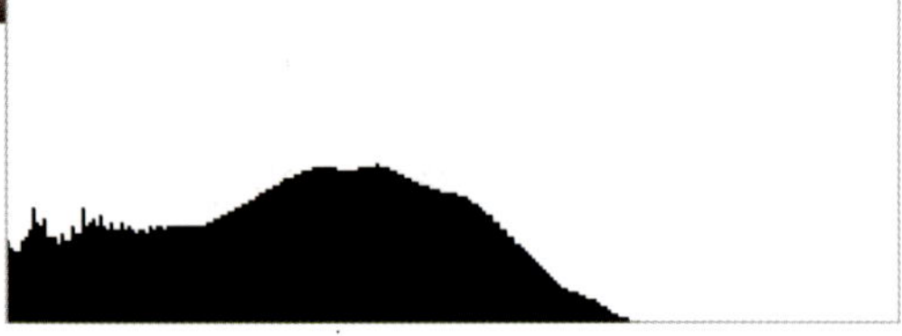

Links *Im Histogramm unter dem Bild links sieht man, dass sich der größte Teil der Daten im »dunklen« Bereich des Histogramms (auf der linken Seite) befindet, und es gibt keine Daten im Bereich der Lichter (rechts). Dies deutet darauf hin, dass das Bild unterbelichtet ist.*

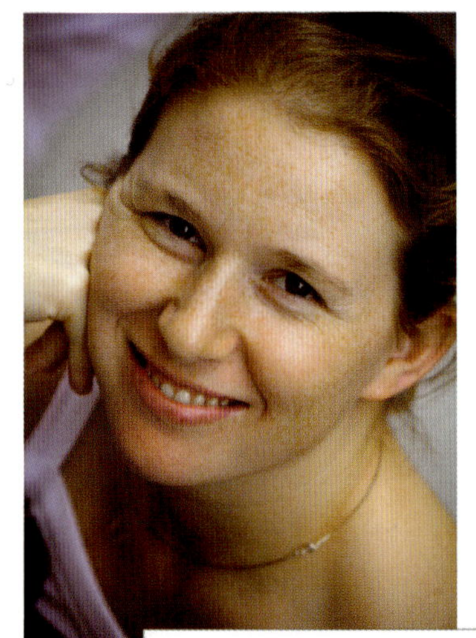

Links *Durch Anpassen der Belichtung des Bildes wird das Foto ansprechender. Vergleichen Sie die beiden Histogramme, um ein Gefühl dafür zu bekommen, wie sie Ihnen dabei helfen können, die perfekte Belichtung zu bekommen.*

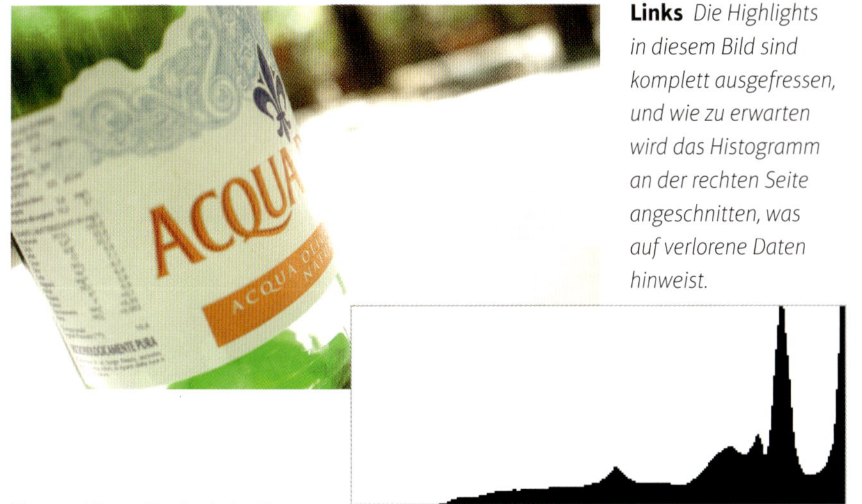

Links *Die Highlights in diesem Bild sind komplett ausgefressen, und wie zu erwarten wird das Histogramm an der rechten Seite angeschnitten, was auf verlorene Daten hinweist.*

Unten *Wenn Sie direkt in die Sonne fotografieren, ist Überbelichtung ziemlich unvermeidlich. Folgen Sie in solch einer Situation nicht blind dem Histogramm – manchmal sind Ihre Augen besser darin, zu erkennen, was für eine gute Aufnahme nötig ist.*

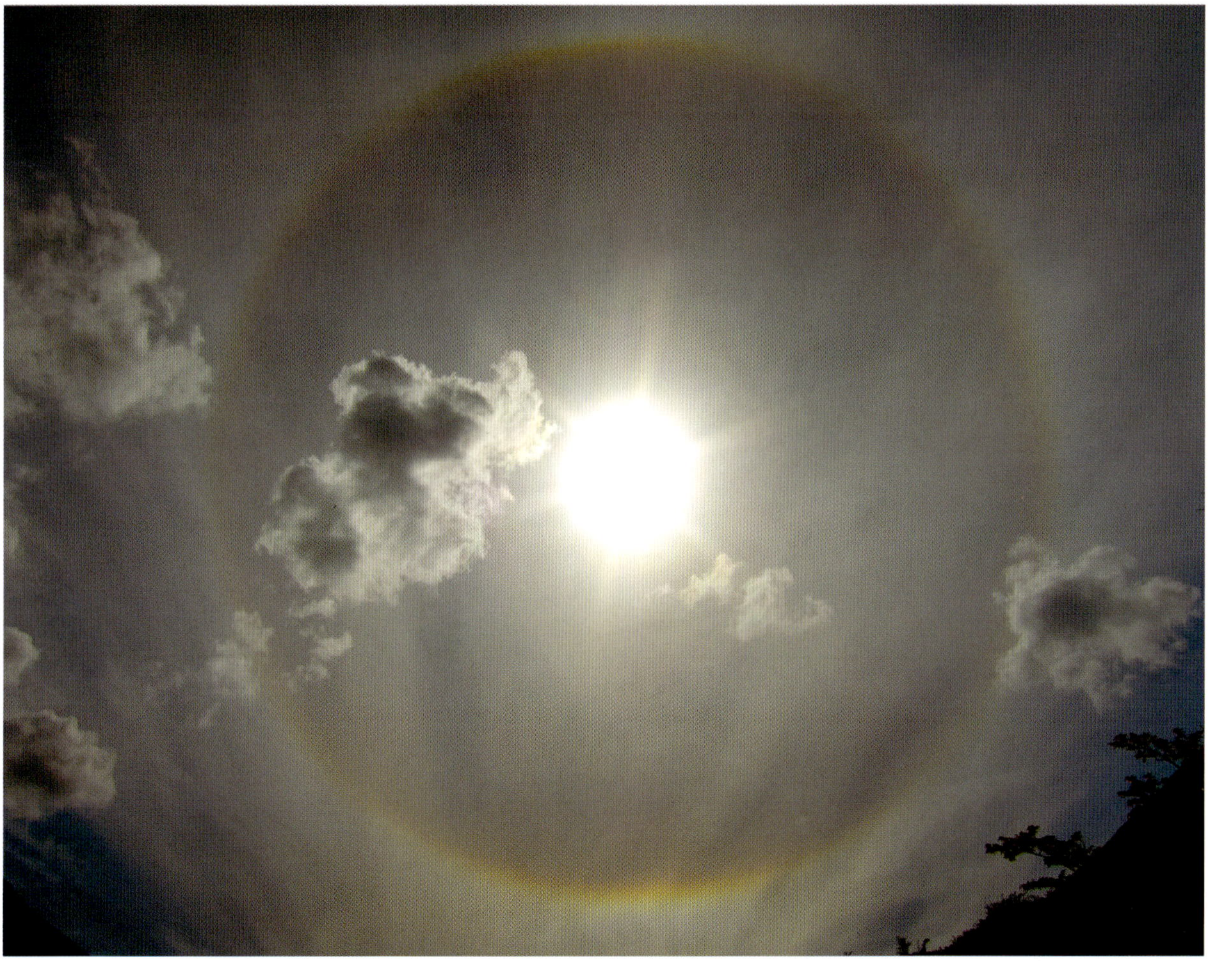

TIPP

Mit dem LCD-Monitor auf der Rückseite der Kamera können Sie Licht und Belichtung überprüfen, aber vertrauen Sie nicht allzu sehr darauf, dass er immer eine exakte Wiedergabe der Belichtung anzeigt, zumal man das Bild auf dem Display häufig schlecht erkennen kann und es zumeist unkorrekt kalibriert ist. Lernen Sie, das Histogramm der Kamera zu beurteilen, um eine korrekte Repräsentation Ihrer Aufnahmen zu erhalten.

Bestimmen, ob etwas über- oder unterbelichtet ist

Kaum etwas ist absolut weiß, darum kann es ein Hinweis auf Überbelichtung sein, wenn das Histogramm Pixel in der ganz rechts liegenden Säule aufweist. Da sich diese Details in der Nachbearbeitung nicht mehr retten lassen, muss man die Aufnahme so korrigieren, dass alles ein wenig nach links verschoben wird – durch eine kürzere Belichtungszeit, eine kleinere Blende oder einen niedrigeren ISO-Wert. Das Histogramm soll wie ein hübscher »Berg« aussehen, ohne dass Pixel in der absolut weißen Säule erscheinen.

Ähnlich signalisieren die Daten im Histogramm, wenn ein Bild potenziell unterbelichtet ist. Pixel in der Säule ganz links am Rand (absolutes Schwarz) können auf »Clipping« hinweisen – die Schatten sind so dunkel, dass sie keinerlei Details mehr enthalten. Das wiederum lässt sich vermeiden, indem man die Belichtung ein wenig höher einstellt, wodurch das Histogramm nach rechts verschoben und die dunkelsten Bereiche aufgehellt werden.

Man muss Histogrammdaten im Zusammenhang mit dem Fotostil betrachten. Bei Low-Key-Komposition (siehe Seite 48) gibt es eine Menge Datenwerte am schwarzen Ende des Histogramms. Das ist zu erwarten. In einer Low-Key-Aufnahme sind die meisten Tonwerte dunkel beziehungsweise im Schatten. Entsprechend weist eine High-Key-Aufnahme Daten im hellen Bereich des Histogramms auf, da sie hauptsächlich aus weißen Tönen und Lichtern besteht. Solche Aufnahmen nur auf Basis der Histogrammdaten zu korrigieren, macht das eigentliche Ziel des Fotos zunichte.

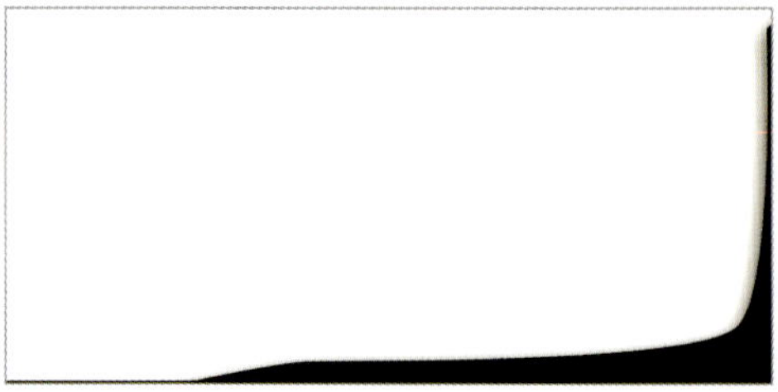

Oben *So sieht das Histogramm eines überbelichteten Fotos aus.*

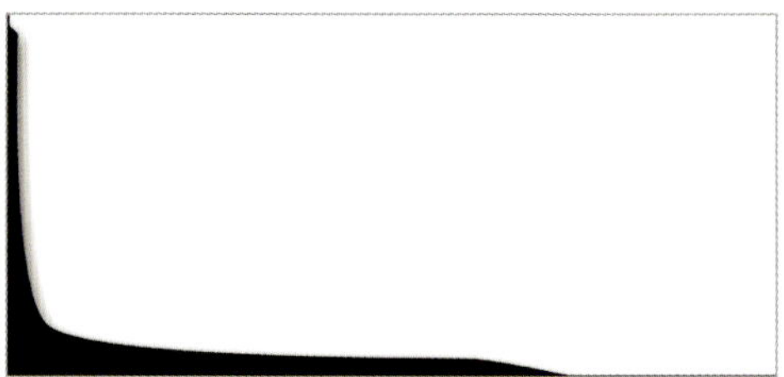

Oben *Das Histogramm eines deutlich unterbelichteten Fotos könnte etwa so wie dieses aussehen. Die hohe Spitze ganz am linken Rand bedeutet, dass eine Menge von Pixeln vollkommen schwarz erscheint.*

Unten *Bei manchen Aufnahmen ist etwas Überbelichtung unvermeidlich. In diesem Bild sind die Sonnenflecken auf dem Fell des Fuchses überbelichtet. Verdirbt dies das Foto? Selbstverständlich nicht!*

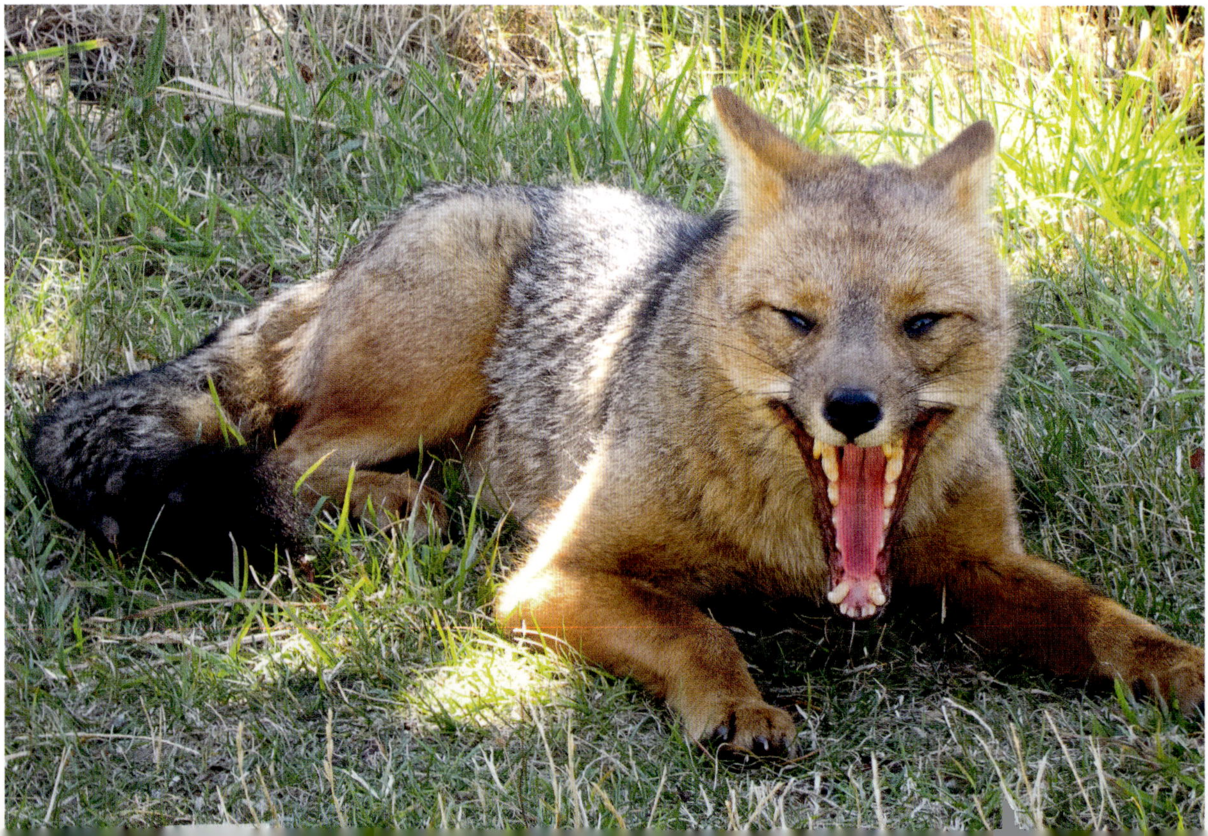

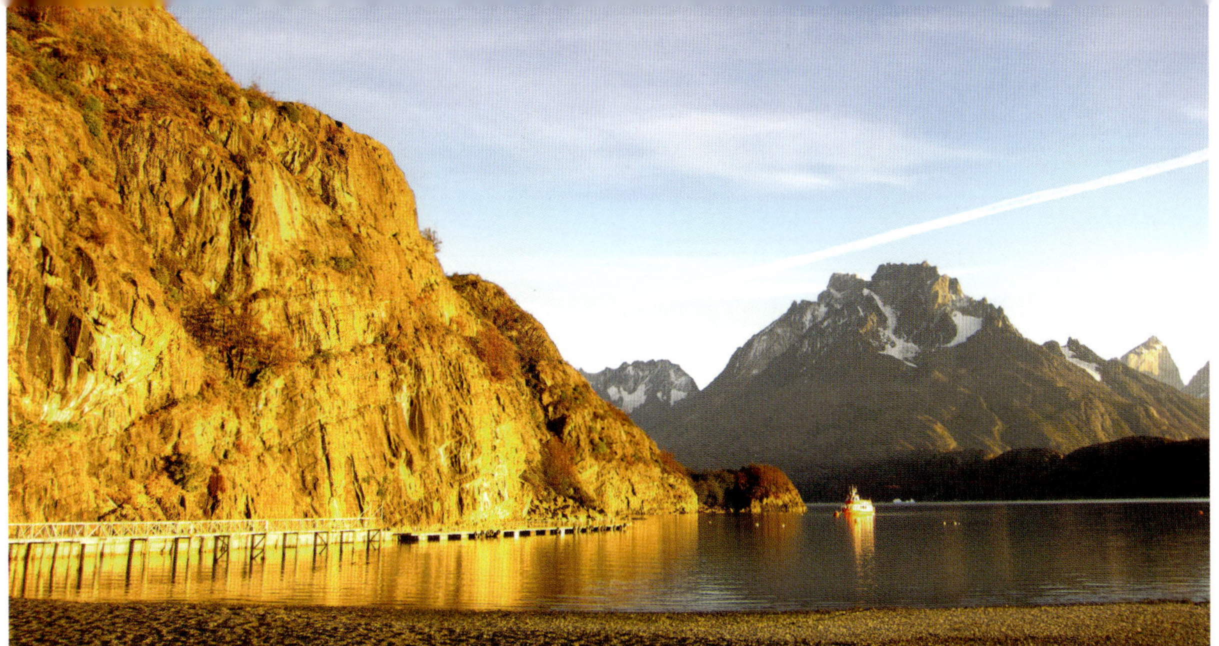

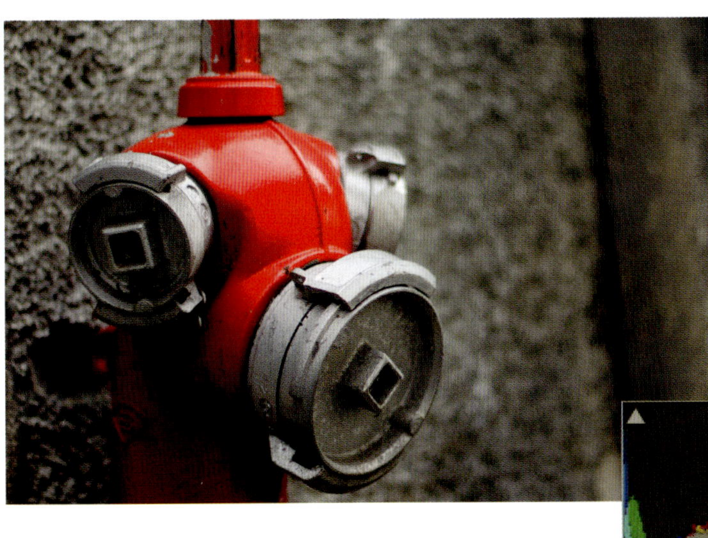

Oben *Manchmal kann eine leichte Unterbelichtung Ihrer Fotos die enthaltenen Farben verstärken. Das trifft besonders auf die Goldene Stunde zu (der ersten Stunde nach dem Sonnenaufgang oder der letzten Stunde vor Sonnenuntergang), wodurch dieser Berg aussieht, als bestünde er aus reinem Gold.*

Links *Dieses Bild hat keinen besonderen künstlerischen Wert, aber es nutzt den vollen Dynamikbereich meiner Kamera: Alles vom perfekten Schwarz bis zum absoluten Weiß ist vorhanden.*

Histogramme und dynamischer Bereich

Histogramme sind auch ein guter Indikator dafür, ob Ihre Kamera den größten Teil der Tonwerte erfasst, die in der Aufnahme vorkommen können. Mit dynamischem Bereich meinen wir den Tonwertumfang von Hell zu Dunkel in einem Foto. Eine Aufnahme mit einem großen dynamischen Bereich weist Daten im gesamten Spektrum des Histogramms auf, von Schwarz bis Weiß. Wenn das Bild an dem einen oder anderen Ende »abfällt«, müssen Sie vielleicht die Belichtung korrigieren; es könnte auch bedeuten, dass – obwohl das Foto selbst nicht unter- oder überbelichtet ist – Sie die Helligkeitstöne zu sehr in eine Richtung verschoben haben.

Histogramme sind ein Werkzeug, das mit etwas Erfahrung im Lesen der Werte eine großartige Hilfe bei der möglichst perfekten Gestaltung der Belichtung sein kann.

TIPP

Es kann leicht passieren, dass man sich zu viel mit Histogrammen und Belichtung beschäftigt und den Blick auf das verliert, was man eigentlich fotografieren möchte. Die manuelle Belichtungseinstellung und andere Mittel sind dazu da, Ihnen zu helfen, aber wenn Sie sich zunehmend in technischen Details verstricken, dann treten Sie einen Schritt zurück. Fotografie soll schließlich Vergnügen bereiten und kein Universitätsstudium der Optik und Physik sein.

Die Regel:

Belichten Sie immer perfekt.

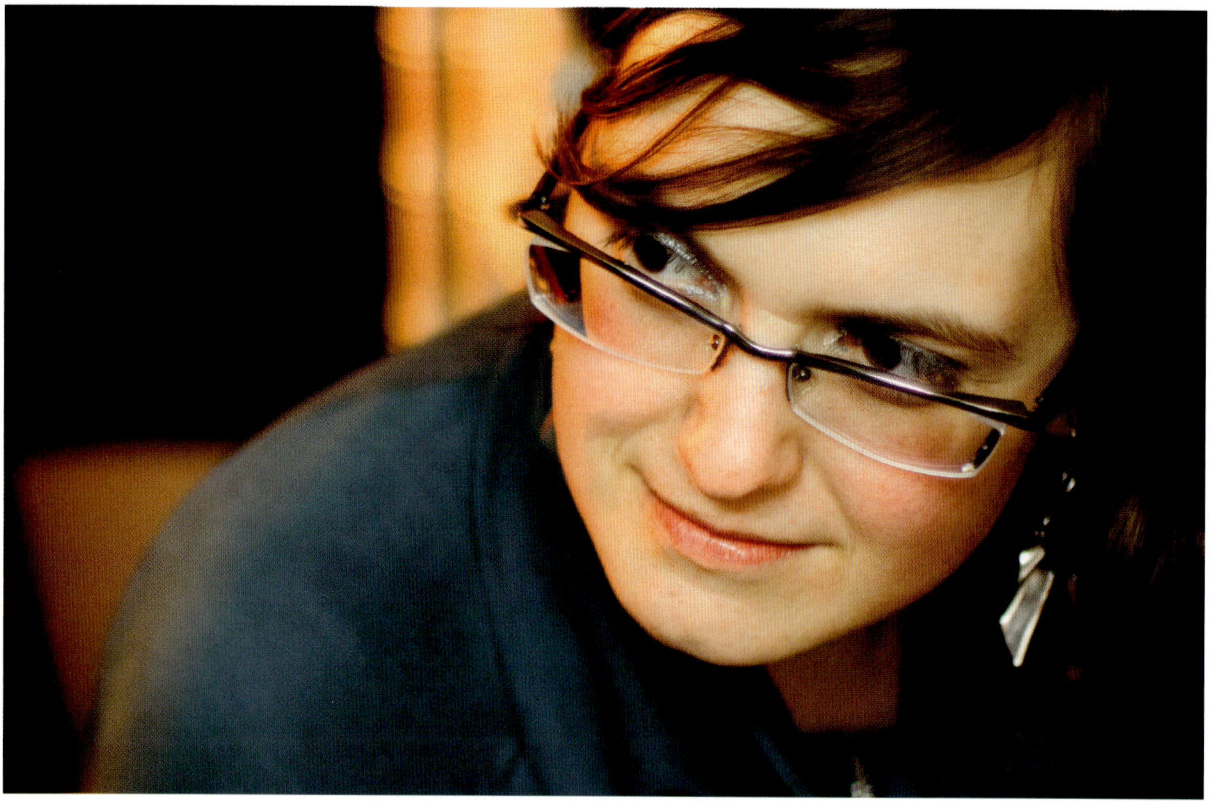

Wenn sich Leute Ihre Fotos anschauen, um eine Kritik abzugeben, werden sie als Erstes auf die Belichtung achten. Die Bemerkung »Diese Aufnahme ist unterbelichtet« (oder »Diese Aufnahme ist überbelichtet«) gehört zum Schlimmsten, das jemand zu mir sagen kann. Denn es unterstellt, dass ich nicht weiß, wie ich mit meiner Fotoausrüstung umzugehen habe.

Kameras sind in den letzten 20 Jahren viel, viel besser geworden, und ein Großteil der Verbesserungen liegt in den Messverfahren und den in die Kameras eingebauten Techniken, die so perfekt wie möglich arbeiten, wenn es darum geht, die korrekte Belichtung für eine Aufnahme zu berechnen. Anders gesagt, es gibt keine Entschuldigung für die Über- oder Unterbelichtung einer Aufnahme.

Es gibt viele gute Gründe, um perfekt zu belichten. Ein Foto sieht mit einer guten Belichtung einfach … »richtig« aus. Die Mehrheit der Fotos, die Sie im Internet finden, und so gut wie jede Aufnahme aus Film und Fernsehen entsprechen den Regeln einer korrekten Belichtung.

Oben *Eine perfekte Belichtung trägt viel dazu bei, ein Foto gut wirken zu lassen. Dieses Bild ist nicht zu hell oder zu dunkel, und es gibt jede Menge Zwischentöne.*

Unten *Diese zunächst unterbelichtete Aufnahme wurde korrigiert. Sie sieht nicht »schlecht« aus, sondern durchaus »richtig«.*

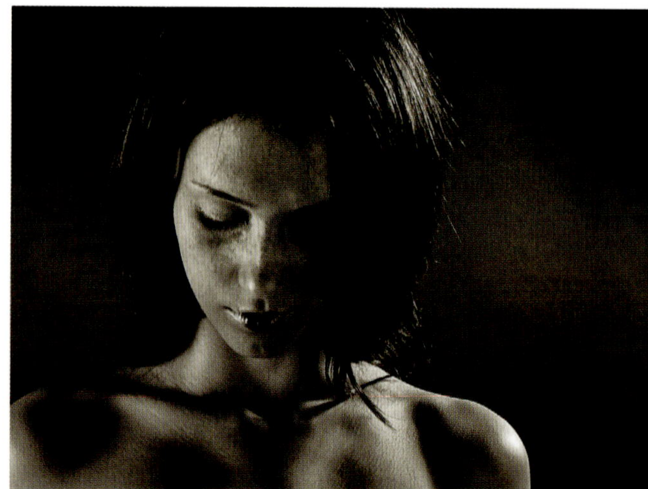

Also ist dies eine der wichtigsten Grundregeln in der Fotografie, die niemals, wirklich niemals gebrochen werden darf: nämlich richtig zu belichten.

Zugegeben, das kann zuweilen schwierig sein. Manchmal gibt es nur die Möglichkeit, ein Foto unter- oder überzubelichten und dann in der Nachbearbeitung Korrekturen vorzunehmen. Dieser Ansatz hat sowohl Vor- als auch Nachteile.

Warum man ein Foto nicht unterbelichten sollte

Wenn ein Foto unterbelichtet ist, kann es schwierig sein, durch Aufhellen am Computer die Farben zurückzugewinnen; dadurch entsteht ein matschig-verwaschener Effekt. Außerdem wird, je stärker man ein Foto aufhellt, der Anteil an digitalem Rauschen sichtbar größer. Dieser Effekt verstärkt sich bei hohen ISO-Einstellungen, weil die Aufnahme dann bereits Rauschen enthält, das sich umso deutlicher bemerkbar macht, je mehr man sie aufhellt.

Unterbelichtung macht auch Probleme, wenn Teile der Komposition in reinem Schwarz untergehen. Absolut schwarze Bereiche enthalten keinerlei aufgezeichnete Details mehr. Wenn Sie also in Schattenbereichen noch Zeichnung erhalten wollen, müssen Sie mehr Licht in die Kamera lassen.

Warum man ein Foto nicht überbelichten sollte

Wenn es also eine schlechte Idee ist, ein Foto unterzubelichten, sollte man es stattdessen dann sicherheitshalber etwas überbelichten? Das hängt ganz von der jeweiligen Situation ab. Wenn Sie ein Foto überbelichten, können Sie die Schatten in der Nachbearbeitung abdunkeln, wobei es kein Rauschproblem wie beim Aufhellen eines unterbelichteten Fotos gibt. Die Korrektur eines überbelichteten Bildes bringt jedoch eigene Probleme mit sich.

Wenn ein Foto überbelichtet ist, können die hellen Bereiche viel zu hell erscheinen. Und sobald die Lichter zu hell wiedergegeben werden, verlieren sie jede Zeichnung und lassen sich nicht reparieren. Diese Bereiche erscheinen dann reinweiß und werden gerne als »ausgefressen« bezeichnet.

Um Über- oder Unterbelichtung zu vermeiden, hilft ein Blick auf das Histogramm; es zeigt an, ob die Aufnahme zu stark über- oder unterbelichtet ist.

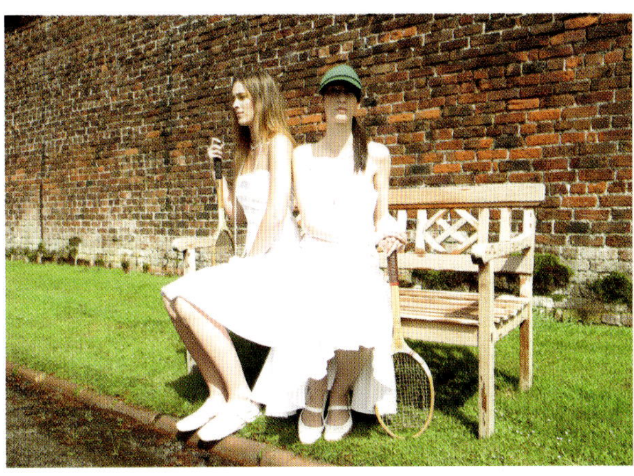

Oben *Die Kleider der Mädchen sind in diesem Foto unrettbar überbelichtet.*

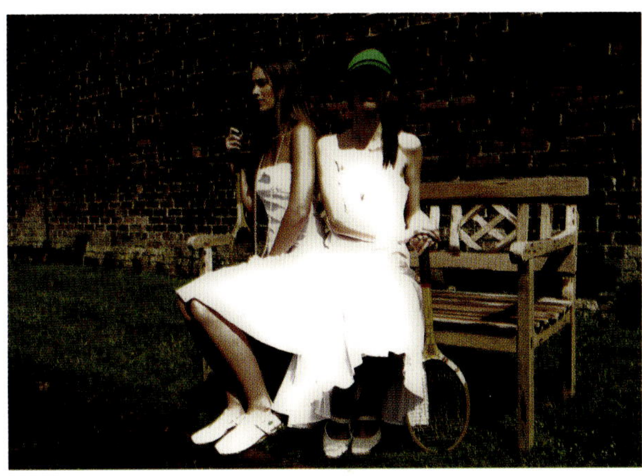

Oben *Selbst durch Abdunkeln des Bildes unter einen sinnvollen Wert bleiben dieselben völlig weißen Flächen, die keinerlei aufgezeichnete Details aufweisen, sodass das Foto ruiniert ist.*

WENN SIE NICHTS ZU GEWINNEN HABEN

Irgendwann werden Sie bei der Aufnahme vor der Wahl stehen: Entscheiden Sie sich für eine korrekte Belichtung der Lichter oder für erkennbare Details im Schatten? Darauf gibt es keine einfache Antwort. Wenn Sie genügend Zeit haben, können Sie immer mehrere unterschiedlich belichtete Aufnahmen machen und auf sich später entscheiden, aber wenn Sie (oder das Motiv) unter Zeitdruck steht, geht es darum, sich für den vitalsten Teil der Komposition zu entscheiden und diesen korrekt zu belichten. Der Rest ist nur schmückendes Beiwerk.

Die Regel:

Halten Sie die Tonwerte in Grenzen.

Das Aufnehmen von Szenen mit einem vollen Tonwertumfang (d. h. bei denen sich Daten im gesamten Bereich des Histogramms befinden) kann schwer zu meistern sein. Wie bereits erläutert, ist der Aufnahmebereich der Kamera geringer als der Wahrnehmungsbereich des menschlichen Auges, was zu gekappten Schatten und ausgefressenen Lichtern führen kann. Deshalb verbringen Fotografen eine Menge Zeit damit, die Tonwerte auf ihren Fotos gleichmäßig zu halten.

Indem man fotografische Szenen mit gleichmäßigeren Tonwerten auswählt, kann man sich normalerweise darauf verlassen, dass ein automatischer Belichtungsmodus die richtige Belichtung liefert. In den meisten Fällen wird Ihre Kamera erfolgreich die Szene analysieren und die bestmögliche Belichtung für die Aufnahme bestimmen.

Kompositionen mit gleichmäßigen Tonwerten sind viel einfacher korrekt zu belichten, ohne viel Zeit mit Kameraeinstellungen zu verbringen.

TIPP

Wenn Sie fotografischer Neuling sind, halten Sie anfangs nach Szenen mit gleichmäßigen Tonwerten Ausschau. Machen Sie zum Beispiel im Freien Fotos bei trübem Wetter. Das limitiert den Kontrastumfang der Szenerie und kann hilfreich sein, um die gewünschten Fotos zu bekommen.

Unten *Glauben Sie nicht, dass ähnliche Tonwerte ein langweiliges Foto ergeben (obwohl viele der Fotos, die ich in diesem Buch verwende, schwarz-weiß sind, um das Konzept zu erklären). Dieses Bild, obwohl sehr bunt, ist zugleich ein großartiges Beispiel für gleichmäßige Tonwerte – nichts ist sehr dunkel oder sehr hell und es gibt viele Zwischentöne.*

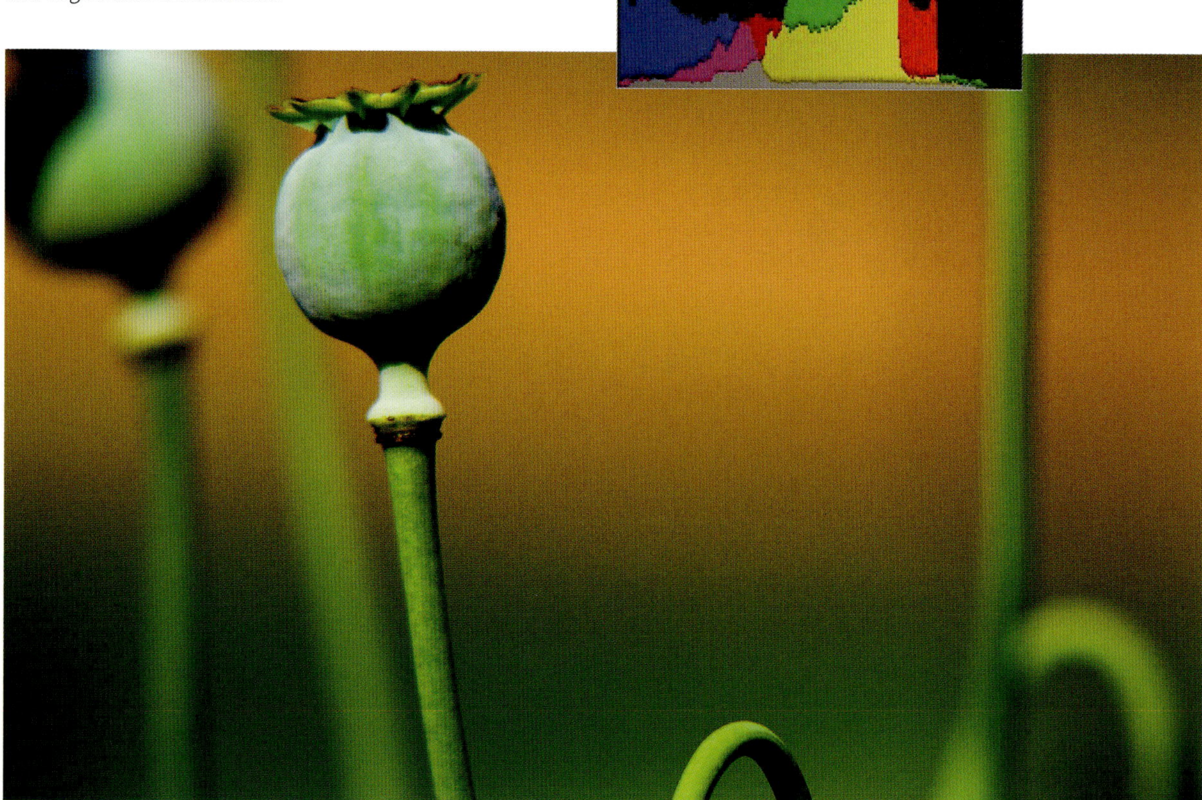

Wenn Sie darauf achten, dass in Ihren Fotos ein begrenzter Tonwertumfang wiedergegeben wird, vermeiden Sie Probleme mit ausgefressenen Lichtern und abgesoffenen Schatten, da der Bereich von Schwarz bis Weiß bei den Aufnahmen viel enger ist. Ein gutes Beispiel für Fotografie mit ausgeglichenen Tonwerten sind Landschaftsaufnahmen an einem diesigen Tag. Die Wolken machen das Licht diffus, sodass die Lichter in einem Foto weicher und die Schatten weniger dunkel werden.

Ähnliche Tonwerte in einem Foto müssen nicht Grauwerte bedeuten, sondern einfach nur einen geringeren Dynamikbereich. Dabei kann es sich um die Aufnahme eines blauen Bootes auf dem Ozean handeln, eines weißen Vogels gegen einen bewölkten Himmel oder eines Waldes voller immergrüner Bäume. Es kann auch bedeuten, eine Vielfalt an Farben aufzunehmen, die sich alle in ähnlichem Licht befinden (wie ein Feld voller Wildblumen). Alles was Sie versuchen sollten, ist eine Gesamtkomposition mit einem begrenzten Tonwertumfang zu finden.

WOLLEN SIE EINEN GRÖSSEREN DYNAMIKBEREICH? VIELLEICHT DURCH HDR!

HDR, also High-Dynamic-Range-Fotografie, ist eine Möglichkeit, um Aufnahmeszenarien zu bewältigen, die einen zu großen Dynamikbereich aufweisen, als dass die Kamera ihn direkt erfassen könnte. Ein HDR-Foto ist eine Kombination aus drei oder mehr Aufnahmen, von denen jede unterschiedlich belichtet wurde. Indem man unterschiedliche Belichtungen einstellt, um alle Schatten, Mitteltöne und Lichter einzufangen kann man den gesamten Tonwertumfang in einer kontrastreichen Szene erfassen, um dann mithilfe von Software ein HDR-Foto zu erzeugen.

HDR-Fotos nimmt man am besten im RAW-Format auf – seien Sie vorsichtig, da diese Aufnahmen ziemlich viel Speicherplatz auf Ihrer Speicherkarte belegen. Außerdem ist es dabei wichtig, dass jede Aufnahme vom selben Standpunkt aus ohne Bewegung der Kamera aufgenommen wurde, was ein Stativ erfordert. Anschließend brauchen Sie ein gutes HDR-Konversionsprogramm wie Photomatix.

Unten *Mein treues Model Ducky ist ein perfektes Beispiel für ausgeglichene Tonwerte.*

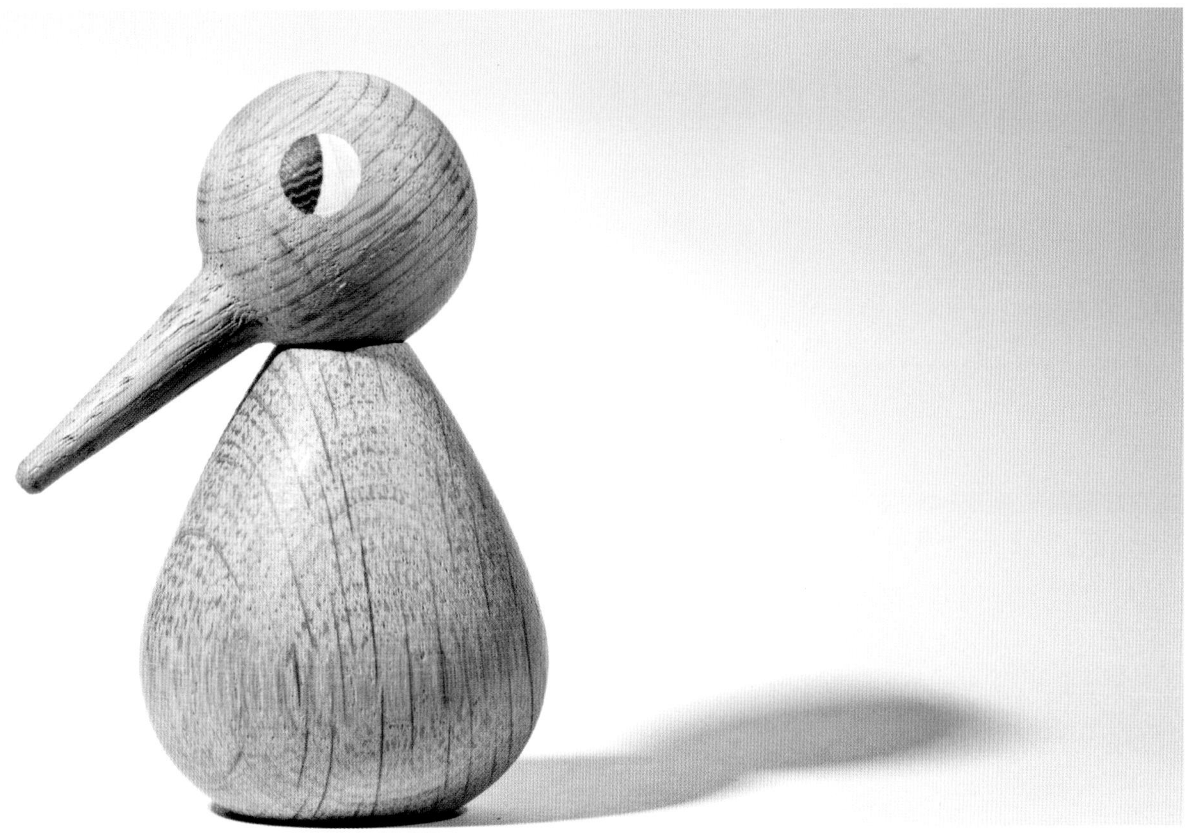

High-Key-Fotografie

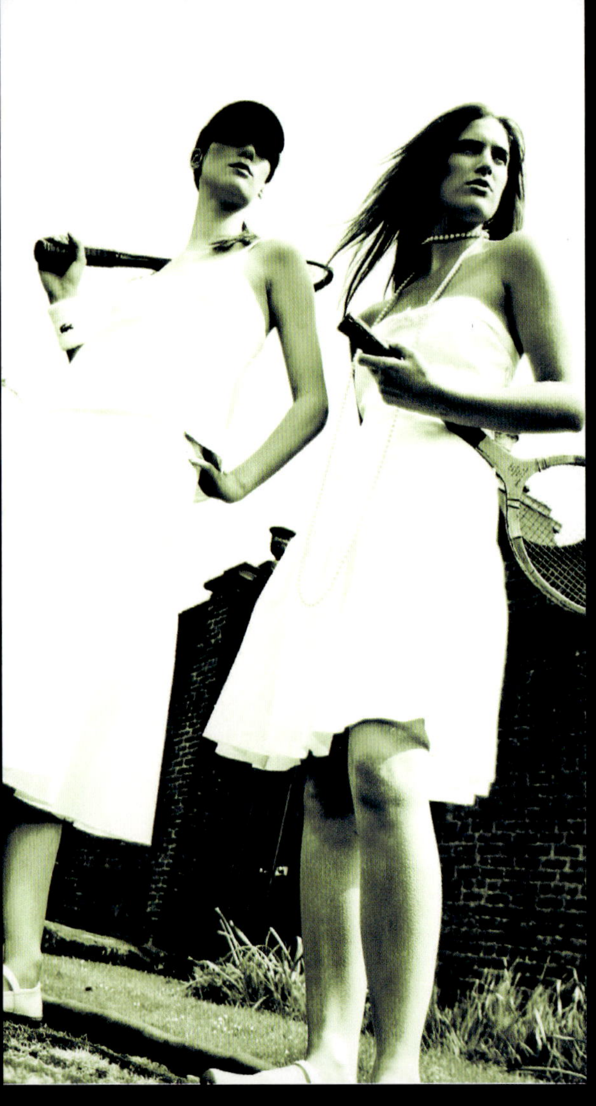

An den Regeln festkleben? Das ist ein No-Go in diesem Buch, also wollen wir uns überlegen, inwiefern man die Belichtungsregeln biegen oder brechen und dabei gut aussehende Fotos machen kann.

Die einfache Wahrheit lautet, dass unsere Augen Szenen nicht überbelichten; indem sie ständig ihre Blende (die Pupillenöffnung) anpassen, sehen wir die Umgebung »korrekt« belichtet. Wir nicht gewöhnt, Überbelichtung zu sehen, außer in Fotos, die falsch aufgenommen wurden.

Es gibt ein paar Methoden, die Regel, ein Bild »korrekt« zu belichten, bewusst zu brechen. Sie können es entweder überbelichten (zu lange Belichtungszeit, zu große Blende, zu hoher ISO-Wert bzw. eine Kombination daraus) oder unterbelichten (durch das jeweilige Gegenteil).

Es ist nicht meine Aufgabe, den Lesern Regeln für das Brechen von Regeln zu vermitteln, aber nach meiner Erfahrung sind die besten Überbe-

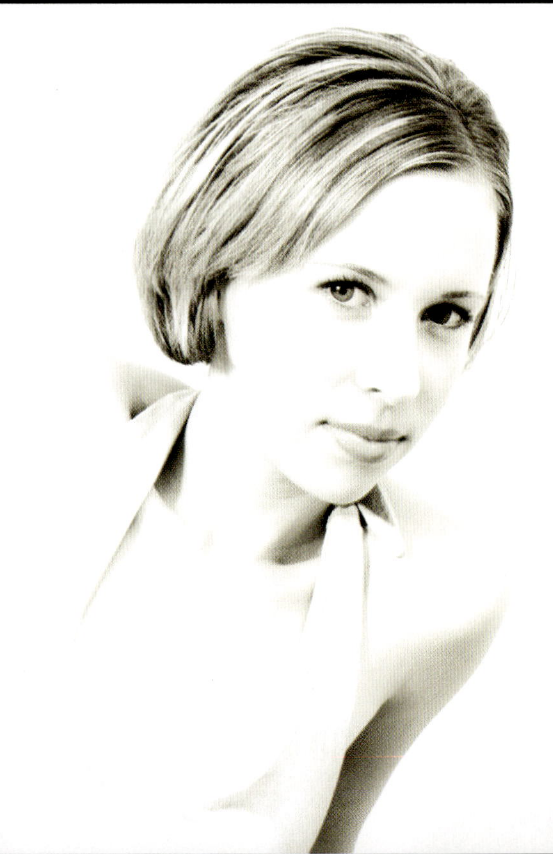

Oben *Diese Aufnahme stammt von demselben Fotoshooting wie das unglücklich überbelichtete Bild (auf Seite 43). Aber die dramatische Komposition und der Kontrast zwischen den Bereichen, die überbelichtet sind, und jenen, die korrekt belichtet sind, führen dazu, dass dieses Foto funktioniert.*

Rechts *Es mag überbelichtet sein, als gäbe es kein Morgen, aber niemand kann bestreiten, dass dies ein wunderschönes und subtiles Porträt ist.*

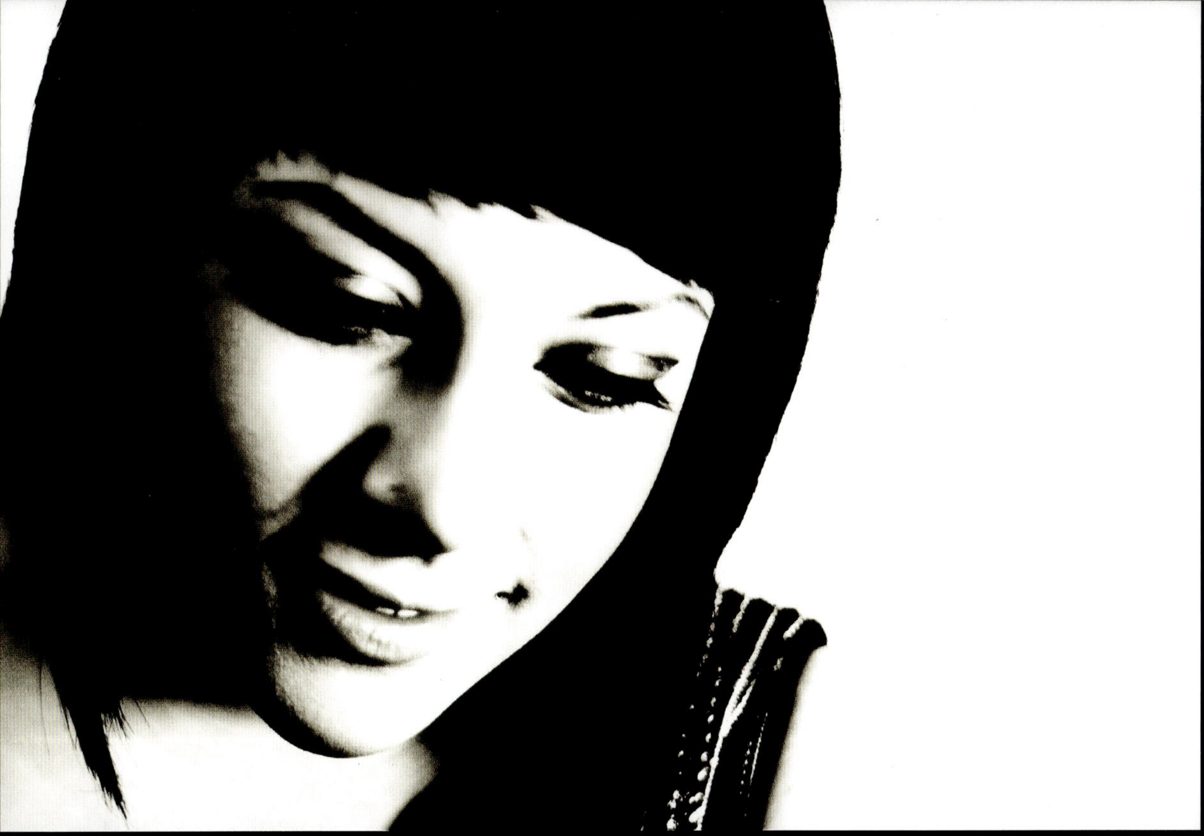

lichtungen jene, denen es gelingt, einen Zielpunkt für das Auge des Betrachters zu erzeugen. Eine Regel zu brechen, bedeutet nicht, dass man gleich alle brechen soll: Es geht immer noch darum, ein ansprechendes Bild zu erzeugen. Wenn die Betrachter von dem Foto nicht gefesselt werden und für einen zweiten Blick zurückkehren, haben Sie etwas falsch gemacht.

Es gibt einen Begriff für Fotos, die hauptsächlich helle Töne enthalten: High-Key-Aufnahmen. Dieser Fotostil ist hell, weiß, heiter und feminin. Gut gemachte High-Key-Aufnahmen erzeugen ein Gefühl von Unschuld und Reinheit, und der Stil wird häufig in der Reklame- und Fashionfotografie verwendet.

Man braucht ein sehr helles Bild mit nur wenigen Schatten oder Kontrasten. Bezogen auf das Histogramm sollen sich die Details vorwiegend auf der rechten Seite befinden, und gleichzeitig ist zu vermeiden, dass es zu viele ausgefressene Lichter gibt. Für das helle Bild braucht man zusätzliches Licht, einen weißen Hintergrund und den manuellen Modus an der Kamera. Es hilft im Allgemeinen, wenn der Lichtaufbau einiges Seitenlicht einschließt, um mehr Tiefeneindruck zu erzeugen. Außerdem ist es gut, wenn Sie einige sehr weiche Lichtquellen verwenden, da hartes Licht Schatten erzeugt, wo man sie nicht haben will.

Oben *In dieser Aufnahme gibt es zu viel dunkele Elemente für ein High-Key-Porträt – sie ist stattdessen ein reizvolles Porträt mit hohen Kontrasten, das sowohl ausgefressene Lichter als auch Schatten mit abgeschnittenen Details im selben Bild enthält. Dramatischer Stoff!*

Unten *Es gibt keinen Grund, High-Key-Fotografie nur bei Porträts einzusetzen; Aufnahmen von Nahrungsmitteln und andere Stillleben können ebenfalls als High-Key großartig wirken.*

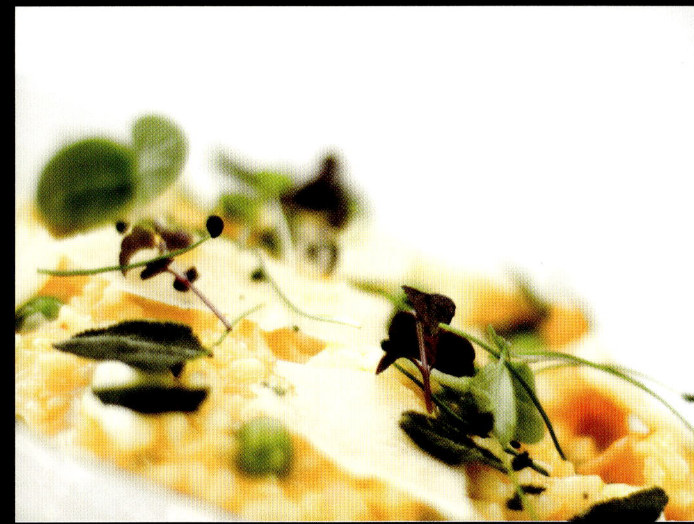

Low-Key-Fotografie

Low-Key-Fotografie nennt man den Stil, Bilder so aufzunehmen, dass sie vorwiegend dunkle Tonwerte enthalten – beispielsweise eine Person mit dunkler Haut vor einem dunklen Hintergrund oder eine Person in einem dunklen Raum mit nur wenig Licht auf ihrem Gesicht. Auch Produktfotografie nutzt häufig die Low-Key-Technik, um eine düstere, bedrohliche Stimmung zu erzeugen.

Low-Key-Fotos sind hervorragend geeignet, um eine dunkle oder mysteriöse Stimmung wiederzugeben, und da ein Mangel an Licht die Hauptvoraussetzung ist, lassen sie sich recht einfach umsetzen. Der Schlüssel, um eine gute Low-Key-Aufnahme zu bekommen, besteht im Bemühen um einen möglichst hohen Kontrast. Während der größte Teil des Bildes dunkel oder vollkommen schwarz ausfallen wird, soll es einen hellen Teil enthalten, der den Blick des Betrachters einfängt. Schwarz-Weiß-Fotografie kann helfen, den Kontrast zu perfektionieren und die dramatische Stimmung im Bild zu verstärken.

Um mit Low-Key-Fotografie zu arbeiten, brauchen Sie volle Kontrolle über die Lichtquellen. Sie können natürlich ausgeklügelte Studioblitzanlagen verwenden, aber das muss nicht sein. Eine Methode, um den Low-Key-Eindruck zu erzeugen, besteht darin, das Model in einem dunklen Raum zu positionieren und dann das Licht in einem angrenzenden Raum einzuschalten. Öffnen Sie die Tür gerade so weit, dass genügend Licht auf die Person fällt, aber nicht so viel, dass der Hintergrund hell wird.

Bei der Low-Key-Fotografie brauchen Sie sich keine Sorgen um abgeschnittene Schatten zu machen, da diese zum Look gehören. Totales Schwarz im Umfeld des Subjekts (oder sogar als Teil desselben) ist vollkommen akzeptabel.

Unten *Das Histogramm zu diesem Foto ist überwiegend schwarz, aber wenn Sie darauf schauen, werden Ihre Augen unmittelbar auf Duckys Augen gezogen.*

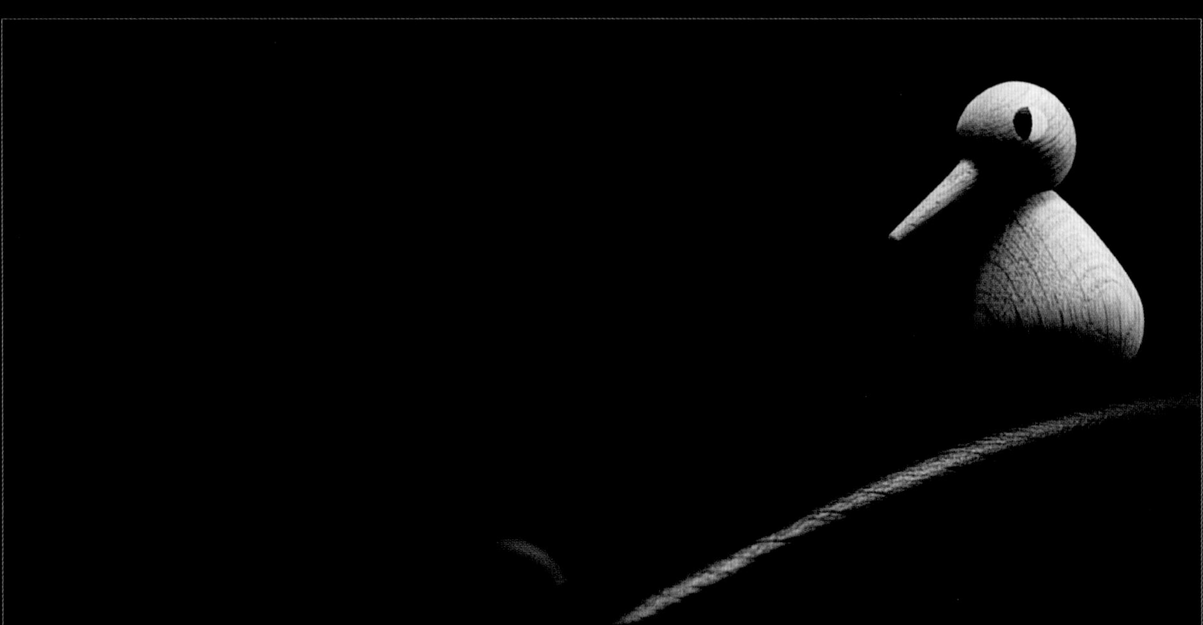

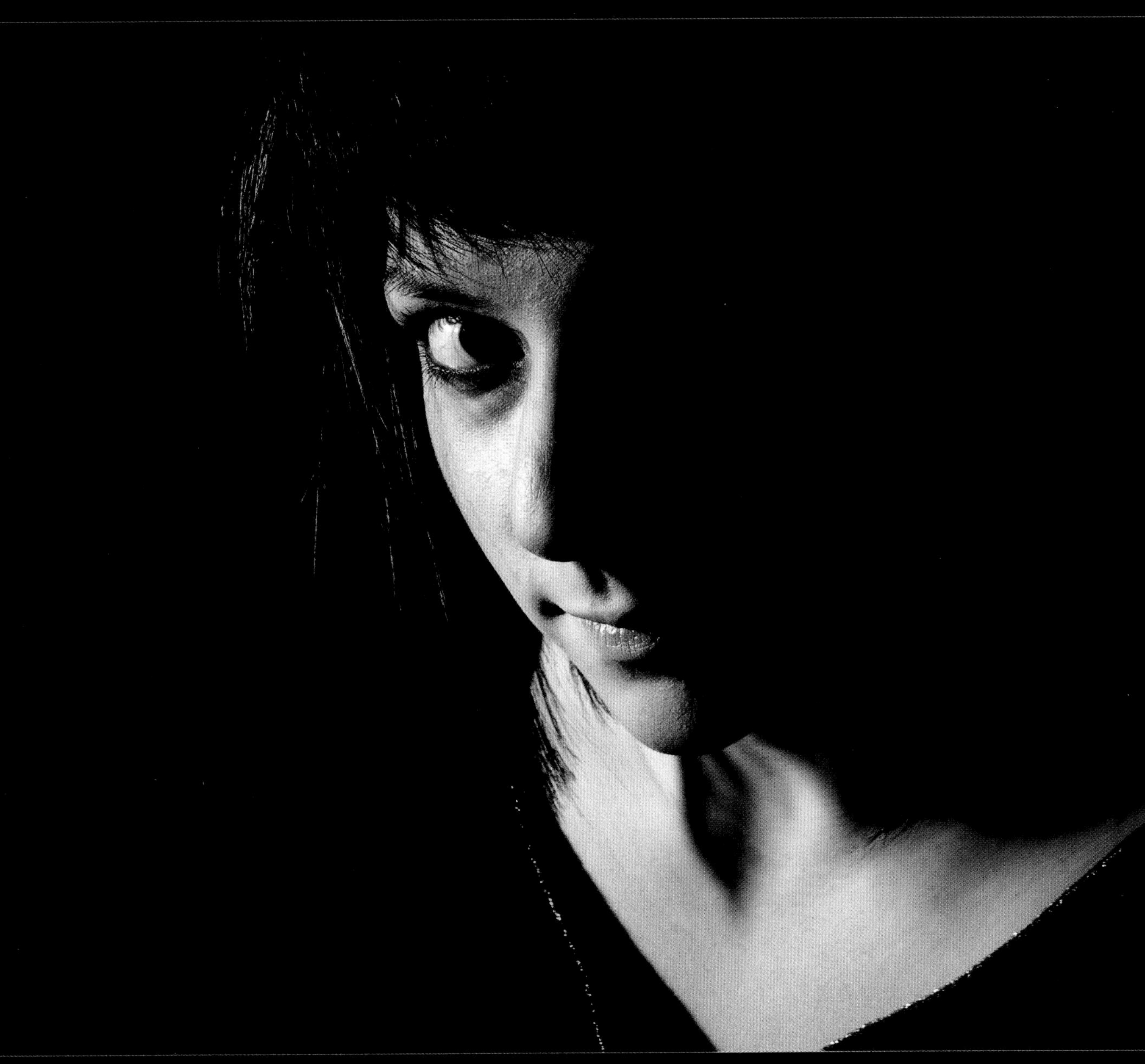

Oben *Low-Key-Fotografie kann Bilder mit fesselnder Stimmung erzeugen.*

Die Regel:

Verwenden Sie immer die niedrigstmögliche ISO-Einstellung.

Heutzutage lässt man sich leicht von all dem technischen Schnickschnack der Digitalkameras beeindrucken: Verwacklungsschutz, Gesichtserkennung, automatische Moduswahl usw. Oft wird als Hauptargument ein möglichst hoher ISO-Einstellbereich angepriesen, mit dem man die Sensorempfindlichkeit erhöhen und insbesondere auch in Situationen mit wenig Licht korrekt belichten kann.

Grundsätzlich ist es ja in Ordnung, wenn Ihre nagelneue Kamera einen ISO-Bereich aufweist, bis in die Tausende reicht. Die Frage aber ist, bis wohin sie dabei auch noch gute Resultate liefert. Mit jeder Erhöhung der ISO-Einstellung kann Rauschen in die Aufnahme gelangen. Je höher der gewählte ISO-Wert, desto höher das Risiko, dass es Bildrauschen und mehr davon gibt. Rauschen ist der Feind jedes Fotos, das gut aussehen soll, und daher lautete die Regel: So wenig ISO wie möglich.

SEIEN SIE AUF DER HUT VOR ISO-AUTOMATIK!

SLR-Kameras sind meistens so voreingestellt, dass sie automatisch die zum Aufnahmemodus und den Umständen passende Empfindlichkeit wählen. Leider trifft die Kamera dabei nicht immer die richtige Wahl und produziert verrauschte High-ISO-Aufnahmen, die man nicht verbessern kann. Für dieses Problem gibt es zwei Lösungen. Entweder stellen Sie die Empfindlichkeit passend zu den Umständen und Ihren Präferenzen von Hand ein, wodurch Sie die größte Kontrolle erlangen – das verlangt aber mehr Zeit für die Einstellung der Aufnahme. Oder Sie limitieren im Menü der Kamera die ISO-Werte auf einen bestimmten Bereich. Wenn Sie zum Beispiel wissen, dass ISO-Werte von 1600 und weniger gute Aufnahmen ergeben, können Sie die automatische ISO-Einstellung auf diesen Bereich beschränken. Wenn Sie höhere ISO-Werte benötigen, können Sie die automatische Einstellung überschreiben. Sie müssen die Kamera darauf einstellen, RAW-Bilder aufzuzeichnen – aber bedenken Sie, dass diese Bilder deutlich mehr Platz auf der Speicherkarte benötigen.

Unten *Man kann sogar mit einer Kompaktkamera wunderbar rauscharme Bilder machen, indem man 15 Sekunden bei niedriger ISO-Einstellung fotografiert – in diesem Fall mit ISO 80.*

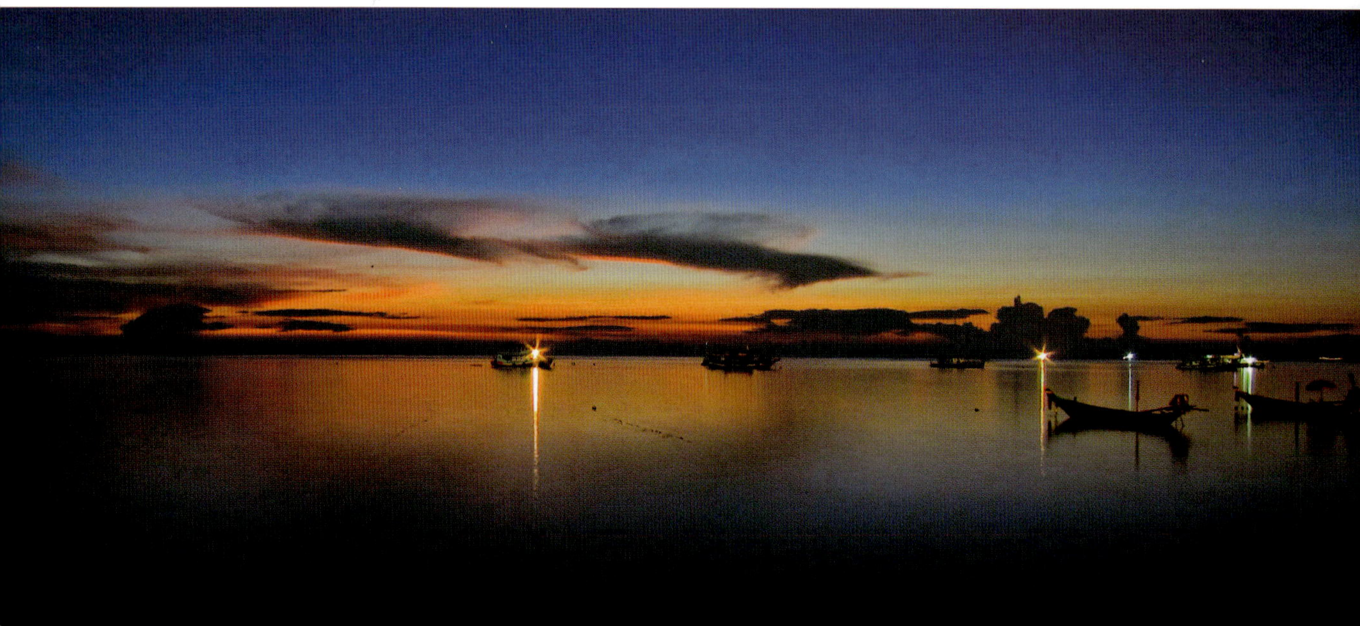

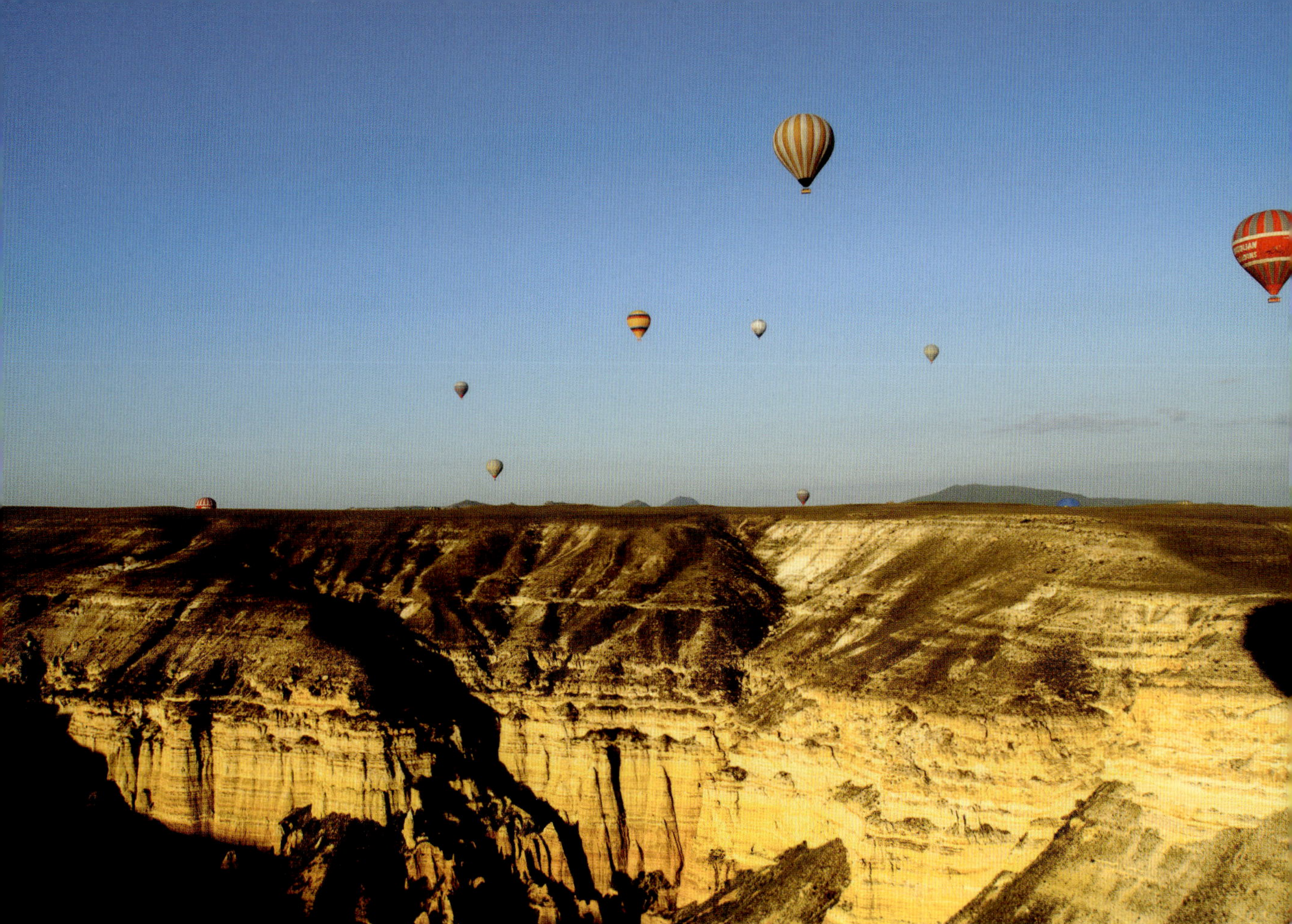

Oben *Manche Aufnahmen würden schon durch den leisesten Ansatz von digitalem Rauschen ruiniert - dieser schöne und fesselnde Sonnenaufgang ist ein Musterbeispiel.*

Jede Kamera ist anders: manche liefern unglaublich gute Ergebnisse bei höheren ISO-Werten, andere nicht. Der ISO-Wert ist ein wichtiger Faktor für die korrekte Belichtung; wenn er aber ein Bild durch Rauschen ruiniert, macht er Ihre Arbeit zunichte. Es gilt, die richtige Balance zwischen höheren ISO-Werten und niedrigem Rauschen zu finden.

Finden Sie zunächst eine Kamera, die bei höheren Empfindlichkeitswerten eine vernünftige Bildqualität bietet und dabei auch noch all Ihren anderen Ansprüchen an eine gute SLR genügt. (Zum Glück gibt es zahllose Online-Quellen, in denen man sich darüber informieren kann.) Das ist besonders wichtig, wenn Sie viel im Innenraum oder bei schwachem Licht fotografieren und kein Blitzlicht verwenden können und auf hohe ISO-Werte angewiesen sind.

Ansonsten gilt: Versuchen Sie den niedrigstmöglichen ISO-Wert durch die richtige Balance aus Belichtungszeit und Blende für die korrekte Belichtung zu verwenden. ISO-Werte von 100 bis 200 liefern die besten Ergebnisse, 400 bis 800 sind normalerweise passabel, aber es fängt schon leicht zu rauschen an. Wenn Sie darüber hinausgehen – insbesondere höher als ISO 1600 –, hängen die Ergebnisse stark von der Kamera und der jeweiligen Aufnahme ab.

Wann soll man den ISO-Wert erhöhen?

Man kann nicht immer den niedrigsten ISO-Wert verwenden, deshalb lautet die Regel ja: Nutzen Sie die niedrigstmögliche ISO-Einstellung. Die niedrigsten ISO-Werte sind nur bei hellem Licht brauchbar, oder lange Belichtungen und große Blenden verwenden kann (oder Kombinationen davon). Sobald Sie mit wenig Licht, kurzen Belichtungszeiten oder kleinen Blenden arbeiten, müssen Sie den ISO-Wert zu erhöhen oder stattdessen die Belichtungszeit oder Blende anpassen. Es hängt davon ab, was Sie aufnehmen und welche Wirkung Sie erzielen wollen.

Die Regel brechen:

Mit hoher ISO-Einstellung aufnehmen

Der Hauptgrund, eine niedrige Empfindlichkeitseinstellung zu verwenden, besteht darin, Rauschen zu vermeiden – aber was geschieht, wenn Sie den ISO-Wert richtig hochdrehen? Natürlich erzeugt das eine Menge Rauschen. In manchen Fotos wirkt das nicht sehr vorteilhaft – aber in anderen Fällen kann ein reichliches Maß an digitalem Rauschen auch helfen, ein Foto mutiger, aggressiver und authentischer wirken zu lassen.

Rauschen in digitalen Fotos ist ein kompliziertes Thema. Starkes Rauschen beschwört den Gedanken an Paparazzi-Fotos und »Film noir« herauf. Das kann man sich zunutze machen, indem man davon ausgeht, dass die Fotos durch Rauschen besser werden.

Sie können das Rauschen als Wesensmerkmal in Ihrem Foto einsetzen (d.h. als wichtiger Bestandteil davon) oder Sie können es als Effekt verwenden.

Rechts *Dieses spontane Porträt meiner Freundin Holly wurde im Untergeschoss eines Lokals aufgenommen. Durch die Einstellung auf ISO 800 konnte ich das Beste aus dem verfügbaren Licht machen, und der Hauch von Korn lässt das Foto authentischer wirken.*

Unten *Dieses Porträt besteht fast nur aus Rauschen – aber es liegt eine Art wunderbarer Voyeurismus in dieser Aufnahme mit ISO 3200. Das Rauschen scheint das Gefühl des »erhaschten Moments« in diesem Foto zu verstärken.*

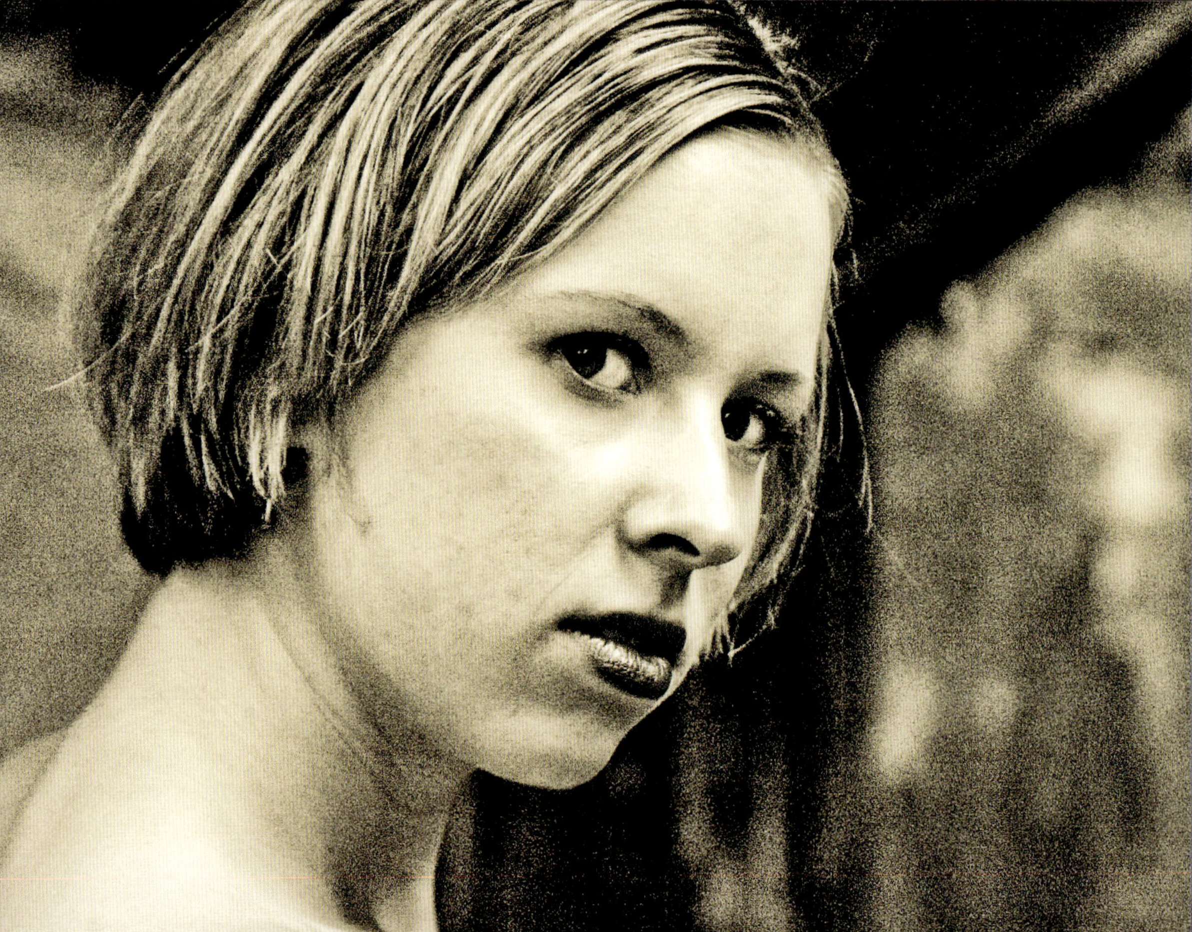

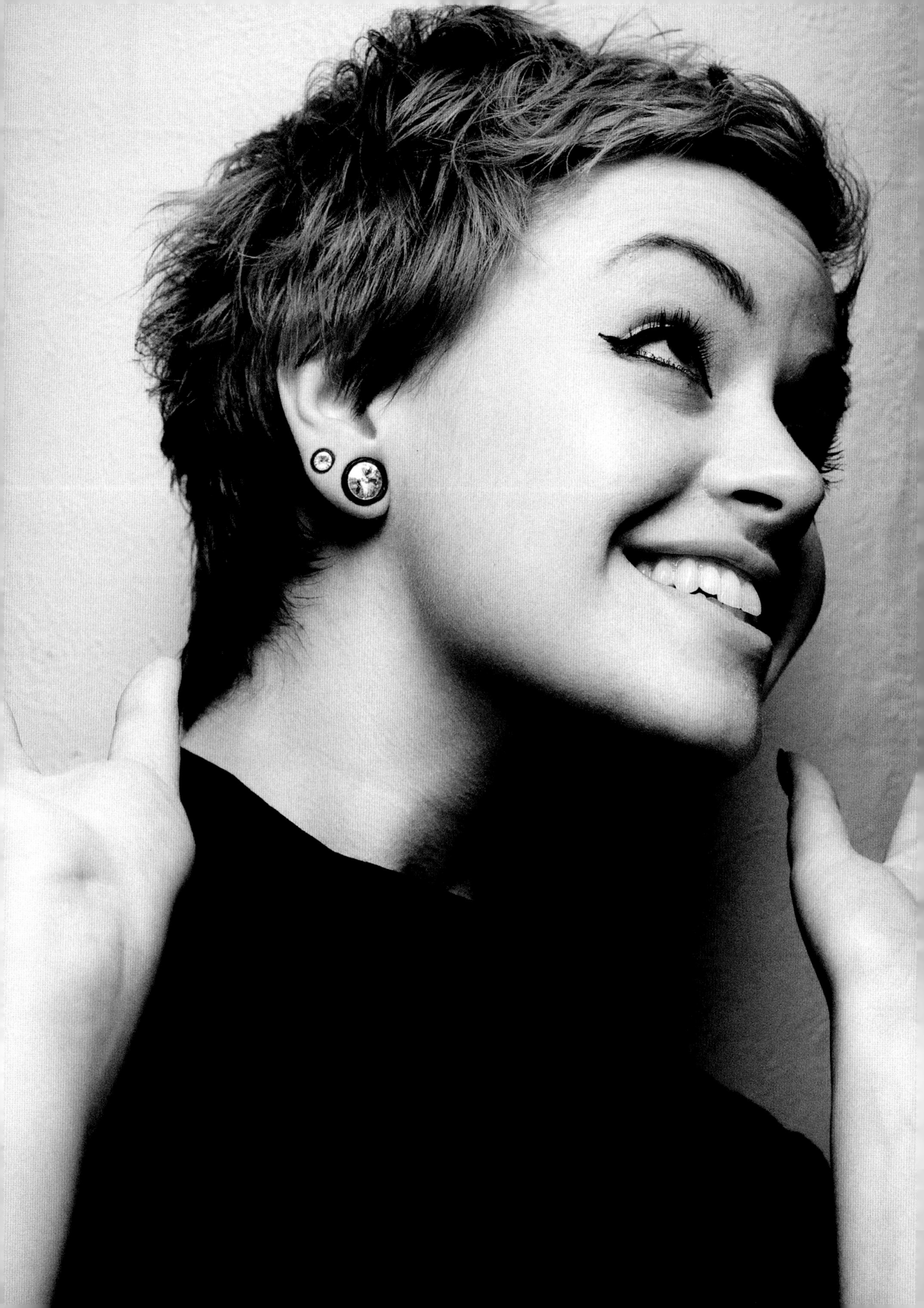

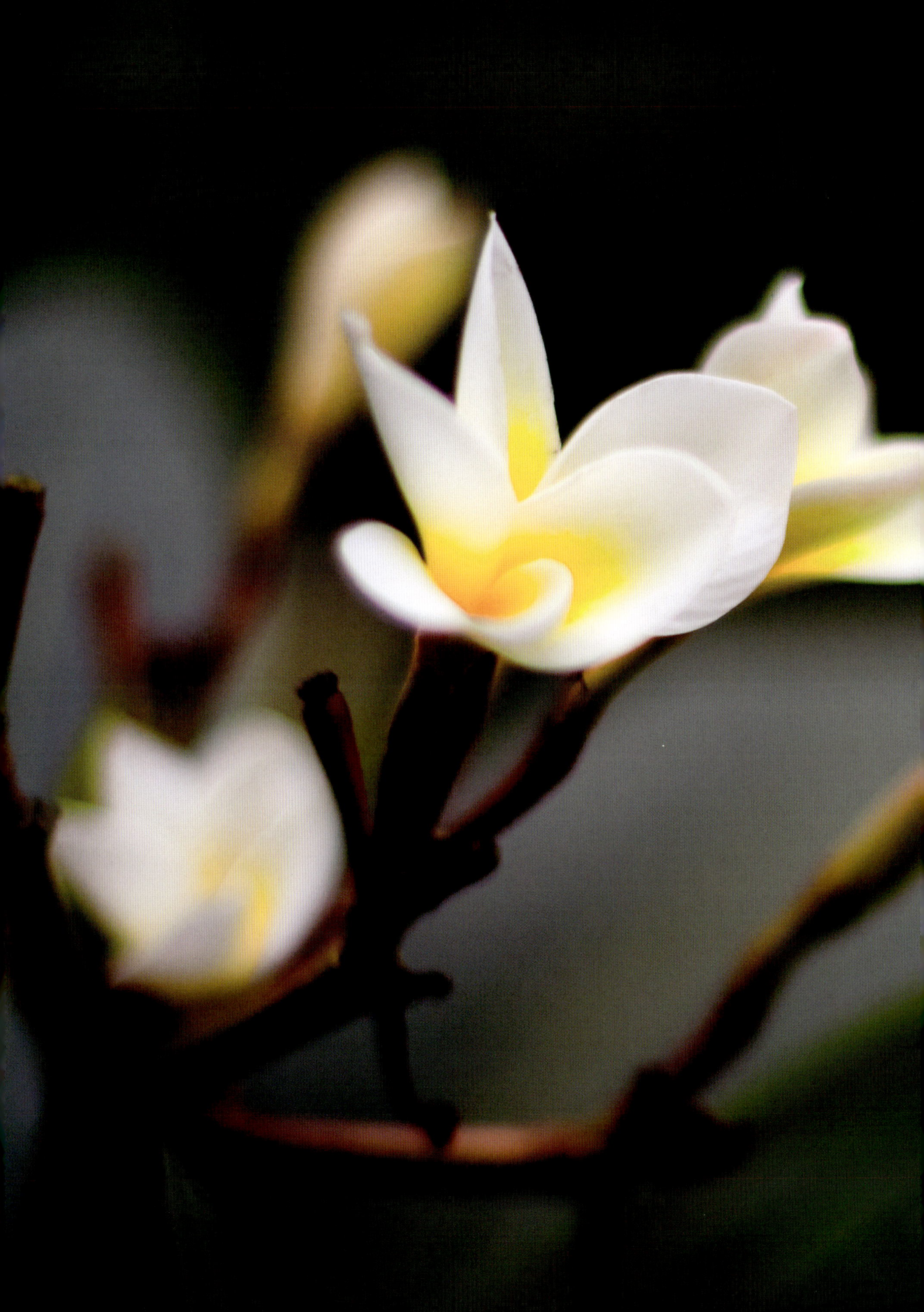

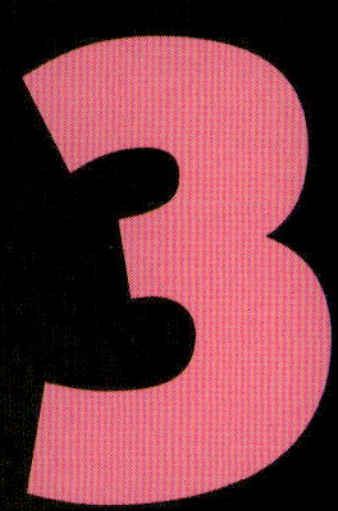

Komposition

Nachdem wir jetzt die grundlegenden Regeln besprochen haben, wird es Zeit, zum nächsten Themenschwerpunkt zu kommen – jenen komplexeren Regeln und Ideen, die unsere fotografische Welt regieren.

Die Grundregeln der Fotografie konzentrierten sich zunächst auf die technischen Aspekte – Belichtungszeit, Stative usw. Auf der anderen Seite stehen die kreativen Ansätze, von denen sich ein Großteil mit »Komposition« beschäftigt.

Ebenso wie die technischen Grundlagen dienen für andere Aspekte der Fotografie aufgestellten Regeln dazu, Ihnen behilflich zu sein. Wenn Sie sich an jede in diesem Buch behandelte Regel halten, hilft Ihnen das, ordentliche und kreative Fotos zu machen. Sobald Sie sich mit den Grundlagen vertraut gemacht haben, ist es aber auch an der Zeit, zum Rebellen zu werden und diese oder jene Regel bewusst zu übertreten … und dennoch (oder gerade deswegen) einige großartige Fotos zu machen.

Links *Jede Fotografie weist eine »Komposition« auf, die durch eine Vielzahl von Entscheidungen des Fotografen im Hinblick auf den »Look« einer Aufnahme schließlich das endgültige Foto ergibt.*

Die Kompositionsregeln der Fotografie

Die Fotografie ist nur ein paar hundert Jahre alt, aber viele der Kompositionsregeln existieren schon wesentlich länger, denn sie haben sich aus den Erkenntnissen der klassischen Malerei entwickelt. Wenn Sie jemals einen Malkurs absolviert haben, werden Sie sicherlich diese Regeln wiedererkennen und verstehen, wie man sie auf die Fotografie anwenden kann. Falls nicht, auch kein Problem – sie sind recht einfach zu erlernen und auf Ihre Kompositionen anzuwenden.

Die Herausforderung für den Fotografen besteht darin, ein interessantes Bild aufzunehmen, wozu auch eine gewisse Dynamik gehört. Es ist diese lebenssprühende Qualität – die organischen Elemente in Ihrer Fotografie –, die Ihr Bild lebendig und das Betrachten der Fotos zum Vergnügen macht. Eine gute Komposition zieht den Blick des Betrachters auf sich und lenkt sie im Bild. Das sind die Fotografien, die eine »dauerhafte Energie« aufweisen und besonders in Erinnerung bleiben.

AUF DER SUCHE NACH KOMPOSITIONSREGELN?

Besuchen Sie eine Kunstausstellung mit Werken klassischer Künstler in Ihrer Nähe. Vergleichen Sie die Gemälde mit den Regeln, die in diesem Kapitel erläutert werden, etwa mit der der Drittelregel (siehe Seite 94-95). Viele berühmte und weniger berühmte Gemälde halten sich strikt an die Standardregeln der Komposition. Ebenso findet man großartige Beispiele dafür, wie diese Regeln mit großartigem Effekt durchbrochen werden können. Halten Sie also die Augen offen für die »Rebellen« und denken Sie darüber nach, wie und warum deren Bilder so wirken.

Unten *Die Schärfe auf den Augen, Drittelregel, unscharfer Hintergrund, Erfassen der Person »im richtigen Moment« – diese Fotografie hält sich an viele der Kompositionsregeln.*

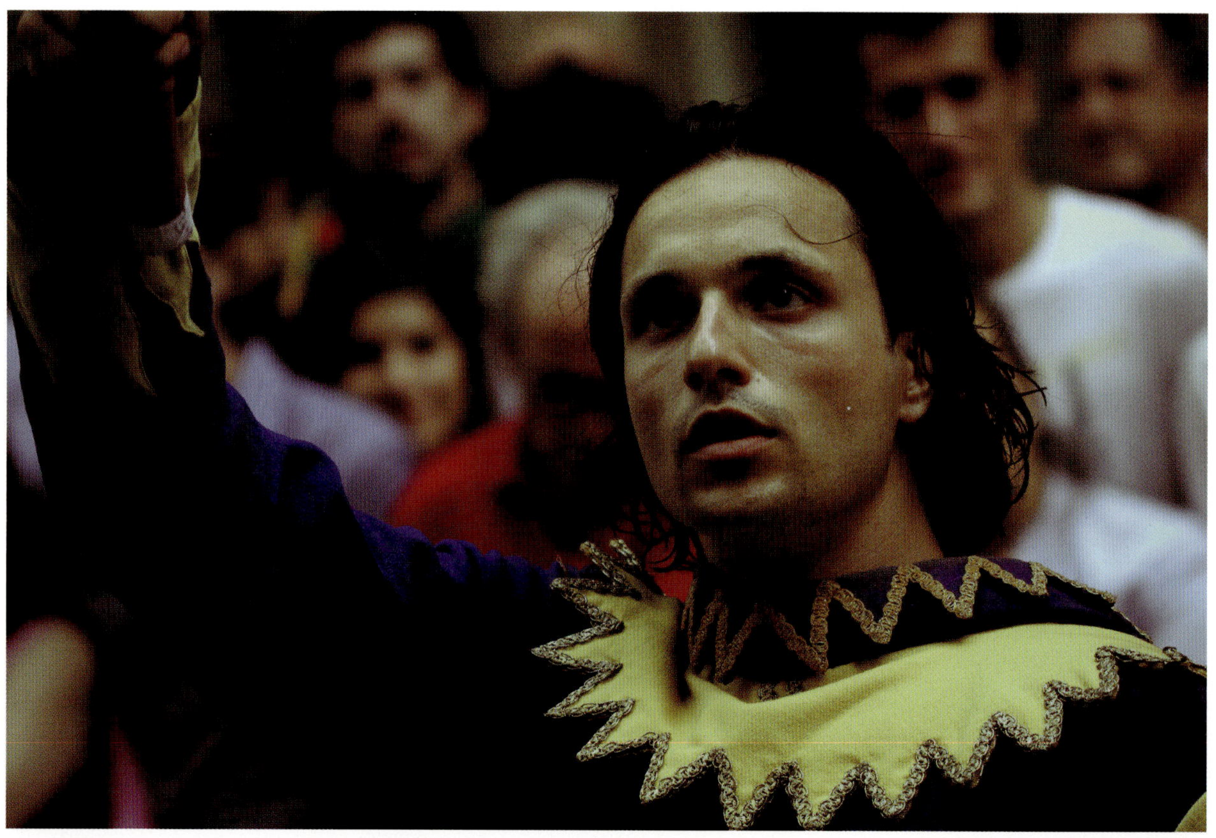

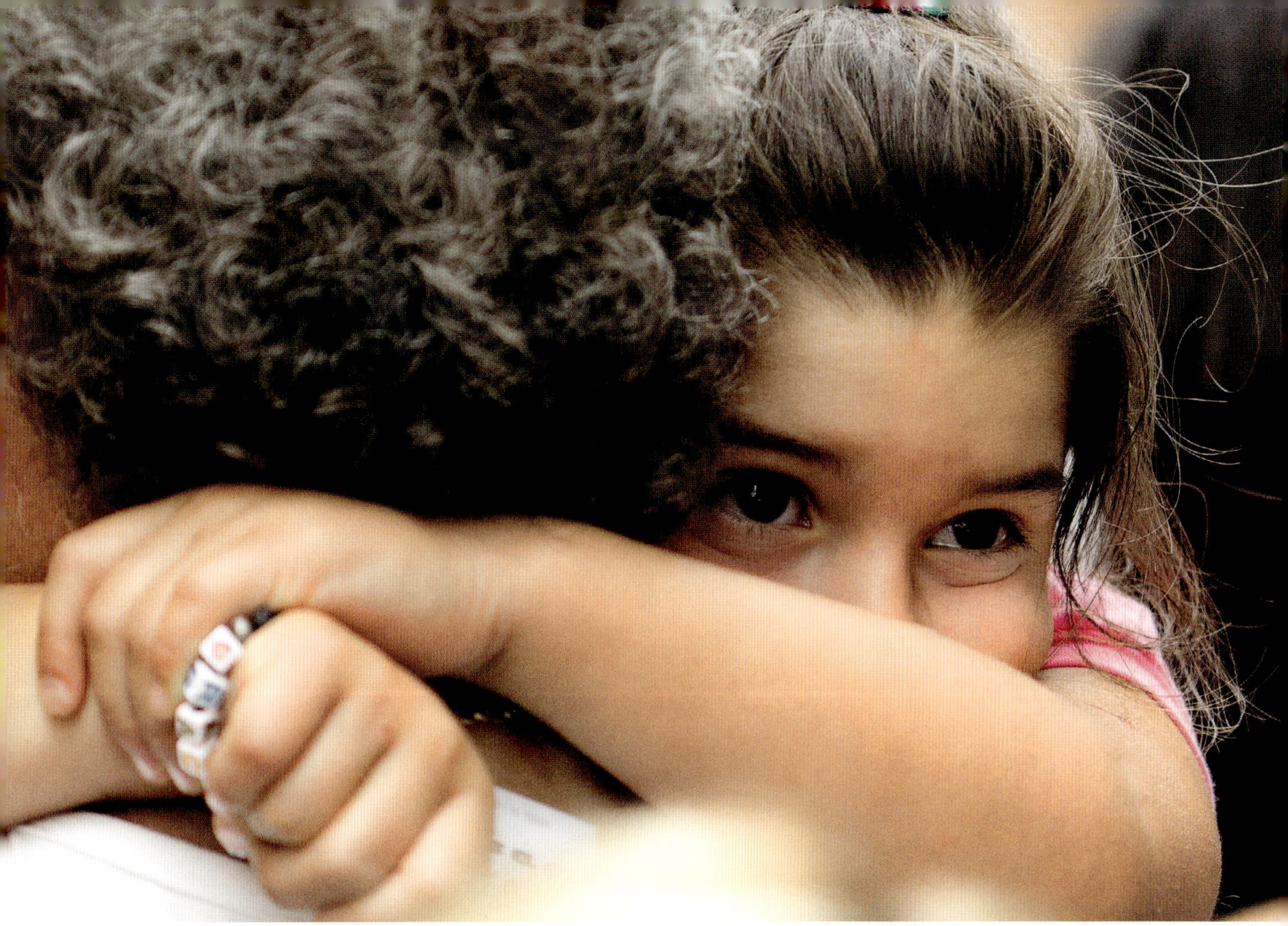

Das Gegenteil eines dynamischen Bildes ist der durchschnittliche, tägliche Schnappschuss. Obwohl die dazu gut sein mögen, sich an eine Person, einen Ort oder einen Gegenstand zu erinnern, sind sie in der Regel nicht die Art Bild, das man lange betrachten oder sich an die Wand hängen und als Kunst bezeichnen würde. Wie Sie Ihre Bilder gestalten wollen, hängt natürlich ganz von Ihren fotografischen Zielen ab, aber wenn Sie künstlerische Ambitionen haben, ist es angebracht, Ihre fotografischen Bemühungen an den Regeln der Komposition für wirkungsvolle und eindrückliche Bilder zu messen.

TIPP

Viele der Kompositionsregeln (wie Beschnitt, Geraderichten des Horizonts und andere) können in der Nachbearbeitung angewendet werden. Gleichwohl ist es eine gute Idee, schon während der Aufnahme über deren Komposition nachzudenken – je weniger Nacharbeit man auf dem Computer benötigt, desto besser fällt der Bildeindruck aus.

Oben *Dieses Foto entspricht der Drittelregel und hält die Schärfe auf den Augen. Viel wichtiger aber ist, dass es die Geschichte einer Tochter erzählt, die ihren Vater liebt.*

Unten *Selbst wenn Sie beim Beschnitt und dem Seitenverhältnis kreativ werden, sollten Sie dennoch die Drittelregel beachten; so bekommt man auf fantastische Weise eindrucksvolle Fotos.*

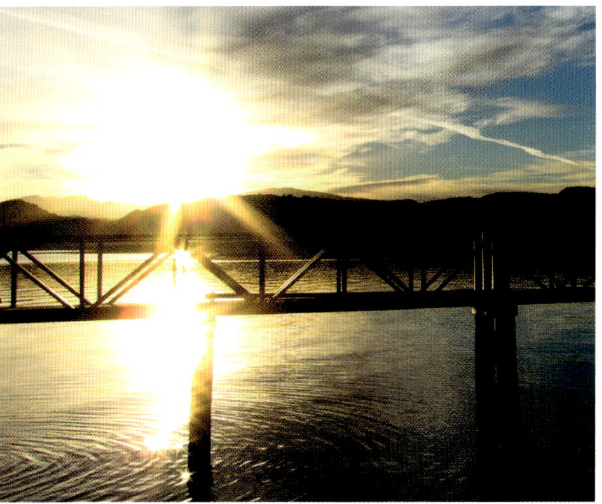

Die Regel:

Sie brauchen einen Blickfang.

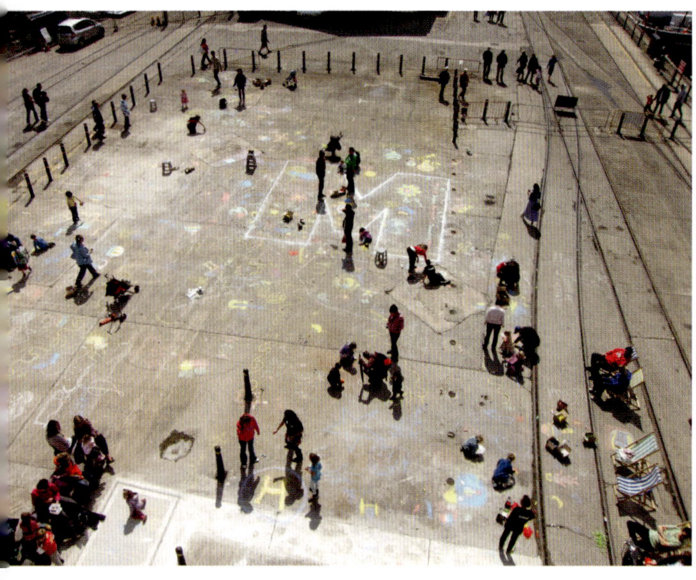

Haben Sie schon einmal auf ein Foto geschaut und sich gefragt: »Worum geht es eigentlich?« Ein üblicher Fehler von Fotografenneulingen besteht darin, dass sie vergessen, einen natürlichen Aufmerksamkeitspunkt in ihr Bild einzubeziehen, so dass das Auge des Betrachters nichts findet, woran es sich orientieren kann, was zu einer langweiligen, gewöhnlichen Aufnahme führt. Das Einbeziehen eines Blickfangs oder Hauptmotivs ist eine der wichtigsten Gestaltungsregeln in der Fotografie. Daher sollten Sie als Erstes nach etwas in der Szenerie Ausschau halten, das herausragt: dem Hauptmotiv.

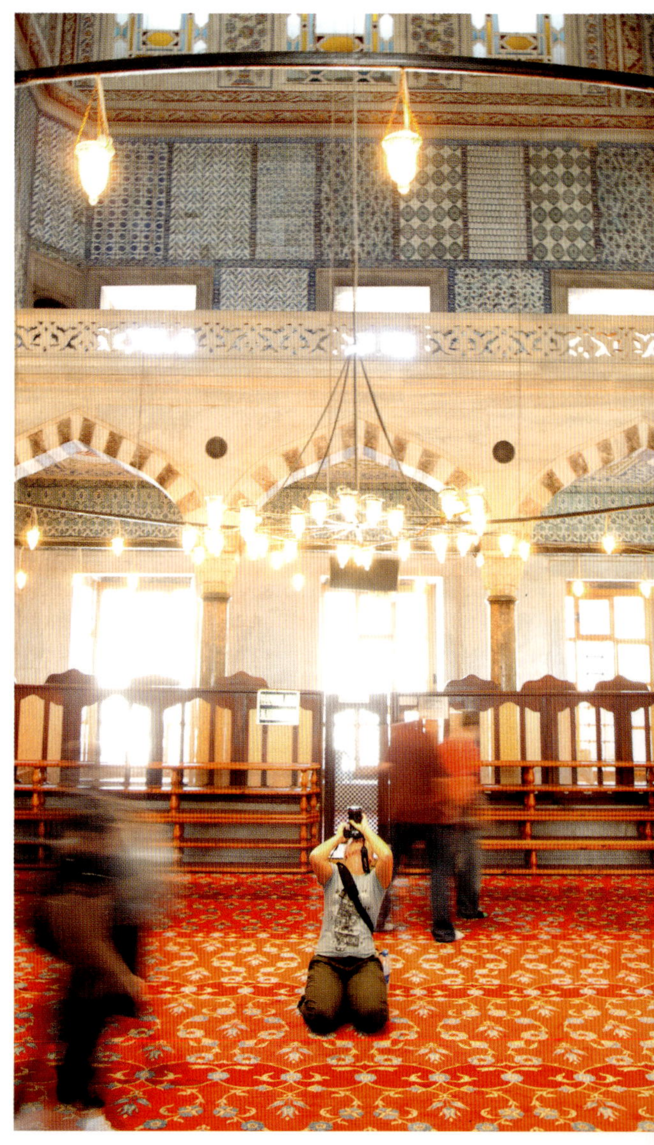

Oben *In diesem Foto geschehen jede Menge interessanter Dinge, aber die Aufnahme zeigt einfach zu viel – es gibt kein Hauptmotiv, das die Aufmerksamkeit auf sich lenkt. Als Betrachter irren Sie mit Ihrem Blick in dem Bild umher und fragen sich, was der Fotograf damit genau ausdrücken wollte.*

Rechts *Diese Fotografin, die in der Sultan-Ahmen-Moschee in Istanbul kniet, ist das Einzige in dem Foto, das nicht völlig verwischt ist. Daher wird der Blick automatisch auf sie gezogen.*

WO IST DER BLICKFANG?

Für fotografische Neulinge kann es schwierig sein, Aufnahmen zu komponieren, die einen guten, effektiven Blickfang enthalten. Hier ein paar Fragen, die man sich stellen sollte, wenn man ein Foto aufnimmt:

- Was ist der interessanteste Teil dieser Aufnahme?
- Wohin wird der Blick gelenkt? Wohin wird der Blick gelenkt?
- Was hebt sich von allem anderen ab?
- Was ist das Motiv?

Es mag in vielen Fällen einfach »klar« sein, was das Hauptmotiv oder der Blickfang Ihrer Aufnahme ist, im Zweifel können die oben gestellten Fragen hilfreich sein.

Den Blickfang bildet meistens ein sehr kleiner Teil der Komposition. Bei einem Porträt sind es in den meisten Fällen die Augen. Obwohl sie nur einen sehr kleinen Bereich der Aufnahme einnehmen, ziehen sie die Aufmerksamkeit des Betrachters auf sich.

Zweitens muss es genügend Kontrast zwischen dem Blickfang und dem Umfeld geben, da sich dieser sonst nicht genügend hervorhebt, um als Zentrum der Aufmerksamkeit zu wirken. Dieser Kontrast kann in Tonwerten (schwarz/grau/weiß), Farben oder auch Mustern (Textur) bestehen. Beispiele wären eine blaue Blume in einem Feld weißer Blumen, eine rote Scheune in einem Weizenfeld, eine schwarze Katze im Schnee, sogar die Augen einer Person im Kontrast zu ihrem Gesicht – all das kann sich effektiv und sogar dramatisch abheben. Kontrast hilft, die Aufmerksamkeit auf das Wesentliche im Motiv zu lenken, ohne ihn irren die Augen des Betrachters unschlüssig umher.

Je weniger der Motivschwerpunkt heraussticht, desto schwieriger ist es, die Aufmerksamkeit auf den wesentlichen Punkt zu lenken. Hier können Führungslinien helfen (siehe Seiten 70-71), ebenso wie die Positionierung des Aufmerksamkeitspunkts in den Bereichen, welche die größte dynamische Spannung bieten, unter Verwendung der Drittelregel. Zusätzlich lenkt es den Blick auf das Hauptmotiv, wenn dieses in der Schärfezone liegt, während der Hintergrund verschwimmt.

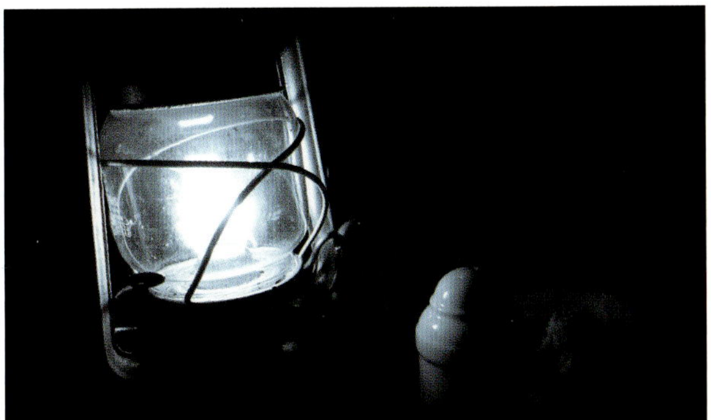

Links *Das ist ein sehr dunkles Foto, aber der Blick wird sofort durch die Helligkeit der Petroleumlampe angezogen – sie bildet einen klaren Blickfang.*

Unten *Ohne den Vogel im Vordergrund wäre es schwierig, in diesem Bild einen Aufmerksamkeitspunkt zu finden. Die Möwe fixiert den Blick, bevor und nachdem man den Rest des Fotos betrachtet hat.*

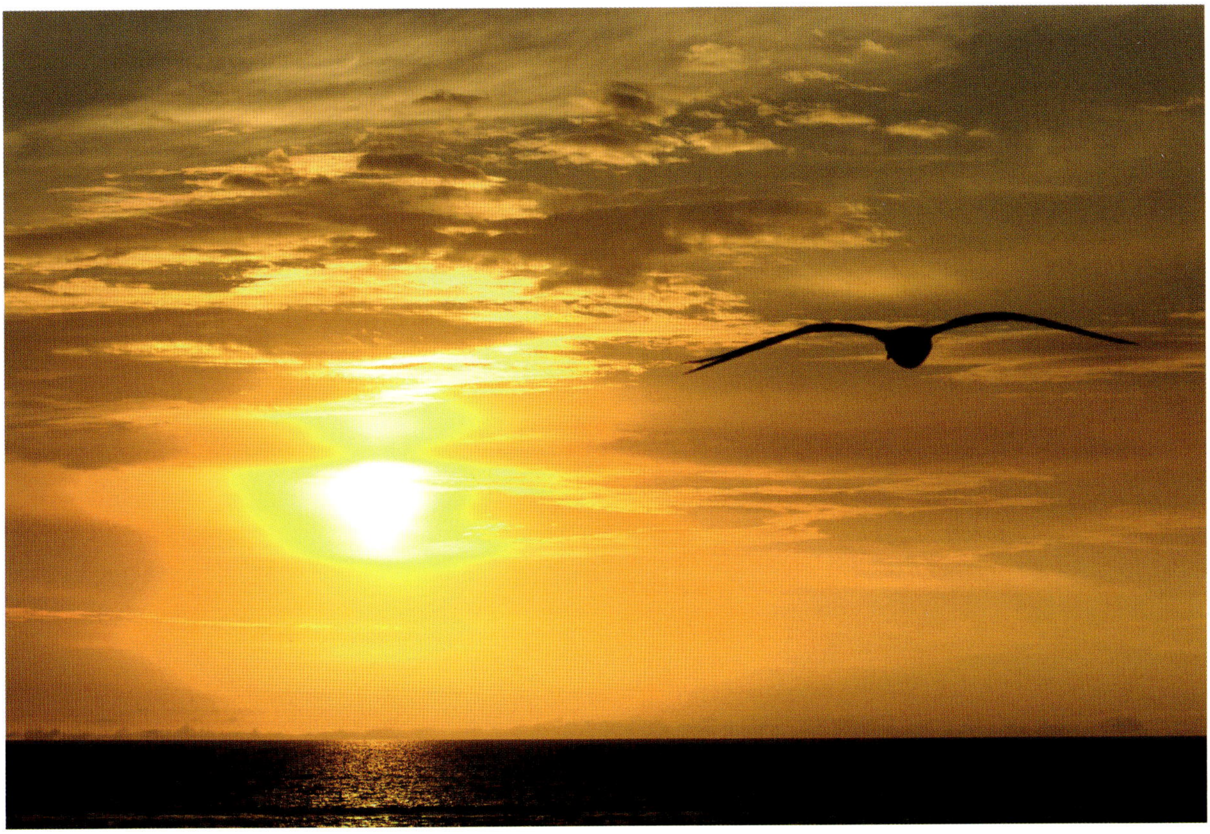

Die Regel brechen:
Chaos erfassen

Ein Typ von Fotos, der konsequent die Regel bricht, einen Blickfang zu verwenden, sind Meeraufnahmen. Lange, farbige Meerespanoramen ohne Anfang und Ende sind großartig und brauchen keinen Blickfang. Tatsächlich würden viele derartige Bilder mit einem Blickfang nicht funktionieren – entweder gibt es keinen, oder er würde den Betrachter von der Schönheit der Szene ablenken.

Ein anderer Bildtyp, der die Regel vom Aufmerksamkeitszentrum verletzt, ist jener, der mit irgendeiner Art sich wiederholenden Musters gefüllt ist – durchfurchte Äcker, ein Laubhaufen, eine Backsteinmauer. Auch wenn diese Aufnahmen einige andere Regeln der Fotografie ebenfalls verletzen, können Sie zu interessanten Ergebnissen führen.

Wenn es also keinen offenkundigen Blickfang gibt, machen Sie das Foto, es kann ja trotzdem gut werden. Manchmal wird ein zunächst unbemerktes Bildelement wie ein Baum oder ein Bach zum Blickfang.

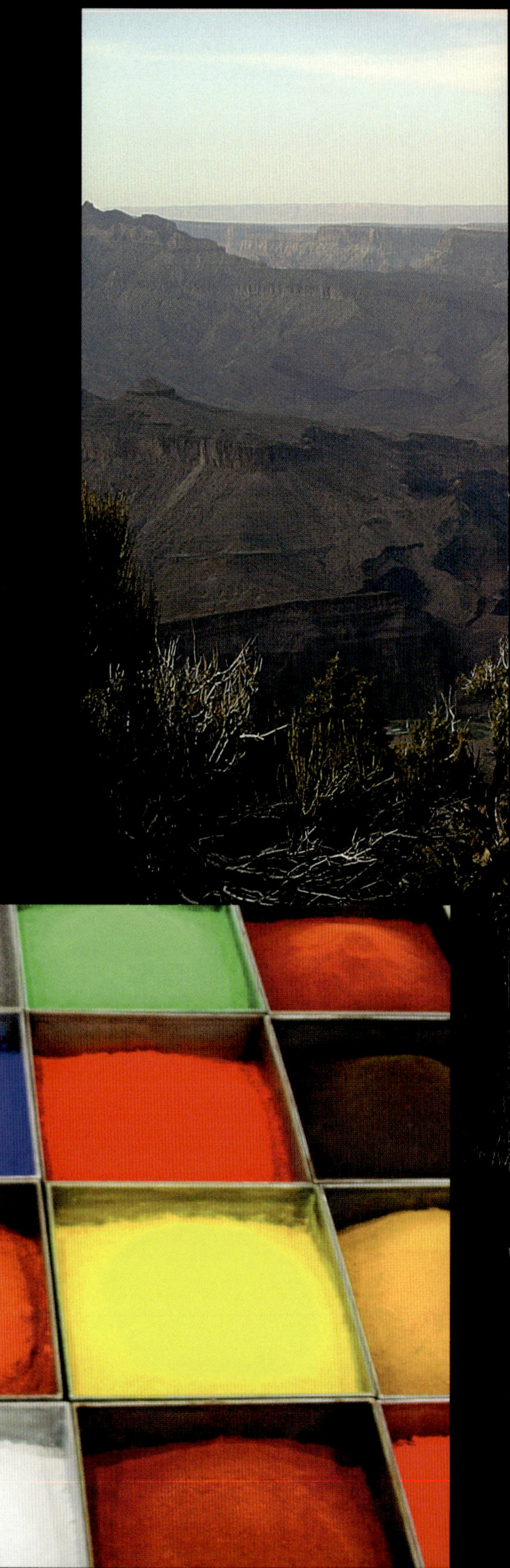

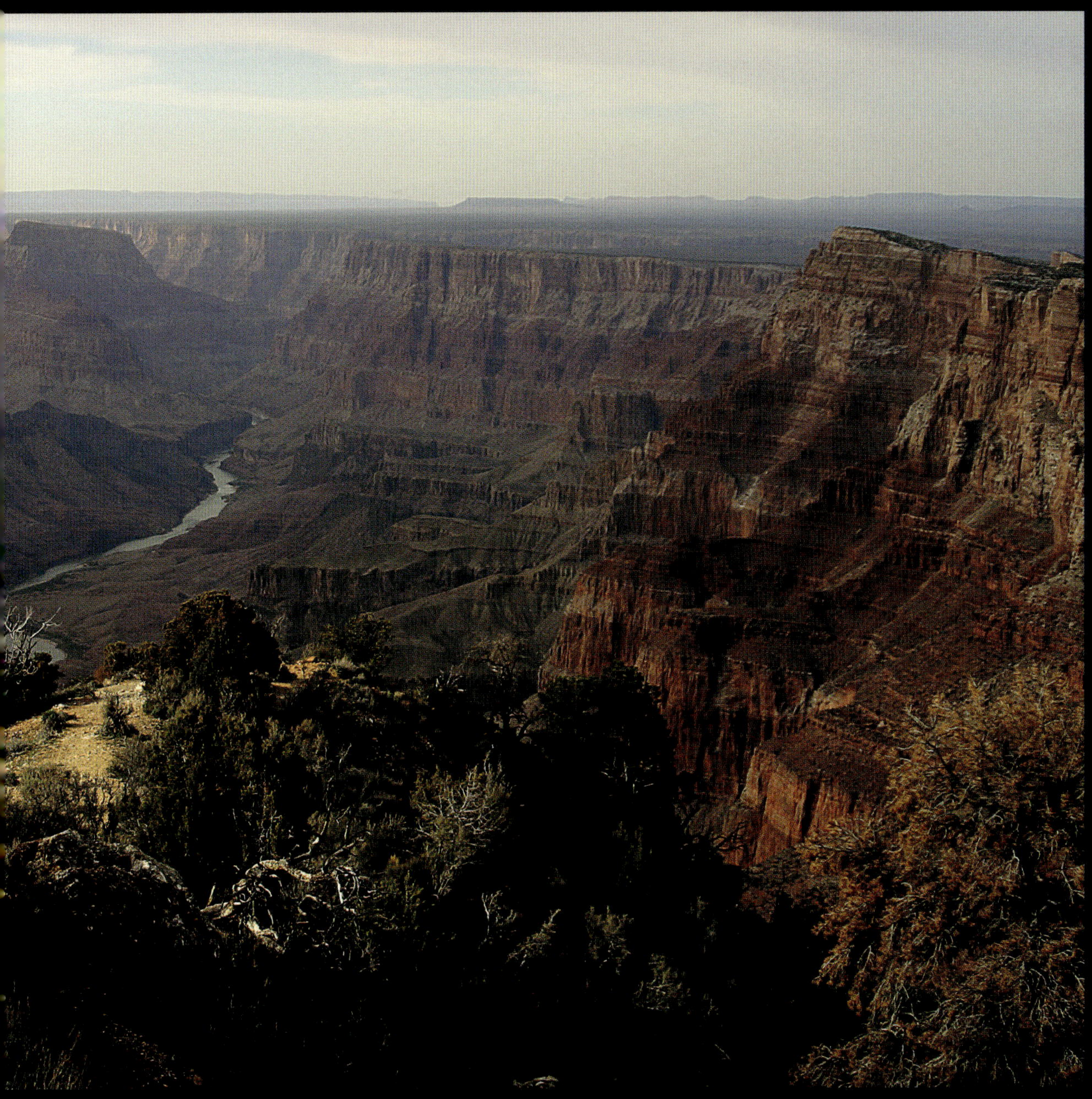

Gegenüber *Diese Aufnahme enthält keinen natürlichen Blickfang, aber sie befeuert die Sinne. Man kann sich leicht vorstellen, wie ein großer, an die Wand gehängter Ausdruck davon den Raum mit intensiver Stimmung erfüllen würde.*

Oben *Dieses Bild des Grand Canyon, das von einem Hubschrauber aus aufgenommen wurde, weist keinen besonderen Blickfang auf, aber genau das ist auch beabsichtigt – nämlich die unermessliche Weite des Canyons zu zeigen. Man kann sich in dieser Aufnahme »verlieren« – ein Effekt, der durch einen natürlichen Aufmerksamkeitspunkt ruiniert worden wäre.*

Die Regel:

Halten Sie den Horizont waagrecht.

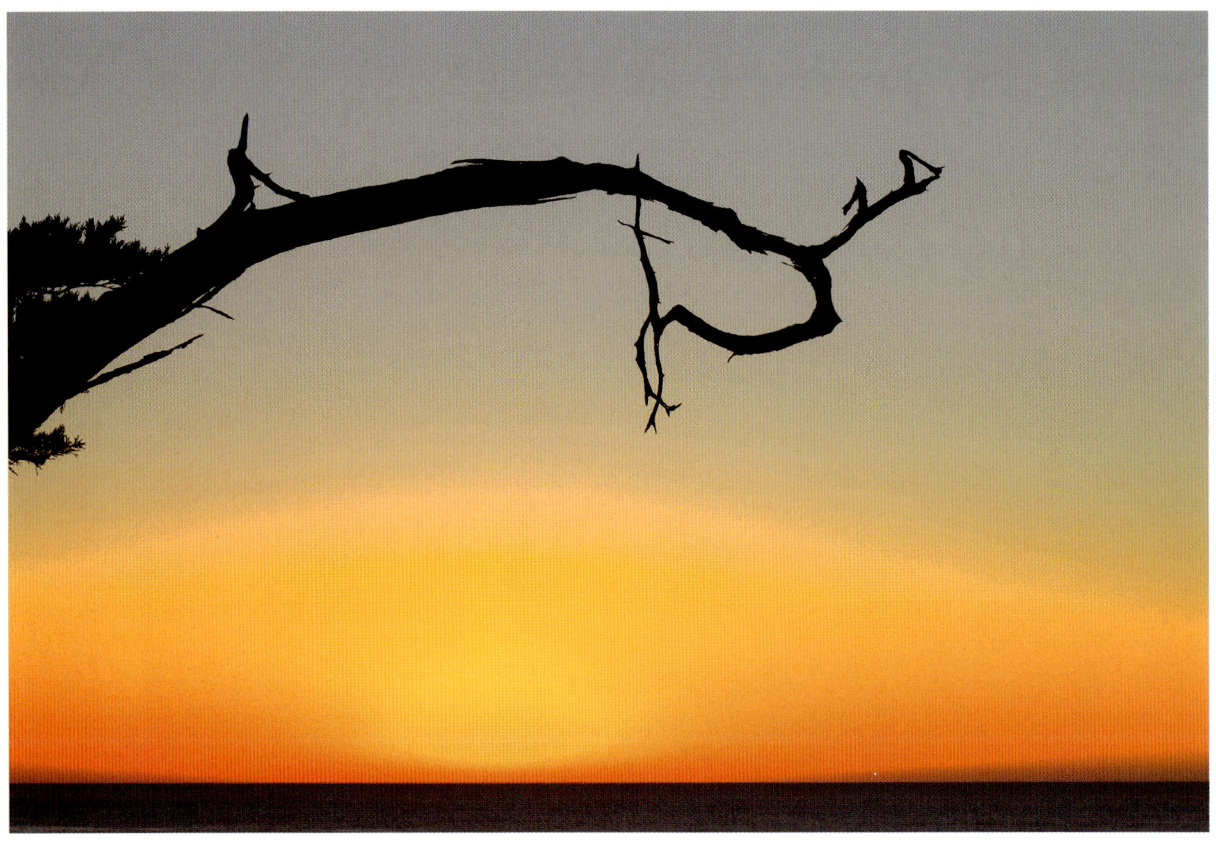

Oben *Auch das geringste Anzeichen, dass der Horizont in diesem Bild nicht waagrecht sei, würde dessen Magie komplett zerstören.*

Das Aufnehmen atemberaubender Landschaften und Meeresszenen ist eine reizvolle Art, schöne Momente mit seiner Kamera zu verbringen, und man kann mit erstaunlichen Ergebnissen nach Hause kommen. Kontrollieren Sie die Schärfentiefe mit der Blende, um interessante und fesselnde Fotos zu machen. Es gibt dabei eine über allem stehende Regel für Fotos, die einen Horizont oder eine waagrechte Linie beinhalten: Halten Sie diese Linie immer perfekt gerade.

Wenn Sie jemals alte Fotos betrachtet haben, werden Sie sich erinnern, wie »daneben« es sich anfühlt, auf ein Foto zu starren, in dem der Horizont schief erscheint. Unser Gehirn weiß instinktiv, dass ein Horizont gerade sein sollte, daher erzeugt der Anblick eines schiefen Verlaufs ungute Gefühle … hier ist etwas falsch. Wenn Sie bei Ihrem Publikum mit Fotos Gefühle wecken wollen, dann höchstwahrscheinlich nicht gerade Unbehagen. Wahrscheinlich liegt der Grund für das Entstehen dieses Gefühls darin, dass wir

HALTEN SIE ES GERADE …

Die »Geradehalten«-Regel bezieht sich nicht nur auf Horizonte, sondern praktisch auf alles, was im Bereich einer Aufnahme horizontal verläuft – zum Beispiel die Linie eines Zaunes, eine Fensterbank oder eine Straße. Jede gerade Linie, die durch Ihre Komposition verläuft – ob nun horizontal oder vertikal –, sollte ausgerichtet sein, andernfalls verursachen Sie dieselben visuellen Irritationen wie mit einem Horizont.

unbewusst dazu neigen, unseren Kopf nach dem Horizont auszurichten – selbst wenn er sich auf einem Foto befindet.

Oft stellt sich das Gefühl ein, alles sei im Begriff, auf die tiefer liegende Seite des Bildes zu rutschen. Zumindest wird ein schräger Horizont die Aufmerksamkeit von Ihrer Komposition ablenken, weil das Auge dazu neigt, der schiefen Horizontlinie aus dem Foto hinaus zu folgen.

Die meisten Fotografen begnügen sich damit, den Horizont bei der Aufnahme einfach nach »Augenmaß« auszurichten, um ihn einigermaßen gerade hinzubekommen und dann in der Nachbearbeitung notwendige Korrekturen vorzunehmen. Man sollte sich aber angewöhnen, die in der Kamera vorhandenen Hilfsmittel gleich zu Beginn zur exakten Ausrichtung zu nutzen, besonders wenn Sie in der Nachbearbeitung nichts von der Umgebung der Szene durch Beschnitt verlieren wollen.

Heute blenden manche Kameras wahlweise ein »Gitter« in den Sucher ein, sodass man daran seine Bildkomposition so ausrichten kann, dass der Horizont gerade erscheint. Diese Gitterfunktion findet man für gewöhnlich in den Menüeinstellungen – lesen Sie im Handbuch nach. Andere Kameras verfügen eventuell über ein eingebautes Gyroskop und können exakt anzeigen, um wie viel Grad der Horizont abweicht.

Nicht so attraktiv sind im Zubehörmarkt verfügbare Hilfsmittel, wie zum Beispiel entzückende Wasserwaagen, mit denen Sie prüfen können, ob Ihre Aufnahmen gerade ausgerichtet sind. Wir behandeln unterschiedliche Methoden zum Ausrichten eines Horizonts bei der Nachbearbeitung in Kapitel 7.

Rechts *In diesem Foto befinden sich gewissermaßen zwei Horizonte: die Brandung im Vordergrund und die in der Ferne aus dem Nebel ragenden Berge im Hintergrund. Die doppelte Anzahl an Horizonten – und daher doppelt so wichtig, sie auszurichten.*

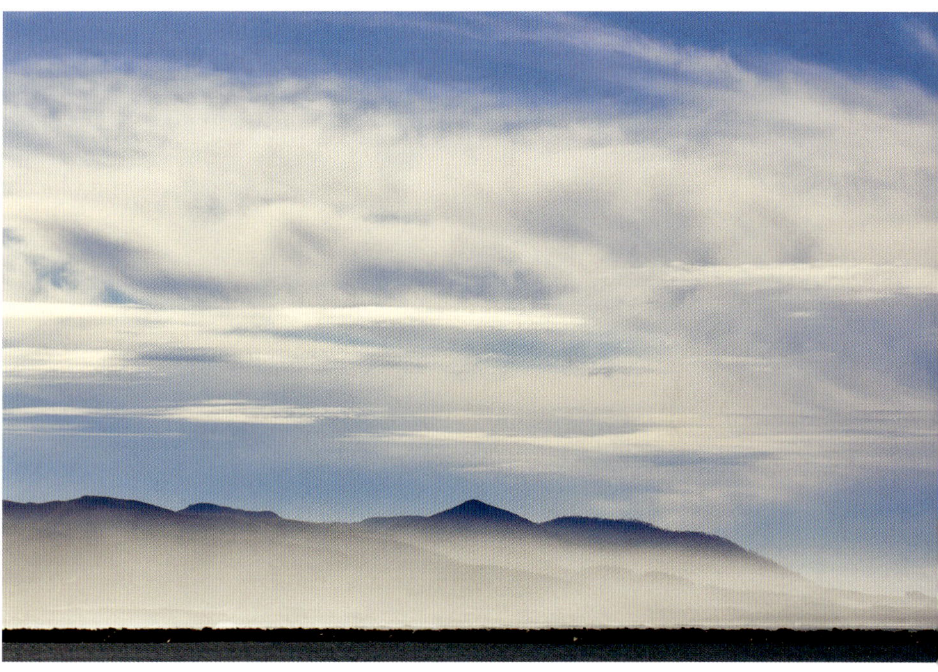

Unten *Bei Fotos wie diesen stehen Sie vor einer schwierigen Wahl: Stellen Sie die Fenster gerade oder den Horizont, den man durch die Fenster sehen kann? Ich habe beides ausprobiert und mich dafür entschieden, dass die Fenster den »härteren« Horizont bilden – die Ausrichtung am echten Horizont lässt das ganze Bild unausgewogen erscheinen.*

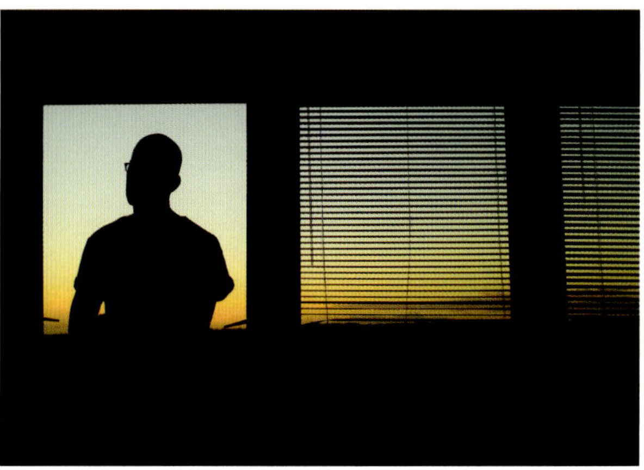

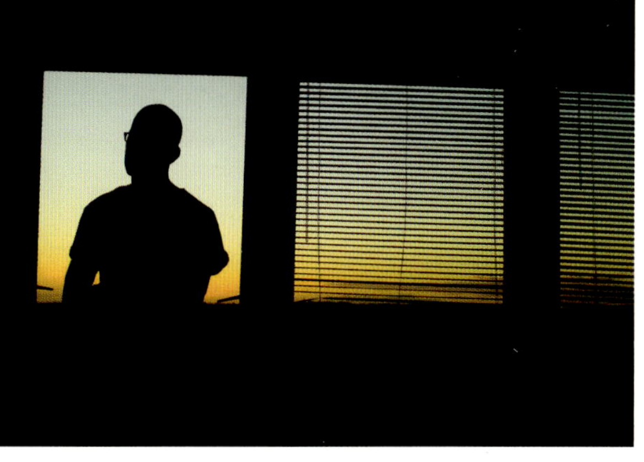

Die Regel brechen: Schiefe Horizonte

Wenn man bei Landschaftsbildern einen natürlichen Eindruck erzeugen will, ist es überraschend schwierig, von der Regel des »geraden Horizonts« abzuweichen – aber lassen Sie sich nicht davon abbringen, es dennoch zu versuchen!

Wenn es um einen anderen Inhalt geht und der Horizont nur Teil des Hintergrundes ist, ist das weniger wichtig. Das Auge wird stärker vom Motiv als vom Horizont angezogen. Tatsächlich kann das Neigen des Horizonts unter bestimmten Umständen Ihre Komposition interessanter machen.

Das Neigen des Horizonts vermag ein Gefühl von Bewegung oder Geschwindigkeit zu erzeugen und so kann beim Fotografieren von Wildtieren, Booten oder Autorennen mit ein wenig kreativer Schrägstellung der Aufnahme einen zusätzlichen dynamischen Touch verleihen. Ein gerader Horizont würde hier langweilig wirken.

Kompositionen, in denen der Horizont (oder eine Straße, ein Zaun usw.) in einem Winkel von 30° bis 60° aufgenommen wurde, bezeichnet man als »Dutch Tilt« oder »Dutch Angle« (schräge Kameraperspektive).

Diese Technik kann auch bei Porträtaufnahmen gut funktionieren – besonders bei der Kombination eines Erwachsenen mit einem Kind. Durch Kippen der Kamera können Sie beide Personen auf gleiche Höhe bringen und die Balance der Komposition verbessern.

Experimentieren Sie damit, ein Motiv in verschiedenen Neigungen aufzunehmen, auch mit geradem Horizont. Sie werden rasch erkennen, dass ein schräger Horizont nur in bestimmten Situationen funktioniert.

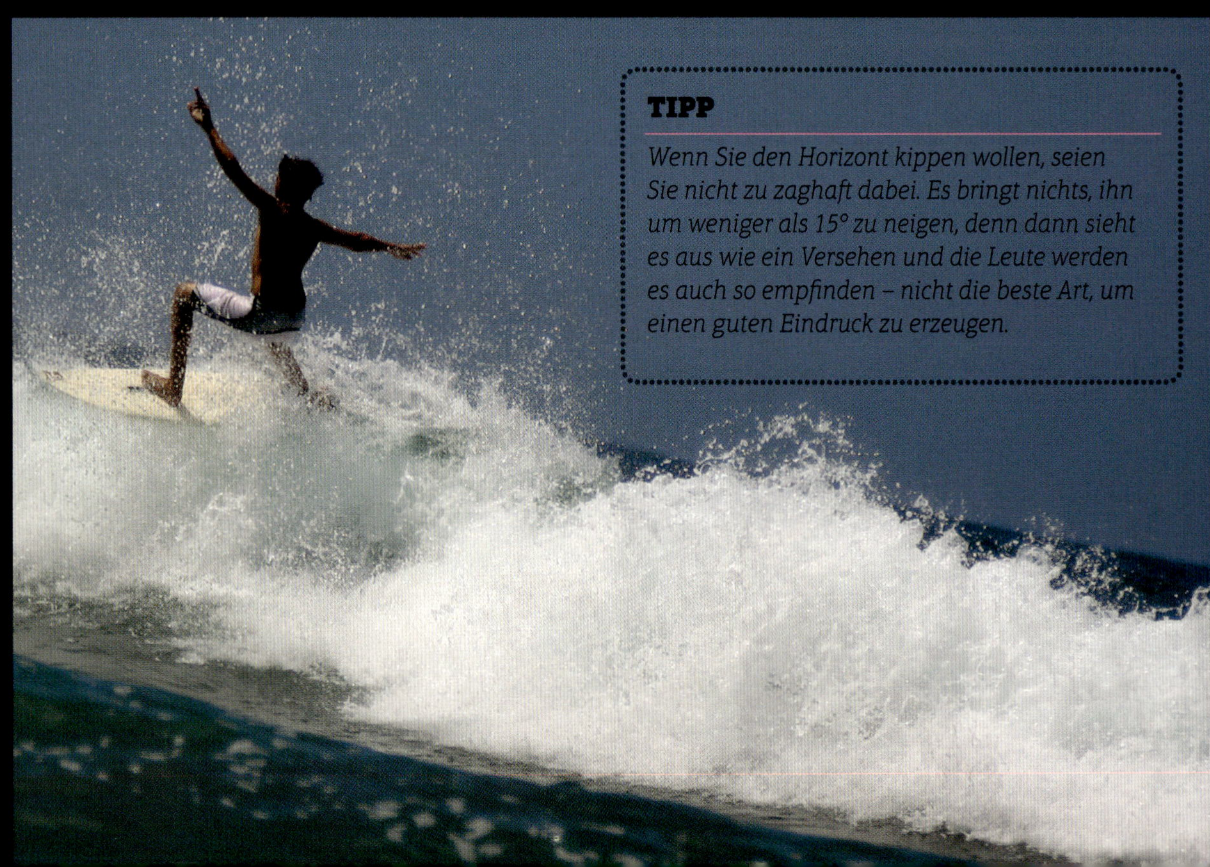

TIPP

Wenn Sie den Horizont kippen wollen, seien Sie nicht zu zaghaft dabei. Es bringt nichts, ihn um weniger als 15° zu neigen, denn dann sieht es aus wie ein Versehen und die Leute werden es auch so empfinden – nicht die beste Art, um einen guten Eindruck zu erzeugen.

Rechts *Sicher ein etwas ungewöhn-iches Hochzeitsfoto – dieses Bild wirkt mit schiefem Horizont stärker, weil es den Betrachter nötigt, auf alle drei Brennpunkte zu blicken: die Schafe, das Paar und die Scheune in der Mitte.*

Unten *Meeresaufnahmen können eine gute Wirkung mit schrägem Horizont entfalten – hier verstärkt er die Bewegung der Wellen und das Gefühl von Chaos auf dem Wasser.*

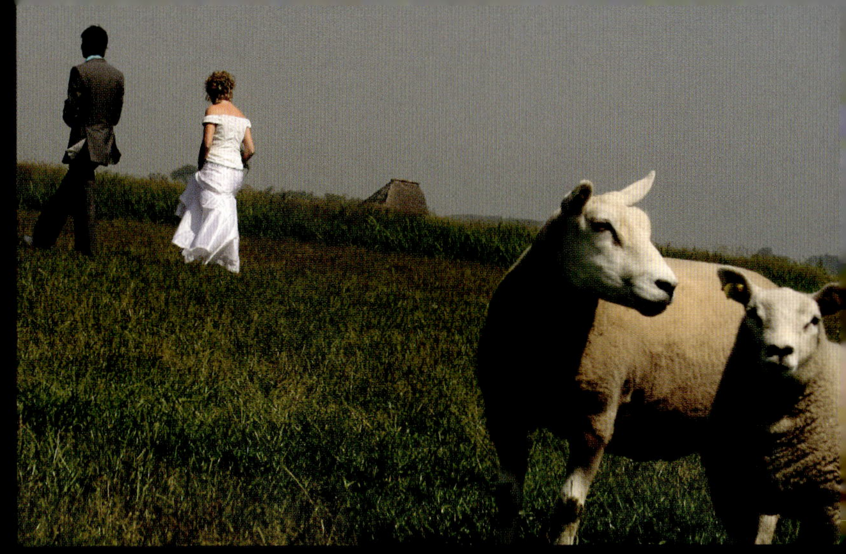

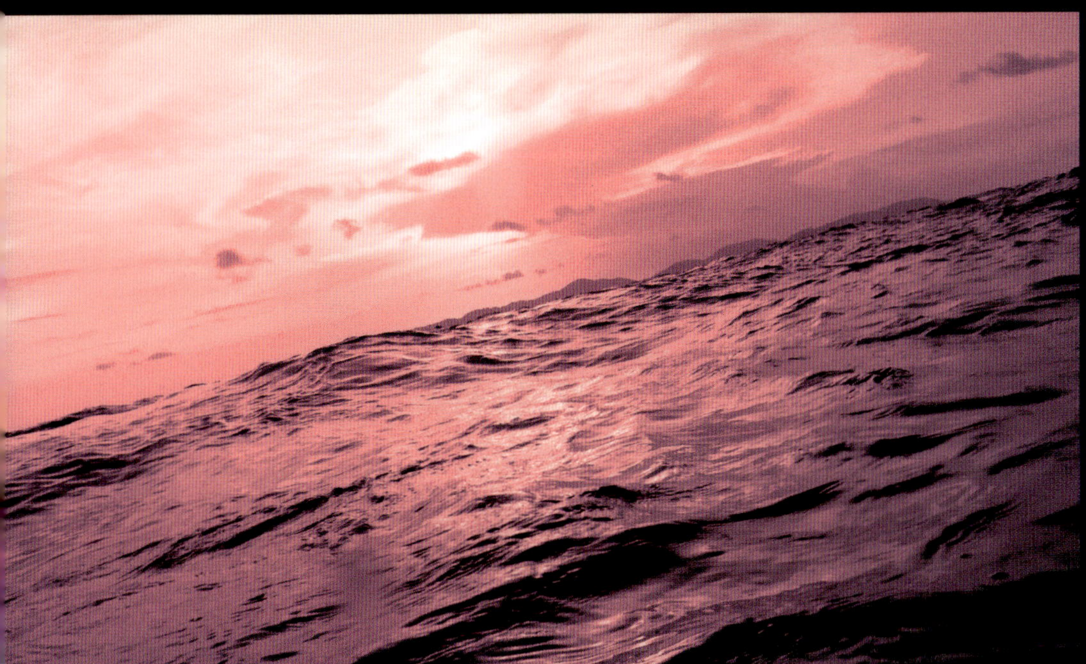

Gegenüber *Wenn ich meine Kamera eher schräg halte, gewinnt das Bild eine dramatische Dimension: Die Welle sieht viel größer aus und es entsteht ein Gefühl von Geschwindigkeit. Nur bei genauem Hinsehen bemerkt man, dass der Horizont im Hintergrund schräg verläuft und dass die Welle gar nicht so groß ist.*

Rechts *Der Trick mit der geneigten Kamera gleicht die Körpergrößen an – eigentlich ist das Mädchen viel kleiner als er. Am Fenster im Hintergrund erkennt man, wie schräg die Kamera gehalten wurde.*

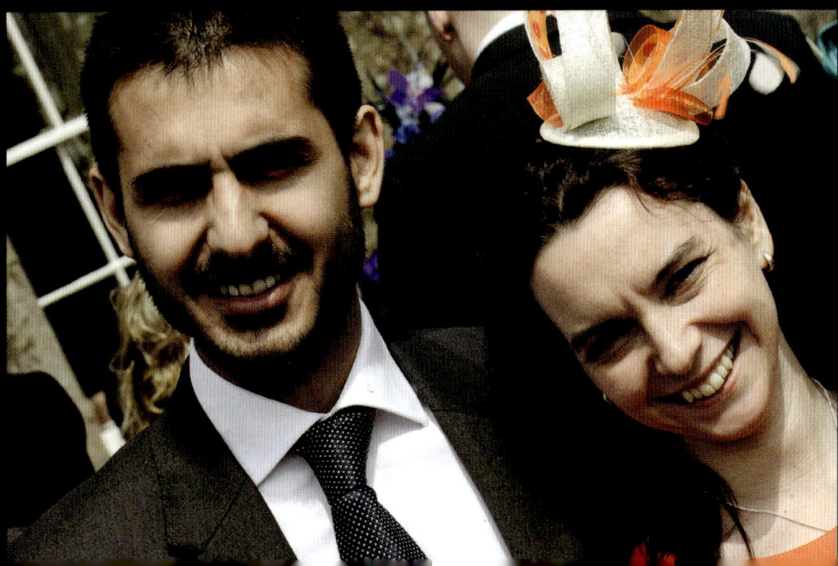

Die Regel:

Fotografieren Sie Kinder auf Augenhöhe.

Kennen Sie diese erstaunlichen Kinderfotos, bei denen man zu wissen glaubt, was sie gerade denken? Das sind die Porträts, bei denen sich der Fotograf wirklich auf ihre Ebene hinunterbegeben hat, um uns einen Einblick in jene Welt zu geben, in der sie leben. Das funktioniert!

Als Erwachsene sind wir es gewöhnt, auf Kinder hinunterzuschauen – so kommt man mit ihnen aber nicht gut in Kontakt. Es schafft eine Position der Überwachung. Um sich wirklich in die Gefühlswelt einer Person zu versetzen, muss man sie als gleichrangig betrachten. Die einfachste Methode, das beim Porträt eines Kindes visuell zu vermitteln, besteht darin, in die Knie zu gehen.

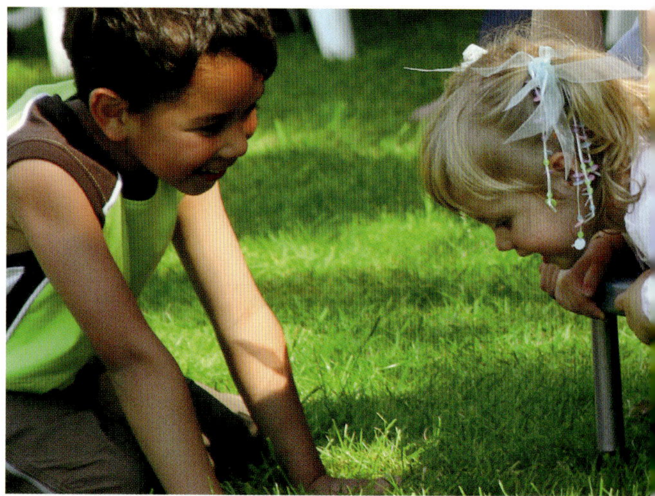

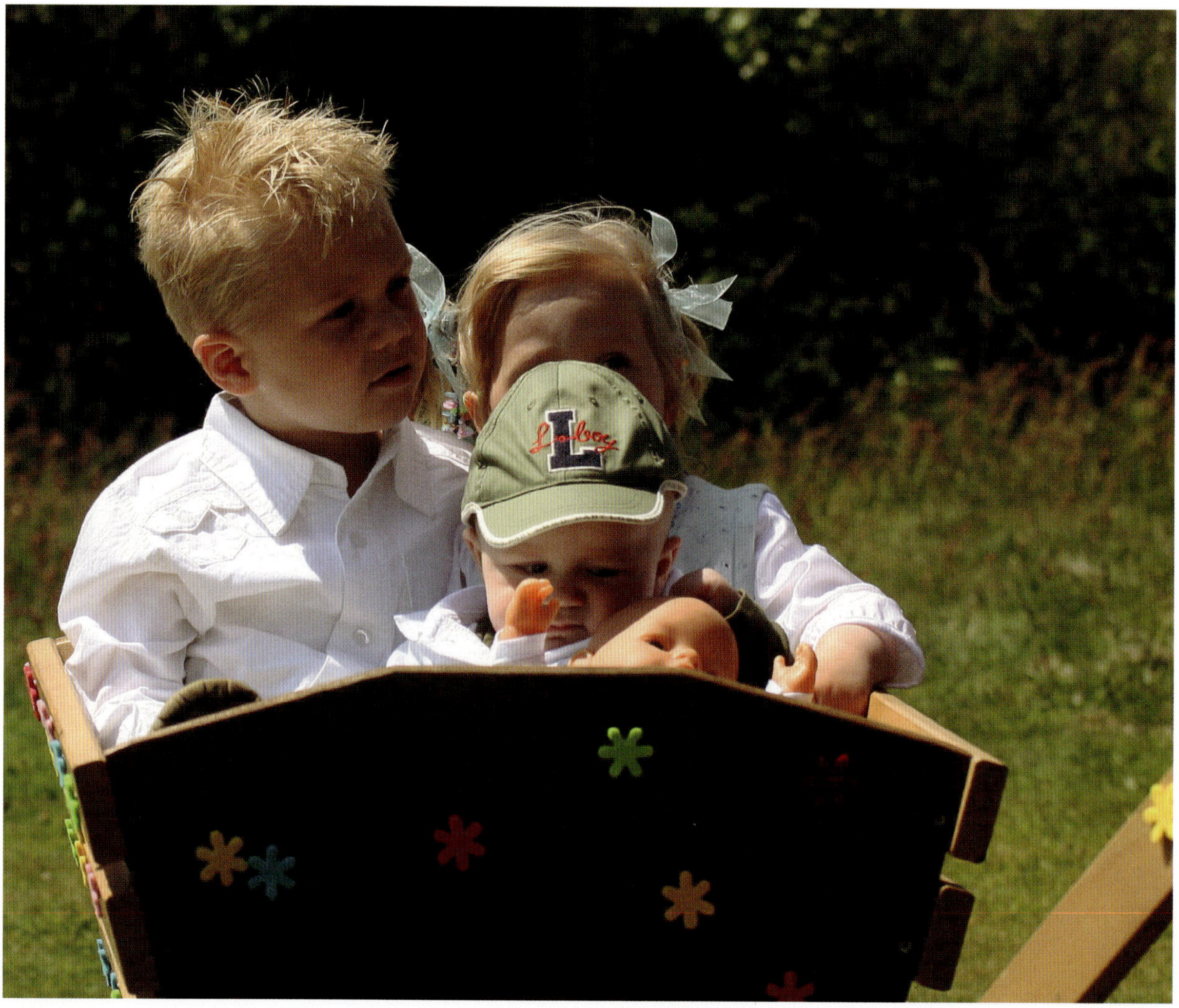

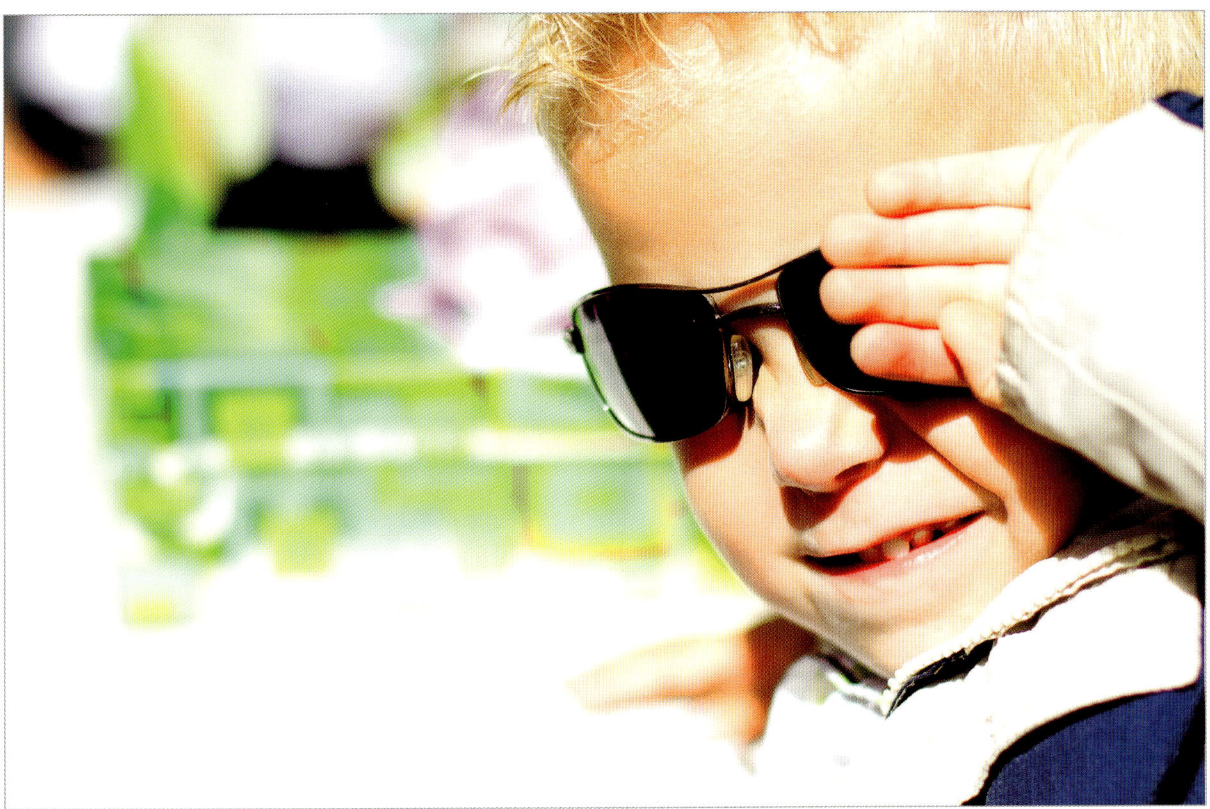

Gegenüber oben und unten *Sich hinunterzubücken, um einen Blick aus gleicher Höhe bzw. Tiefe aufzunehmen und so die Freude der Kinder einzufangen, die einen kleinen Frosch gefunden haben oder im Garten spielen, wirkt Wunder.*

Oben *Indem Sie sich auf ihre Ebene begeben, haben Sie die Chance, Kinder so zu porträtieren, als wären sie Ihnen gleichgestellt – das verleiht den Fotos eine viel bessere Balance als Aufnahmen von oben. So dominieren die Kinder das Bild und zeigen ihre Perspektive – hier das Blinzeln in die zu hellen Sonnenreflexionen.*

WANN TELEAUFNAHMEN NÜTZLICH SIND

Wenn Sie häufig ungestellte Fotos von Kindern machen, kann sich die Investition in ein gutes Teleobjektiv lohnen. Da die meisten »Porträtobjektive« voraussetzen, dass Sie sich wenige Meter vor der Person positionieren, kann es schwierig sein, ungestellte Fotos zu bekommen, da Kinder zum Übertreiben neigen (oder sich scheu zeigen), sobald sie die Kamera bemerken. Mit einem Teleobjektiv können Sie aus der Entfernung fotografieren, sodass das Kind die Kamera nicht bemerkt.

Wer Porträts von Kindern macht, muss das Kind zunächst kennenlernen, sonst kommt die magische Verbindung für wirklich gute Portraits nicht zustande. Der erste Schritt: sich auf die Höhe des Kindes begeben und die Welt durch seine Augen betrachten.

Beugt sich der Fotograf bei den tollen Fotos von Neugeborenen über das Baby? Nein – er begibt sich auf eine Ebene mit dem Kind und blickt ihm mit der Kamera ins Auge – von Person zu Person.

Wenn Sie Kinder auf Augenhöhe fotografieren, haben Sie auch mehr Kontrolle über die Komposition, denn es ist einfacher, auf die Augen scharfzustellen und das Kind in eine Position zu bringen, die einigen der anspruchsvolleren Kompositionsregeln entspricht, welche im nächsten Kapitel besprochen werden. Es ist auch eine vorteilhaftere Position für Porträts, da es weniger zu unnatürlichen Blickwinkeln und Schatten kommt.

Wenn Sie das nächste Mal Kinder fotografieren, seien Sie bereit, in die Knie zu gehen und sich eventuell dreckig zu machen, um die Welt durch deren Augen zu sehen und den Betrachtern der Fotos so eine Verbindung zu Ihren jungen Models zu verschaffen. Sie werden froh darüber sein und rasch erkennen, wie viel mehr Gefühl Ihre Bilder so vermitteln.

Die Regel brechen:
Von weit oben oder von ganz unten

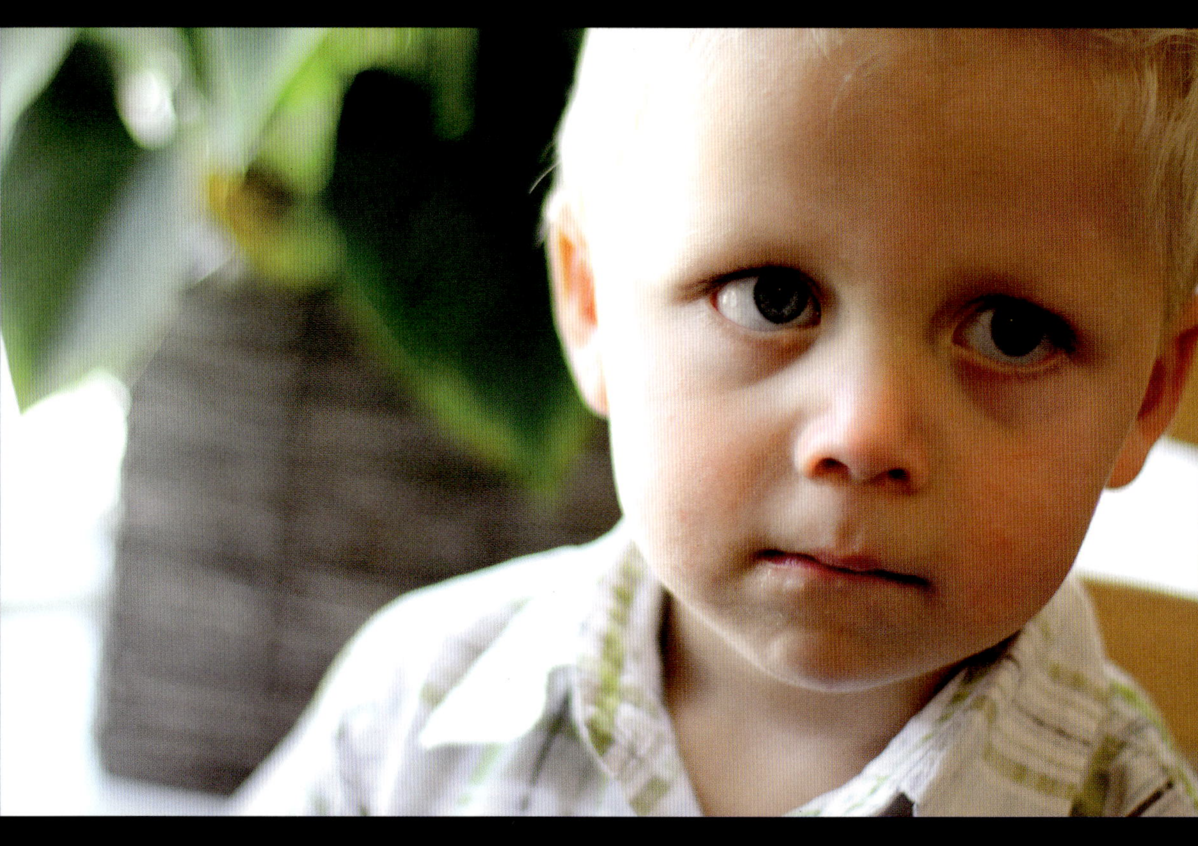

Es gibt Gelegenheiten, bei denen es zu interessanteren Kompositionen führen kann, wenn man sich dagegen entscheidet, Kinder auf Augenhöhe zu fotografieren.

In vielen Situationen ist die Augenhöhen-Perspektive ideal, aber Kinder sind bewegliche kleine Kreaturen – sie klettern auf etwas hinauf oder krabbeln darunter durch und erzeugen einfach zu viel Chaos. Wie wäre es, ein Kind, das noch kaum stehen kann, mit einem Weitwinkelobjektiv von unten wie einen wilden Hund aufzunehmen? Großartig! Und eine komplette Umkehr der Art, wie wir Kinder zu sehen gewohnt sind.

Davon ausgehend können Sie alle möglichen verrückten Kompositionsentscheidungen treffen. Werfen die Eltern ihr Kind in die Luft? Sie könnten versuchen, davon Fotos auf Augenhöhe zu machen, aber das würde eine perfekte zeitliche Synchronisation und ein gutes Trampolin erfordern. Also nutzen Sie stattdessen das Chaos der »fliegenden« Kinder – machen Sie Aufnahmen von unten, wenn sie wild in die Höhe fliegen, mit nichts als Wolken und Himmel im Hintergrund.

Sie können die Regeln auch dadurch brechen, dass Sie in einem Kinderporträt eine gedrückte Stimmung übermitteln. Durch das Fotografieren mit Blickrichtung »nach unten« auf das Kind erzeugen Sie das Gefühl, als ob die Eltern (Sie) eine Lektion oder Strafe erteilen würden oder das Kind trösten wollten. Das ist vielleicht keine mit Kindern übliche Komposition, aber sie vermag ebenso viel Gefühle zu vermitteln wie ein Bild aus Augenhöhe (wenngleich eine andere Stimmung).

Ob das Brechen dieser Regel funktioniert oder nicht, hängt ganz davon ab, welches Gefühl Sie den Betrachtern Ihrer Komposition vermitteln wollen. Sollen sie sich so fühlen wie das Kind? Falls ja, auf welche Weise vermittelt man das? Indem man sich auf das gleiche Niveau wie die Kinder begibt, öffnet man ein Fenster in deren Welt, aber manchmal kann eine Aufnahme von weiter oben oder ganz unten ein ähnlich eindrucksvolles Bild erzeugen.

Rechts *Der »aus Untersicht« aufgenommene Blickwinkel kann dem Bild jede Menge an Aufmerksamkeit verschaffen, wie dieses kecke Porträt demonstriert.*

Gegenüber *Manchmal – wie hier, wo der kleine Junge Angst hatte, angeschrien zu werden, nachdem er über ein Tablett mit Kaffeetassen gestolpert war – hilft es, leicht von oben zu schauen, um die Bildidee auszudrücken. Durch den Blick von oben kann der Betrachter mit der Geschichte besser »in Verbindung« treten.*

Unten *Für dieses Foto musste ich meine Höhenangst überwinden und mit dem kleinen Mädchen oben auf ein Klettergerüst steigen. Die blanke Freude in seinem Gesicht darüber, dass es schneller hochklettern konnte als ich, kommt in diesem Bild klar zum Ausdruck.*

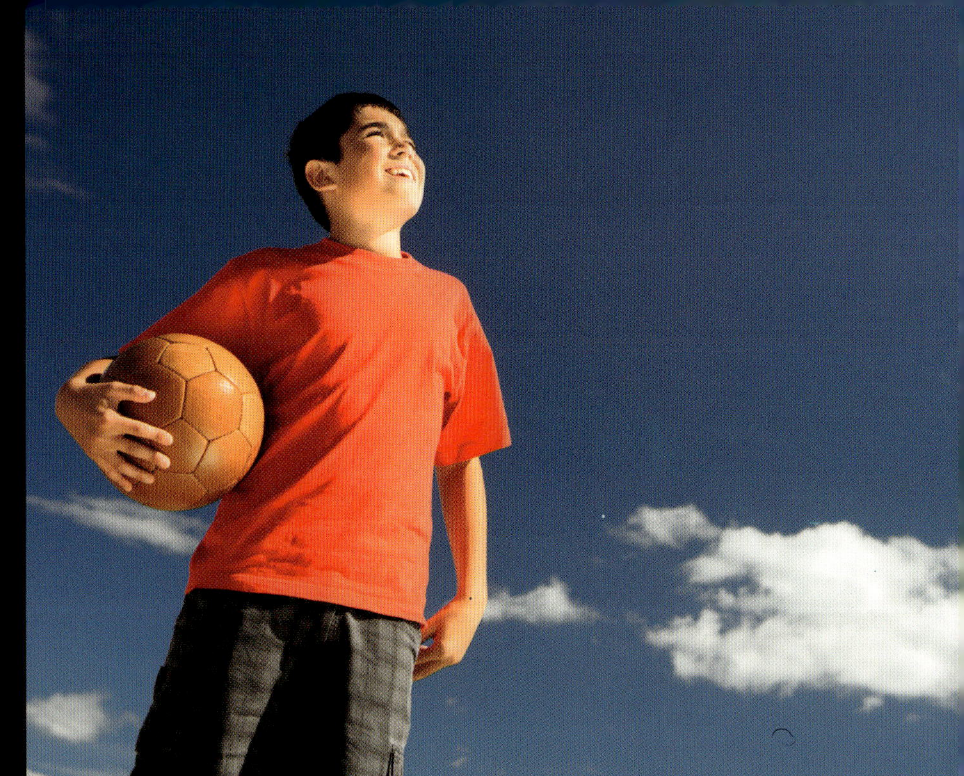

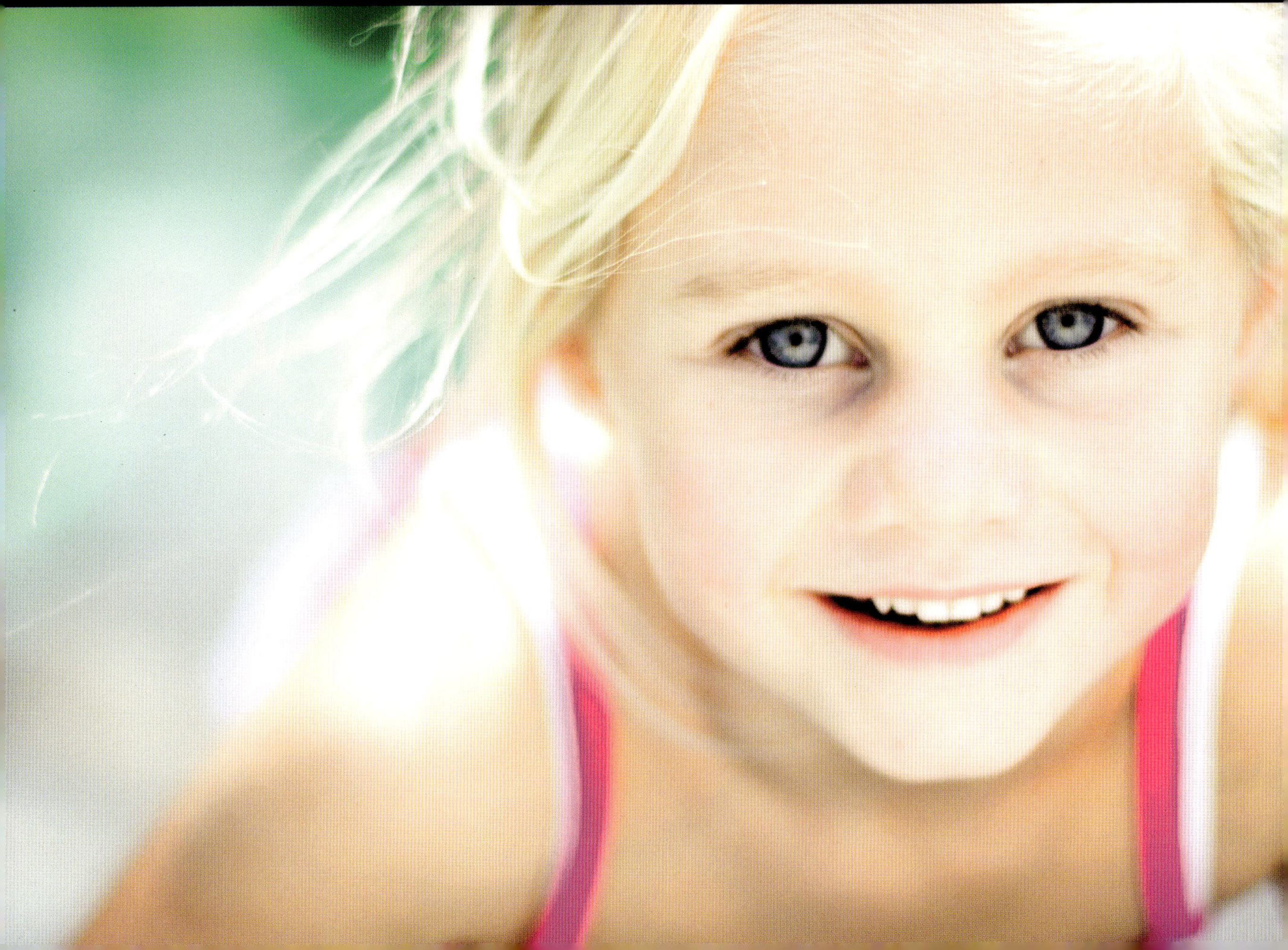

Die Regel:

Verwenden Sie Führungslinien.

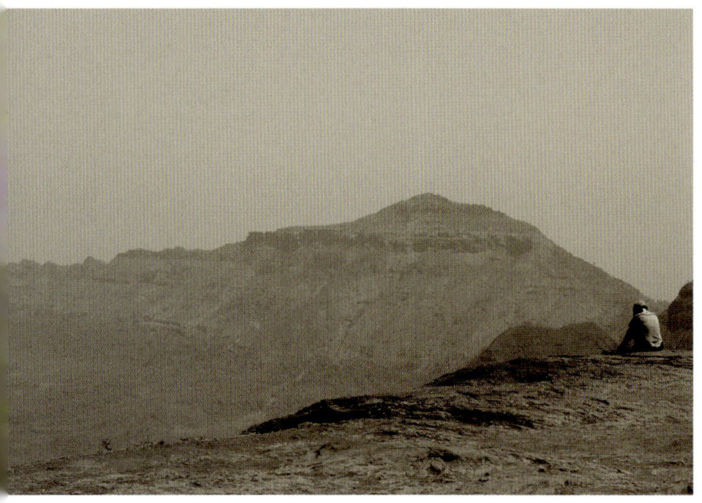

Das Konzept der Führungslinien erscheint manchen Leuten schwer verständlich, verzeihen Sie mir daher, wenn wir es etwas langsamer angehen.

Lassen Sie mich zunächst erläutern, dass es sich bei den Führungslinien nicht um konkrete Linien in einem Foto handelt – es sind gedachte Linien, denen unsere Augen in dem Bild folgen. Diese Linien können von allem gebildet werden: einer Allee von Bäumen, einer Kette von Kühen, die in einer Reihe stehen, oder von einer Straße, Stufen, den Rändern von Feldern oder dem Horizont. Alles, was den Blick von einem Teil des Bildes auf einen anderen lenkt, kann man als Führungslinie auffassen.

Oben *Das auf der Kante des Kliffs sitzende Mädchen könnte auf einem Foto wie diesem leicht untergehen – aber da die Berge und die Kante, an der es steht, auf das Mädchen deuten, wird der Blick daran entlang automatisch zu ihm geführt.*

Unten *Viele Elemente lenken Ihre Augen auf die Katze – den schärfsten und am klarsten gezeichneten Teil des Fotos. Aber auch die Kanten der Schachtel bilden führende Linien – sie führen den Blick auf die Pfote und die Augen der Katze.*

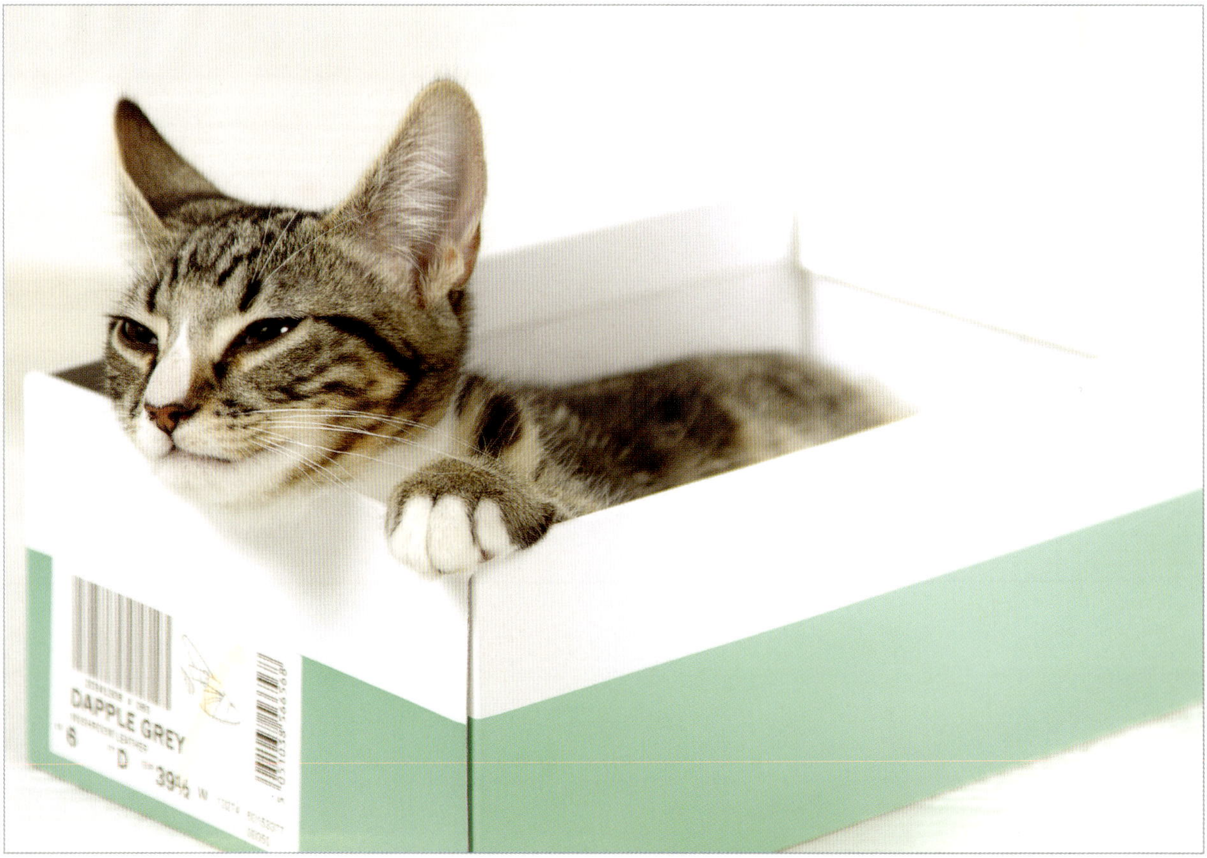

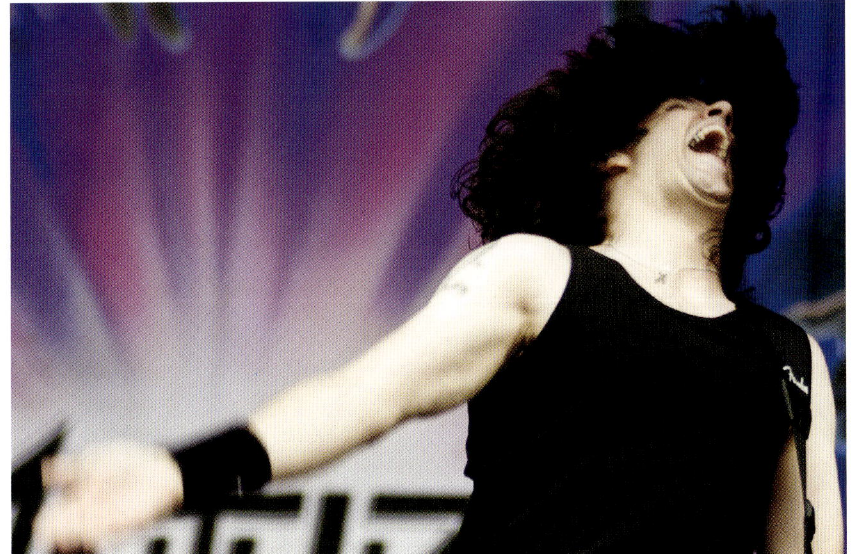

TIPP

Führungslinien können konkret vorhanden oder auch nur gedacht sein. Man kann sie »sehen«, auch wenn sie gar nicht vorhanden sind, etwa aufgrund sich wiederholender Muster im Foto. Wenn Sie danach suchen, dann treten Sie ein paar Schritte nach links oder rechts: Taucht irgendetwas auf, was man als Muster betrachten könnte?

Oben *Der Arm des Musikers ist eine klare Einladung – und Führungslinie –, um auf sein Gesicht zu schauen.*

Rechts *Führungslinien sind selten offensichtlicher als hier – alle Kabel sagen praktisch: »Schaut auf diesen Kerl! Schaut auf diesen Kerl!«*

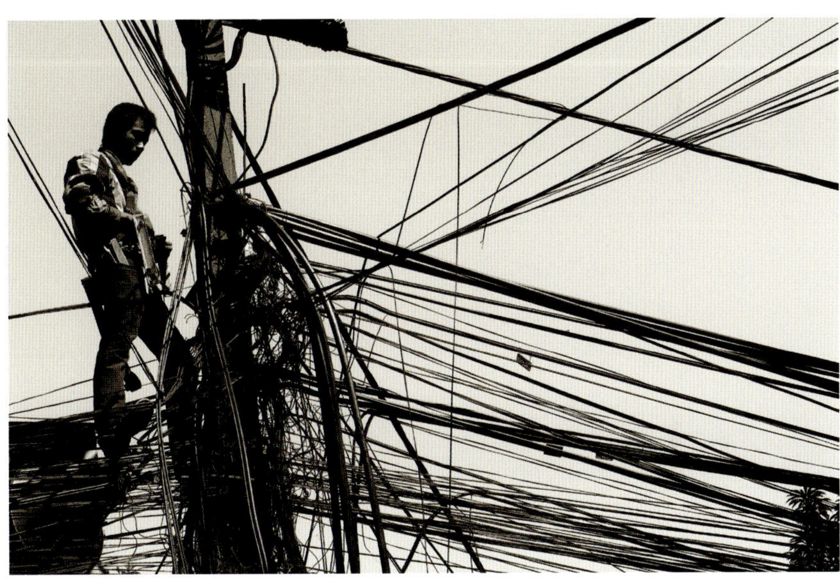

Am besten versteht man eine Führungslinie als Wegweiser für die Betrachter. Sie sollte auf das Motiv in Ihrem Foto weisen und Ihnen einen Hinweis darauf geben, worauf zu achten ist.

Im Prinzip kann jede Linie eine Führungslinie sein, wenngleich manche offensichtlicher als andere sein mögen. Zum Beispiel ist der Schwung eines Kleides oder der Ast eines Baumes ein eher dezenter Hinweis, der den Blick des Betrachters behutsam lenkt, während deutliche Linien wie Straßen, Skylines oder Horizonte eine offensichtlichere Führung darstellen. Man kann direkte und indirekte Führungslinien kombinieren, um den Blick zu lenken, besonders wenn es viele Objekte in einem Bild gibt und der Fotograf auf eines davon besondere Aufmerksamkeit lenken will.

Wenn der Bildschwerpunkt im Umfeld untergeht, liegt es oft an zu wenig Kontrast, entweder in den Tonwerten, der Farbe oder Musterung, um ihn hervorzuheben. Führungslinien können helfen, den Blick des Betrachters auf das entscheidende Bildelement zu lenken, wo er hängen bleiben wird.

Bei Porträtaufnahmen können Sie die Linien der Bekleidung, eines Armes, Beines oder sogar die Neigung des Körpers nutzen, um den Blick des Betrachters auf den Schwerpunkt zu lenken, der in der Regel aus dem Gesicht oder den Augen besteht. Wenn der Motivpunkt immer noch zu wenig offensichtlich ist, versuchen Sie die Komposition zu verändern, sodass sich mehr Leitlinien ergeben – entweder durch Verschieben des Motivzentrums (falls möglich) oder indem Sie herumgehen, um einen geeigneteren Hintergrund zu finden.

Ruhige Kompositionen

Manchmal führt die Abwesenheit von Führungslinien von selbst zu einer einfacheren, ausdrucksstärkeren Komposition – zum Beispiel bei einer Aufnahme, die bewusst nicht den Horizont enthält. Indem Sie das Motiv vor einen einheitlichen Hintergrund wie den Himmel oder Boden setzen, lassen sich ablenkende Elemente vermeiden, sodass das Zentrum der Aufmerksamkeit stärker hervorsticht.

Ähnlich können Leitlinien auch ablenkende Elemente in einer schon starken Komposition sein, wenn sie beispielsweise einen starken Kontrast zwischen dem Aufmerksamkeitszentrum und dem Hintergrund enthält. Wenn Führungslinien nicht nötig sind, um eine Komposition zu stärken, ist es gut, diese wegzulassen.

Allgemein gesagt: Je mehr Elemente das Bild enthält, umso nötiger sind Führungslinien, um den Blick des Betrachters auf den Motivschwerpunkt zu lenken oder um es spannend zu halten. Einfach gestaltete Aufnahmen, die nur wenige Bildelemente enthalten, brauchen weniger Hilfestellungen, weil der Punkt der Aufmerksamkeit viel eindeutiger ist.

Denken Sie daran, dass viele Inhalte zu Führungslinien werden können, so wie die Kante eines Daches, die Art, wie sich ein Grashalm im Wind wiegt, oder sogar die Rundung eines Vogelschnabels. Es ist fast unmöglich, in einer Aufnahme alle Führungslinien zu vermeiden, und daher ist es Ihre Aufgabe zu entscheiden, ob Ihr Bild so komponiert werden soll, dass es mehr davon als Hinweis auf Ihr eigentliches Menü gibt.

Unten *Diese Aufnahme zeigt dasselbe Mädchen am selben Ort wie auf Seite 70, aber hier ohne alle Führungslinien. Da der Blick nicht in eine bestimmte Richtung gezwungen wird, erscheint die Komposition wesentlich ruhiger.*

Rechts *Keine Führungslinien, keine Tricks – einfach ein schönes, Zen-artiges Foto von einem Berg.*

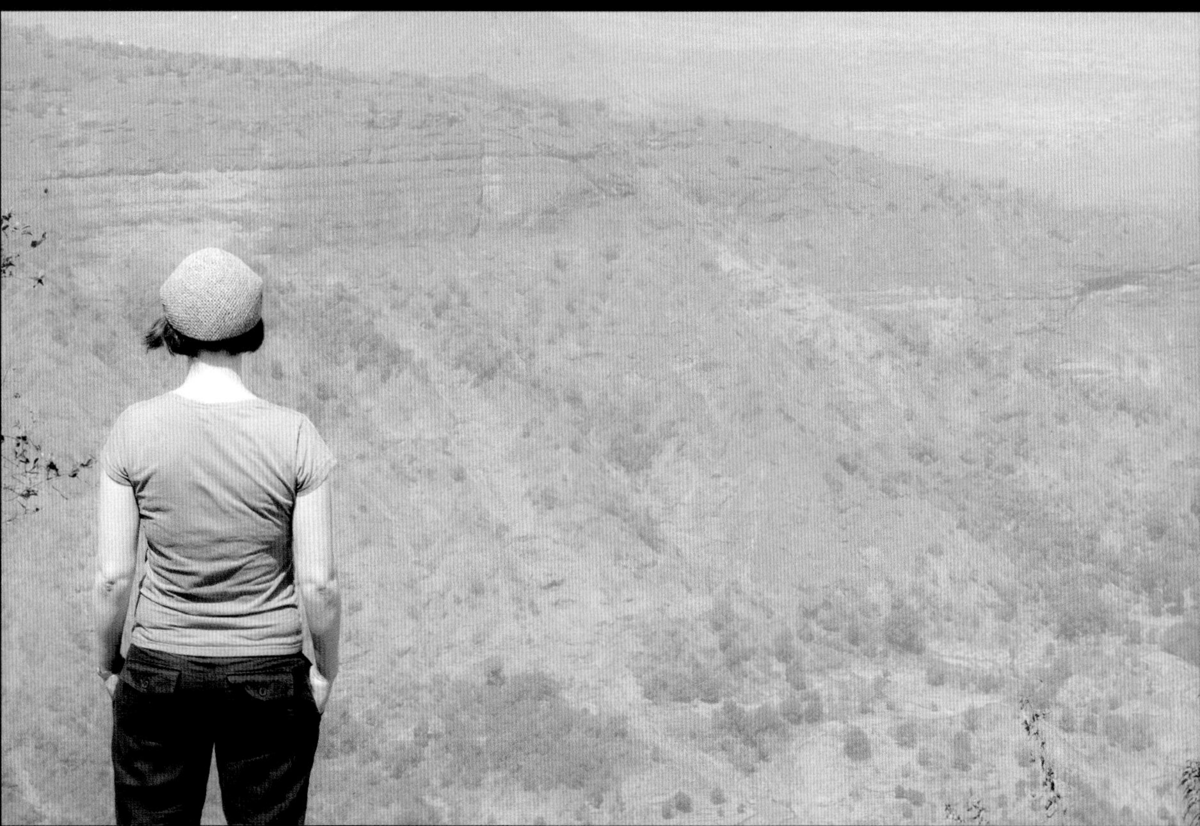

Die Regel:
Verwenden Sie ungewöhnliche Blickwinkel.

Immer wieder dieselben Landschaften, Gebäude, Personen oder Haustiere aufzunehmen, wird schnell langweilig, weil man das alles schon gemacht hat. Eine der simpelsten Anleitungen, die man fotografischen Neulingen gibt, lautet: »Variieren Sie die Blickwinkel.« Ganz besonders dann, wenn man einen wirklichen ungewöhnlichen findet. Auch wenn sich das nach wirklich harter Arbeit anhört, ist es der Mühe wert und wird mit der Zeit leichter.

Wenn Sie ein Foto vorbereiten, nehmen Sie sich die Zeit, das Motiv und dessen Umgebung zu beobachten. Lässt sich die Komposition irgendwie interessanter gestalten? Können Sie die Aufnahme statt von vorne von der Seite machen, von oben oder von unten? Gibt es einen Blickwinkel, durch den sich das Motiv neben etwas anderem darstellen lässt, wodurch die Komposition besser oder ansprechender wird?

Ungewöhnliche Ansichten können auch dadurch entstehen, dass man näher herangeht oder vom Boden aus fotografiert. Bilder von Pflanzen, Babys, Tieren und kleinen Objekten erzeugen einen viel stärkeren Eindruck, wenn sich die Kamera auf der gleichen Höhe wie der Motivschwer-

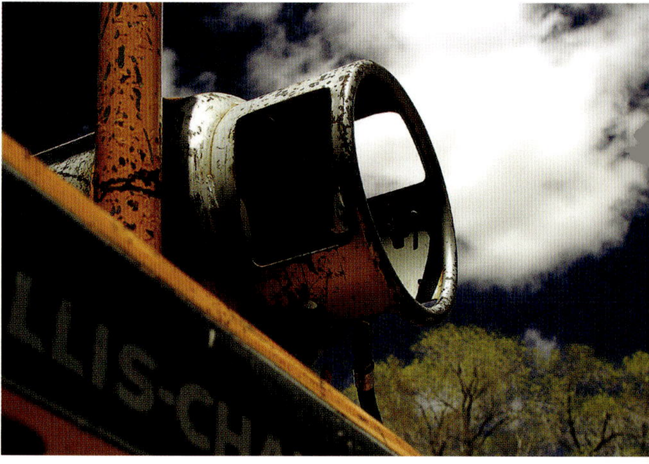

Oben *Sich flach auf den Boden zu legen, schafft eine andere Perspektive – in diesem Beispiel gefiel mir der Kontrast zwischen der hellgelben Maschine und dem tiefblauen Himmel.*

Unten *Für dieses Bild von altem Ackergerät war es entscheidend, ganz nach unten zu gehen – darum herum befanden sich Neubauten und eine viel befahrene Straße. Indem ich meine Kamera auf den Boden stellte und das Bild mit dem Live-Display gestaltete, konnte ich den störenden Hintergrund ausblenden, um ein gutes Foto zu erhalten.*

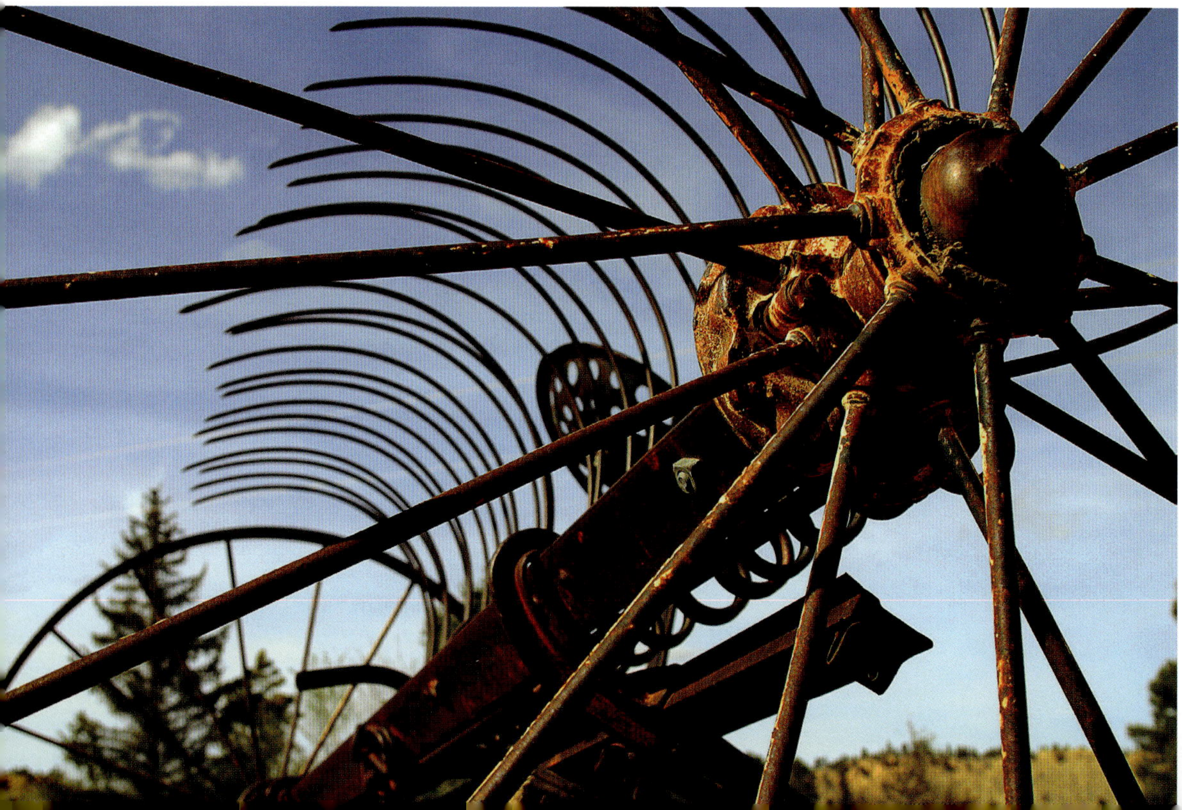

punkt befindet. Außerdem können Ihnen Fotos stationärer Objekte, die von oben, unten oder aus ungewöhnlichen Winkeln gemacht werden, dabei helfen, sonst standardmäßige Bilder interessanter zu machen.

Wiederum kann es hilfreich sein, mit unterschiedlichen Winkeln und Perspektiven zu experimentieren. Sie können etwa auch versuchen, das Objekt Ihres Interesses »durch« andere Elemente hindurch zu fotografieren – das Geäst eines Baumes, ein Fenster, das Loch in einer Felsformation. Die größte Herausforderung, der Sie sich als Fotograf gegenübersehen, besteht darin, die Leute dazu zu bringen, dass sie stehen bleiben und Ihre Bilder betrachten. Das wirksamste Mittel dafür ist, ihnen Blickwinkel zu zeigen, die sie noch nie zuvor wahrgenommen haben.

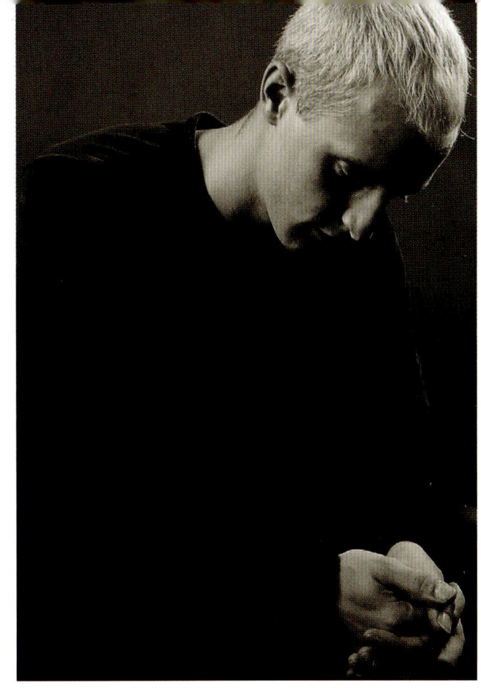

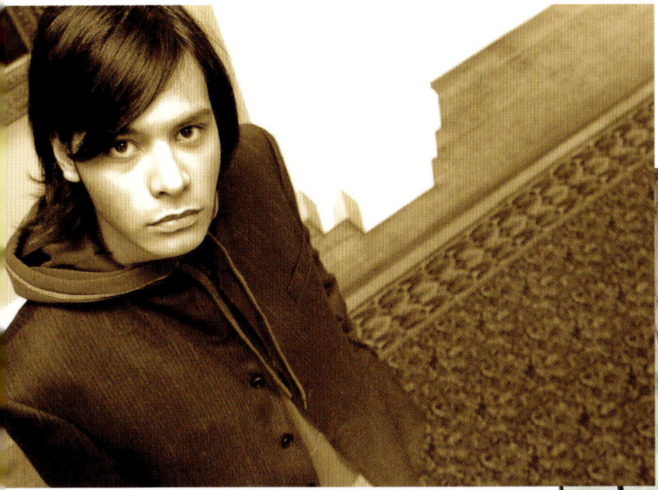

Oben und links *In Porträts kann der Blickwinkel helfen, eine Geschichte zu erzählen. Indem man die Person leicht von oben oder von unten aufnimmt, verleiht man dem Bild eine Gefühlsnote.*

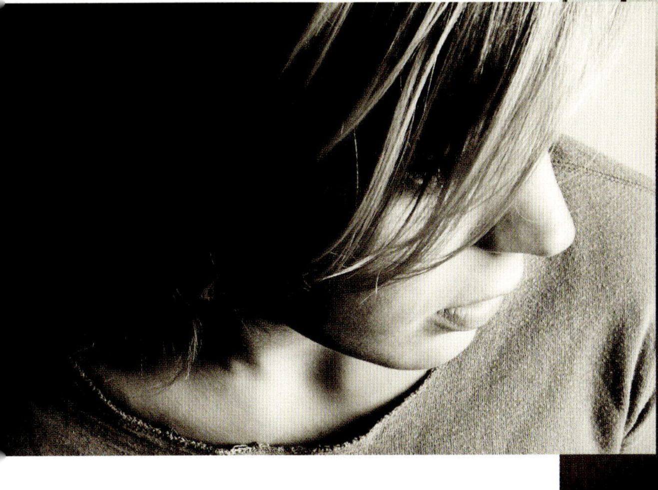

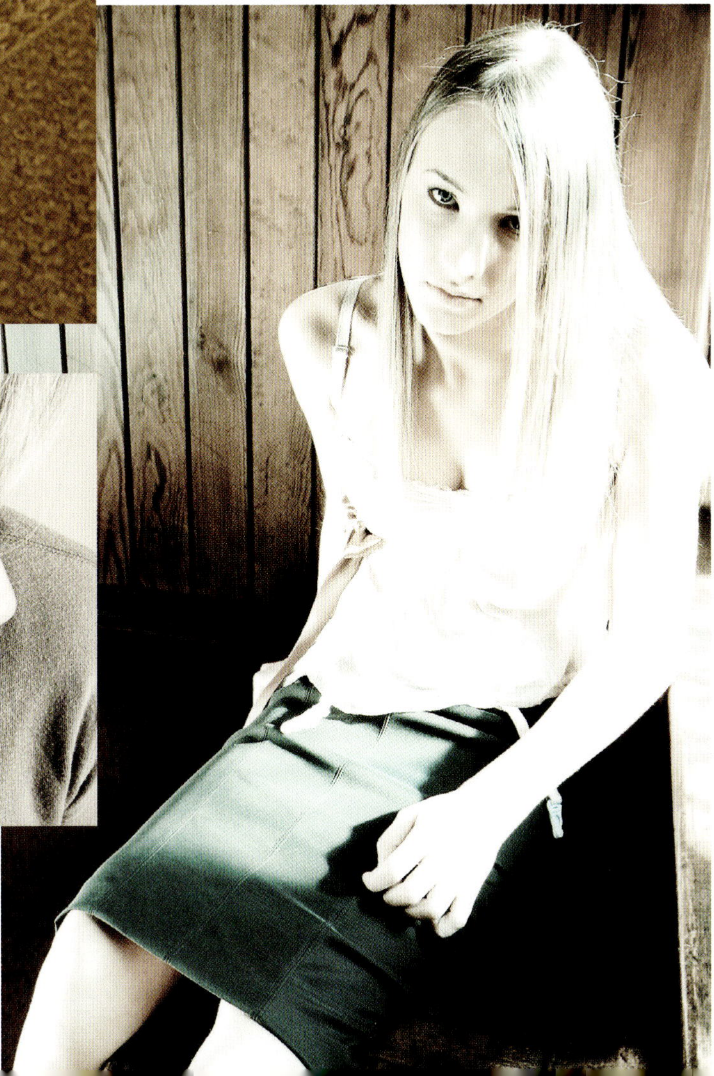

Oben und rechts *Von oben herab zu fotografieren, erzeugt in einem Foto ein völlig anderes Gefühl – häufig das von Unschuld, Intimität und Emotion.*

Ungewöhnliche Blickrichtungen können Aufmerksamkeit erzeugen und Fotos dynamischer machen, aber Sie können dabei nicht immer gewinnen. Manchmal kann ein unüblicher Blickpunkt die Aufmerksamkeit vom eigentlichen Kern des Motivs ablenken – in einem solchen Fall stört er die Komposition.

Wenn man über eine Komposition nachdenkt, beschäftigt man sich am besten mit der Frage, was das Bild hauptsächlich mitteilen soll: Es erzählt eine Geschichte – wie stellt man diese eindrucksvoll dar? Wenn die Bildgestaltung der Geschichte im Weg steht, machen Sie irgendetwas falsch.

Es gibt einige Blickwinkel, die aus gutem Grund häufig verwendet werden, weil sie funktionieren. Für Porträts gibt es eine Standardlösung: Die Augen der Person befinden sich auf einer Ebene mit der Kamera. Der Grund ist einfach: Die Person und ihre Gesichtszüge werden aus dem perfekten Winkel erfasst. Eine von unten oder von

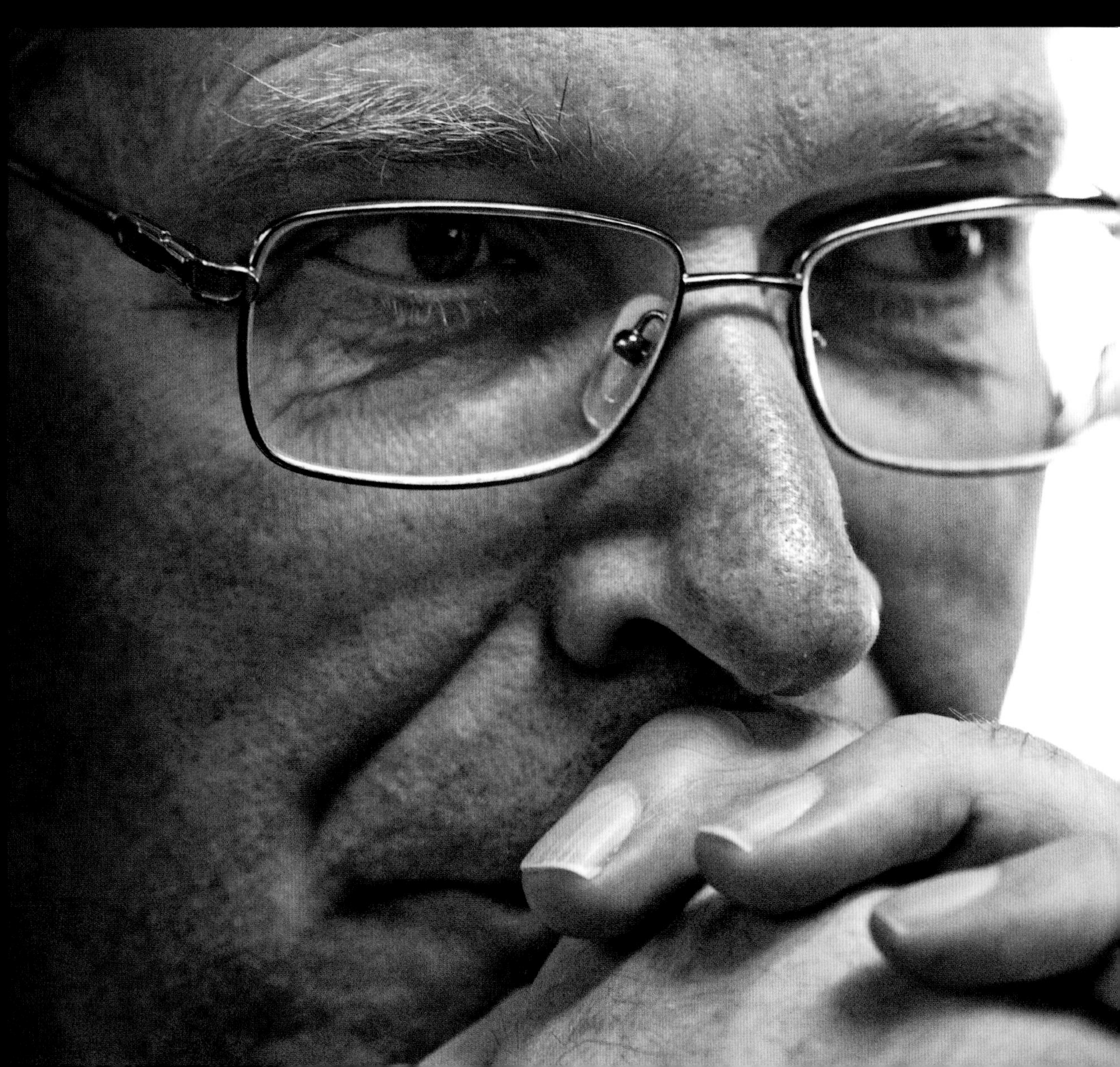

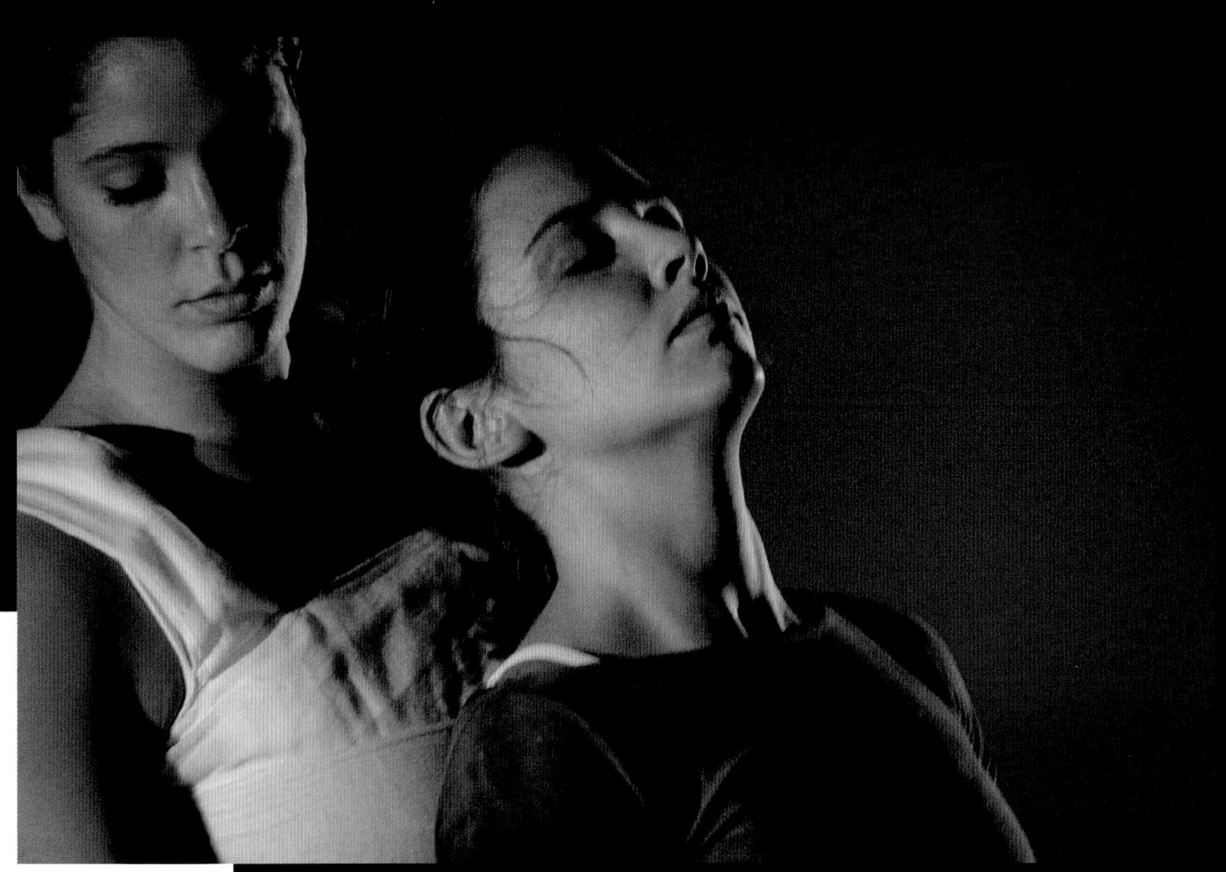

Gegenüber und oben *Für Porträts liefert meist die Aufnahme aus Augenhöhe die beste Komposition, wie diese beiden Aufnahmen zeigen.*

oben aufgenommene Porträt- oder Kopfaufnahme ergibt bei Weitem kein so vorteilhaftes Bild.

Wenn Sie das nächste Mal ein Foto machen, fragen Sie sich, ob es eine Möglichkeit gibt, das Motiv einmal anders aufzunehmen und es dadurch interessanter zu machen. Falls ja, wagen Sie den Versuch. Wenn Sie aber zu dem Schluss kommen, dass die Standardansicht eine gute Komposition liefert, sind Sie bereits am Ziel.

TIPP

Klassische Kompositionen mögen nicht auf Anhieb als künstlerische Meisterwerke erscheinen, aber es spricht definitiv einiges dafür, dass gute Fotos allen Regeln gehorchen sollten. Probieren Sie beides aus und entscheiden, was Ihnen am besten gefällt.

Die Regel:

Nutzen Sie natürliche Rahmen.

Das Einrahmen eines Motivs schließt auch natürlich im Bild vorhandene Elemente ein, die den Motivschwerpunkt umgeben, so wie ein Bilderrahmen ein Foto einschließt. Das Einbeziehen natürlicher Rahmen in ein Foto stärkt und verbessert die Komposition. Beispiele dafür sind Bögen, Gebäude, Bäume, Fenster oder alles, was helfen kann, um die Aufmerksamkeit auf das Motiv zu lenken. Ein natürlicher Rahmen muss sich nicht zwingend an allen vier Rändern des Motivs befinden. Eine oder zwei Seiten genügen für den Rahmungseffekt, ohne dass die Komposition erzwungen wirkt.

Der Zweck natürlicher Rahmen ist, den Blick des Betrachters im Foto zu fesseln. Wenn das Auge an den Rand der Komposition wandert, führt der

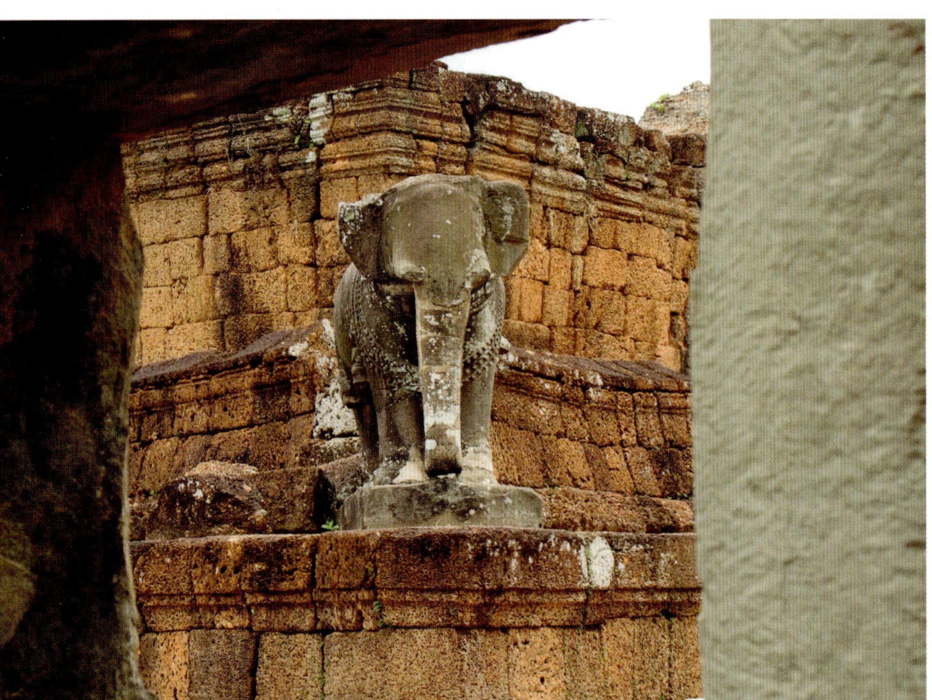

Links *Sie können in der Szenerie vorhandene Elemente auf natürliche Weise nutzen, um die Aufmerksamkeit auf das Motiv zu lenken, selbst wenn die Szenerie sonst – wie hier – sehr chaotisch ist.*

Gegenüber oben *Manchmal ist es raffinierter: Hier besteht der größte Teil des Fotos aus dem Rahmen – aber der Blick wird direkt auf den Jungen gelenkt.*

Gegenüber *Manchmal sind es der Rahmen und der Kontrast, die das Bild ausmachen … so wie hier.*

Unten *Nichts hindert einen daran, Licht (oder hier Dunkelheit) zur Illusion eines Rahmens zu verwenden – der Effekt ist derselbe.*

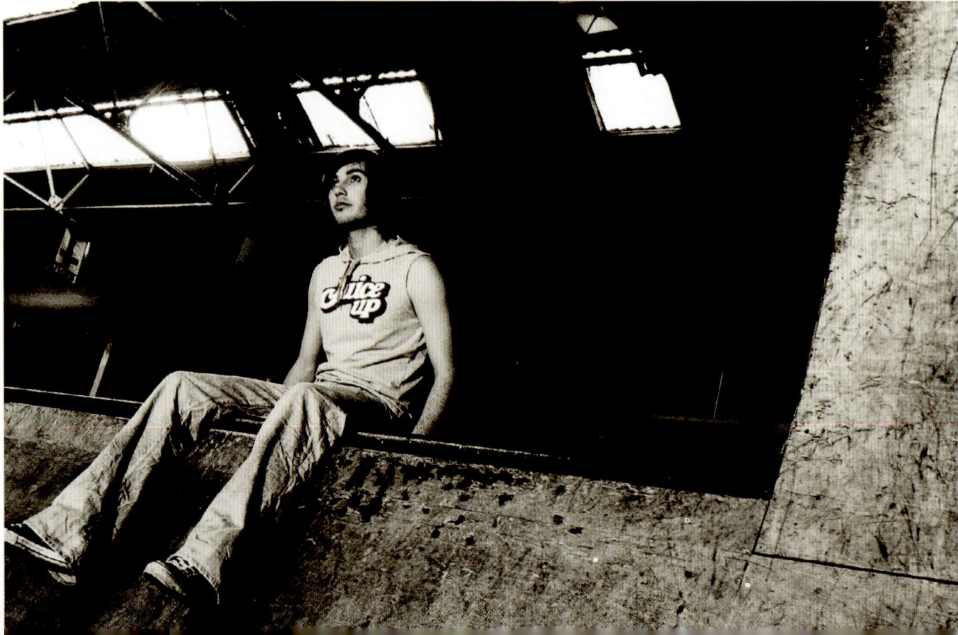

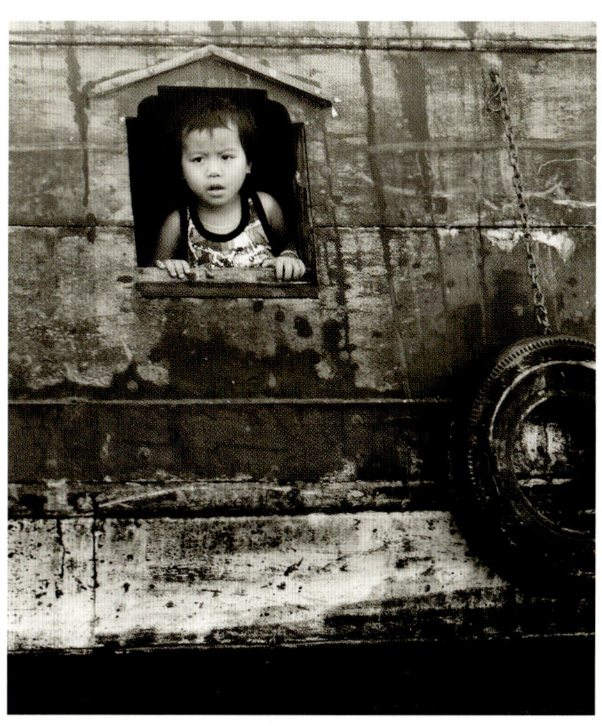

»Rahmen« es wieder zurück auf den entscheidenden Inhalt und fokussiert den Blick auf das zentrale Bildelement. Rahmen können auch hilfreich sein, wenn die Linien in der Aufnahme vom Motiv wegführen, da der Rahmen die Augen dann wieder zurücklenkt.

Natürliche Einrahmungen müssen auch nicht geradlinig sein. Belaubte Äste, ein Wasserlauf, ein gebeugter Arm, eine Wolkenspur, sogar ein Schutthaufen können als natürliche Rahmen dienen. Auch jede Art von Kontrast kann als Rahmen fungieren, indem er den Blick zurücklenkt.

Rahmen können auch ein Gefühl der Tiefe vermitteln. Befindet sich der Rahmen im Vordergrund eines Fotos, gibt er dem Blick des Betrachters die Chance, in ihn »hineinzureisen«, was dem Bild einen dreidimensionalen Ausdruck verleiht. Sie können auch etwas über den Kontext vermitteln, in dem das Foto aufgenommen wurde – beispielsweise im Freien oder im Innenraum, in einer modernen oder in einer historischen Umgebung.

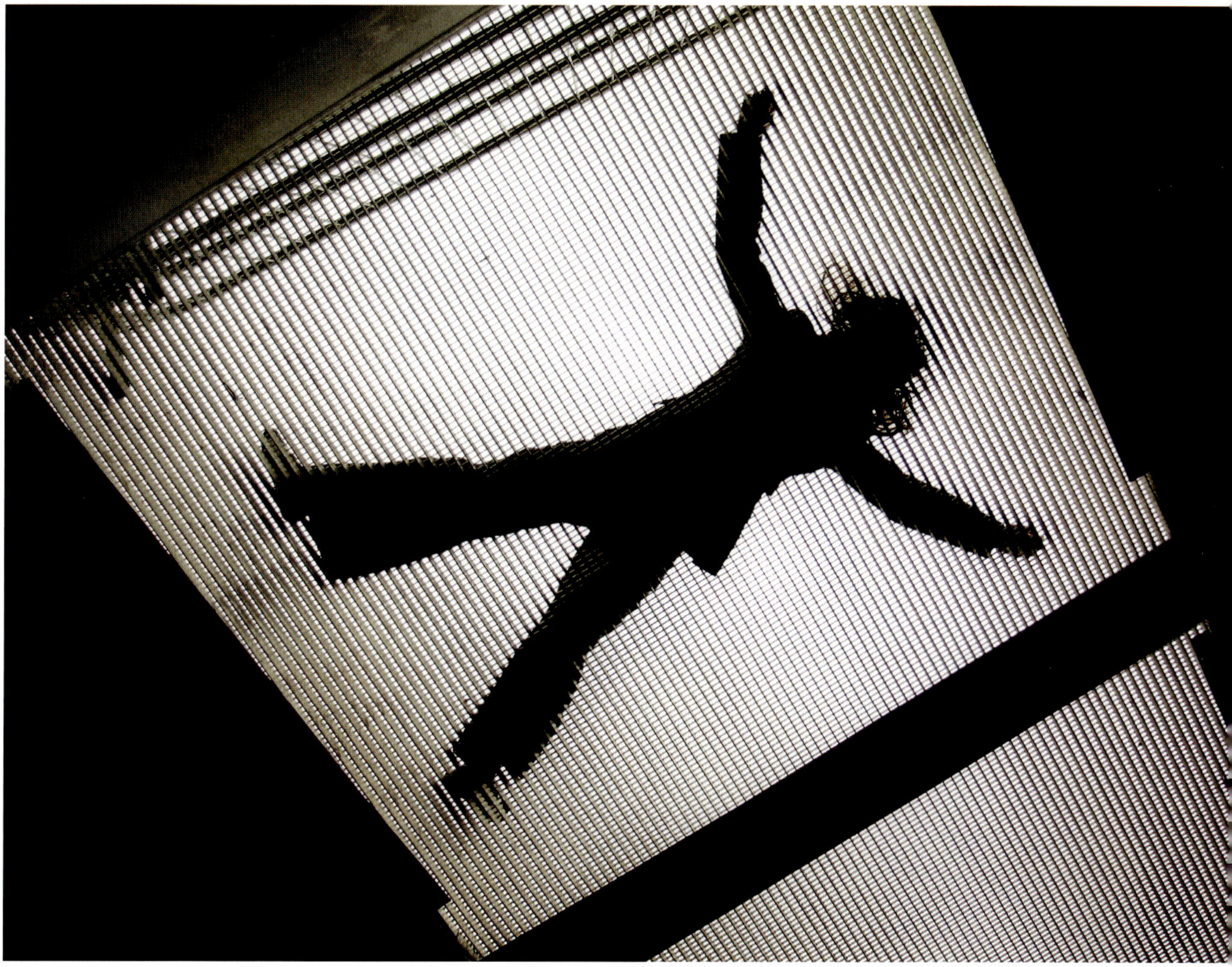

Die Regel brechen:
Wissen, wann man Rahmen verwenden soll

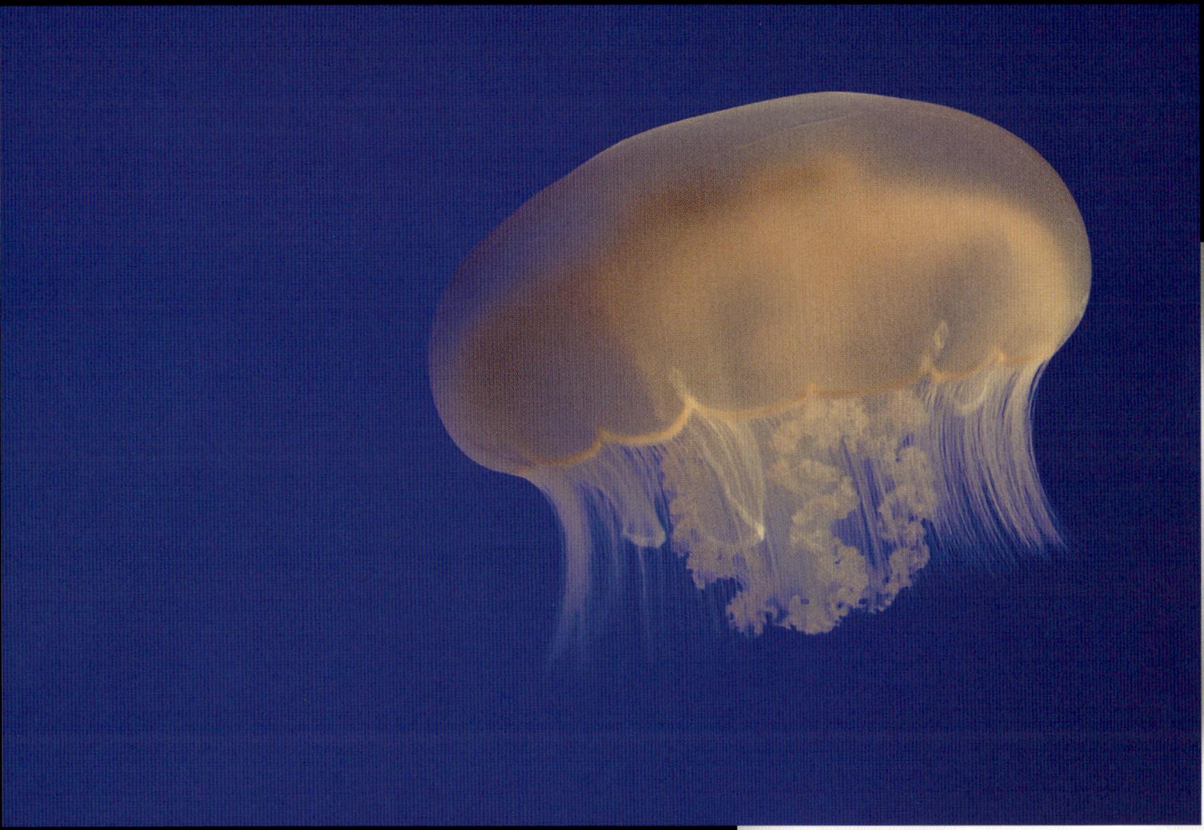

Wie jede fotografische Regel funktionieren natürliche Rahmen in vielen Fällen, aber nur wenn sie die Bildaussage auch stärken. Sie können für sich betrachtet großartig aussehen, aber wenn man eine ganze Sammlung von starr gerahmten Fotos habt, funktionieren sie nicht besonders gut – manche Bilder brauchen etwas mehr Luft als andere. Durch die Umrahmung eines Fotos kann dessen Komposition geschlossen und auf einen kleinen Teil des Ganzen konzentriert erscheinen – aber sie vermittelt nicht den Eindruck, dass das Motiv Teil eines größeren Ganzen ist. Wenn Sie das Porträt eines Holzfällers mit seiner Kettensäge im Wald machen, kann eine enge Umrahmung die Aufmerksamkeit stärker auf den Arbeiter lenken, aber man verliert das Gefühl für die Größe des Waldes. Treten Sie einen Schritt zurück und beziehen viele Bäume in das Bild ein, ohne die Person besonders zu umrahmen, erzeugt das einen völlig anderen Effekt.

Macht der Rahmen das Foto dramatischer? Hilft er, eine Geschichte zu erzählen, Zusammenhang

Gegenüber *Diese Aufnahme wurde in einem Aquarium gemacht, aber da sie die Qualle ohne jedes Umfeld oder einen Bezugspunkt zeigt, entsteht die Illusion, das Tier befände sich im offenen Meer – was ein insgesamt viel besseres Foto ergibt.*

Unten *Dieses Foto weist im Grunde einen Rahmen auf, aber die Person befindet sich rechts davon. Das wirkt so, als habe sie sich aus dem Rahmen »befreit«, was dem Bild einen schönen Eindruck von Tiefe verleiht.*

herzustellen oder einen Eindruck von Tiefe zu vermitteln? Trägt er dazu bei, das Aufmerksamkeitszentrum des Fotos zu stärken? Lautet die Antwort nicht in allen Fällen ja, sollten Sie die Umrahmung besser weglassen.

Die Regel zu natürlichen Einrahmungen ist eine der wenigen Kompositionsregeln, die sich nicht auf jede Aufnahme anwenden lassen. Während sich eine Komposition häufig durch einen natürlichen Rahmen verbessern lässt, sind viele andere Aufnahmen ohne ihn genauso gut. Die Entscheidung liegt bei Ihnen.

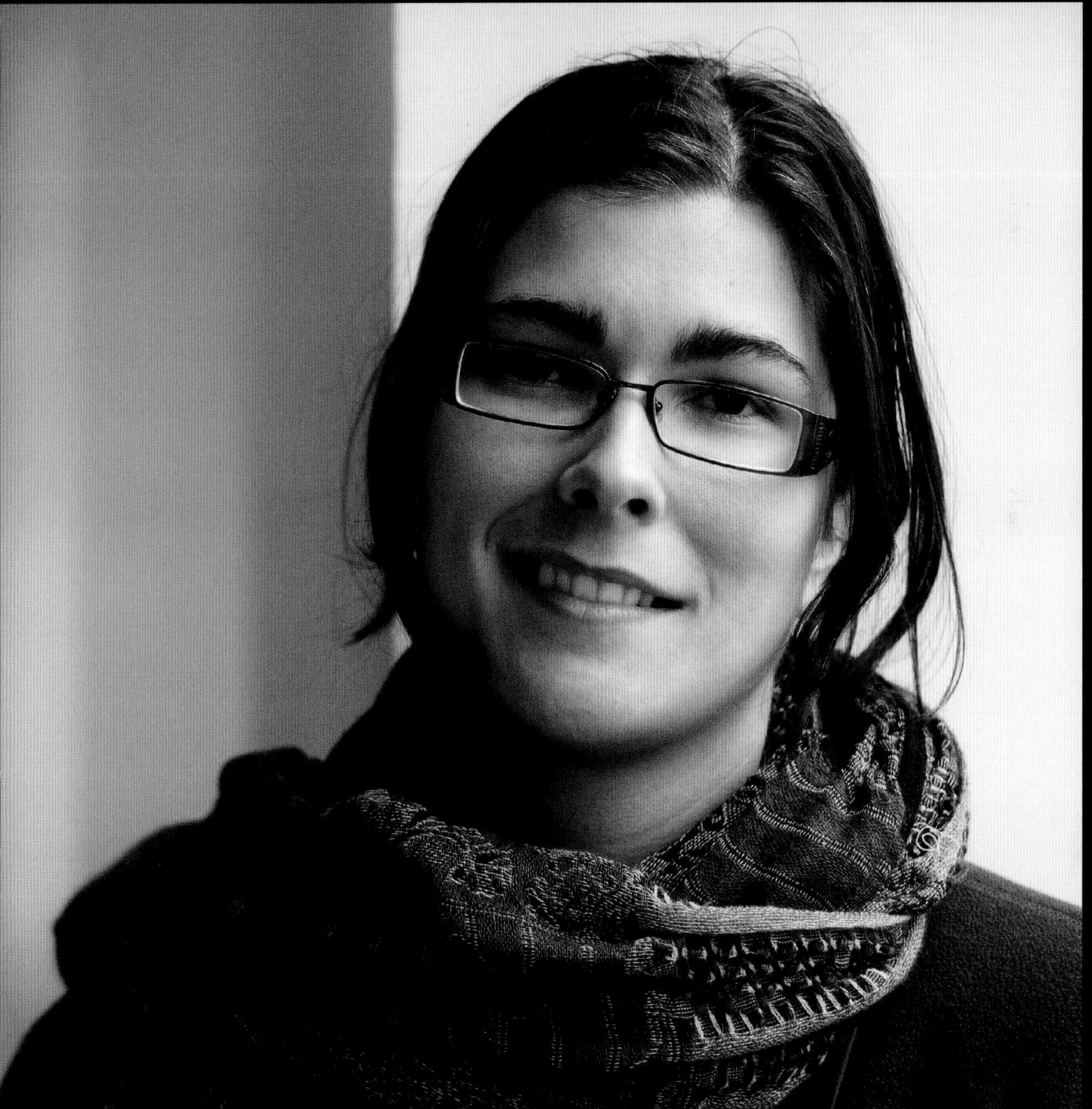

Die Regel:

Halten Sie Ihre Bilder stets einfach.

Fotoanfänger begehen oft den Fehler, zu viel auf einmal zu wollen und viel zu viel in ihr Foto einzubeziehen – was dann zu einer überladenen Aufnahme führt, die kein konkretes Motiv zu haben scheint. Wenn Sie je die Gelegenheit haben, berühmte Fotografien zu betrachten, werden Sie feststellen, dass die besten Bilder häufig die mit dem einfachsten Inhalt sind – sie sind alle knackig, klar und einfach. Behalten Sie das Konzept »KISS« im Hinterkopf: »Keep it super simple« (oder auf Deutsch: »Halten Sie es ganz einfach!«). Wenn Sie das zu Ihrem Mantra machen, erhöhen Sie die Chance, regelmäßig gute Fotos zu machen.

Je einfacher eine Komposition ist, desto leichter versteht man sie. Noch wichtiger: Bei sehr einfachen Kompositionen gibt es Freiräume in der »Geschichte« des Bildes, für die man seine eigenen Fantasien einbringen kann. Durch Auslassungen kann sich der Betrachter womöglich auch stärker damit identifizieren. Wenn sich im Hintergrund eines Porträts etwa eine fremdländische Netzsteckdose befindet, bricht die Illusion der Geschichte für mich zusammen. Vielleicht identifiziere ich mich mit dem Model, nehme aber unbewusst wahr, dass es sehr weit weg ist.

Oft führt der leichteste Weg zur Einfachheit darüber, in das Motiv hineinzuzoomen, um andere Objekte abzuschneiden, die vom Hauptmotiv ablenken könnten. Überlegen Sie bei der Komposition, was Sie zeigen wollen, und schneiden alles andere ab. Alles, was innerhalb des Bildrahmens nichts zum Motiv oder seiner Erläuterung beiträgt, solle möglichst entfernt werden.

Alternativ kann man auch eine große Blende einstellen, da das die Ablenkung durch den Hintergrund reduziert und das Motiv hervorstechen lässt. Aber auch das kann ins Auge gehen, wenn der Hintergrund besonders bunt oder unruhig ist oder wenn man keine ausreichend große Blende nutzen kann, um die Details verschwimmen zu lassen.

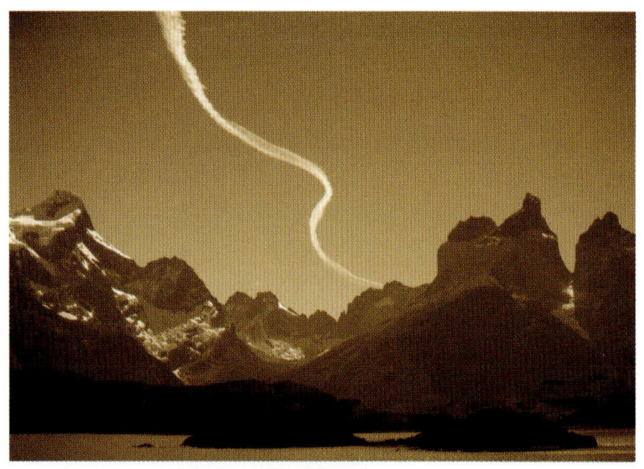

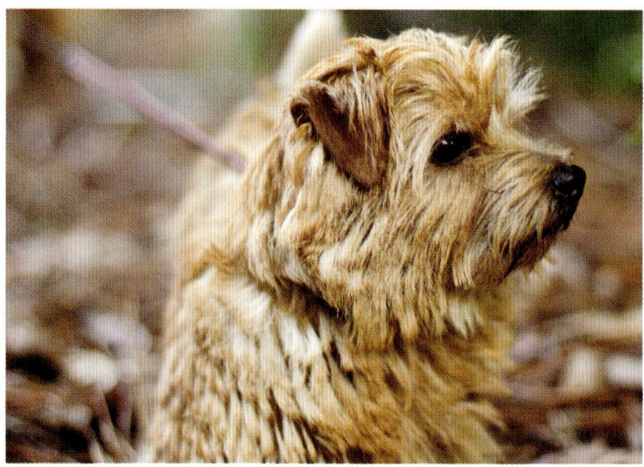

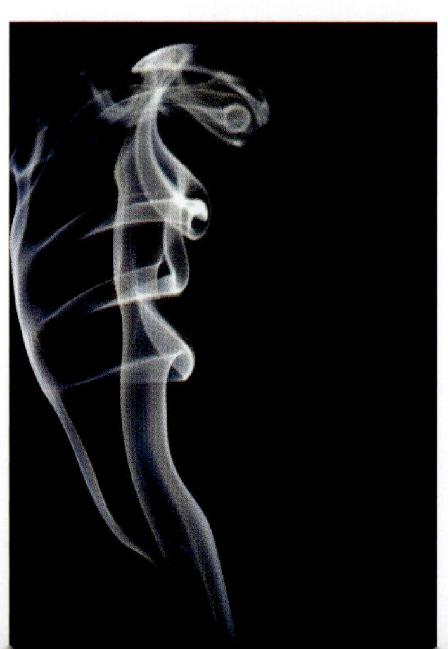

Oben, oben rechts und links
»Weniger ist mehr« und »halte es einfach« sind zwei wertvolle Grundsätze in der Fotografie. Es gibt nichts Abschreckenderes als ein Bild, das völlig überladen ist. Zeigen Sie nur, was nötig ist, um die Geschichte zu erzählen, und lassen alles Übrige weg.

TIPP

Ziehen Sie bei der Komposition eines Bildes in Betracht, ob es Elemente gibt, die verzichtbar sind, und ob durch deren Weglassen die Bildgestaltung stärker und eindrücklicher würde.

Die Regel brechen:

Kompliziertes aufnehmen

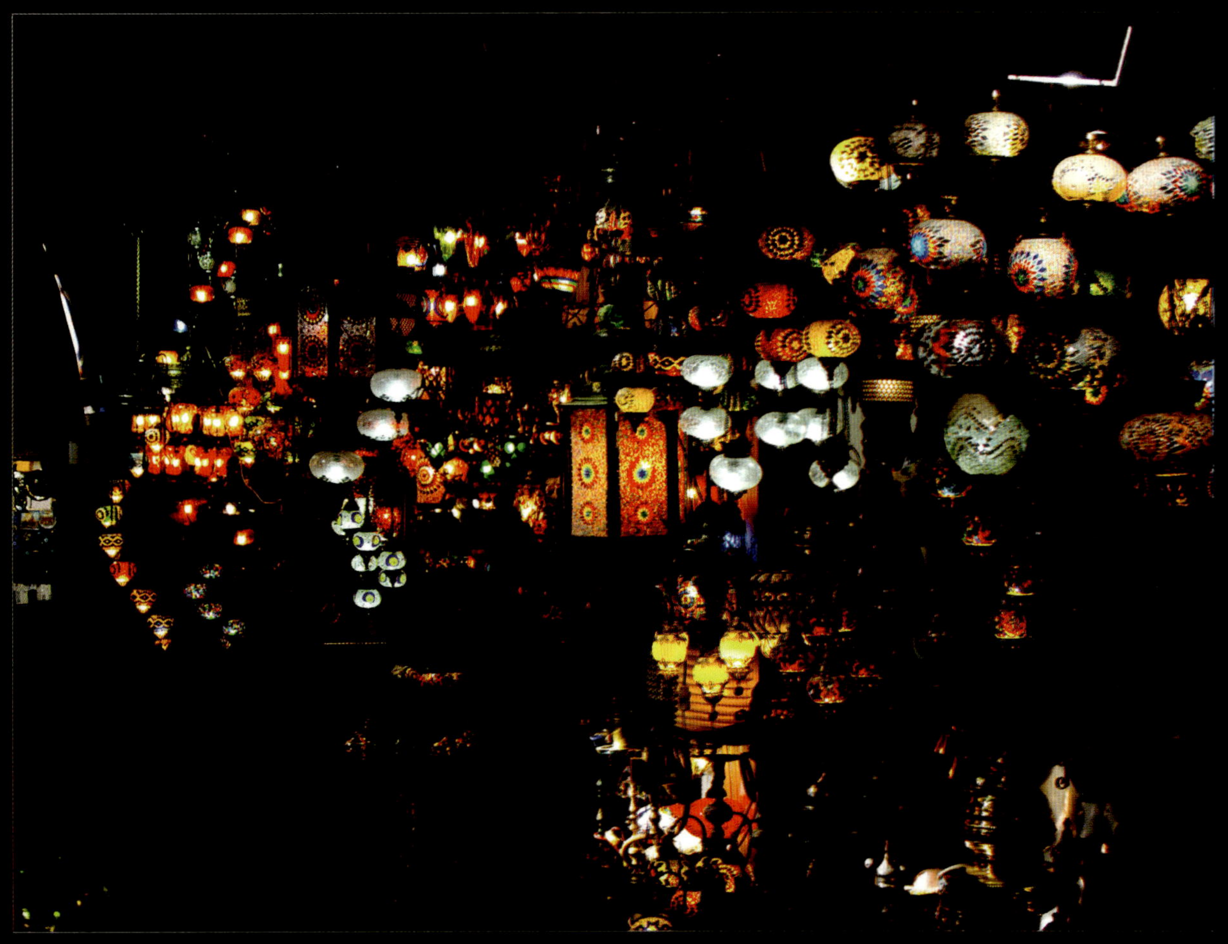

Oben [illegible]

Manchmal ist die Regel »Halte es einfach« keine Option oder sie funktioniert einfach für ein bestimmtes Bild nicht. An einem belebten, farbenfrohen Platz können Sie nur ein chaotisches Bild machen. Die Aufnahme kann durchaus gut wirken, aber man braucht dafür eine etwas andere Herangehensweise.

Bei einer chaotischen Komposition wird es schwieriger sein, das Hauptmotiv herauszustellen. Natürlich können Sie auch die Regel über das Aufmerksamkeitszentrum vernachlässigen, aber das endet in einem chaotischen Bild, das schwierig zu betrachten ist, weil der Blick immer ein Ziel sucht, auf irgendetwas ruhen möchte. Unter diesen Umständen können Sie dann einen entgegengesetzten Ansatz wählen, indem Sie einen langweiligen oder unspektakulären Aufmerksamkeitspunkt wählen, der dennoch aus all dem Chaos heraussticht.

Es kann auch vorteilhaft sein, chaotische oder störende Elemente bewusst in einer Komposition zu belassen, wenn sie etwas zur Bildgeschichte beitragen. Bei der Aufnahme einer Frau, die in einer belebten Straße in Neu-Delhi Lebensmittel einkauft, ist es beispielsweise sinnvoll, auch all die anderen Leute und das sonstige Drumherum zu zeigen, um das Chaos zu vermitteln, in dem sie sich befindet. Ohne die Umgebung ist es nur das Foto einer Frau, ohne jeden Hinweis auf ihr Tun oder ihre Gefühle.

Die Regel:
Geben Sie dem Model Freiraum nach vorne.

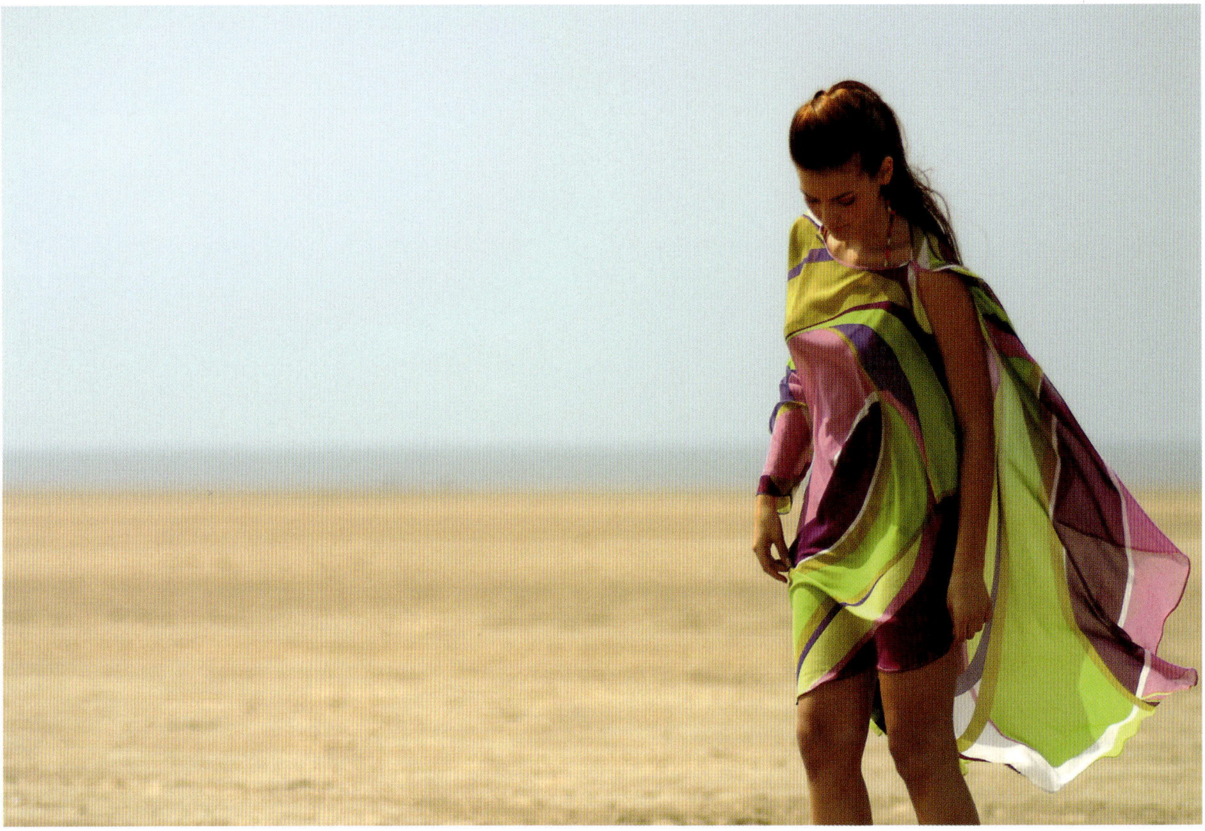

Oben *Indem man dem Model Raum nach vorne gibt, in den es sich hineinbewegen kann, wirkt diese Komposition luftig und entspannt.*

Unten *Durch falsches Setzen des Freiraums wirkt das Foto unausgewogen und unangenehm. Hier folgen die Augen dem Hinausstarren des Models aus dem Bild.*

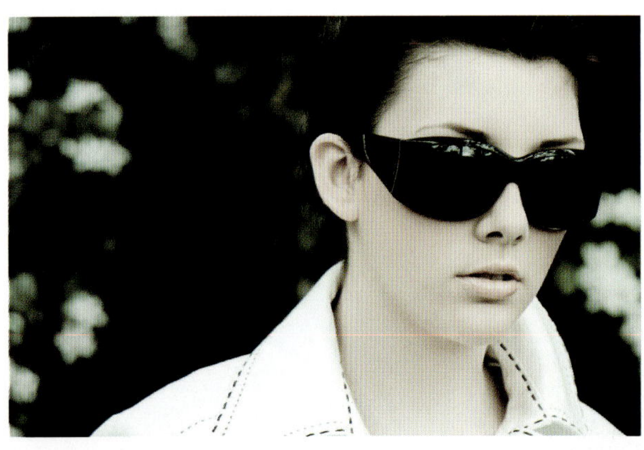

Wenn ich meine Fotos plane und aufnehme, stelle ich oft fest, dass Leerraum – der Bereich, der nicht zum Hauptmotiv gehört – mein Verbündeter ist. Man kann davon wenig einsetzen (das Hauptmotiv füllt den Bildrahmen) oder man kann sich für ein Mehr an Freiraum um das Motiv herum entscheiden. Beides hat die gleiche Auswirkung – eine starke Konzentration auf das Hauptmotiv – aber der Kontext ist völlig verschieden.

Das Konzept des Freiraums, »in den man sich hineinbewegen kann«, spielt bei Porträts die wichtigste Rolle, man nennt es, den »Aktionsraum« nutzen. Die Idee dahinter ist, dass der Betrachter ein Bild ansprechender findet, wenn das Model Raum hat, in den es sich hineinbewegen kann.

Aber warum soll man sich bei Fotos über Bewegung Gedanken machen? Doch wir sprechen in diesem Fall über potenzielle Bewegungen. Es geht um die Wahrnehmung. Wenn wir auf das

Foto einer Person schauen, neigen unsere Augen dazu, dem Gesicht und seiner Blickrichtung zu folgen. Wenn sich das Gesicht am Rand des Bildes befindet und aus ihm herausschaut, gehen unsere Augen dorthin – aus dem Bild hinaus und weiter zum nächsten Foto. Wenn es aber aktiven Raum zwischen dem Gesicht/den Augen und dem Rest des Bildes gibt, macht das einen natürlicheren Eindruck und der Betrachter wird sich länger mit dem Bild beschäftigen.

Dasselbe gilt für jedes sich bewegende Objekt wie Autos, Flugzeuge, Tiere usw. Die Aufnahme wirkt natürlicher und ausbalancierter, wenn es Raum für das Objekt gibt, in den es sich hineinbewegen kann, anstatt hinauszublicken.

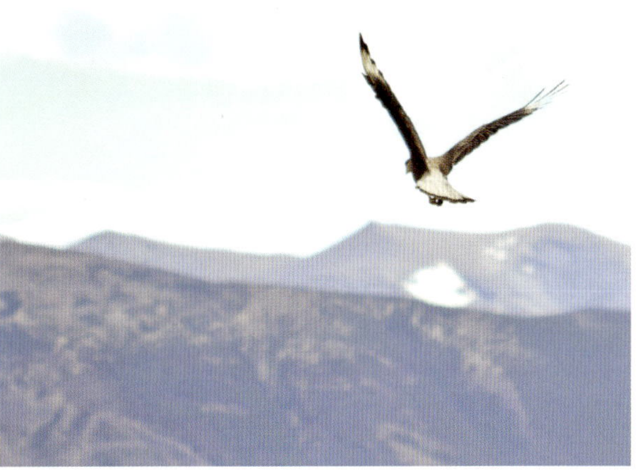

Oben *Indem man diesem Adler ein »Ziel« gibt (die Berge im Hintergrund), verstärkt man das Gefühl von Freiheit und Macht.*

TIPP

Spielen Sie mit dem in der Aufnahme verfügbaren Raum, um ihn besser auszubalancieren. Am besten betrachten Sie die Szenerie in drei Varianten: mit dem Hauptmotiv in der Mitte oder auf einer der beiden Seiten am Rand. Die Gestaltung, bei der Ihnen ein Schauder über den Rücken läuft, ist der Gewinner – drücken Sie auf den Auslöser, fertig!

Unten *Dieses innige Bild nutzt die Drittelregel mit gutem Ergebnis. Das Kind schaut nach rechts im Bild, darum habe ich ihm dort mehr Platz eingeräumt.*

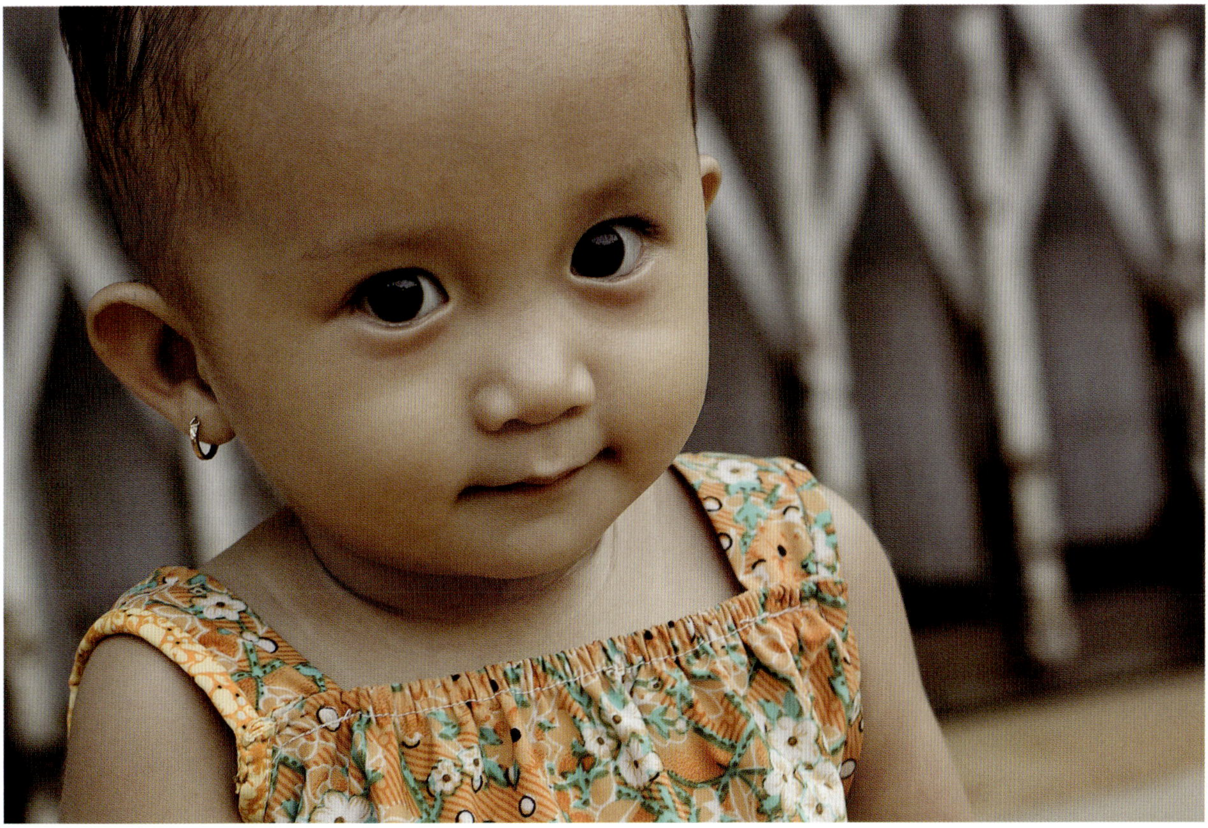

Die Regel brechen:

»Ich hab Dich fast verpasst …«

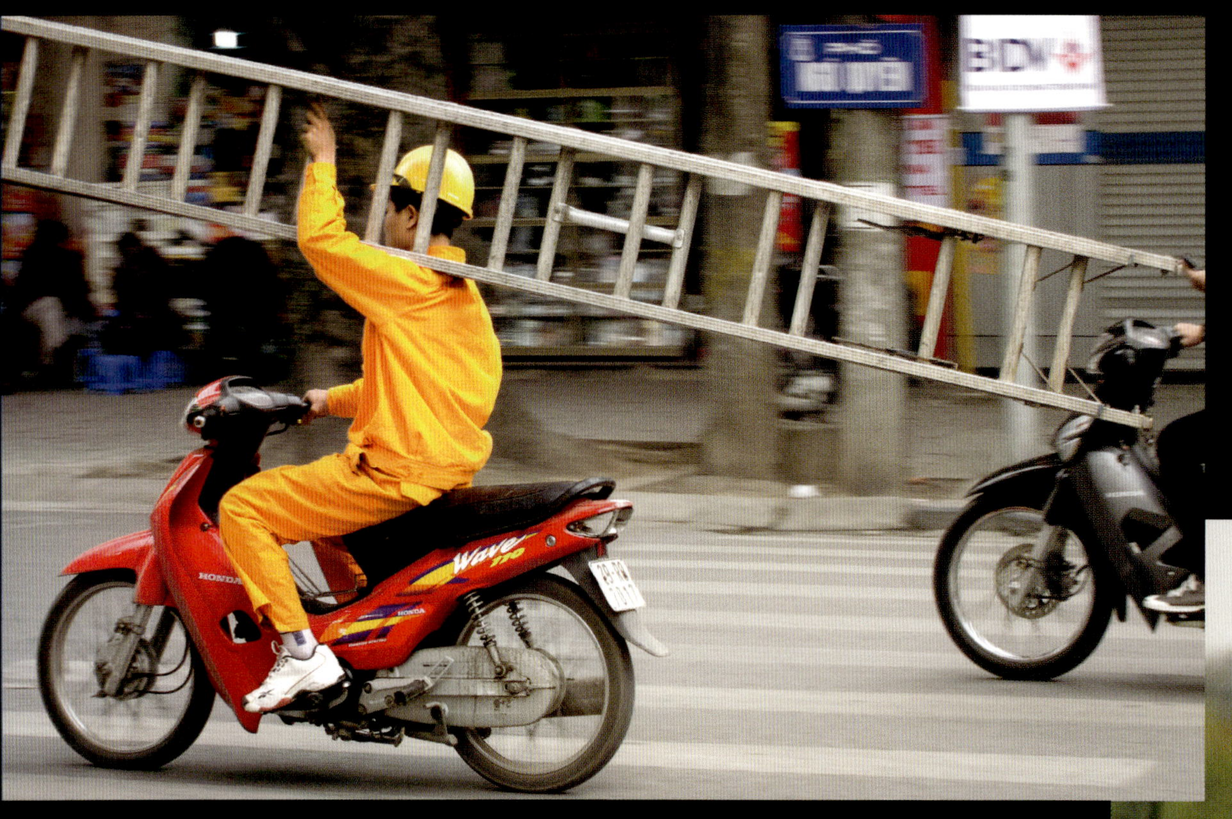

Ein Bild kann ganz unterschiedliche Geschichten erzählen, je nachdem, wie Sie mit dem Freiraum umgehen. Gerade ging es darum, dass Porträts lebendiger erscheinen, wenn die Personen etwas Raum vor sich haben (Seiten 84-85). Was, wenn wir das Gegenteil machen?

Das »Ich hab Dich fast verpasst«-Gefühl, das entsteht, wenn sich eine Person aus dem Bild hinausbewegt, kann sehr stark sein. Es ist ein raffinierter kleiner psychologischer Trick: Wenn sich Personen aus dem Bild hinausbewegen, sind wir (durch Film, Fernsehen und Comics) konditioniert zu denken, dass jemand die Szene verlässt. Das wirkt in der Fotografie besonders gut bei sich schnell bewegenden Objekten.

Wenn Sie ein Foto von Läufern mit sehr viel Aktionsraum vor ihnen machen, deuten Sie an, dass diese noch einen langen Weg vor sich haben. Kehren Sie jedoch den aktiven Aktionsraum um und lassen hinter dem Subjekt viel Leerraum, ist das eine völlig andere Geschichte. Ein Läufer, der sich aus dem Bild hinausbewegt, wirkt viel schnel-

Oben *Indem man die Zielpersonen so positioniert, dass sie sich »aus dem Foto hinauszubewegen« scheinen, erzeugt man ein dynamisches Gefühl für Geschwindigkeit. Hier wird auch ein Gefühl der Leichtfertigkeit bei diesem Motorradfahrer mit seiner gefährlichen Last erzeugt.*

Rechts *Aggressiver Beschnitt, ein Dutch Tilt (schräger Horizont) und vibrierende Farben verleihen diesem Bild einen Ausdruck von »Speed« – obwohl der Fahrer einen Fuß auf dem Boden hat und sich das Motorrad nicht im Geringsten bewegt.*

ler als einer mit reichlich Raum vor sich. Schließlich haben Sie ihn ja mit der Kamera fast verpasst!

Auch Gruppen von Leuten oder Motiven sind eine Ausnahme. Wenn Sie ein NASCAR-Autorennen fotografieren und das Rudel zeigen wollen, dann können Sie offensichtlich nicht viel Raum vor dem ersten Fahrzeug einbringen, denn dann würden die meisten Autos dahinter abgeschnitten. Dasselbe gilt für Fischschulen, Vogelschwärme usw. Immer wenn Sie eine Gruppe zeigen wollen, verliert die Regel über den Aktionsraum an Bedeutung, da das Auge des Betrachters mehr von der Gruppe angezogen werden wird als davon, dem führenden Mitglied aus dem Bild hinaus folgen zu wollen.

Und jedes Mal, wenn Sie sehen wollen, was sich hinter Ihrem Motiv befindet, wird der vordere Aktionsraum weniger wichtig. Dazu gehören beispielsweise die Kondensstreifen von Flugzeugen, die Schleppe einer Braut oder der Karren, den ein Esel zieht. All diese sekundären Motive tragen dazu bei, den Blick zurück in das Bild zu lenken, sodass kein aktiver Raum nötig ist.

Was kommt als Nächstes?

Diese erste Zusammenstellung an Regeln hilft dabei, einige Grundparameter passend einzustellen, um gute Fotos zu machen, die man sich gerne anschaut. Das sind aber nicht die einzigen Regeln. Im nächsten Kapitel werden wir die anspruchsvolleren Richtlinien besprechen, mit denen Sie erstaunliche Kompositionen gestalten, um mit den Größen der Fotografie in Konkurrenz treten können.

Gehen Sie in der Zwischenzeit mit Ihrer Kamera hinaus, um die Welt durch den Sucher zu erforschen. Üben Sie mit diesen wenigen Regeln Ihre Aufnahmen zu verbessern, dann werden Sie reif dafür, Weiteres zur Verbesserung Ihrer Fähigkeiten zu lernen.

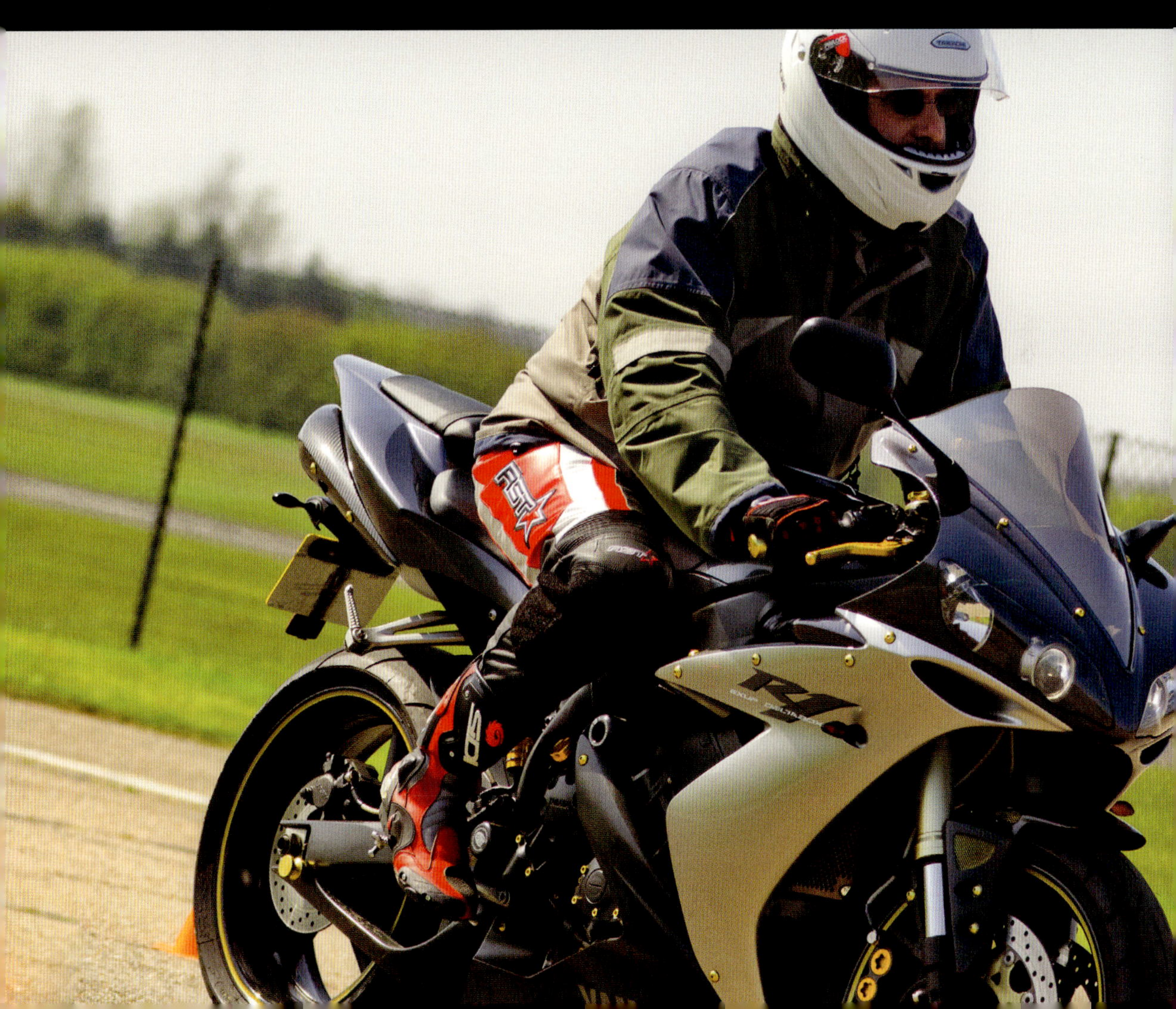

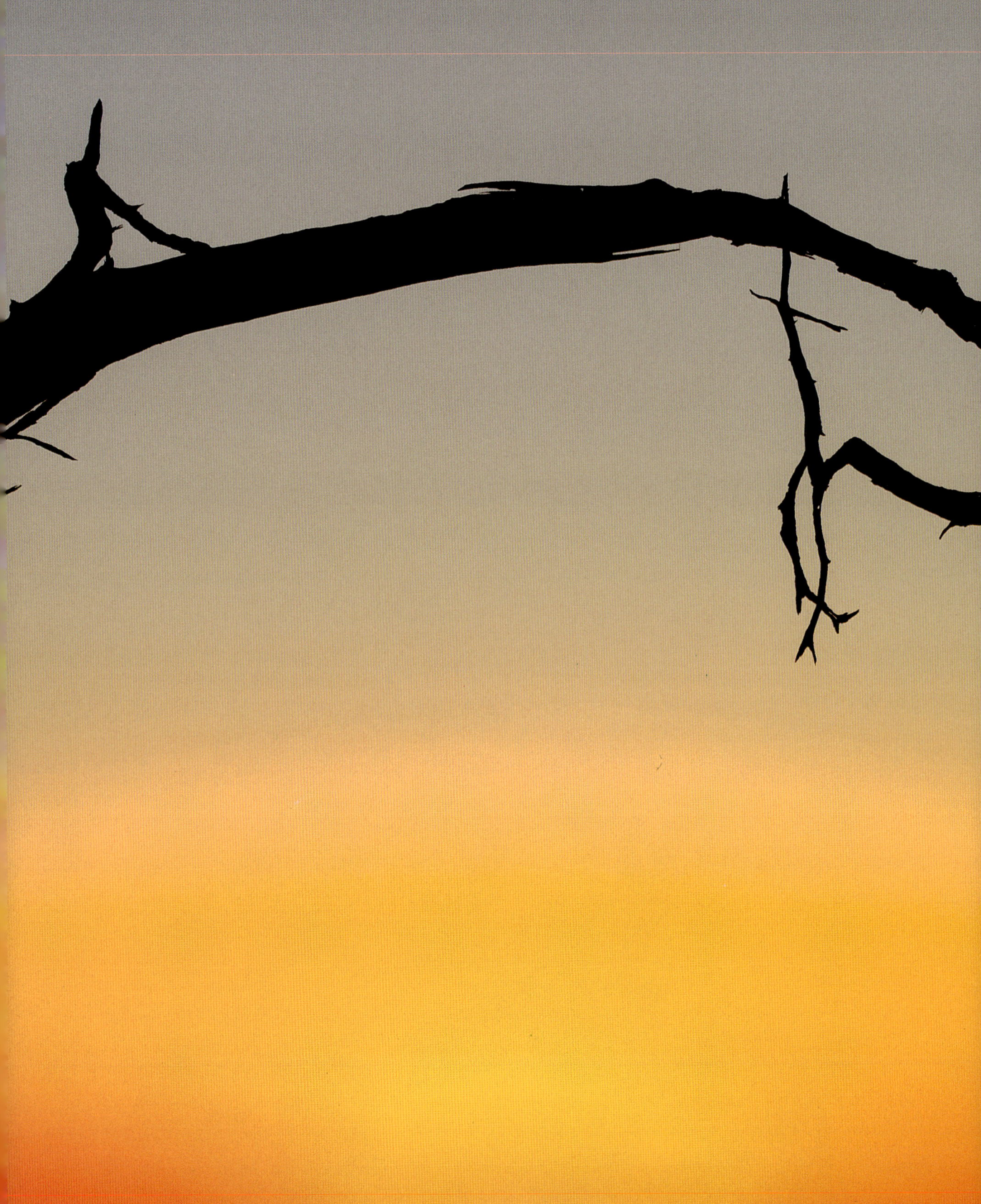

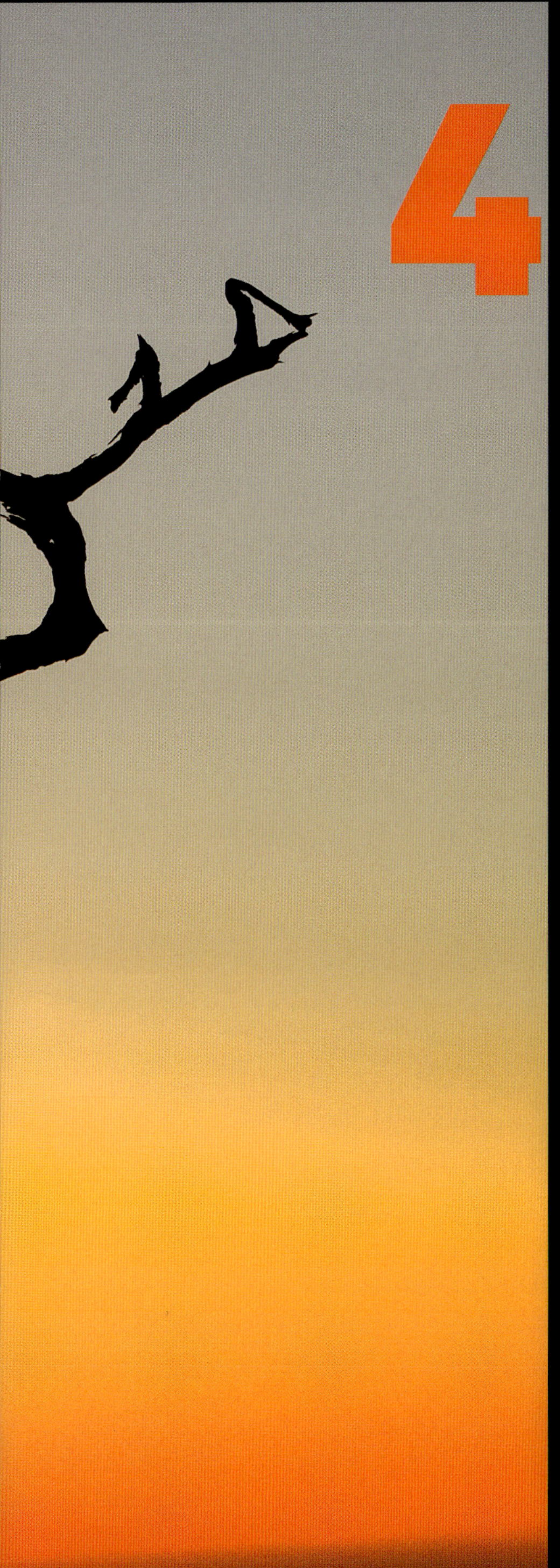

4 Fortschrittliche Kompositionstechniken

Wenn Sie sich ausführlich mit den Hinweisen in Kapitel 3 beschäftigt haben, sind Sie vermutlich auf dem besten Weg zu verstehen, wie sehr die Regeln der Fotografie dabei helfen können, bessere Fotos zu machen. Bisher haben wir vor allem die Grundlagen behandelt, sodass wir uns von jetzt an mit fortschrittlicheren High-Impact-Regeln beschäftigen können, die Ihre Kompositionen aus dem Amateurstatus herausholen und ins professionelle Umfeld bringen.

Falls es schon einige Zeit her ist, dass Sie Kapitel 3 gelesen haben, sollten Sie noch einmal einen raschen Blick hineinwerfen, da wir im Folgenden darauf aufbauen werden.

Links *Ein entscheidender Teil der Entscheidungen für die bewusste Komposition eines Fotos besteht in der Balance der Bildelemente.*

Die Regel:

Verwenden Sie klare Hintergründe.

Was ist der wichtigste Teil Ihres Bildes? Das ist keine Fangfrage – das Wichtigste ist das Motiv bzw. wovon Sie ein Foto machen. So gesehen stellt sich die Frage: Warum sollte man irgendetwas in sein Bild aufnehmen, was vom Motiv ablenken könnte?

Denken Sie deshalb beim Fotografieren immer an den Hintergrund. Am besten fotografiert man Porträts oder Kompositionen mit einem einzelnen Motiv gegen einen einfachen – zumindest einfarbigen – Hintergrund. Ein gleichmäßiger, unaufdringlicher Hintergrund lässt das eigentliche Motiv hervortreten. Und eine schlichte Umgebung sorgt dafür, dass das Motiv einem aus dem Bild entgegenspringt.

Im Idealfall positionieren Sie das Motiv zunächst vor einem leeren Hintergrund, aber selbst wenn es keinen perfekt gleichmäßigen Hintergrund gibt, ist noch nicht alle Hoffnung verloren. Eine Alternative zum leeren Hintergrund besteht darin, einen gefüllten unscharf zu machen. Wie Sie aus dem vorigen Kapitel wissen, lässt sich das durch eine große Blende (kleine Blendenzahl) erreichen. Sogar unruhige Hintergründe lassen sich abmildern, wenn sich kein leerer oder einfarbiger finden lässt. Wenn es schwierig ist, den Hintergrund verschwimmen zu lassen, kann man versuchen, das Subjekt weiter vom Hintergrund zu entfernen und mit der Kamera näher heranzugehen. Je größer der Abstand ist, desto besser kann das Objektiv das Motiv abheben, indem der Hintergrund gleichförmiger wird.

Unten *Der leere weiße Hintergrund dieser Aufnahme lenkt das Auge auf das Wesentliche: die leckere Speise!*

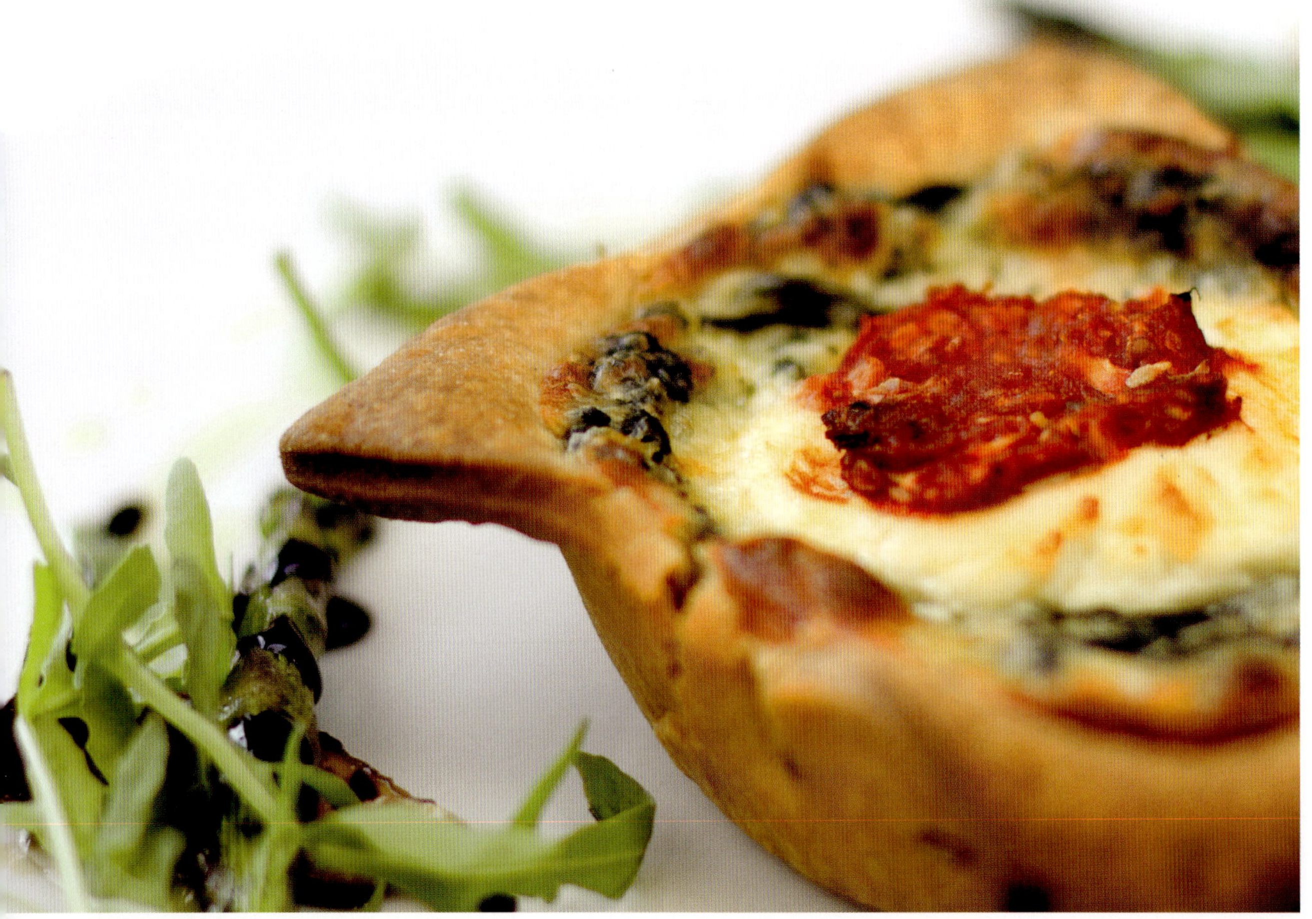

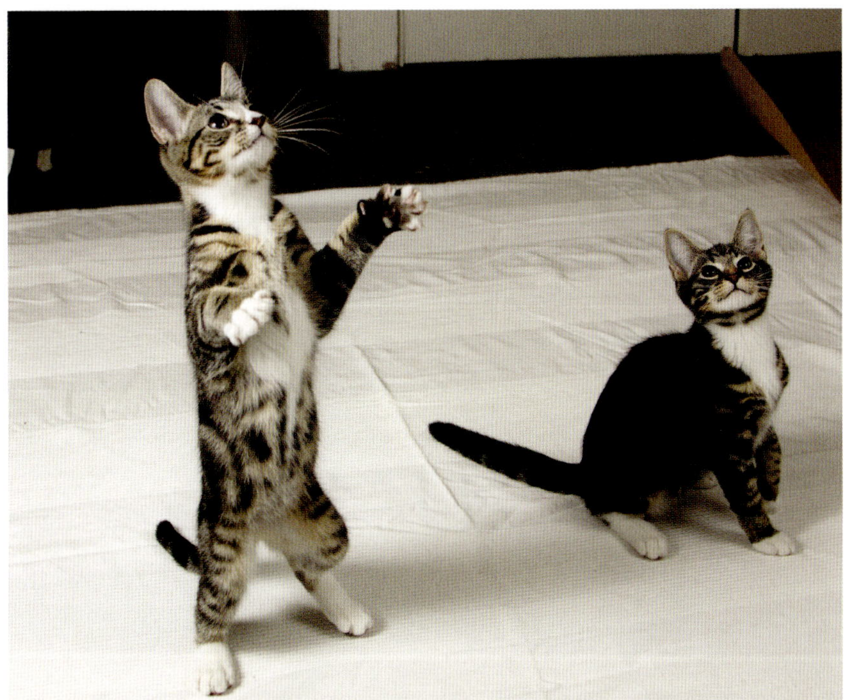

Links und unten *Diese Aufnahmen wurden im Abstand von Sekunden gemacht, aber es fällt nicht schwer zu entscheiden, welche visuell ansprechender ist – der klare Hintergrund ist immer der Gewinner!*

Bisher ging es vorwiegend um Porträts, aber ein ruhiger Hintergrund ist eine Patentlösung für alle Arten von Fotografie. Er eignet sich auch gut für Stillleben und Produktfotografie. Bei Menschen sind die Augen der natürliche Fokuspunkt, aber bei Stillleben mag er nicht so eindeutig sein, verwenden Sie also einen klaren Hintergrund, um dies deutlich herauszustellen. Wenn es sonst nichts anzuschauen gibt, hat das Publikum keine andere Wahl, als auf Ihr Motiv zu blicken. Deshalb nutzen viele Fotografen Stoff oder Fotohintergründe, um das Subjekt mit einem gleichmäßigen Hintergrund zu umgeben. Ein klarer Hintergrund lässt sich einfach erzeugen, indem man ein Bettlaken aufhängt oder eine leere, neutral gefärbte Wand findet, um das Model davorzustellen … das ist schon alles.

Der Hintergrund muss nicht immer weiß oder schwarz sein. Experimentieren Sie damit, etwas vor einer ähnlichen Farbe wie das Hauptmotiv zu fotografieren – eine dunkelblaue Tasse vor einem hellblauen Hintergrund kann fantastisch aussehen. Auch das Gegenteil funktioniert: Wählen Sie eine Komplementärfarbe und fotografieren Sie eine gelbe Banane vor einem hellblauen Hintergrund, um einen besonderen Kontrast zu erzeugen.

Die Regel schlägt einfach vor, dass der Hintergrund kein ablenkendes Element sein soll. Daher funktioniert üblicherweise ein gleichmäßig farbiger, wenig gemusterter oder deutlich unscharfer Hintergrund gut.

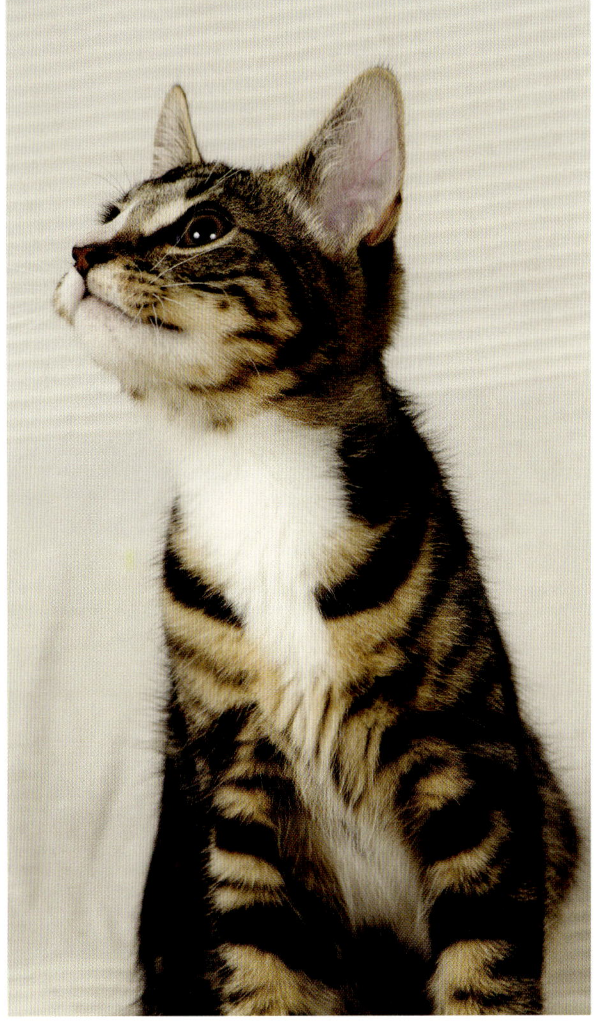

Die Regel brechen:

Kreative Hintergründe verwenden

Leere Hintergründe stellen das Motiv in den Vordergrund, aber durch das Entfernen des Hintergrundes verliert man etwas, das auch wichtig sein kann: Kontext.

Wenn der Hintergrund bei einem Porträt oder einer Aufnahme von Personen hilft, die Bildgeschichte zu erzählen oder Zusatzinformationen zu vermitteln, muss er erhalten bleiben. Zum Beispiel würde man den Architekten eines neuen Gebäudes nicht vor einem leeren Hintergrund fotografieren, sondern es ist viel sinnvoller, das Gebäude in den Hintergrund zu setzen, um eine Verbindung zwischen dem Betrachter und der Bildgeschichte herzustellen. Trotzdem sollte man den Hintergrund in solchen Fällen möglichst ordentlich halten und nur solche Elemente einbeziehen, die unmittelbar zur Bildaussage beitragen. So wären bei obigem Beispiel die vor dem Gebäude geparkten Autos unwesentlich, denn sie tragen nichts zur Bildaussage bei, sondern stören nur.

Es mag schick sein, einen Hufschmied im Studio zu porträtieren, aber sollte man ihn nicht in Gesellschaft der Pferde aufnehmen, die er beschlägt, beim Anfertigen der Schweißnähte oder

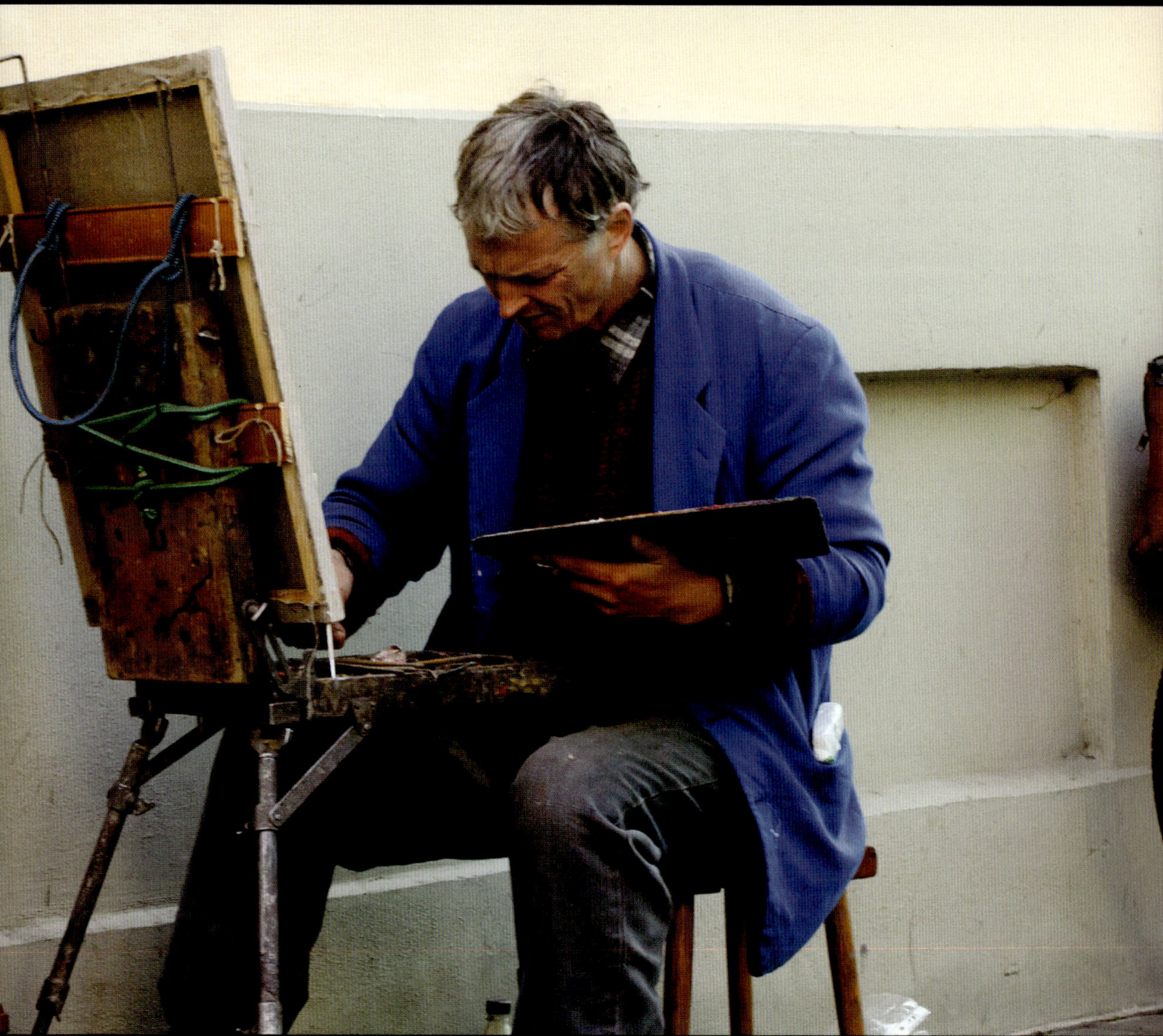

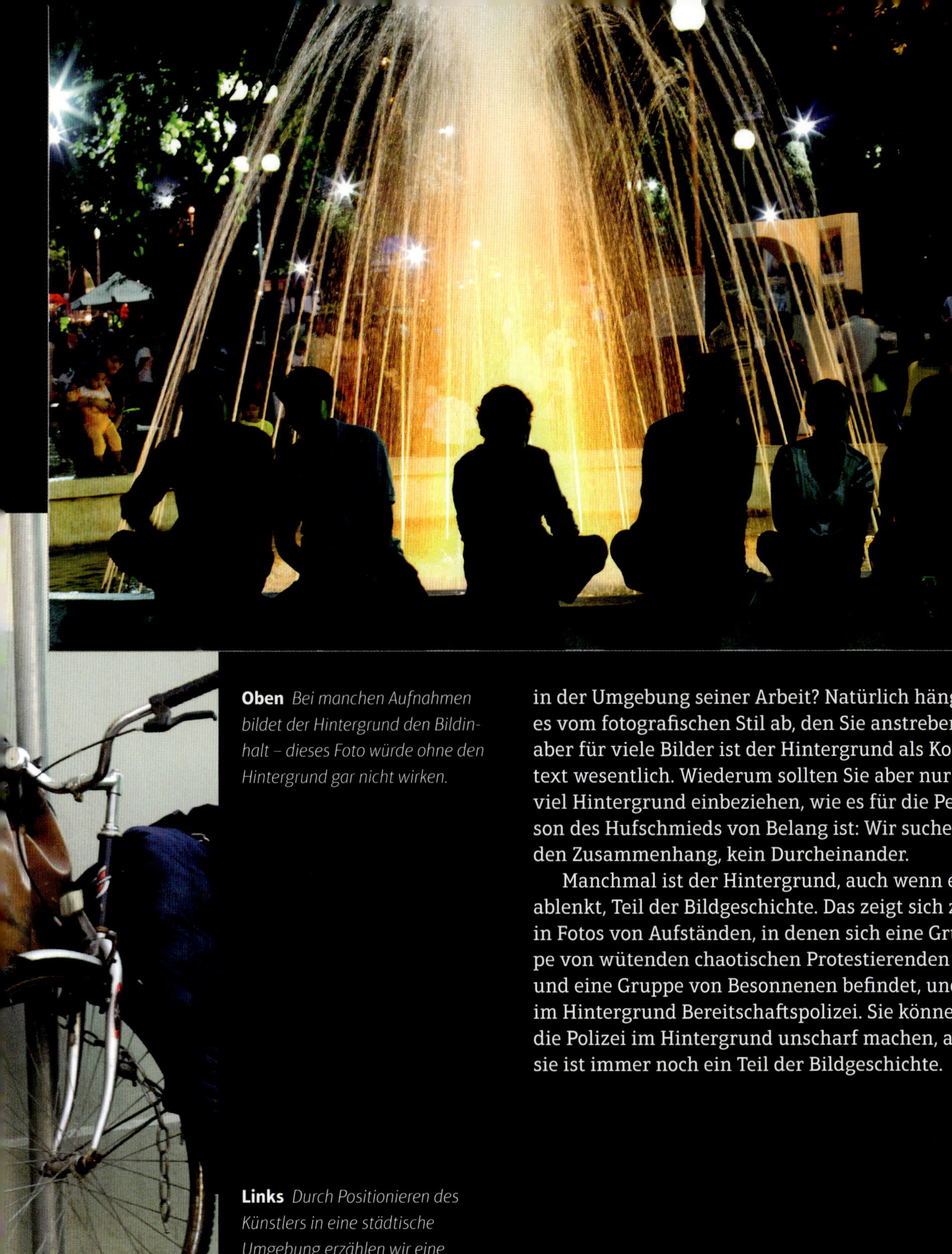

Oben *Bei manchen Aufnahmen bildet der Hintergrund den Bildinhalt – dieses Foto würde ohne den Hintergrund gar nicht wirken.*

Links *Durch Positionieren des Künstlers in eine städtische Umgebung erzählen wir eine Geschichte – bei einer Aufnahme im Studio wäre der Effekt ein völlig anderer. Auch das Fahrrad trägt zur Bildaussage bei und liefert einen Zusammenhang.*

in der Umgebung seiner Arbeit? Natürlich hängt es vom fotografischen Stil ab, den Sie anstreben, aber für viele Bilder ist der Hintergrund als Kontext wesentlich. Wiederum sollten Sie aber nur so viel Hintergrund einbeziehen, wie es für die Person des Hufschmieds von Belang ist: Wir suchen den Zusammenhang, kein Durcheinander.

Manchmal ist der Hintergrund, auch wenn er ablenkt, Teil der Bildgeschichte. Das zeigt sich z. B. in Fotos von Aufständen, in denen sich eine Gruppe von wütenden chaotischen Protestierenden und eine Gruppe von Besonnenen befindet, und im Hintergrund Bereitschaftspolizei. Sie können die Polizei im Hintergrund unscharf machen, aber sie ist immer noch ein Teil der Bildgeschichte.

Die Regel:

Komponieren Sie mit der Drittelregel.

Was ist der Unterschied zwischen einer langweiligen und einer interessanten Aufnahme? Manchmal hängt das nur davon ab, wo die Elemente einer Komposition positioniert sind. Die Drittelregel liefert eine hervorragende Richtlinie für Fotoanfänger zur Positionierung verschiedener Bildelemente, um auf die Schnelle dynamische, interessante Aufnahmen zu gestalten.

Die Drittelregel besagt, dass die Schlüsselelemente eines Fotos auf Drittelpositionen angeordnet sein sollen – wobei man die Szene sowohl horizontal als auch vertikal dreiteilt. Das Aufmerksamkeitszentrum der Aufnahme sollte im Abstand von zwei Dritteln auf einer Seite positioniert sein, aber nicht in der Mitte oder nahe am Bildrand.

Das Wesentliche bei der Drittelregel ist, die Szenerie interessanter zu machen. Wenn Sie Ihr Motiv oder den Aufmerksamkeitspunkt in die Mitte rücken, lässt das Ihr Bild tot, ohne Bewegung, Schwingung oder Ziel erscheinen. Es bleibt dem Betrachter dann nichts weiter übrig, als auf die Mitte des Bildes zu starren, sodass er schnell gelangweilt ist und weitergeht. Indem man das Aufmerksamkeitszentrum (und andere Elemente) nach der Drittelregel positioniert, wird das Foto lebendig und gewinnt dynamische Qualität. Und

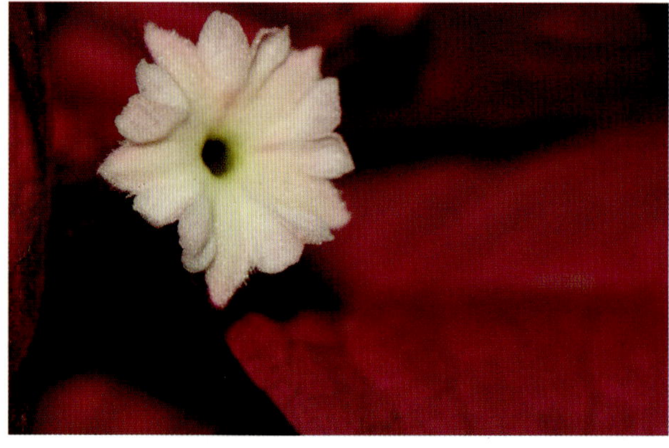

Oben *Die Positionierung der Blume entsprechend der Drittelregel-Achse ergibt eine schöne, kraftvolle Komposition.*

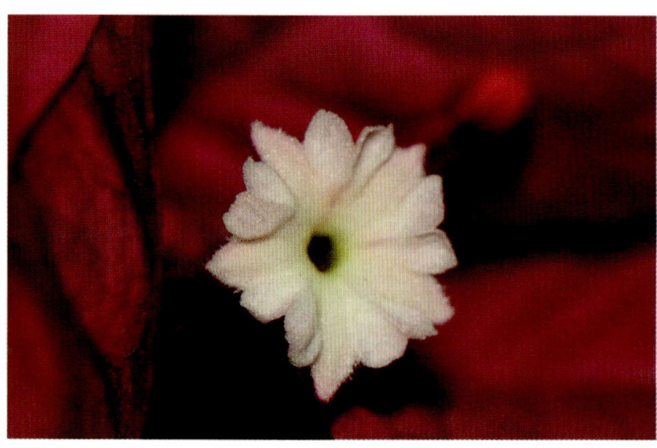

Oben *Dasselbe Bild mit zentrischem Beschnitt ist nicht annähernd so interessant – das Auge gleitet von der kleinen weißen Blüte ab auf der Suche nach etwas Interessanterem.*

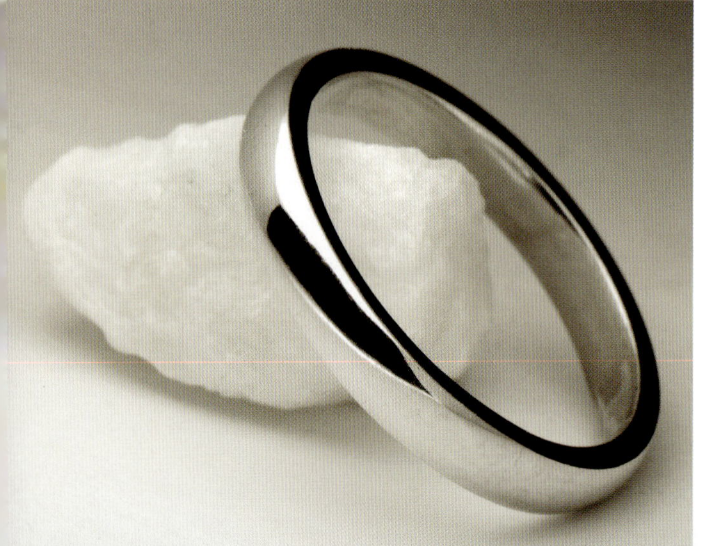

Unten *Die Drittelregel ist nahezu magisch: Jedes Foto, bei dem sie angewendet wird, vermittelt einen tieferen Eindruck als ohne sie, wie diese einfache Komposition demonstriert.*

TIPP

Wenn Sie mit der Drittelregel Schwierigkeiten haben, prüfen Sie, ob Ihre Kamera ein Gitter einblenden kann, das die Drittellinien auf dem LCD-Display anzeigt. Wenn nicht, kleben Sie ein durchsichtiges Band über das Display und markieren die Linien mit einem Filzstift – und sofort können Sie damit umgehen.

das führt dazu, dass die Leute es länger betrachten – sehr gut!

Die Drittelregel lässt sich auf absolut jede Form von Fotografie anwenden. Setzen Sie sie beispielsweise bei Landschaftsaufnahmen oder bei jeder Komposition, die einen Horizont enthält. Aus den bereits erläuterten Gründen sollte der Horizont nicht stumpf durch die Mitte des Bildes laufen, weil das Bild dadurch statisch und langweilig wirkt. Dinge in der Mitte eines Fotos sind sehr langweilig. Es ist viel interessanter, den Horizont im unteren oder oberen Drittel der Aufnahme zu platzieren.

Man kann die Drittelregel auch auf Porträts anwenden. Achten Sie darauf, wo Sie die Augen des Models positionieren, da diese in den meisten Fällen das Aufmerksamkeitszentrum darstellen.

Während die Positionierung des Aufmerksamkeitszentrums in einer Komposition nach der Drittelregel diese dynamischer macht, kann man den Bildausdruck noch steigern, indem man auch andere Elemente nach derselben Regel positioniert. Zum Beispiel läuft in einer Landschaftsaufnahme der Horizont durch das untere Drittel, eine Scheune befindet sich im rechten unteren Drittel und ein Vogel im linken oberen Drittel. Je mehr Schlüsselelemente Sie in Ihrem Foto nach dieser Regel positionieren, umso interessanter wird es wirken.

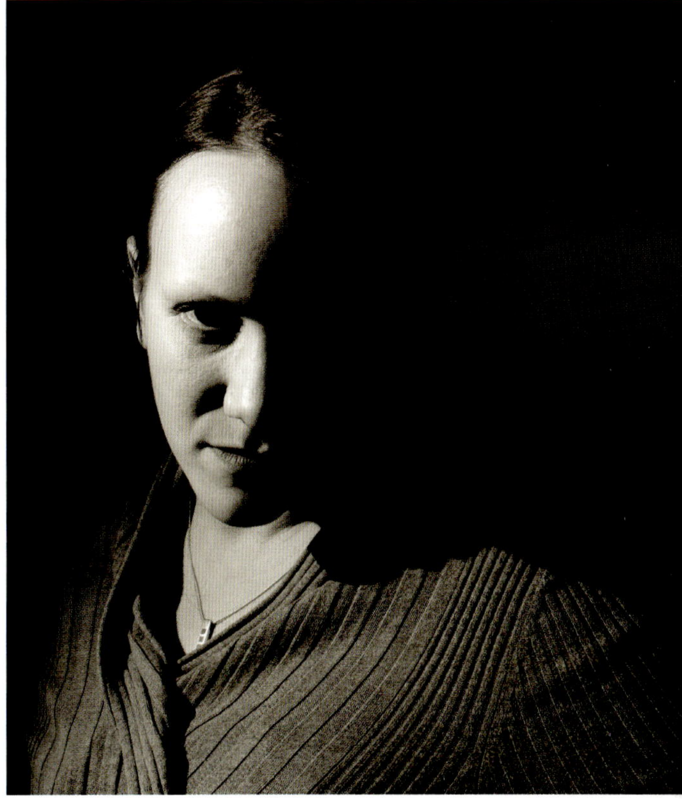

Oben *Die Drittelregel ist hier eindeutig zu erkennen. Der Schatten, der über das Gesicht der Person nach unten über die Schulter verläuft, ist praktisch perfekt an den Drittellinien ausgerichtet.*

AUF DER DRITTELREGEL AUFBAUEN

Während Sie das Aufmerksamkeitszentrum an jedem Punkt gemäß der Drittelregel positionieren können, gibt es einen Weg, um diese Regel noch etwas weiter zu treiben. Da in den meisten Kulturen von links nach rechts gelesen wird, betrachten sie auch ein Foto auf diesem Weg. Deshalb fühlt es sich natürlicher an, wenn sich ein Aufmerksamkeitspunkt im rechten unteren Drittel eines Bildes befindet. Bei Porträtaufnahmen sollte sich vor dem Gesicht mehr Raum befinden, damit es nicht »aus dem Bild hinausschaut«.

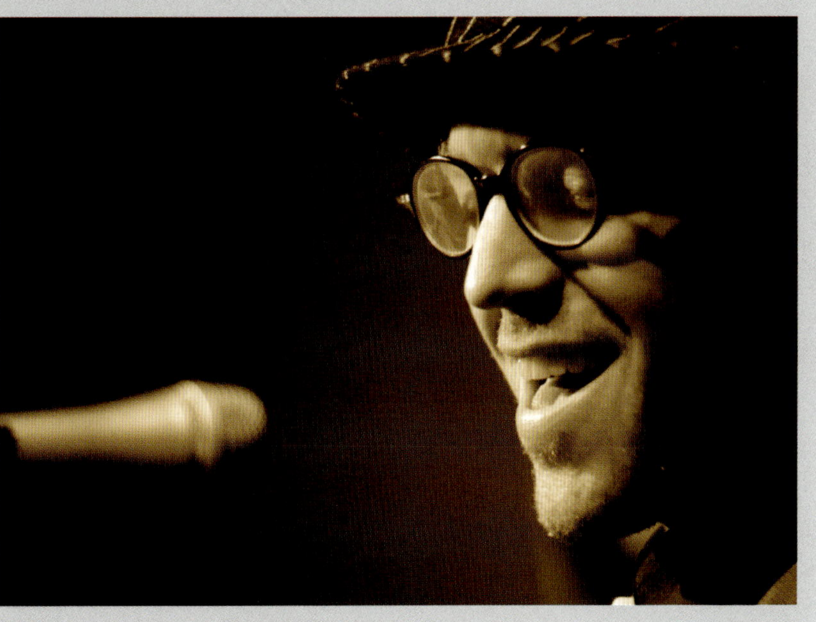

Die Regel brechen:
Die Drittelregel verletzen

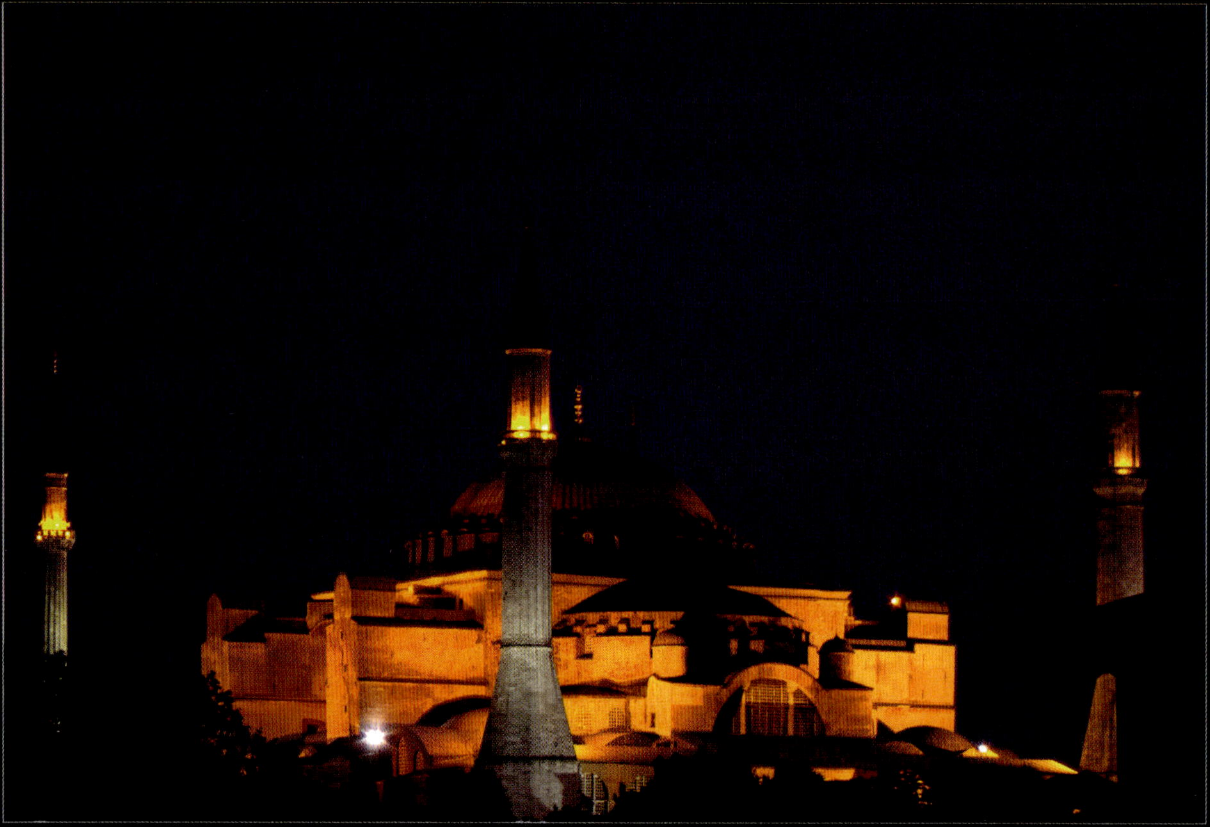

Sobald Sie sich mit der Drittelregel vollkommen vertraut gemacht und verstanden haben, wie die entsprechende Anordnung von Elementen in der Komposition Ihre Aufnahmen dynamischer machen kann, sind Sie in der Lage zu erkennen, wann es passend ist, die Regel zu brechen. Wie bereits erwähnt, erzeugt das Zentrieren eines Motivs oft ein statisches Bild, aber das muss nicht immer der Fall sein. Sicherlich kann ein zentriertes Motiv häufig eine unbehagliche und »unausgewogene« Bildwirkung erzeugen, aber das lässt sich auch zum Vorteil nutzen.

Eine andere Situation, in der das Verletzen der Drittelregel sinnvoll ist, besteht darin, etwas zu fotografieren, was perfekt symmetrisch ist oder was das Auge nach innen zieht. Zentrierung kann sogar helfen, den Betrachter zu faszinieren und in das Bild hineinzuziehen. Eine lange, gerade Straße mit Bäumen auf beiden Seiten passt perfekt in ein zentriertes Bild, da so das Gefühl vermittelt wird, dass die Straße unendlich weiterführt

Oben *Manchmal spricht das Motiv lautstark für sich selbst. Lassen Sie sich durch die Regeln nicht daran hindern, in Ihren Fotos das zu zeigen, was Ihnen gefällt.*

Unten *Wenn ein Drittel Ihres Fotos nicht sehr interessant ist, lassen Sie es einfach weg. Im unteren Bereich dieser Szene gab es nichts Betrachtenswertes, darum entschied ich mich, nur die interessanten Teile einzubeziehen. Offensichtlich ist hier nirgends die Drittelregel mit im Spiel.*

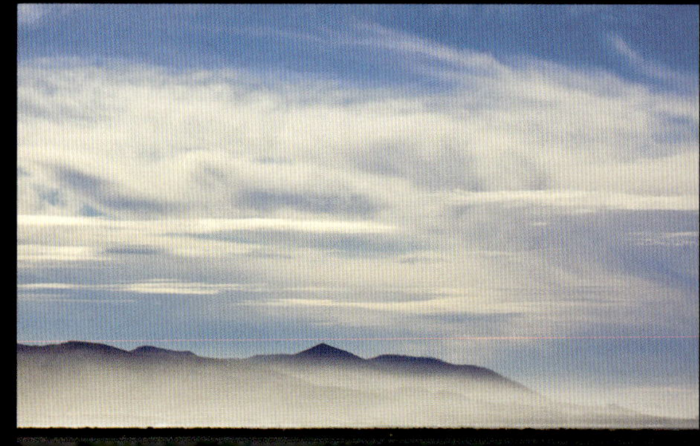

Dasselbe kann man mit langen Gängen, Wasserstraßen oder irgendeiner Linie, die sich vom Vordergrund des Bildes in dessen Hintergrund zieht, bewirken.

Ein anderes gängiges Motiv für zentrierte Fotos ist der Landungssteg, der auf den Ozean hinausführt – wenn er nach der Drittelregel positioniert wird, wirkt er weniger interessant auf den Betrachter.

Beim digitalen Fotografieren können Sie es fast immer mit mehrfach wiederholten Aufnahmen »noch einmal« versuchen und die Aufnahmen kopieren und beschneiden. Wenn Sie sich nicht sicher sind, ob ein Foto zentriert oder gemäß der Drittelregel komponiert besser aussieht, machen Sie einfach zwei Aufnahmen. Sie können auch in der Nachbearbeitung mit unterschiedlichen Beschnitten des Fotos experimentieren, obwohl das mehr Arbeit bedeutet, als wenn Sie bereits zwei unterschiedlich komponierte Aufnahmen gemacht haben.

Rechts *Das Prinzip des Goldenen Dreiecks – im Schnittpunkt dieser Linien sind die Positionen für den Aufmerksamkeitspunkt.*

Unten *Abhängig vom Seitenverhältnis kann die Regel des Goldenen Dreiecks extremere und dynamischere Bilder ergeben als die Drittelregel, wie hier fesselnd dargestellt.*

DIE REGEL DES GOLDENEN DREIECKS

Ein anderer Weg, um die Drittelregel zu durchbrechen, ist, stattdessen andere Regeln anzuwenden. Die Regel des Goldenen Dreiecks (die auf der Theorie des »Goldenen Schnitts« beruht) liefert eine wichtige Richtschnur für Fotografen, wenn es darum geht, einen Aufmerksamkeitspunkt oder ein interessantes Objekt so zu positionieren, dass nach den Regeln des Goldenen Schnitts ein dynamischeres Bild entsteht.

Und so funktioniert das Goldene Dreieck:
Nehmen Sie Ihr Foto (oder ein Stück Papier) und zeichnen eine Diagonale von einer Ecke zu einer anderen (von oben nach unten oder umgekehrt). Zeichnen Sie jetzt eine Linie von einer der übrigen Ecken so, dass sie die Diagonale exakt im Winkel von 90° trifft (siehe Bild links). Machen Sie das Gleiche mit der anderen Ecke. Dort, wo die kurzen Linien die längeren schneiden, befinden sich die dynamischsten Stellen im Foto. Dort sollten Sie das Aufmerksamkeitszentrum positionieren.

Beispielsweise könnten Sie eine Person in einer Aufnahme gemäß der Goldenen Dreiecksregel positionieren, indem sie sich in die Komposition »lehnt« und dabei der kurzen Linie folgt, die von der unteren Ecke ausgeht. Arme, Beine und sogar die Augen, entlang dieser Linie positioniert, führen den Blick in das Bild und machen es interessanter.

Die Regel:

Köpfe dürfen nicht beschnitten werden.

Womöglich haben Sie es schon erlebt, dass jemand ein Foto von Ihnen und einem Freund machte, um später zu entdecken, dass Ihre Köpfe oben abgeschnitten waren? Das sieht lächerlich aus, und wenn jemandes Kopf aus der Komposition »herausragt«, ist das Foto ruiniert. Anders gesagt: Es ist klar, woher die Regel kommt, Köpfe von Personen nicht abzuschneiden. Wenn Sie mit Menschen und Porträts arbeiten, werden Sie bald lernen, dass es gute und weniger gute Methoden gibt, Fotos von Personen zu beschneiden. Das Abschneiden von Köpfen befindet sich an der Spitze der Negativliste, lassen Sie es.

In der Welt der Porträtfotografie gibt es vier Standard-Beschnittmuster: vom Kopf bis zu den Füßen, der Dreiviertelbeschnitt (von der Mitte der Oberschenkel bis oben), die Kopf-und-Schul-

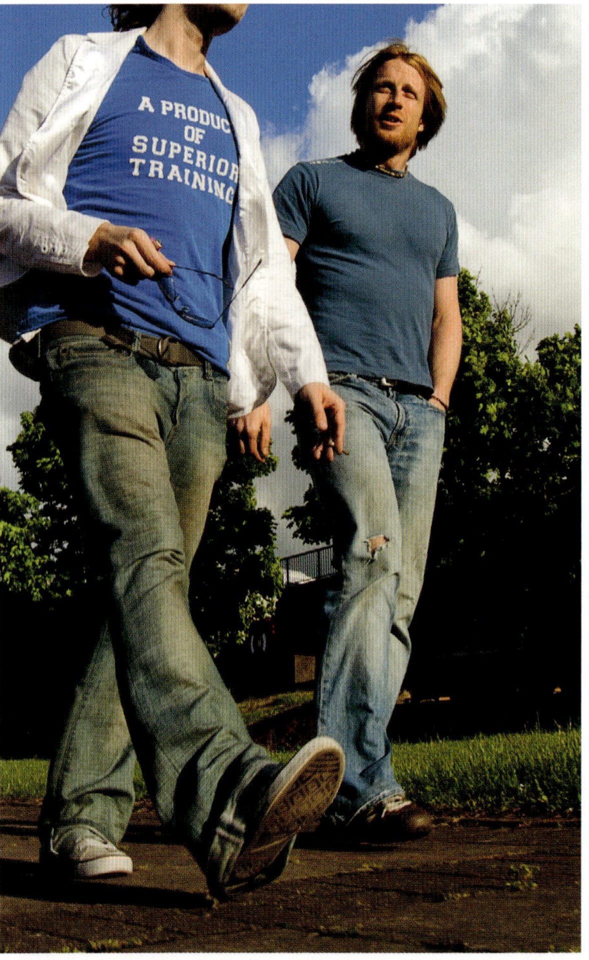

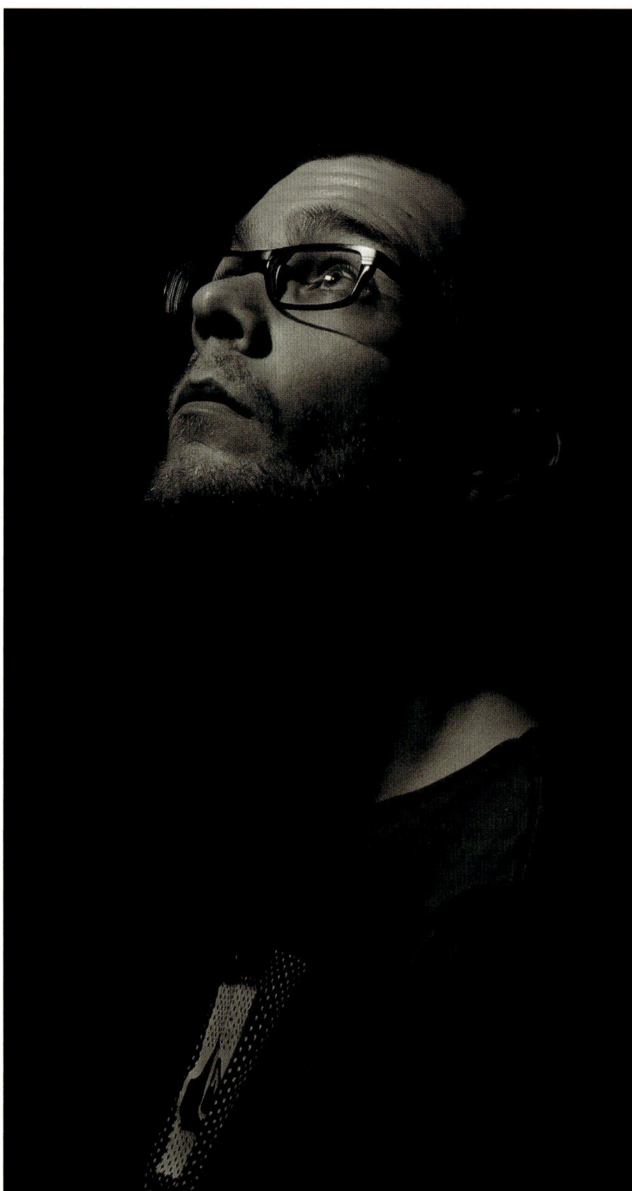

Oben *Es gibt keine Entschuldigung dafür, jemandem den Kopf abzuschneiden – schauen Sie genau in die Ecken des Bildes, ehe Sie Ihr Foto aufnehmen.*

Links *Kein guter Look …*

Gegenüber *Wenn Sie Personen beschneiden müssen, versuchen Sie dabei die Gelenke außen vor zu lassen – vermeiden Sie also den Anschnitt von Ellbogen und Knien.*

ter-Aufnahme sowie das Kopfbild. Bei keinem dieser Muster wird der Kopf oben angeschnitten, da das eine sehr unnatürliche Wirkung hätte.

Besonders wichtig ist es bei Gruppenaufnahmen, keine Köpfe abzuschneiden, da es mit Sicherheit von einer sonst gelungenen Aufnahme ablenkt, weil der Blick des Betrachters von unvollständigen Köpfen fast automatisch angezogen wird. Versuchen Sie stattdessen die Köpfe zu staffeln, sodass sich keiner direkt über einem anderen befindet, damit alle vollständig ins Bild kommen. Wenn Sie zurücktreten müssen, um den Blickwinkel zu erweitern und so alle ins Bild zu bekommen, dann machen Sie das.

Und man soll niemals an einem Gelenk wie Knie, Ellbogen oder Handgelenk beschneiden, weil dies eine Person unnatürlich oder wie amputiert aussehen lässt. Suchen Sie stattdessen nach Schnittlinien am Oberarm, der Taille, dem Oberschenkel oder der Körpermitte. Diese Schnittlinien helfen, ein gutes Porträt oder eine Personenaufnahme ohne hässlichen Look zu erhalten, bei dem sich der Betrachter sonst fragen würde, was mit dem Rest der Person geschehen ist.

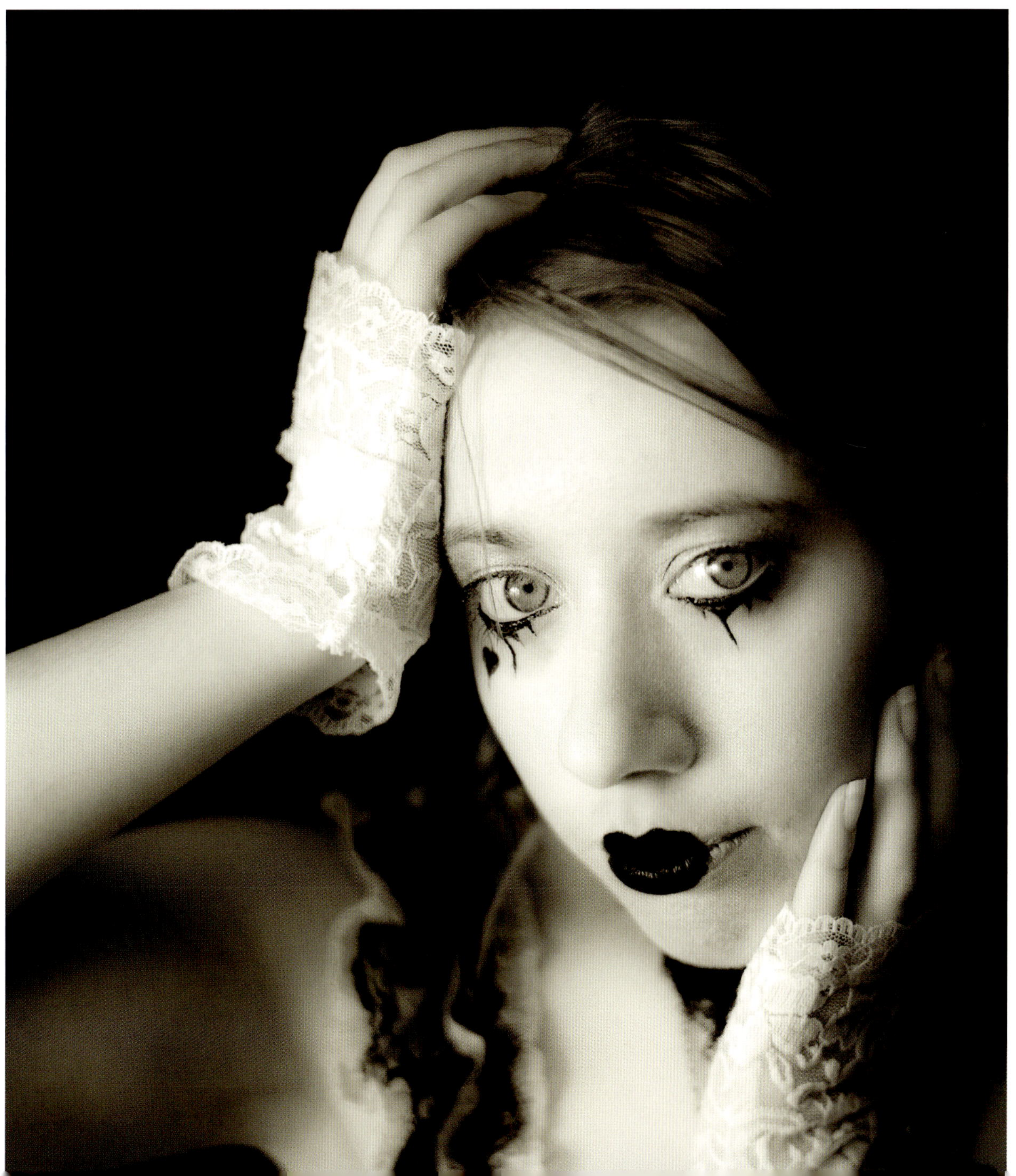

Die Regel brechen:
Köpfe beschneiden und nahe herangehen

Es gibt eine Ausnahme von der Regel, keine Köpfe zu beschneiden, aber die gilt nur, wenn man sehr nahe herangeht. Wenn sich die Komposition ausschließlich auf jemandes Gesicht konzentriert, kann die Aufnahme durch einen nahen Ausschnitt verbessert werden. Wenn es hauptsächlich um Details des Gesichts geht, ist es in Ordnung, die Regel zu brechen und den oberen Teil (oder den unteren oder die Seiten) des Kopfes abzuschneiden. Der Gedanke dabei ist: Wenn das Bild vollständig von einem Gesicht ausgefüllt wird, ist es unvermeidlich, dieses zu beschneiden, es sieht dann aber auch nicht unnatürlich aus.

Entscheidend ist, ob es bei Ihrer Komposition hauptsächlich um den Körper, den Oberkörper (von den Schultern aufwärts), den Kopf oder nur das Gesicht geht. Jede dieser Varianten hat einen anderen Zweck, und Aufnahmen nur des Gesichts wirken auch dann natürlich, wenn der Kopf beschnitten ist. Andernfalls wirkt es nämlich so, als hätten Sie das Bild nicht richtig geplant.

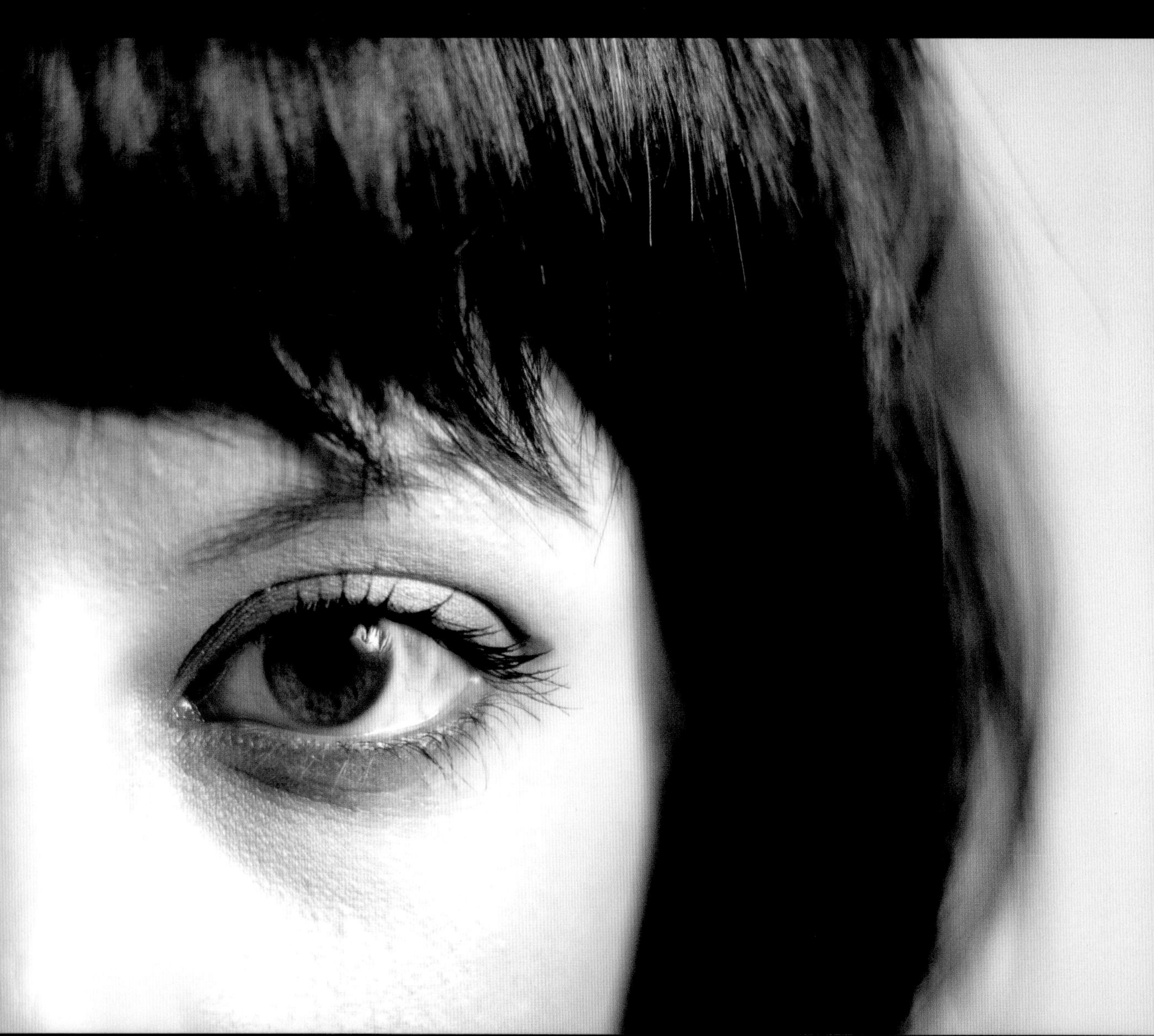

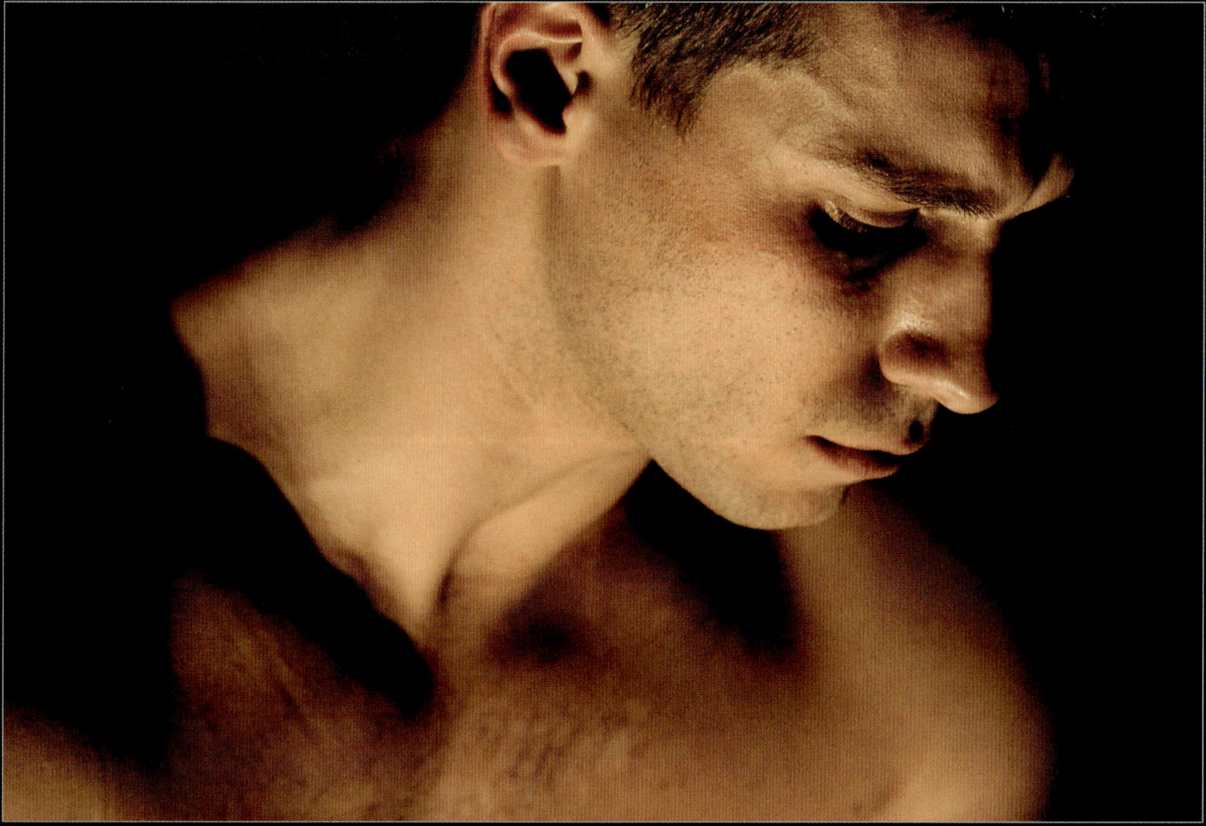

Oben *Beschnitt bringt einen näher an die Person und erzeugt ein intimeres Foto.*

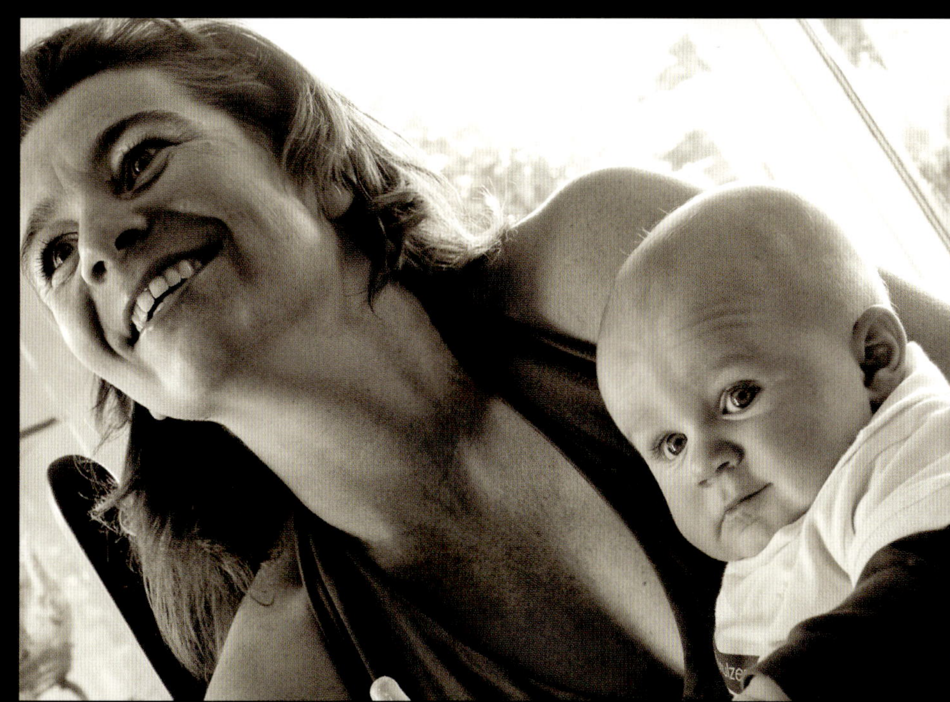

Gegenüber *Wenn Sie einen Gesichtsausschnitt wählen wollen, dann gestalten Sie ihn so, dass es nicht wie aus Versehen wirkt. Die Gefahr besteht bei dieser Aufnahme nicht …*

Rechts *Andererseits ist es in diesem Bild nicht sofort klar, ob der Beschnitt absichtlich oder aus Versehen erfolgt ist.*

Die Regel:

Landschaften mit maximaler Schärfentiefe

Die Arbeit mit unterschiedlichen Schärfentiefen kann für Fotoanfänger eine Herausforderung darstellen. Womöglich stehen Sie immer noch vor dem Schritt, selbst mehr Kontrolle zu übernehmen, statt die Kamera für Sie entscheiden zu lassen. Doch kann die Festlegung der Schärfentiefe den Unterschied zwischen einer akzeptablen und einer großartigen Landschaftsaufnahme ausmachen.

Landschaften eignen sich hervorragend dazu, den Blick des Betrachters in ein Foto zu ziehen. Sie bestehen in der Regel aus Vorder-, Mittel- und Hintergrund. Es gibt meistens viel zu sehen und der Betrachter verliert sich in einem großen Landschaftsfoto. Um aber alles sehen zu können, muss auch alles scharf sein. So gesehen ist in der Landschaftsfotografie eine kleine Blende – verbunden mit einer großen Schärfentiefe – unerlässlich.

Die Leute sind es gewohnt, Landschaften von der Nähe ausgehend in die Ferne hinein zu betrachten – also neigen sie dazu, unten im Foto mit dem Vordergrund zu beginnen und den Blick

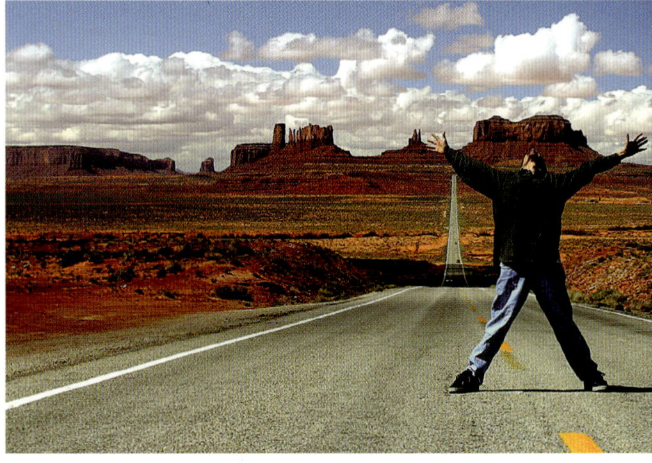

Oben *Diese Landschaft weist einen Vorder- und einen Hintergrund auf – durch die Belichtung mit Blende 1:16 konnte ich beides scharf bekommen.*

Unten *Dadurch, dass das gesamte Foto scharf ist, entsteht eine Szene, in der man sich leicht verlieren kann, denn es gibt so viel zu schauen.*

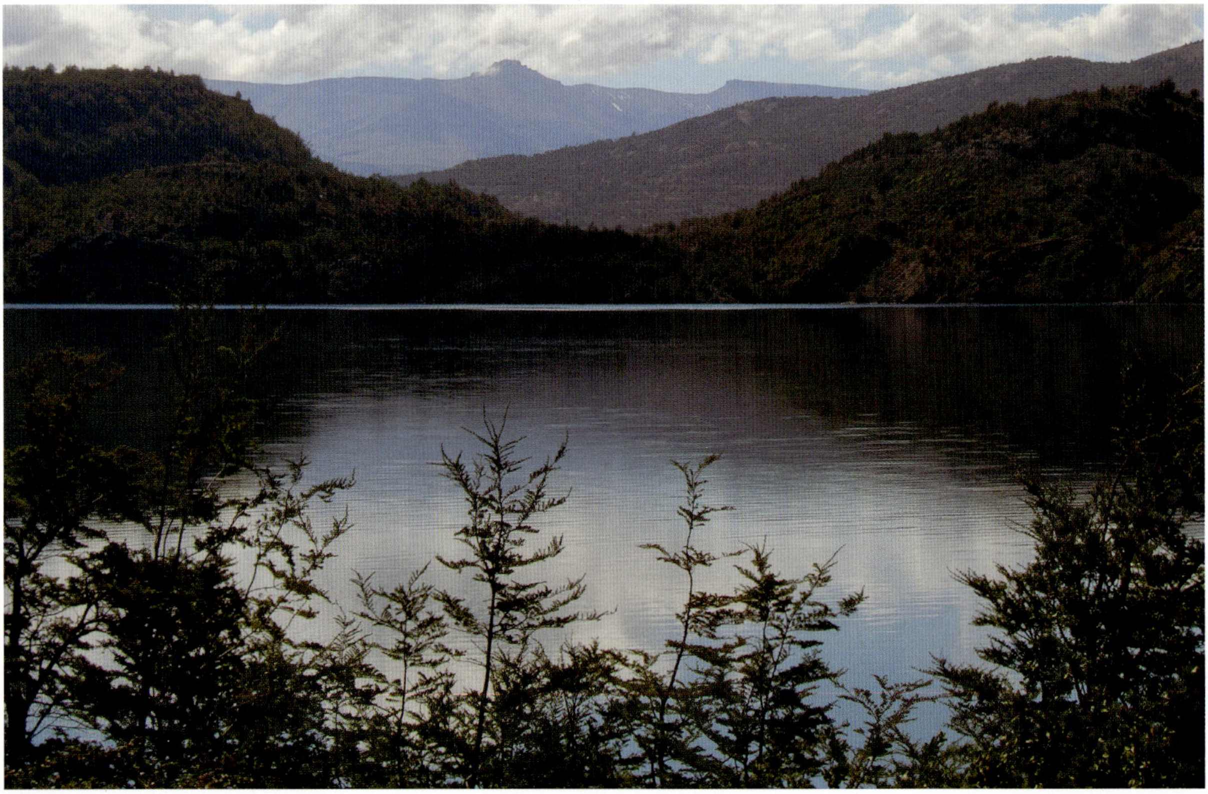

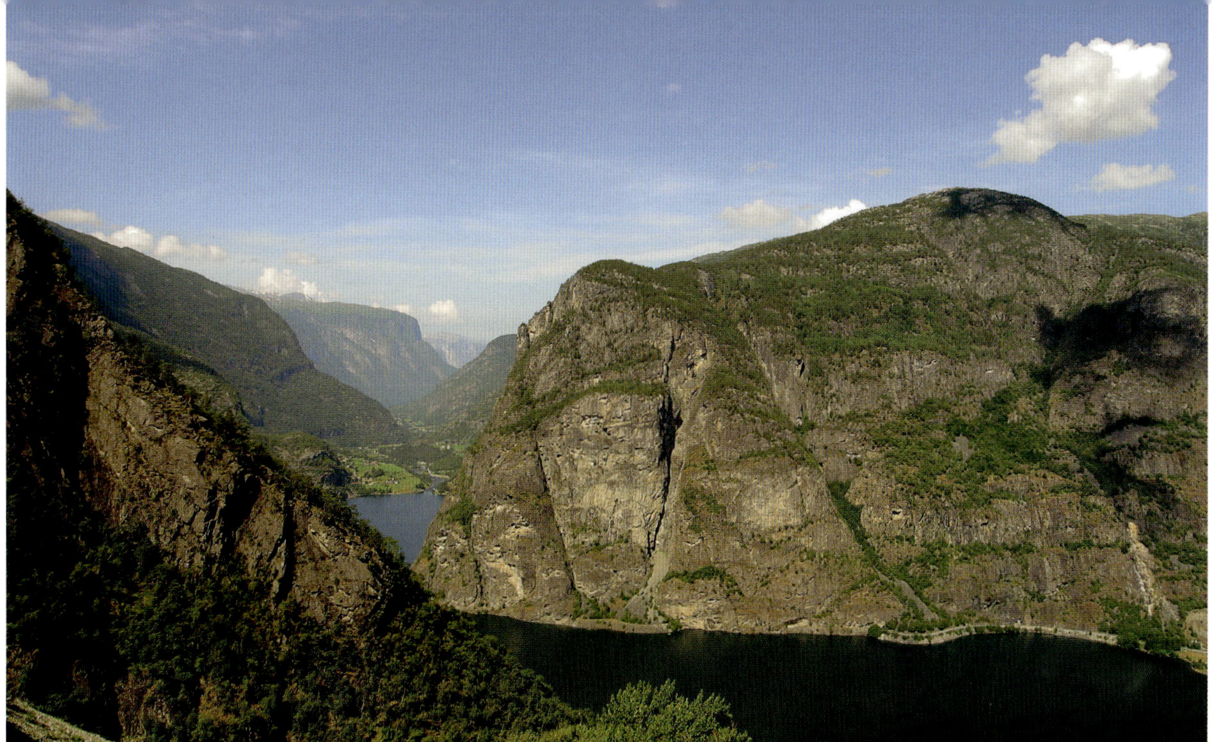

Oben *Diese herrliche Aussicht auf Berge und Fjorde ist vom Vordergrund bis zu den Bergen in der Ferne perfekt scharf. Sie wurde mit Blende 11 bei einer Brennweite von 17 mm aufgenommen.*

dann nach oben zum Hintergrund der Landschaft schweifen zu lassen. Eine maximale Schärfentiefe erlaubt einem die Landschaft zu betrachten, als wäre man wirklich dort, was eine wichtige Voraussetzung dafür ist, zwischen dem Betrachter und dem Foto eine Verbindung herzustellen.

Maximale Schärfentiefe bedeutet nicht die größte Blende zu verwenden, die das Objektiv erlaubt. Es bedeutet, eine passende Schärfentiefe einzusetzen, um das gesamte Bild, vom Vorder- bis zum Hintergrund, scharf zu halten. Sie sollten außerdem die Kamera vorab auf etwa ein Drittel des Gesamtentfernungsraumes scharfstellen lassen und dann vor der Aufnahme den Bildausschnitt passend neu festlegen. So bestimmen Sie die richtige Entfernungseinstellung und passende Belichtung, ohne eine kleinere Blende als nötig verwenden zu müssen. (Denken Sie daran: Je kleiner die Blende, desto länger die nötige Belichtungszeit.)

Wenn das Licht nicht besonders hell ist oder wenn Sie eine sehr kleine Blende benötigen, sollten Sie ein Stativ verwenden. Bedenken Sie: Je kleiner die Blende, desto länger die nötige Belichtungszeit. Die Verwendung eines Stativs gewährleistet, dass sich die Kamera nicht bewegt und die Aufnahme auch bei langen Belichtungszeiten nicht verwackelt. Bei Landschaftsaufnahmen, deren Inhalt sich die meiste Zeit nicht bewegt, wie Berge und Bäume, braucht man keine kurzen Belichtungszeiten, um Bewegungen einzufrieren.

Besonders bei Landschaftsaufnahmen sollten Sie daran denken, dass gute Fotos durch die Kombination einer Vielzahl fotografischer Regeln entstehen.

Berücksichtigen Sie bei Landschaftsaufnahmen auch noch ein paar weitere Kompositionsregeln, die Ihnen helfen, dynamischere und gefälligere Fotos zu machen. Halten Sie den Horizont gerade, finden Sie ein Aufmerksamkeitszentrum und wenden Sie die Drittelregel an, um dem Betrachter einen Konzentrationspunkt zu liefern. Versuchen Sie auch ein paar Aufnahmen im Hochformat zu machen; es gibt so viele Landschaften, die im Standardquerformat abgebildet sind, dass durch diesen einfachen Trick Ihre Bilder herausstechen könnten.

WELCHES OBJEKTIV EIGNET SICH FÜR LANDSCHAFTEN AM BESTEN?

Es gibt kein »perfektes« Objektiv für Landschaftsaufnahmen, und jeder Fotograf hat andere Präferenzen, aber traditionell erfolgt zuerst der Griff zu den Weitwinkelobjektiven. Dadurch kann man mehr von der Szene einfangen, die man vor sich sieht, und Weitwinkelobjektive liefern tendenziell gute Ergebnisse bei kleinen Blenden.

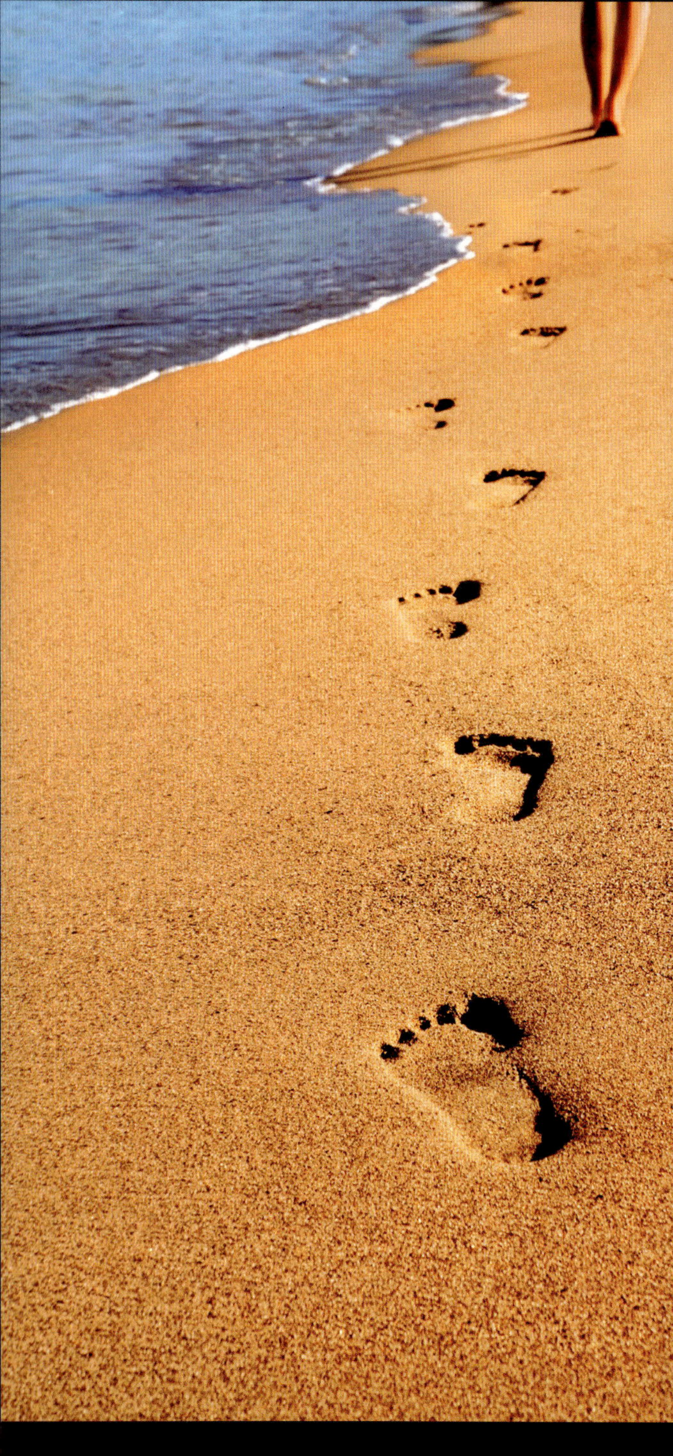

Oben *Eine geringe Schärfentiefe hilft, in manchen Landschaftsbildern Details hervorzuheben, wie diese Fußabdrücke.*

Hin und wieder werden Sie erleben, dass es bei einer Landschaftsaufnahme aus irgendwelchen Gründen nicht funktioniert, alles scharf zu bekommen. Vielleicht möchten Sie ein bestimmtes Motiv scharfstellen und aus der Umgebung herausheben. Viele Fotografen glauben, dass, sobald sie große Landschaftsaufnahmen im Griff haben, der nächste logische Schritt darin bestünde, die scheinbar eiserne Regel »Landschaften mit kleiner Blende aufnehmen« zu ignorieren und es mit einer geringen Schärfentiefe zu versuchen.

Beim Thema Porträtfotografie haben wir gesagt, dass eine große Blende alles im Hintergrund in Unschärfe verschwinden lässt. Das ist richtig, aber nur dann, wenn man auf einen Punkt nahe der Kamera scharfstellt. Es gibt kein Gesetz, das verbietet, eine große Blende zu wählen und auf unendlich scharfzustellen. Das bewirkt dann das Gegenteil: Es macht den Vordergrund unscharf und lässt den Hintergrund scharf erscheinen, was in manchen Kompositionen hervorragend wirkt.

Es muss nicht alles Vorder- oder Hintergrund sein; wenn Sie ein Teleobjektiv mit einer ausreichend großen Blende wie 1:4 oder 1:5,6 einsetzen, können Sie auf etwas im Mittelfeld scharfstellen und sowohl den Vorder- als auch den Hintergrund in Unschärfe verschwinden lassen, wodurch reizvolle und visuell interessante Aufnahmen entstehen können.

Es kann eine Menge Spaß machen, dynamische Landschaftsfotos ohne maximale Schärfentiefe aufzunehmen. Entscheiden Sie einfach, was im Schärfenbereich liegen muss und was nicht. Zum Beispiel kann ein Feld voller wilder Blumen mit einem Baum in der Mitte bei maximaler Schärfentiefe gut aussehen, aber durch eine größere Blende und eine engere Schärfentiefe kann der Baum besser hervorgehoben werden, indem die wilden Blumen und der Himmel hinter dem Baum in Unschärfe verschwinden, was dem Bild eine interessantere künstlerische Wirkung verleiht.

Bei Landschaften ist es einfach, an der Regel der »großen Schärfentiefe« festzuhalten, und es ist nur zu leicht, die Kamera auf eine kleine Blende eingestellt zu lassen. Gehen Sie neue Wege und experimentieren mit verschiedenen Blenden – das kann Ihren Landschaftsbildern mehr Glanz verleihen.

Rechts *Eine geringe Schärfentiefe kann in manchen Fotos den Eindruck vermitteln, dass man »durch« die Landschaft auf die Hauptpersonen blickt. Hier verleiht der Blick durch unscharfe Grashalme dem Bild einen voyeuristischen Touch.*

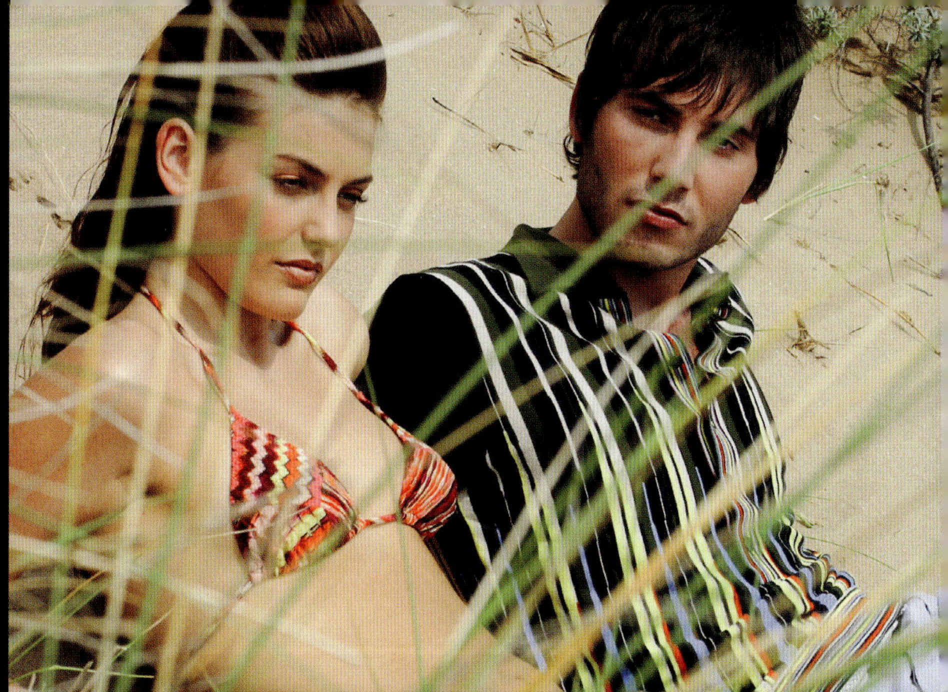

Unten *Wenn Sie in Ihren Fotos Einrahmungen verwenden, achten sie darauf, dass die Rahmen leicht unscharf sind, um den Blick auf den Hintergrund zu leiten.*

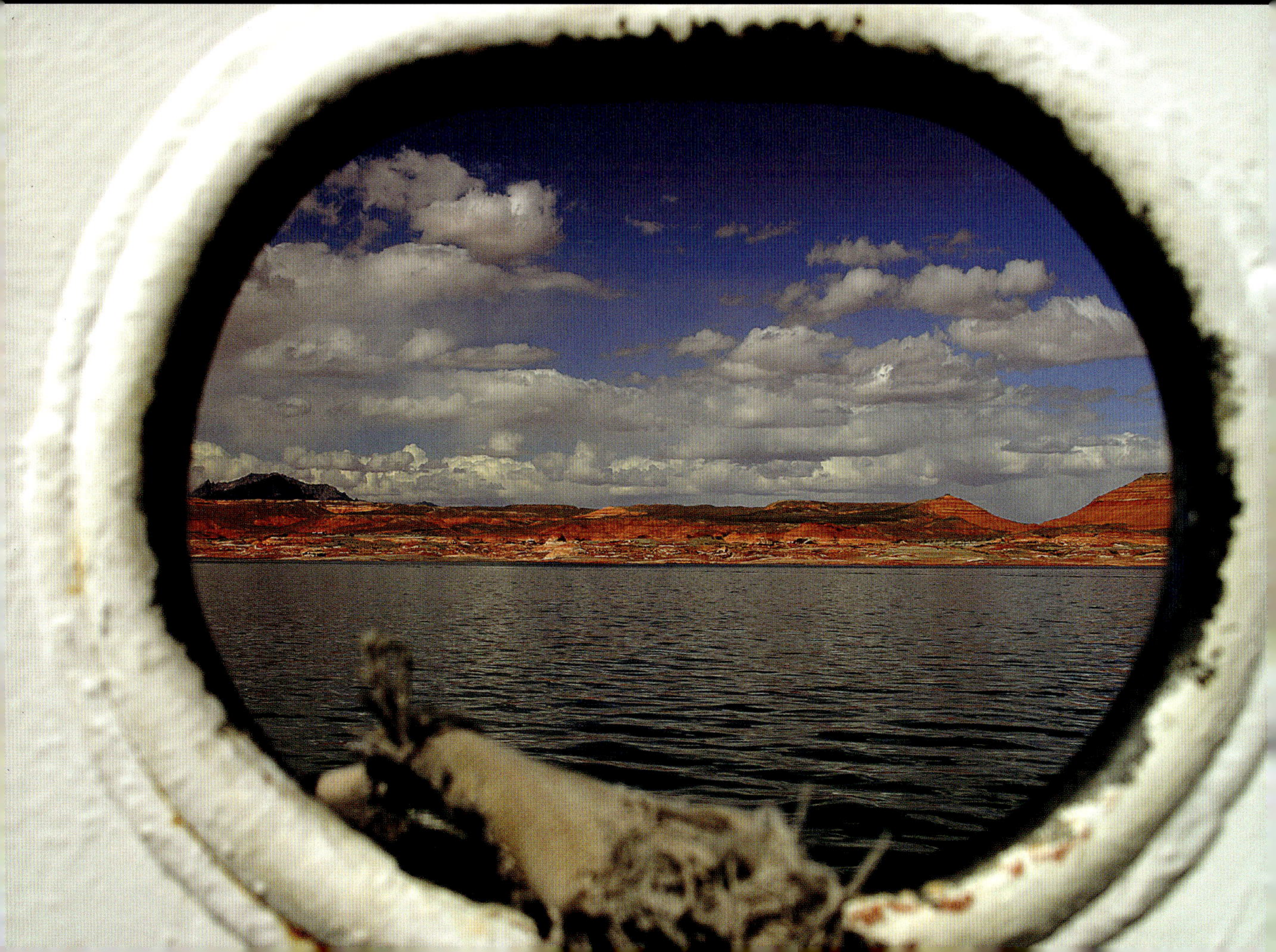

Die Regel:

Gehen Sie immer nah heran.

Eine allgemeine, häufig angepriesene Fotografierregel besagt, dass man das Bild mit dem Motiv ausfüllen soll. Das ist eine gute Regel, da sie die Art, wie unsere Augen eine Szene im Vergleich zur Kamera erfassen, übernimmt. Wenn Sie auf etwas schauen, können Sie sich nur auf einen kleinen Teil der Szenerie konzentrieren. Machen Sie sich beispielsweise bewusst, was Sie in diesem Augenblick sehen: Sie schauen auf ein Buch oder auf einen eBook-Bildschirm. Die Buchstaben auf dieser Seite bilden nur einen kleinen Teil des Gesichtsfeldes, das Sie vor sich sehen, aber Sie können den Rest der Welt »ausblenden«, während Sie etwas lesen.

Würden Sie mit einer Kamera fotografieren, die dasselbe Bildfeld wie Ihre Augen erfasst, wäre nicht klar, worauf man schauen soll. Darum müssen Sie so nahe wie möglich an Ihr Motiv herangehen, um darauf »hinzuleiten«, was man anschauen soll. Das Bildfeld auszufüllen bedeutet nicht, dass Sie nur Ihr Motiv in das Foto einbeziehen, sondern dass Sie nahe genug herangehen oder das Bild später so beschneiden, dass es nur die gewünschten Elemente enthält. Dabei kann es sich um die Person oder den Motivschwerpunkt handeln, um Führungslinien, natürliche Rahmen und so weiter.

Es gibt eine Reihe von Gründen dafür, warum diese Regel so gut funktioniert, aber der wichtigste ist, dass sie die Aufmerksamkeit des Betrachters fesselt. Wie auch immer, niemand kann durch etwas abgelenkt werden, was Sie nicht in Ihr Bild einbezogen haben.

Wenn Sie die Fotos von anderen ausführlich genug betrachtet haben, wissen Sie wahrscheinlich, worum es geht. Potenziell gute Fotos werden leicht dadurch ruiniert, dass Elemente einbezogen werden, die nicht zum Inhalt passen oder vom eigentlichen Motiv ablenken.

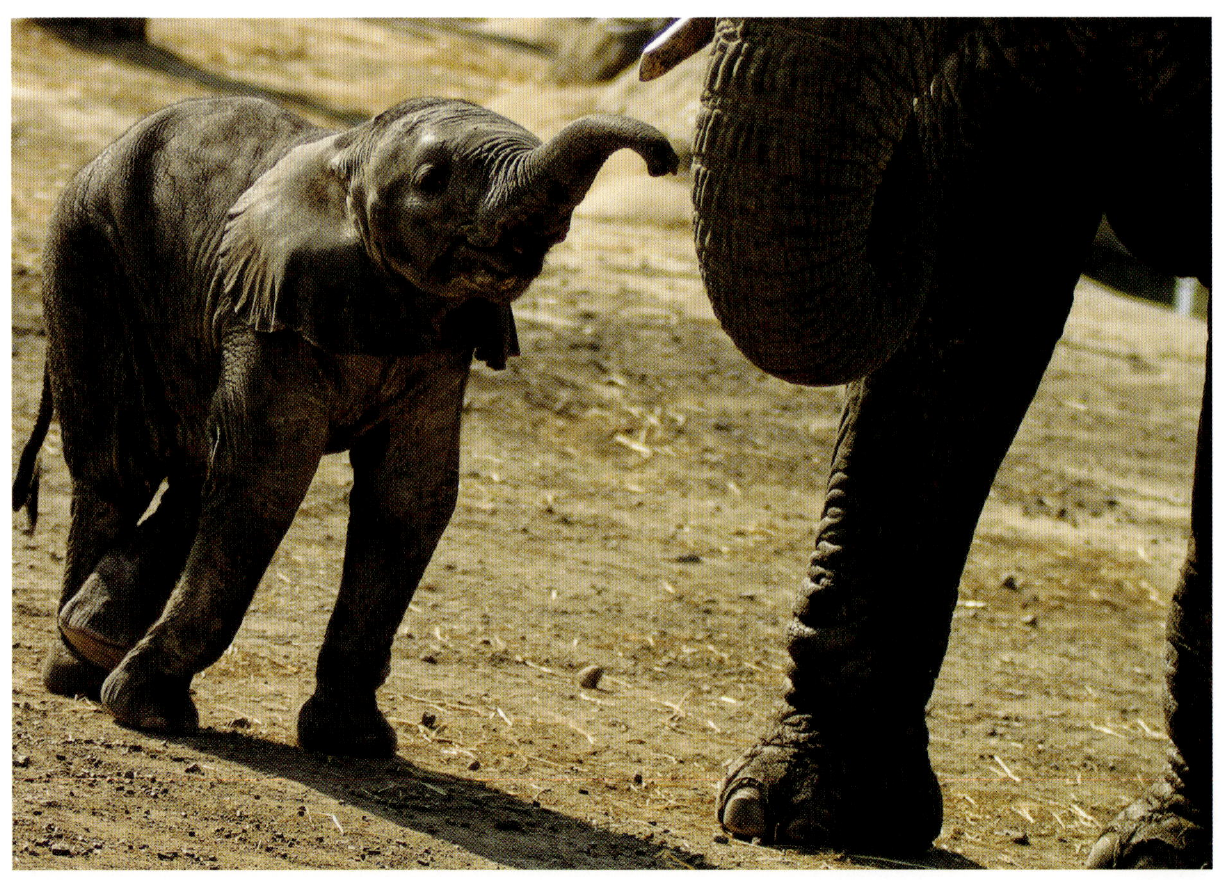

Ein weiterer Grund dafür, möglichst nahe heranzugehen, ist so viele Details wie möglich zu zeigen. Wenn man aus großer Entfernung mit einem 50-mm-Objektiv fotografiert, erhält man sehr viel weniger Details, als wenn man aus demselben Abstand mit 300 mm fotografiert oder wesentlich näher herangeht. Das spielt eine besondere Rolle bei der Fotografie von Wildtieren, da sich die Betrachter der Bilder den Tieren möglichst nahe und persönlich verbunden fühlen wollen, anstatt sie aus der Ferne zu bewundern.

Schließlich stellt sich die Frage, wie viel gefühlsmäßigen Eindruck Sie mit Ihrer Komposition vermitteln wollen. Nähere und detailreichere Aufnahmen, in denen das Motiv einen großen Teil des Bildes einnimmt, machen mehr Eindruck als normale Aufnahmen. Wenn Sie so nahe wie möglich herangehen, können Sie eine Verbindung zum Betrachter herstellen und ihm ein Gefühl der Verbindung zum Motiv vermitteln.

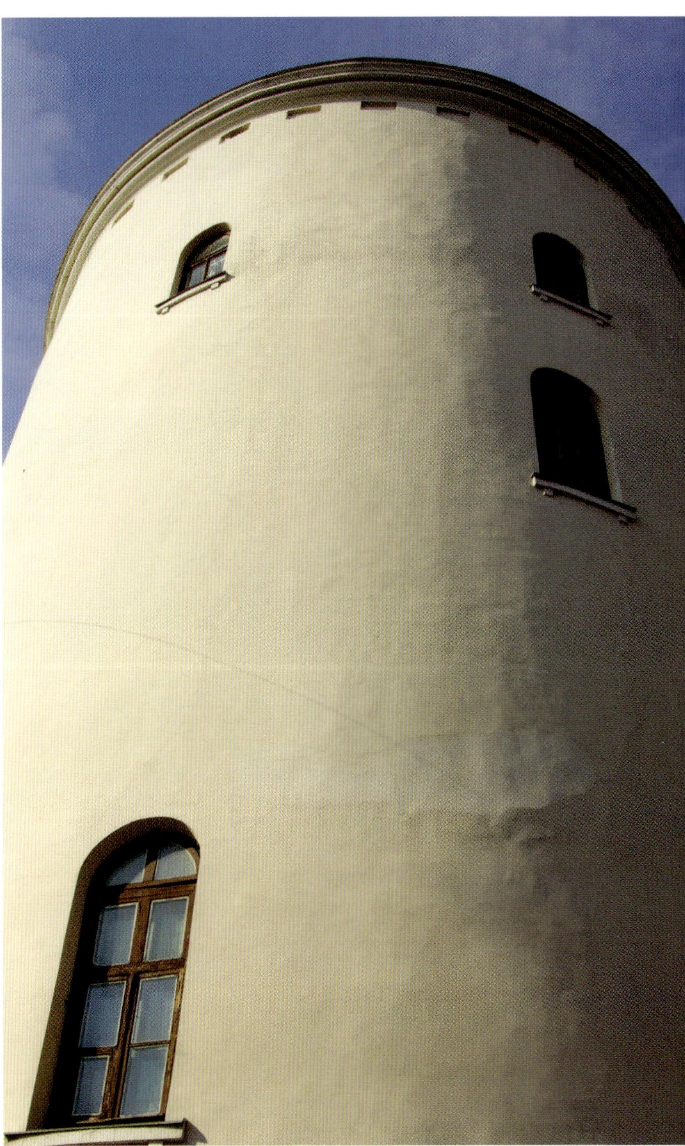

Gegenüber *Näher an das Elefantenbaby heranzugehen, verstärkt die Bildgeschichte. Die Anwesenheit seiner Mutter im Bild hilft, ein Gefühl für die Größenverhältnisse zu vermitteln. Wenn ich jedoch die Mutter komplett mit ins Bild genommen hätte, wäre das intime Gefühl dieses Fotos verloren gegangen.*

Rechts *Es spielt keine Rolle, ob Sie Leute, Gebäude, Tiere oder Landschaften fotografieren – gehen Sie so nahe heran wie nötig, um das Bild mit dem Motiv zu füllen.*

Unten und unten rechts *Welches dieser Bilder macht den stärksten Eindruck? Offensichtlich das erste …*

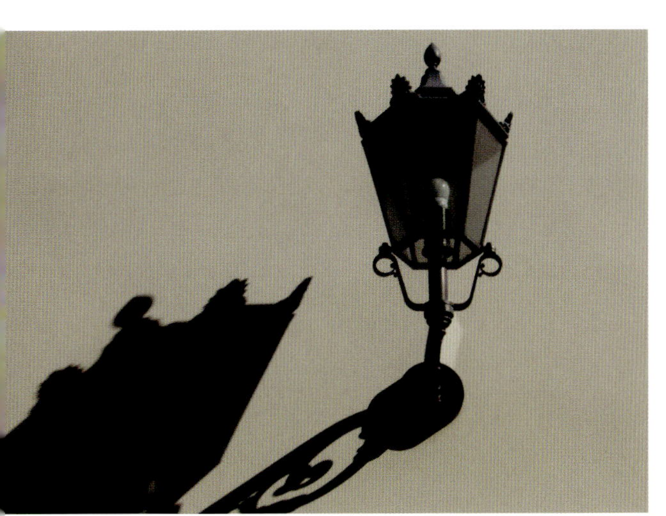

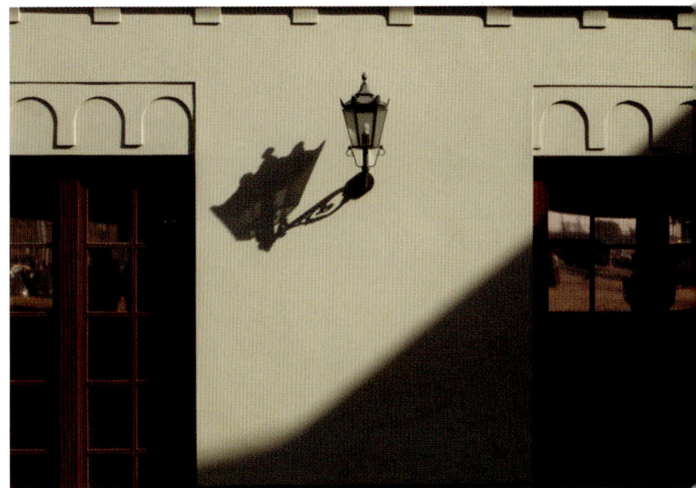

Die Regel brechen:

Einen Schritt zurücktreten

Ob die gerade besprochene Regel, nahe heranzugehen, funktioniert oder nicht, hängt davon ab, ob es in Ihrem Aufnahmeszenario ein tragendes Element gibt. Stellen Sie sich ein hautnahes Bild eines Hundes vor. Während Hundeliebhaber grundsätzlich eine gefühlsmäßige Beziehung zu dem Tier aufbauen mögen, kann bei anderen der Kontext des Bildes eine Rolle dafür spielen, das Interesse an der Komposition zu steigern.

Angenommen, der Hund sitzt auf einer Mülldeponie – würde das die Empfindungen des Betrachters zu dem Bild verändern? Was, wenn das Zentralmotiv statt des Hundes ein kleines Kind wäre? In diesen Fällen ist der durch die Umgebung des Subjekts gelieferte Kontext genauso wichtig wie das Subjekt selbst und sollte einbezogen werden.

Ebenfalls wichtig ist in der Fotografie das Konzept des Maßstabs. Wenn Sie verdeutlichen wollen, wie groß (oder klein) etwas ist, müssen Sie mehr von der Umgebung einbeziehen, um einen

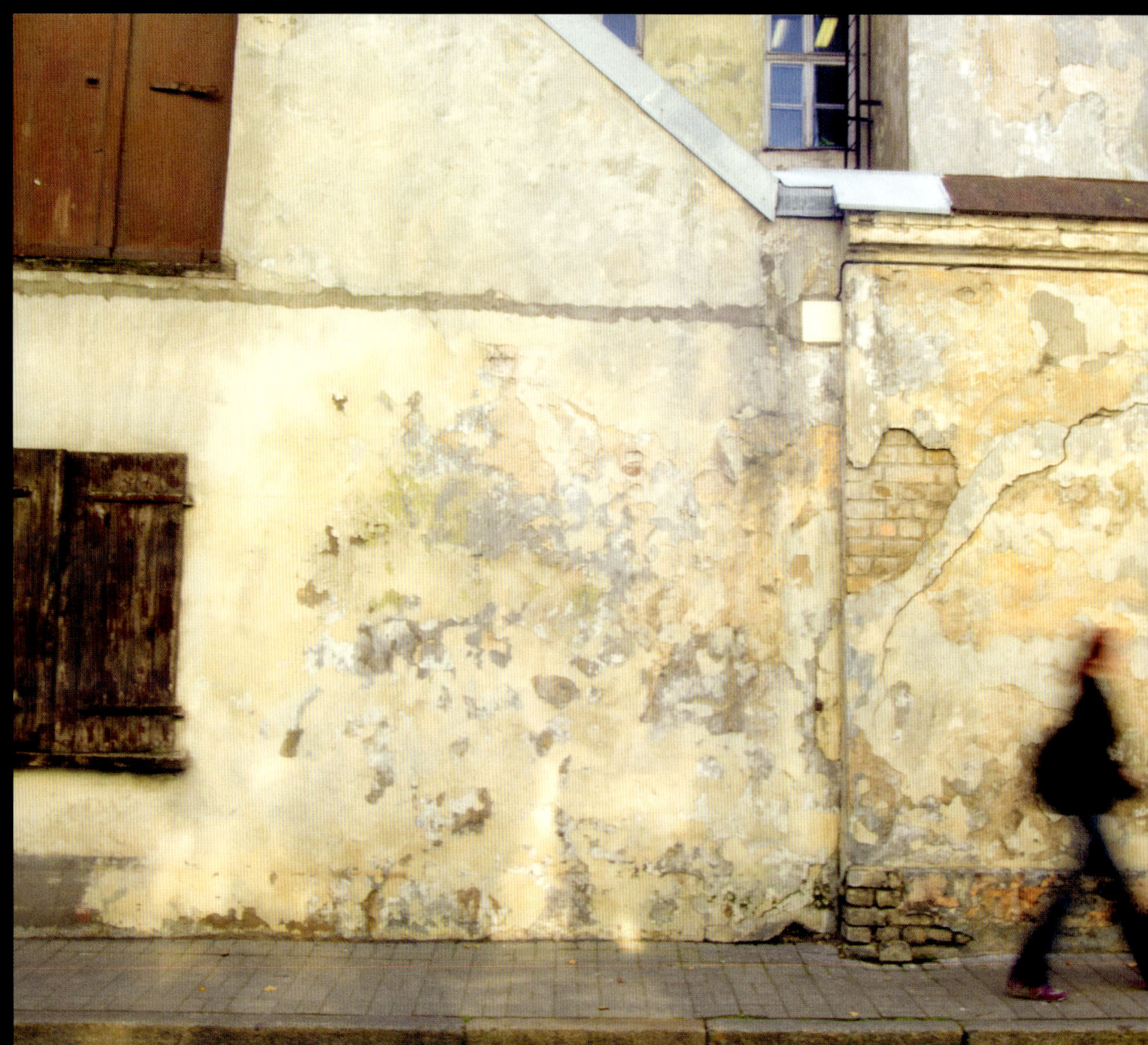

Rechts *Bei Landschafts- und Stadtszenen kann etwas mehr Abstand einen Eindruck vom dort herrschenden Trubel vermitteln, so wie in diesem Foto.*

Unten *Manchmal geht es in einem Porträt nur um die Umgebung. Bei einem Foto wie diesem haben wir den Fokus auf die Umgebung statt auf die Person gesetzt – mit gutem Ergebnis.*

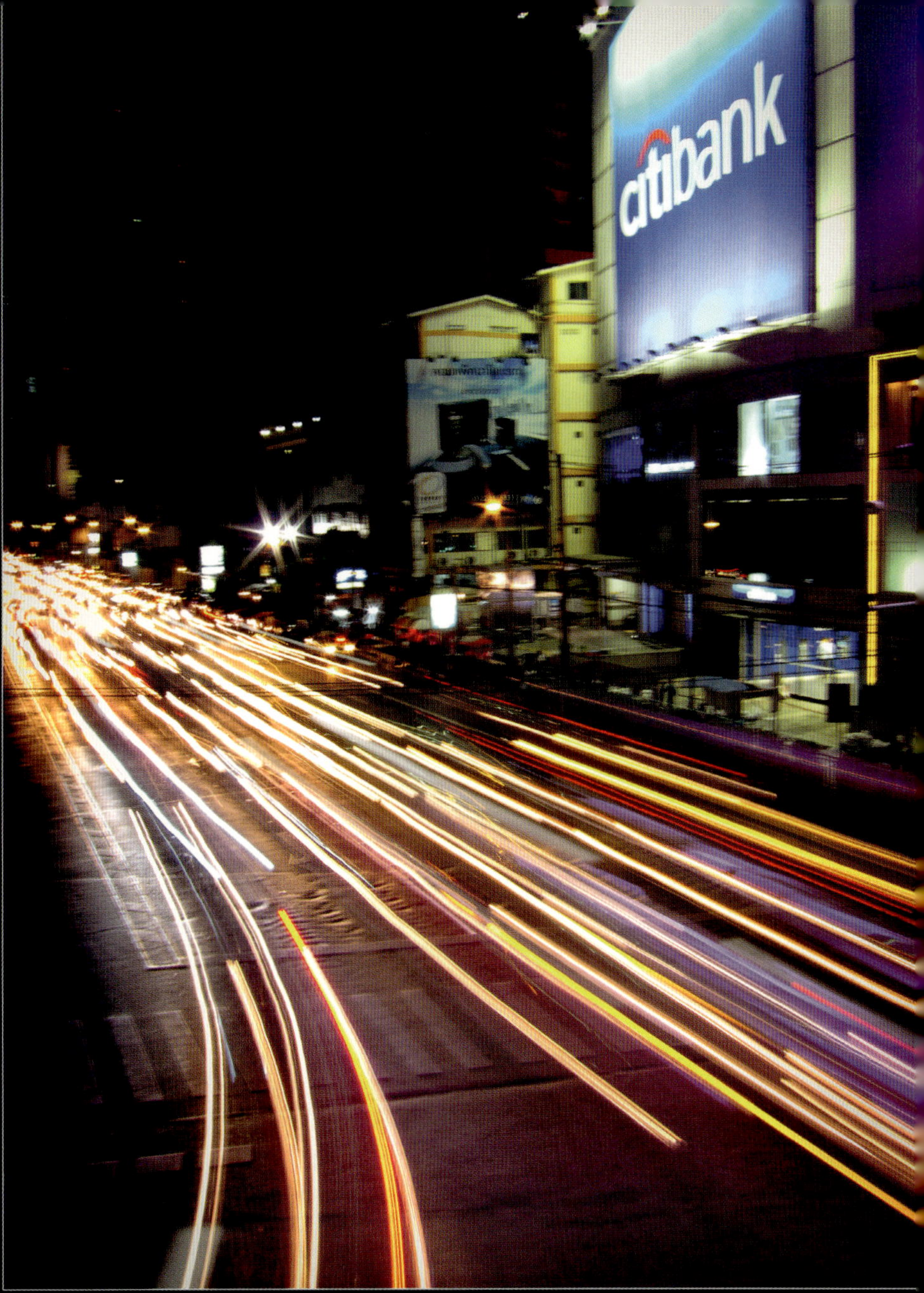

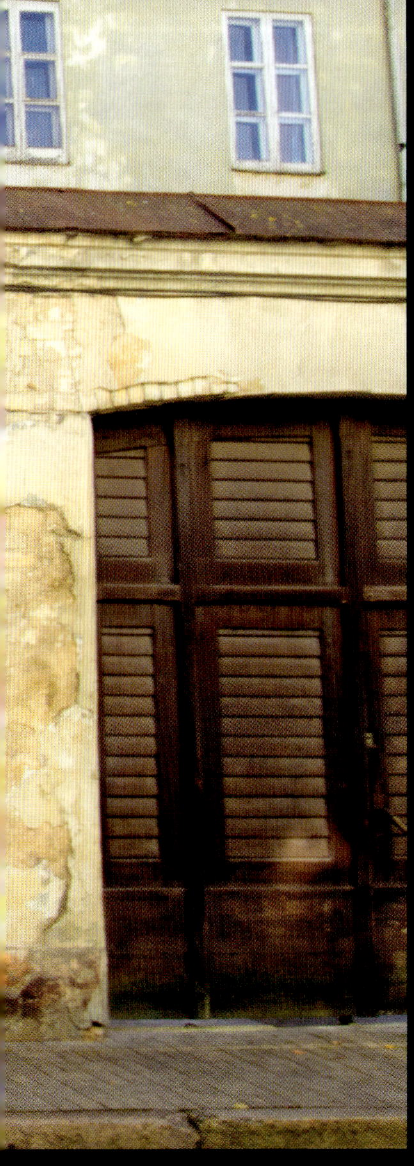

Maßstab zu liefern. Auf eine Person einzuzoomen, die neben einem Berg steht, ist gut, wenn man nur ein Bild von ihr haben möchte; wenn man aber zeigen will, wie groß der Berg ist, dann muss man etwas zurücktreten.

Ähnlich kann dies dem Subjekt einen Anstrich von Bedeutungslosigkeit verleihen. Diese Art von Fotografie ist perfekt geeignet, um beim Betrachter eine gefühlsmäßige Bindung mit dem Subjekt herzustellen, so wie bei einem kleinen Boot, das auf dem Ozean verloren ist, oder bei einer Person, die in der Menge untergeht.

Die Regel:

Elemente einer Komposition ausbalancieren

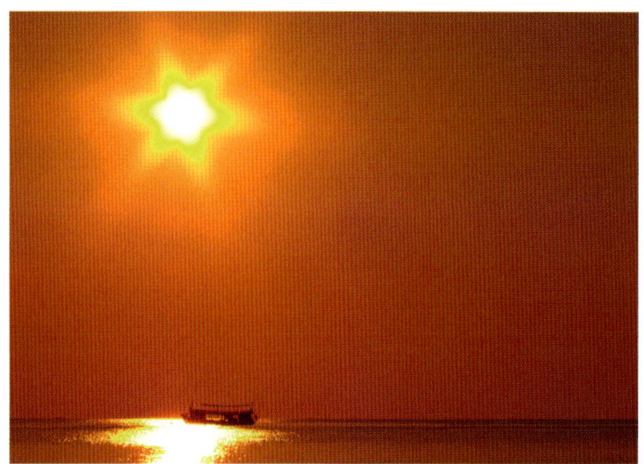

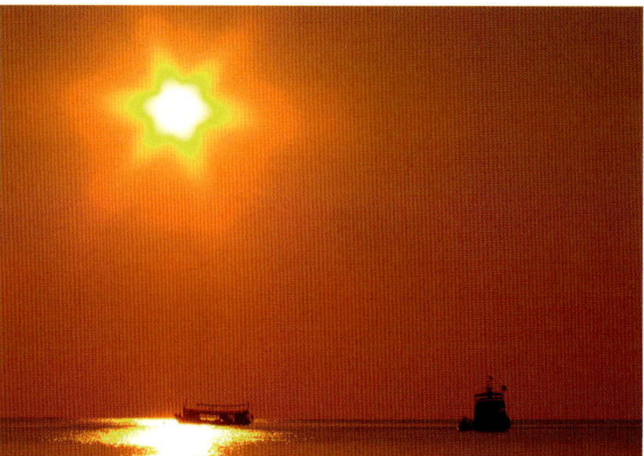

Oben, oben links *In diesem Bild wird die Sonne durch das Schiff auf der rechten Bildseite ausbalanciert. Ohne das Schiff würde das Foto vollkommen unausgeglichen wirken.*

Bei guter Kunst – einschließlich der Fotografie – dreht sich alles um Balance. Lassen Sie mich zunächst betonen, dass Balance nicht Symmetrie bedeutet. Ich sage nicht, dass die eine Hälfte Ihres Fotos identisch mit der anderen sein muss (d. h. eine Seite als Spiegel der anderen). Ausbalancieren der Komposition bedeutet einfach, die darin enthaltenen Elemente so anzuordnen, dass sie sich gegenseitig die Waage halten. Stellen Sie sich die Komposition wie ein Gespräch vor: Wenn die eine Seite eine Frage stellt, gibt es dann etwas, was diese auf der anderen Seite beantwortet?

Durch das Ausbalancieren der Elemente in Ihren Aufnahmen schaffen Sie Kompositionen, deren Betrachtung vergnüglich und interessant ist. Auf diese Weise lassen sich kompliziertere Geschichten erzählen, anstatt einfach zu knipsen, was Ihnen vor die Linse kommt.

Nehmen Sie ein Bild mit einer Scheune auf der rechten Seite. Ohne ein Gegenelement liegt das ganze Interesse auf der rechten Seite des Fotos, es bleibt sonst nichts Betrachtenswertes. Daher ist die Aufnahme weniger interessant, als sie sein könnte. Die Komposition wäre viel ausgeglichener, wenn der Fotograf etwas entweder auf der oberen oder unteren linken Seite eingefangen hätte, etwa einen Traktor, einen Baum oder sogar eine Wolke. Der Schlüssel liegt darin, verschiedene Elemente mit aufzunehmen, um das Foto interessanter erscheinen zu lassen.

Es mag sein, dass Sie Ihre Aufnahmegewohnheiten oder Nachbearbeitungstechniken ändern müssen, um die Elemente in einem Foto auszubalancieren. Bei einigen Hinweisen geht es um den Beschnitt der Komposition, das Ändern des Aufnahmewinkels, das Einzoomen oder Bewegen eines Elementes in Ihrem Foto, wenn es möglich ist.

ARTEN DER BALANCE

Es gibt viele Wege, um die Balance in einem Foto herzustellen, nämlich:

Licht versus Dunkelheit Verwenden Sie eine weiße/helle Zone, um einen schwarzen/dunklen Bereich auszubalancieren.

Farbe Bereiche mit leuchtenden Farben können durch solche mit neutralen Tönen ausbalanciert werden.

Textur Balancieren Sie kleine, stark gemusterte Objekte mit größeren, klareren.

Form Unregelmäßig geformte Objekte können durch größere, weniger detaillierte ausgeglichen werden.

Größe Gleichen Sie ein großes Objekt durch ein kleineres auf der gegenüberliegenden Bildseite aus.

Die Regel brechen:
Instabile Kompositionen erzeugen

Das Ausbalancieren von Elementen kann eine Herausforderung darstellen, da es eine Menge an Vorausdenken für die Komposition erfordert. Und wenn Sie nicht in der Lage sind, die Komposition umzugestalten, kann es bedeuten, dass Sie das Bild nicht bekommen, das Sie eigentlich haben wollten. Glücklicherweise werden Sie in vielen Fällen feststellen, dass es gut machbar ist, den Blickpunkt entsprechend zu verändern um so das Foto auszubalancieren.

Manchmal kann das Fehlen von Balance bzw. gerade Ihre sorgfältige Komposition, sodass sie absichtlich unausbalanciert erscheint, ein Bild dynamischer und reizvoller machen. Das gilt doppelt, wenn das Motiv des Fotos Unausgewogenheit zum Thema hat, wie etwa Armut/Habgier, Macht/Hilflosigkeit oder Glück/Trauer. In diesen Fällen kann Unausgeglichenheit zusätzlich zur Ausdrucksstärke eines Fotos beitragen und beim Betrachter eine emotionale Reaktion hervorrufen.

Wenn Sie das nächste Mal ein Foto aufnehmen, dann überlegen Sie, ob es sich in Balance befindet. Beginnen Sie mit dem Brennpunkt und denken von dort aus weiter. Lässt sich etwas gegenüber dem Brennpunkt hinzufügen, um die Balance zu erhöhen, oder ist es besser ohne das? Das Spiel mit der Balance ist ein vergnügliches Konzept, ebenso wie das Schaffen unausgeglichener Fotos.

Unten *Wann immer Sie die Drittelregel anwenden, erzeugen Sie eine »instabile« Komposition. Dadurch, dass diesem unglaublichen Gebäude Raum »zum Atmen« gegeben wird, wird der Blick auf das Gebäude selbst gelenkt.*

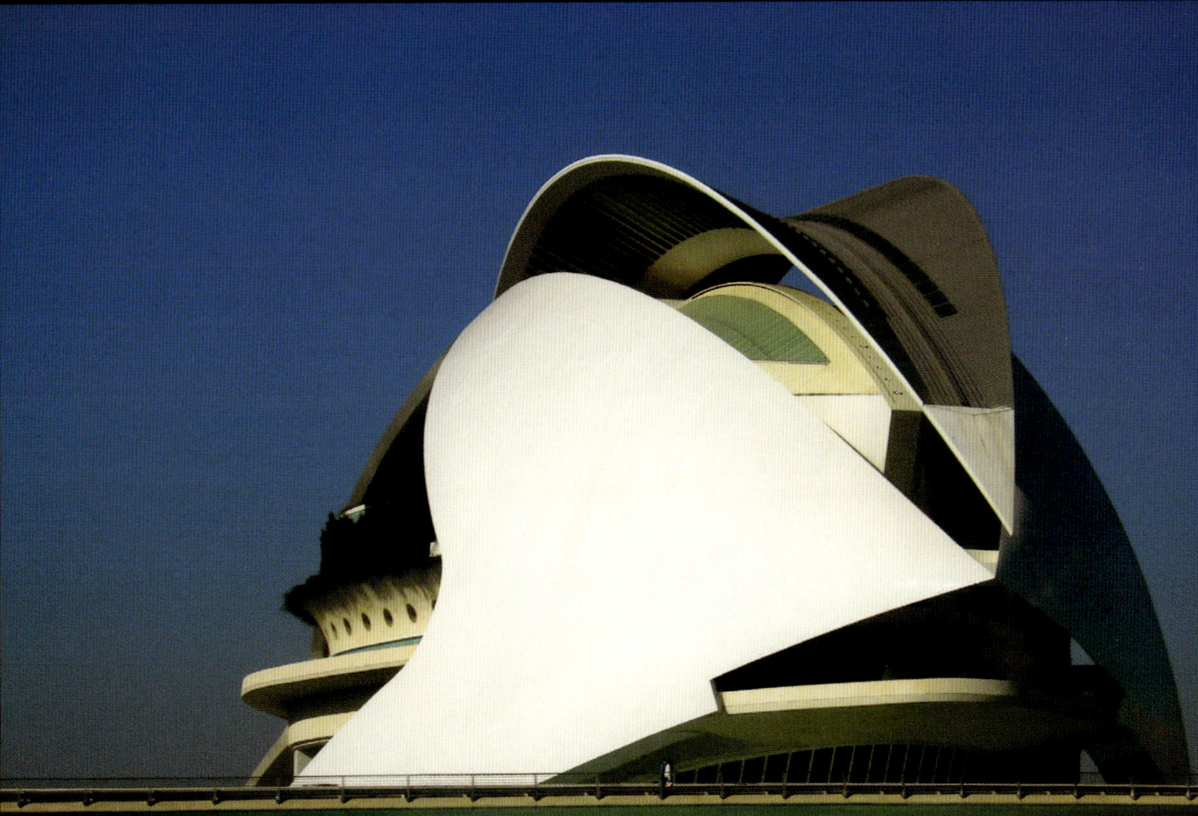

Die Regel:

Halten Sie den Motivschwerpunkt scharf.

Nichts ist schlimmer, als bei der Rückkehr nach Hause im Fotolabor zu entdecken, dass der wichtigste Bereich im Foto unscharf ist. Mehr als jede andere Eigenschaft eines Fotos signalisiert eine schlechte Fokussierung: »Hier war ein Amateur am Werk.« Wenn Sie Ihre Aufnahmen nicht scharf bekommen, machen Sie alles falsch! Ihre Fotos müssen definitiv richtig scharfgestellt sein.

Obwohl der Autofokus Ihrer Kamera in den meisten Fällen die richtige Schärfe liefern sollte, kann es zu Problemen kommen, wenn Sie mit einer geringen Schärfentiefe arbeiten oder bei Szenen, in denen viele mögliche Fokuspunkte zur Auswahl stehen. In solchen Fällen kann man sich für die manuelle Scharfstellung entscheiden, indem man die Voreinstellung am Objektiv ändert, oder man setzt – als letztes Mittel – einen manuellen Fokuspunkt, womit man sichergeht, dass die Kamera auf den richtigen Teil der Szene scharfstellt.

Das Fotografieren mit einer mittleren Blende liefert einigen Spielraum für das Setzen der Schärfe, anders gesagt: Eine Aufnahme mit Blende 8,0, in der die Schärfe nicht ganz genau gesetzt ist, wird dennoch scharf erscheinen. Wenn man aber mit sehr großen Blenden arbeitet, verliert man diesen Sicherheitsspielraum und muss wesentlich mehr Aufwand betreiben, um sicherzustellen, dass die Aufnahmen gestochen scharf werden.

Indem Sie das Subjekt in der Schärfe halten, gewährleisten Sie, dass der Betrachter versteht, was der eigentliche Gegenstand des Bildes ist, womit auch die »Botschaft« des Bildes intakt gehalten wird. Den wichtigsten Bereich Ihrer Komposition schärfer als dessen Umgebung zu halten, hilft auch dabei, das Bild insgesamt stärker wirken zu lassen und ihn am deutlichsten hervortreten zu lassen – eine wichtige Taktik, wenn das Bild viele Einzelheiten enthält und der Betrachter verstehen soll, was eigentlich das Wichtigste ist.

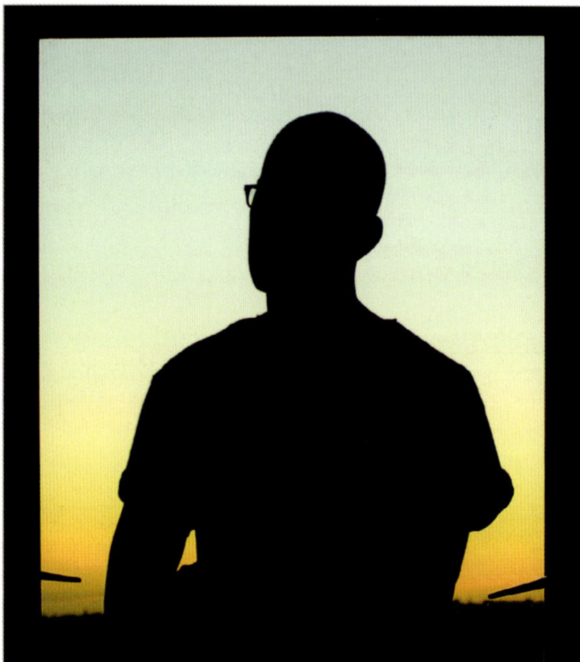

Oben *Selbst wenn Sie Aufnahmen machen, in denen das Model nur als Silhouette erscheint, müssen Sie besonders auf die Schärfe achten.*

Rechts *Ein Porträt aufnehmen? Die Augen müssen stets in der Schärfenzone liegen. Und wenn die Person eine Sonnenbrille trägt, stellen Sie auf diese scharf!!*

Schärfe ist eines der Dinge, über das nicht zu verhandeln ist; wenn das Hauptmotiv nicht scharf ist oder wenn die Augen eines Models nicht in der Schärfezone liegen, haben Sie es mit einem komplett ruinierten Foto zu tun. Oder etwa nicht?

Es ist erwiesen, dass sich Leute von Fotos abgestoßen fühlen, die unscharf sind. Das hat darin seine Ursache, dass es sehr schwer ist, zu etwas Beziehung herzustellen, das nicht leicht zu erfassen ist. Dennoch kann Unschärfe als fotografischer Effekt genutzt werden. Wenn Sie eine Geschichte über Gefühle erzählen, etwa Trennung, Depression oder das Gefühl, »nicht dazuzugehören«, kann Unschärfe den Eindruck verstärken statt abschwächen.

Es gibt konventionelle Techniken, die nach alternativen Schärfesetzungen verlangen. Zum Beispiel können Sie mit einem Lensbaby-Objektiv eine selektive Schärfe wählen, die das Meiste in der Aufnahme unscharf erscheinen lässt. Wenn Sie ein Tilt/Shift-Objektiv verwenden, können Sie die unübliche Schärfeebene nutzen, um »Miniatureffekte« zu erzeugen, wodurch die Szenerie so aussieht, als handle es sich um die Aufnahme des Teils eines Modellaufbaus. Bei Porträtaufnahmen kann man den Personen und ihrer Umgebung mit sogenannten Weichzeichner-Objektiven oder anderen Zerstreuungstechniken einen ätherischen Glanz verleihen. Man kann Strumpfhosenstoff vor das Objektiv spannen oder spezielle Weichzeichner-Filter verwenden, um Gesichtszüge weicher zu machen, was der Aufnahme einen ansprechenden, irgendwie traumhaften Effekt verleiht.

Schließlich kann das Fotografieren in der Nacht oder einer Szene mit vielen kleinen Lichtquellen (in einer Stadt oder von einem Weihnachtsbaum mit brennenden Kerzen) durch ein Objektiv mit schönem »Bokeh« wunderbare Effekte erzeugen; die unscharfen Lichtflecken können bezaubernd wirken.

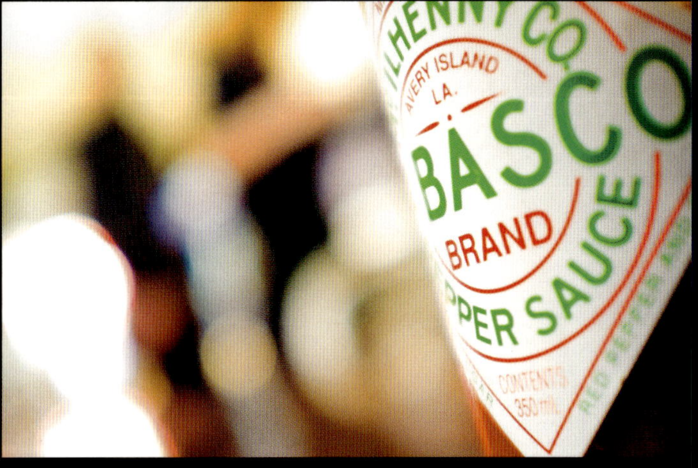

Oben *Unter gewissen Umständen sind die unscharfen Bereiche eines Fotos (bekannt als »Bokeh«) attraktiver als das Motiv selbst. Dieses Bild ist ein gutes Beispiel: Die Flasche mit der scharfen Soße wirkt nett – aber es ist der Hintergrund, der dieses Bild zum Hingucker macht*

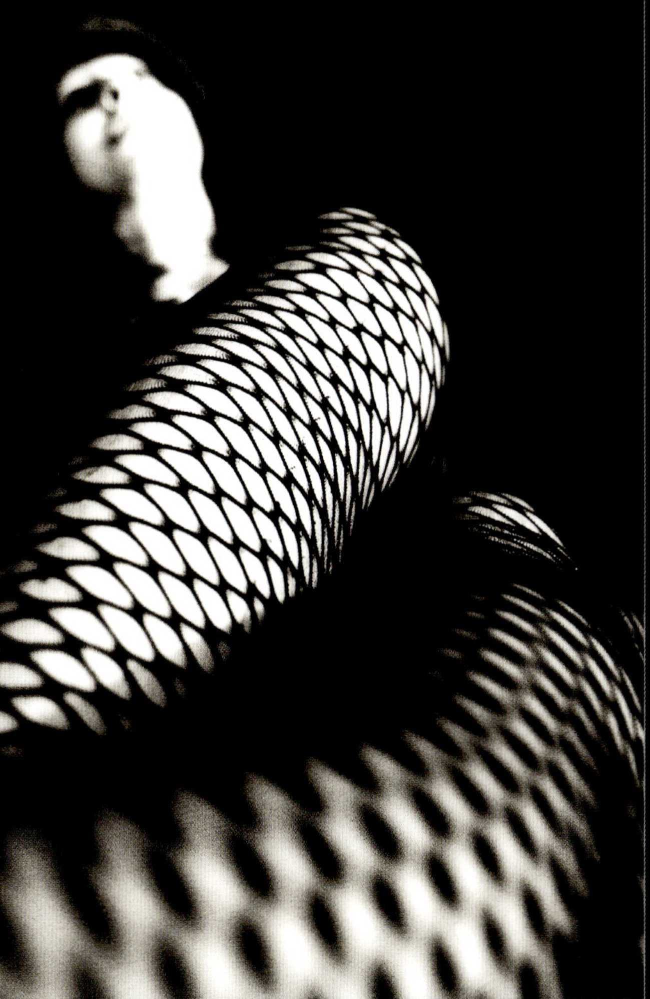

Links *Bei dieser Aufnahme hätte ich die Schärfe auf das Gesicht des Models legen können – aber wäre es das, worum es in diesem Foto wirklich geht?*

Die Regel:

Natürliches Verhalten von Personen

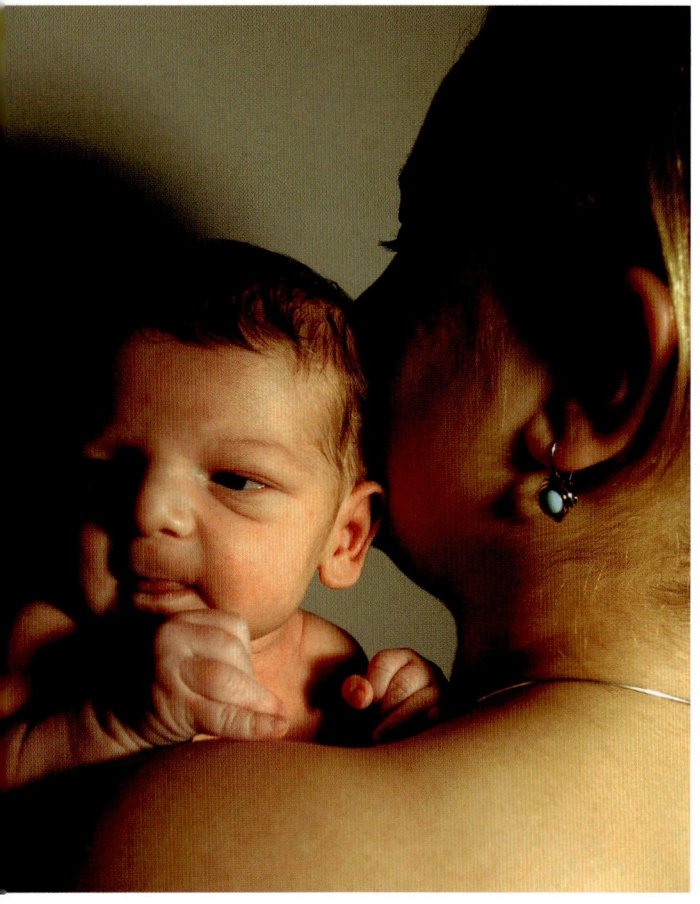

Wissen Sie, warum Kinder so ausgezeichnete Motive darstellen? Weil sie immer sie selbst sind. Sie können zu jedem beliebigen Zeitpunkt eine Kamera auf ein Kind richten und ein natürliches Lächeln einfangen, das ein Zimmer zu erhellen vermag.

Erfolgreiche Porträts hängen völlig vom Ausdruck und der Körpersprache des Models ab – und natürliche Körpersprache ist der Schlüssel für schöne, ungestellt wirkende Porträts.

Für ein Model mag es leicht erscheinen, sich natürlich zu verhalten, für andere kann das sehr schwierig sein. Die meisten Leute fühlen sich verunsichert, wenn sie fotografiert werden sollen, und daher ist es Ihre Aufgabe als Fotograf, sie zu beruhigen und ihr natürliches Wesen zum Vorschein zu bringen. Aber wie? Es folgen ein paar Tipps.

Geben Sie ihnen etwas in die Hand Wir neigen alle dazu, unsere Nervosität oder Angst durch Herumspielen mit den Händen zu zeigen. Helfen Sie der Person, indem Sie ihr etwas in die Hand geben, das sie vom Gezappel abhält. Das kann eine Blume sein, ein Instrument oder auch ein Haustier.

Warten Sie nicht Sie mögen versucht sein, ein paar Minuten zu warten, bis sich Ihr Model in

Oben *Manche Personen verlangen nach einem »natürlichen« Look, wie die Aufnahme einer Mutter mit ihrem Baby.*

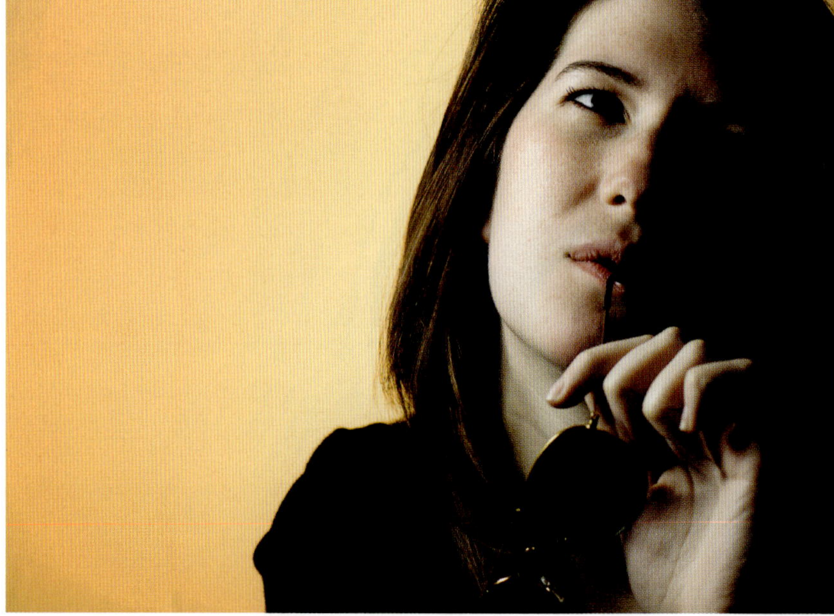

Rechts und gegenüber *Eine Sonnenbrille und eine altmodische zweiäugige Spiegelreflexkamera waren alles, was es brauchte, um diesen Aufnahmen einen Funken von interaktiver »Lebendigkeit« hinzuzufügen.*

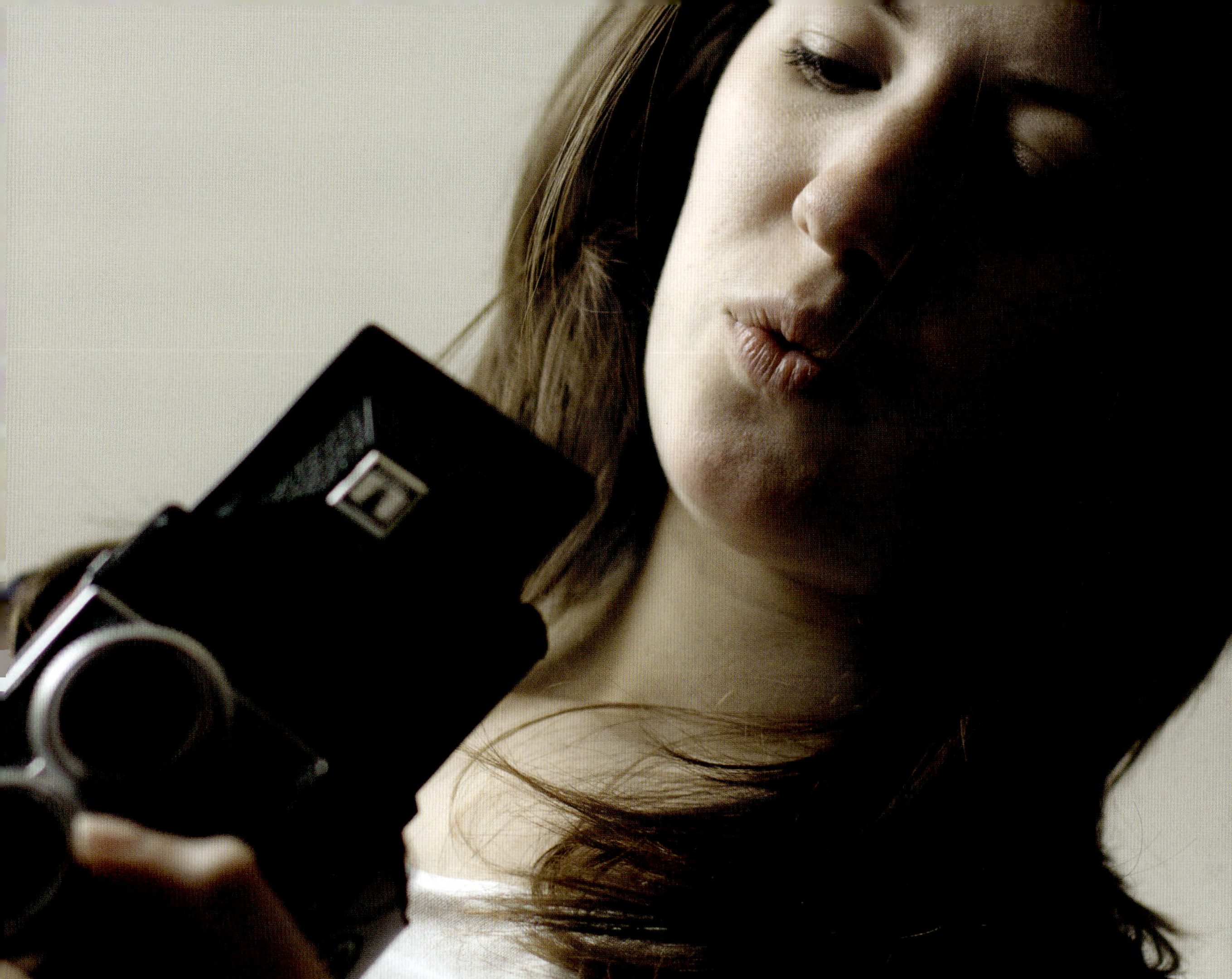

Ruhe gesetzt hat, aber machen Sie das nicht. Wahrscheinlich verstärken Sie dessen Unsicherheit, während es darauf warten, dass Sie anfangen. Reden Sie stattdessen mit ihm, während Sie die erste Reihe von Testaufnahmen machen, und helfen dem Model, sich daran zu gewöhnen, fotografiert zu werden.

Lassen Sie das Model sitzen Es ist viel leichter, sich im Sitzen zu entspannen als im Stehen.

Hilfe durch Ablenkung Die Fotos werden wahrscheinlich erst natürlich wirken, wenn die Person an etwas anderes denkt. Sorgen Sie daher für eine hilfreiche Ablenkung. Alles, angefangen von einer Unterhaltung bis zum Umschauen in der Umgebung, kann dem Model helfen, einen natürlichen Ausdruck anzunehmen. Wenn Sie mit zwei oder mehr Personen arbeiten, lassen Sie sie miteinander in Kontakt treten und beobachten, welche natürlichen Haltungen und Gesichtsausdrücke sie von selbst annehmen.

NATÜRLICHES VERHALTEN

Manche Leute scheinen völlig unfähig, sich im Angesicht einer Kamera natürlich zu verhalten. Das ist nicht ihre Schuld. Es ist in der Tat sehr schwierig, sich auf Kommando natürlich zu benehmen. Gelegentlich werden Sie auf Leute treffen, die unfähig sind, sich fotografieren zu lassen, ohne im Verlauf völlig albern zu wirken. Die Situation kann zahllose Aufnahmen nötig werden lassen. Geben Sie ihnen dann eine Beschäftigung (ein Buch lesen, ein Videospiel, mit einem Kind spielen, das Geschirr spülen) und fangen Sie mit dem Fotografieren an. Schließlich ist der Fotograf vergessen und Sie können nun hoffen, natürliche Fotos zu bekommen. Das ist eine kleine Schummelei, zugegeben, aber wenn kümmert's? Solange Sie die Fotos bekommen, die Sie haben wollten …

Die Regel brechen:

Es richtig übertreiben

Manchmal ist Übertreibung gerade das fotografische Stilmittel, das zu einer tollen, einprägsamen Komposition führt. Übertriebenes Make-up, schrille Kleidung und ein fantastischer, aber leicht unnatürlicher Ausdruck können zu Fotos führen, die eine Vielzahl von Gefühlen hervorrufen – von Angst bis zu Lust, von Glück bis extremem Unwohlsein.

Für diese Art von Bildern müssen Sie es wirklich schaffen, dass die Person ihre Fesseln ablegt, falls es sich nicht um professionelle Models handelt. Es kann hilfreich sein, wenn man eine Geschichte hat, die sich in Verbindung mit dem Ausdruck bringen lässt, den Sie den Leuten beibringen wollen, zum Beispiel: »Sie haben gerade im Lotto gewonnen …«, oder: »Sie haben Ihren Ehepartner im Bett mit jemand anderem entdeckt …« usw.

Einen natürlichen Ausdruck anzunehmen kann schwierig für diejenigen sein, die sich in der Gegenwart von Kameras nervös fühlen, daher ist es gelegentlich hilfreich, dem Model extreme Ausdrücke kurz vorher zu vermitteln, um es aus seiner Schüchternheit herauszuholen. Wenn Sie

Unten, gegenüber oben und unten *Es ist nicht gut, keinerlei Spaß beim Porträtieren zu haben: Seien Sie dreist, brechen Sie alle Regeln und machen Sie eine Bemerkung – eine Annäherung, die zu diesen Personen gut passt!*

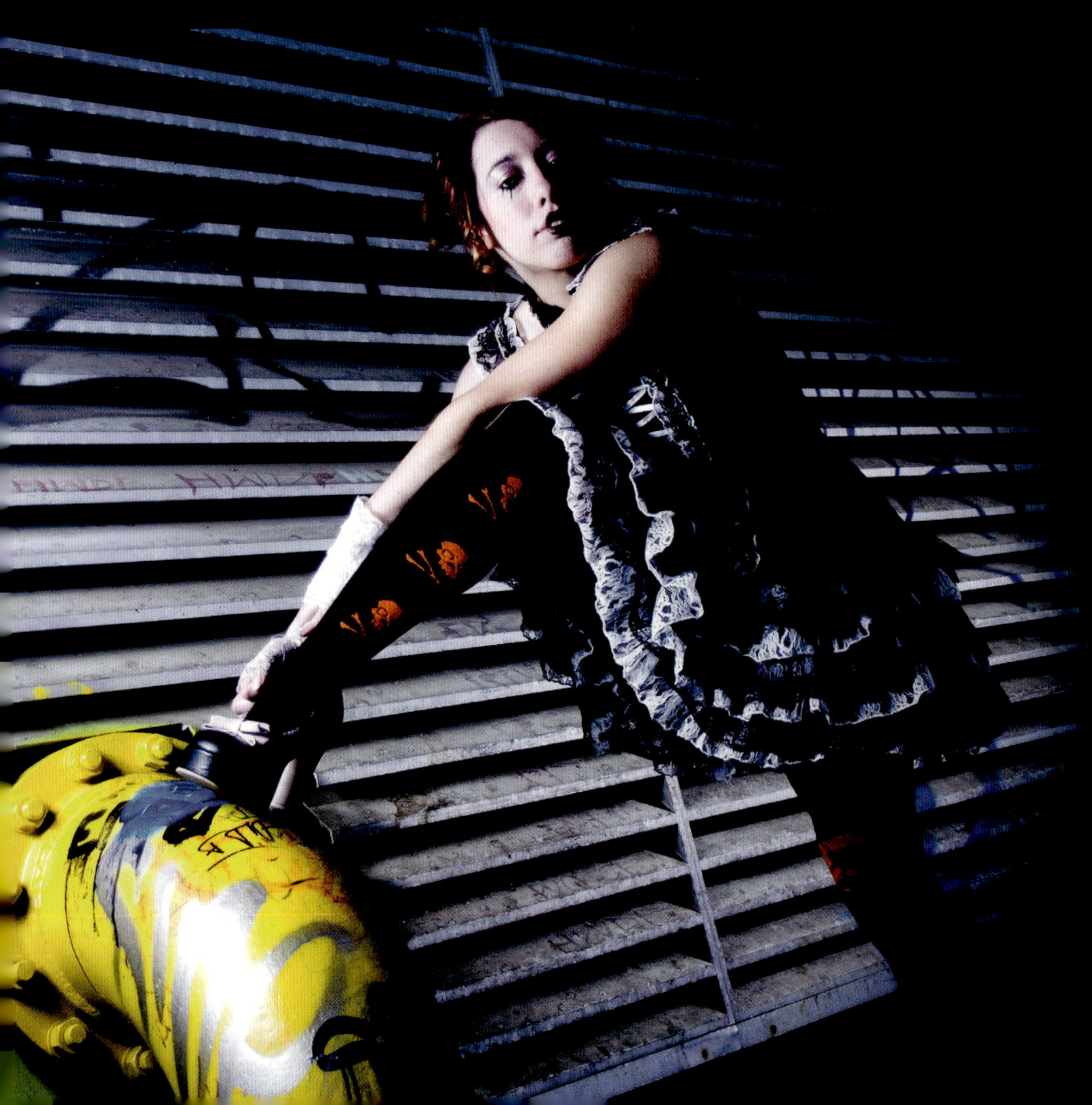

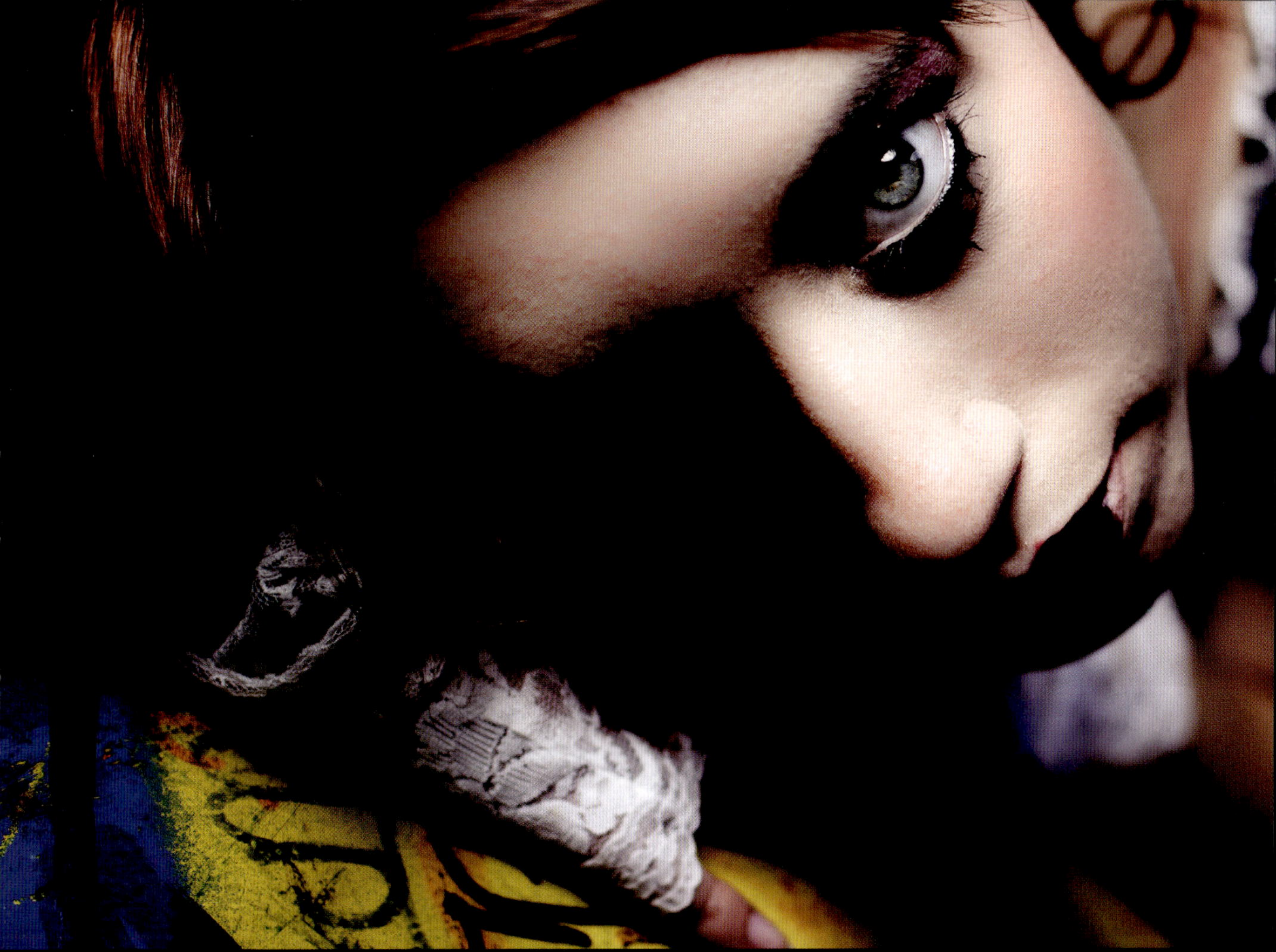

anschließend dann eine Pause machen, können Sie auch eine Reihe von Fotos mit natürlichem Ausdruck aufnehmen.

Was kommt als Nächstes?

Wir haben in diesem Kapitel eine Menge an Grundlagen gelegt. Sobald Sie beginnen, grundlegende Konzepte wie die Drittelregel in Ihren Fotos einzusetzen, werden Sie eine drastische Steigerung der Qualität Ihrer Kompositionen erleben, versprochen.

Sie müssen nicht jede Regel in jedem einzelnen Foto anwenden, aber wenn Sie sich der Regeln bewusst sind und wissen, welchen Einfluss sie auf eine Komposition haben, können Sie das bei passender Gelegenheit nutzen, um Ihre Fotos zu verbessern.

Sobald Sie dazu bereit sind, können Sie nun mit dem nächsten Abschnitt fortfahren, in dem es um einige fortgeschrittene Tipps zur Verbesserung Ihrer Fotos hin zu großartigen Aufnahmen geht.

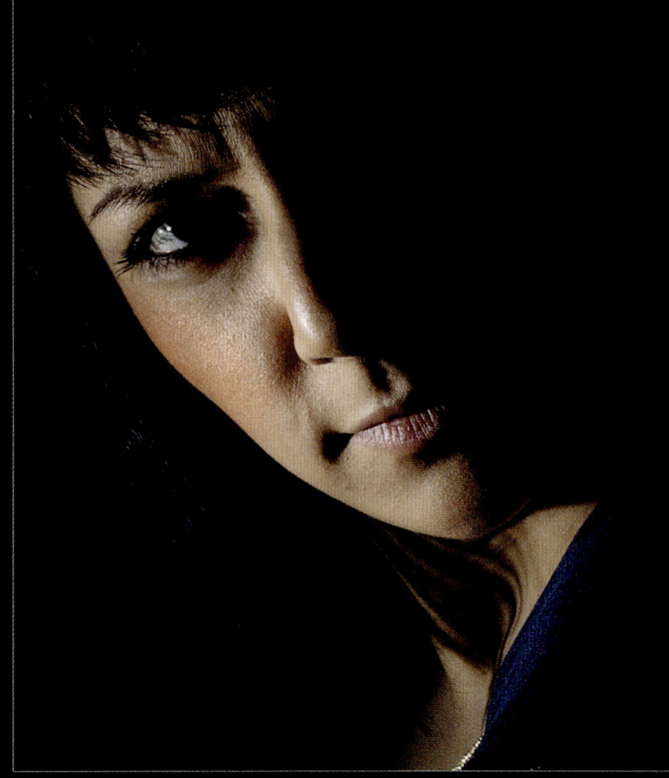

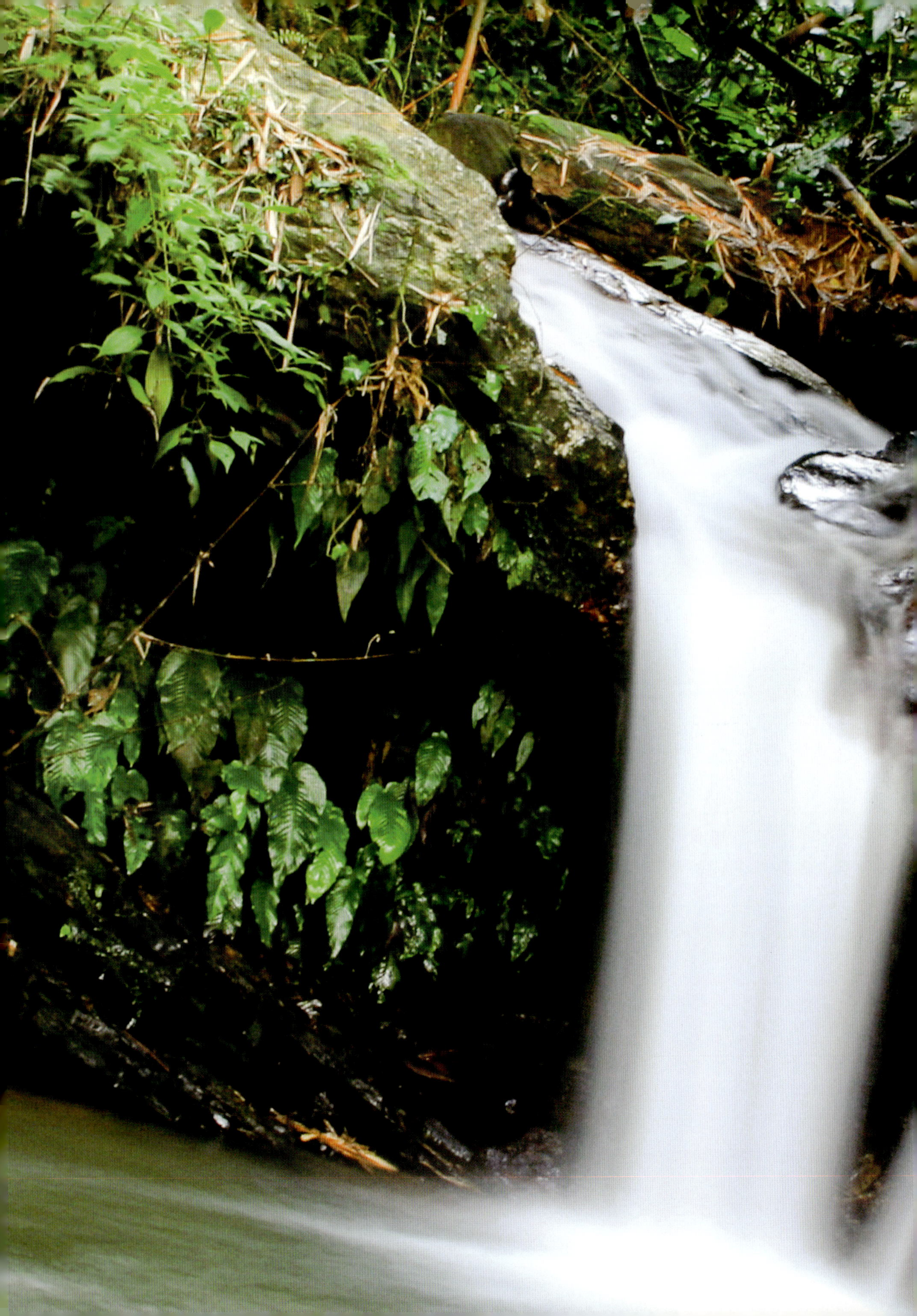

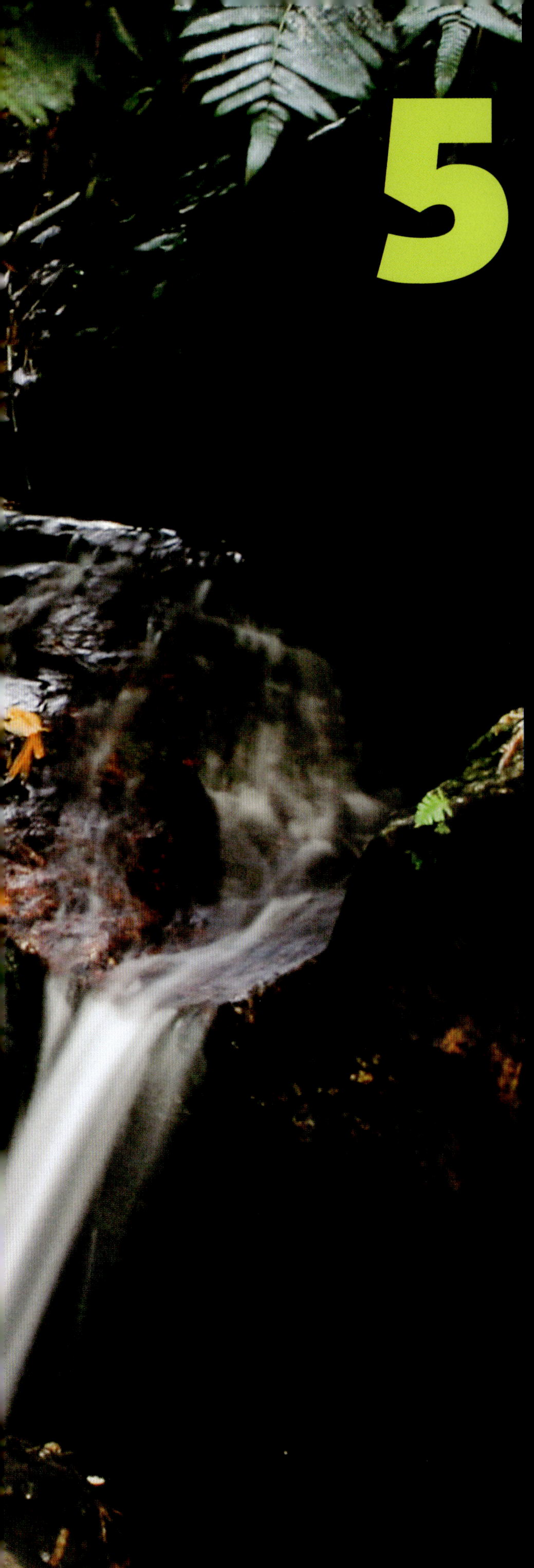

5 Fotografische Konzepte

Zur Fotografie gehört mehr, als nur Regeln zu befolgen. Und es gibt auch einiges, was Sie jedes Mal neu beachten bzw. erwägen müssen, wenn Sie sich auf eine Aufnahme vorbereiten – beispielsweise wohin Sie gehen und was Sie dorthin mitnehmen. Außerdem kann es wichtig sein, welche Einstellungen Sie während der Aufnahmen verwenden, damit die Fotos gut gelingen. Natürlich hat die gewählte Ausrüstung einen Einfluss darauf, das »richtige« Foto zu schießen. Stative, Blitzlicht und anderes Fotozubehör verschaffen Ihnen mehr Flexibilität bei der Arbeit, sie beanspruchen aber auch mehr Platz in der Zubehörtasche und mehr Geld bei ihrer Anschaffung. Es liegt ganz bei Ihnen, sich zu entscheiden, ob Ihnen solches Zubehör mehr Möglichkeiten verschafft oder sie nur belastet.

Wir wollen nun einen genaueren Blick auf die »Wahrheiten« der Fotografie werfen, um etwas tiefer darin einzutauchen, sodass Sie die Gelegenheit haben herauszufinden, was Ihre Fotografie auf die nächste Stufe heben könnte.

Links *Ein großartiges Foto kommt durch die Kombination vieler Elemente zustande. Und alles muss so wie hier zusammenpassen, um eine gute Geschichte zu erzählen.*

Die Regel:
Planen Sie Ihre Aufnahme.

Wenn Sie sich Fotos in einer Modezeitschrift anschauen, sind Sie sicherlich von der unglaublichen Qualität und Hochwertigkeit der Aufnahmen beeindruckt. Keine davon kommt zufällig zustande – jedem einzelnen professionellen Modefototermin sind mehrere Tage der Planung vorausgegangen.

Ich will nicht sagen, Sie müssten Ihr Sparschwein schlachten, um gute Fotos zu machen, aber es lässt sich nicht leugnen, dass eine starke Vision in Kombination mit Planung der Details ein erprobter Weg für großartige Fotografie ist.

Das Nachdenken darüber, wo, wann und wen oder was Sie fotografieren, lässt Sie die richtige Ausrüstung zusammenpacken, sodass Sie dann auch bereit sind, wenn Sie an der Location eintreffen. Die folgenden Tipps mögen dabei hilfreich sein.

Kameragehäuse Wenn Sie mehr als eine Kamera besitzen, müssen Sie eine Wahl treffen. Welche wollen Sie mitnehmen? Manche Fotografen ziehen es vor, bei einem Fototermin mehrere Kameras zur Verfügung zu haben, die dann bereits für unterschiedliche Aufnahmen vorbereitet sind: beispielsweise eine für Weitwinkelaufnahmen und eine andere mit einer längeren Brennweite. Das hängt wahrscheinlich von der Art der geplanten Aufnahmen ab und ob Sie dort Zeit für Objektivwechsel haben. Auf Reisen kann es auch nützlich sein, eine kleine Kamera mitzuführen für Gelegenheiten, bei denen Sie nicht Ihre schwere SLR herumschleppen wollen.

Unten *Sorgfältig geplantes Licht ist wesentlich, um die gewünschten Resultate zu erzielen – ohne genaue Lichtplanung hätte ich dieses Foto niemals so hinbekommen.*

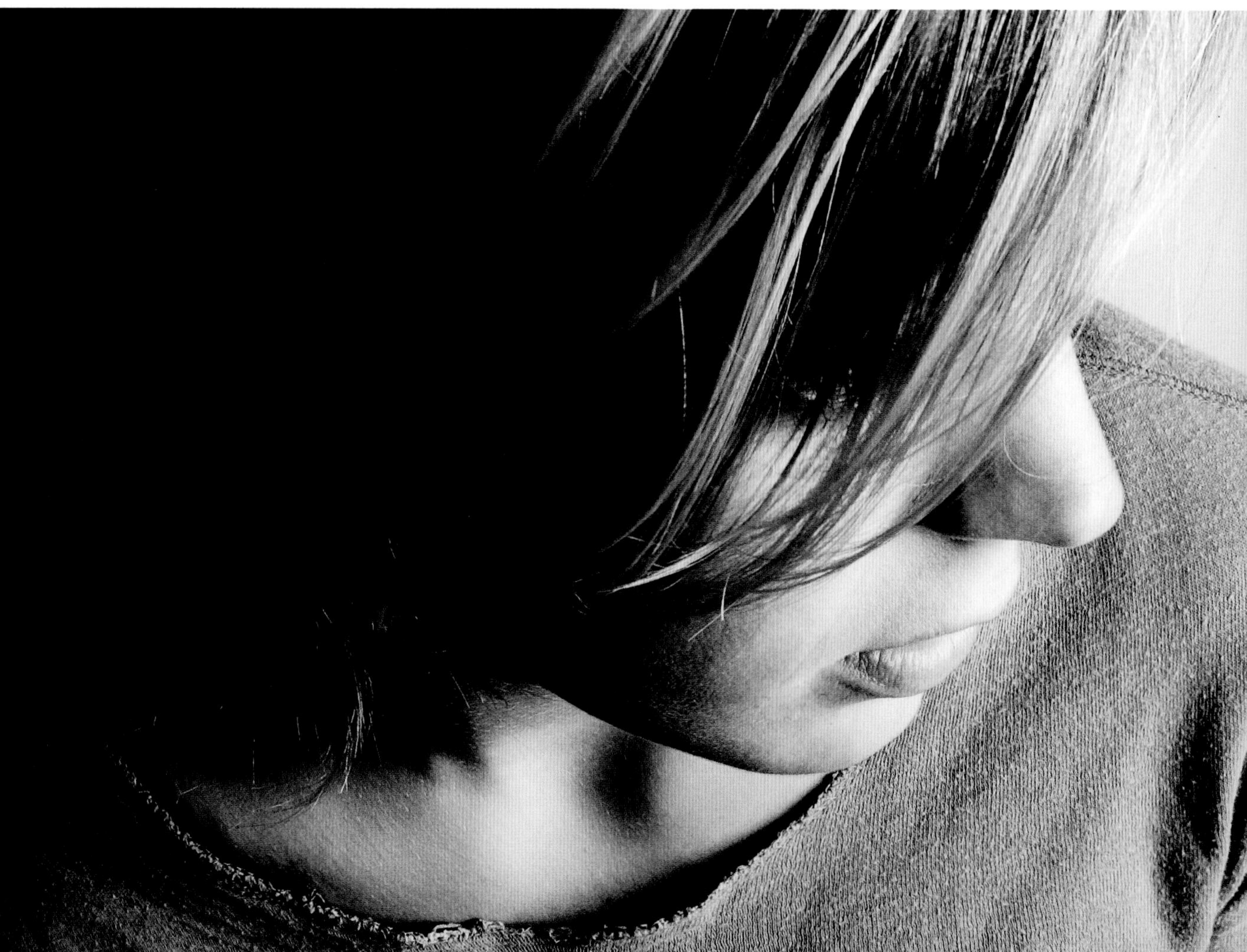

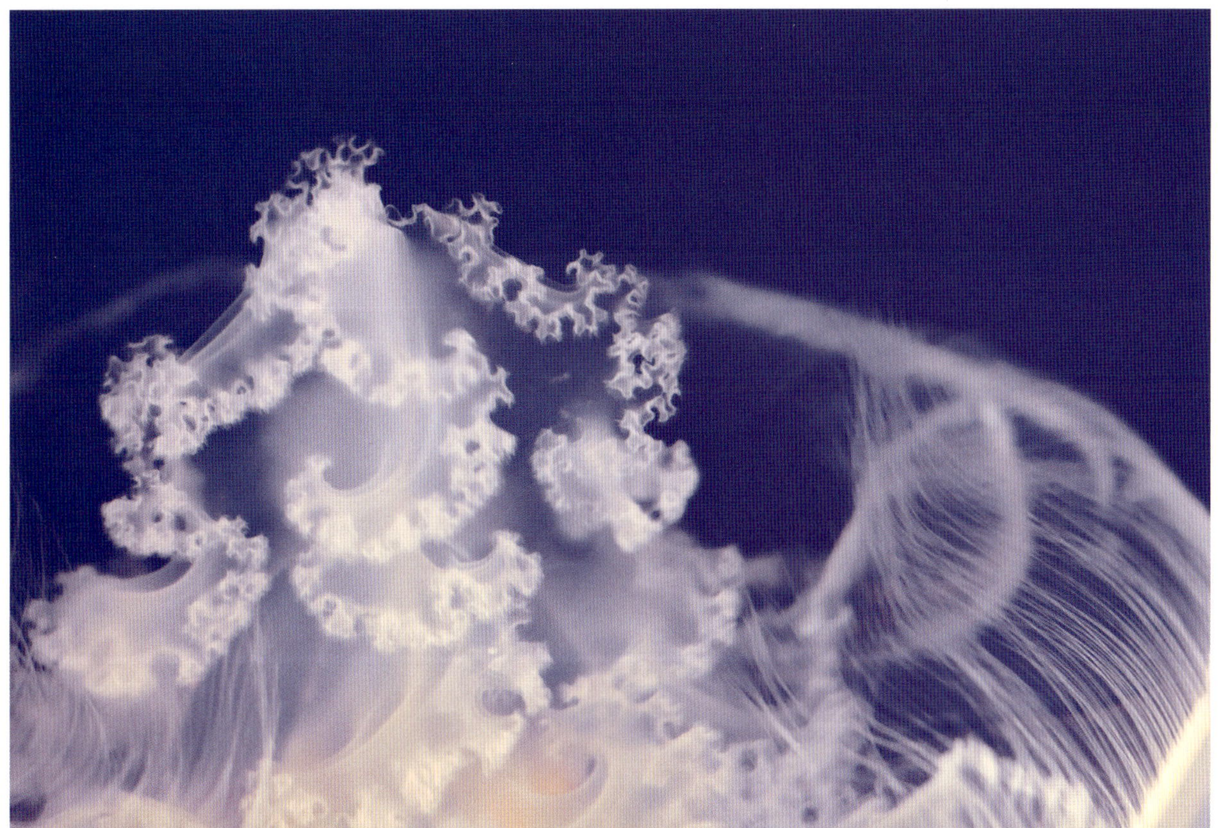

Oben *Als ich neulich ein Aquarium besuchte, versuchte ich im Vorfeld in Erfahrung zu bringen, welche Lichtverhältnisse mich dort erwarten würden. Dieses Nachforschen half mir bei der Auswahl der passenden Objektive und des sonstigen Zubehörs, um dann vor Ort gute, effektive Aufnahmen zu machen.*

Objektive Um mehr als ein Objektiv zur Verfügung zu haben, brauchen Sie eine Zubehörtasche. Sie müssen auch überlegen, welche Objektive Sie voraussichtlich benötigen. Brauchen Sie lichtstarke Objektive (mit großer Maximalblende), Teleobjektive, Porträtobjektive oder sonst etwas? Wahrscheinlich haben Sie ein oder zwei Lieblinge, mit denen Sie am liebsten fotografieren.

Blitz Wenn Sie vorhaben, im Dunkeln, in teilweisem oder vollem Schatten zu fotografieren oder einfach alternative Lichtquellen haben wollen, brauchen Sie mindestens einen Blitz, wenn nicht mehrere. Mehrere Blitze müssen Sie irgendwie montieren können, zum Beispiel auf Blitzhaltern, -ständern oder -füßen.

Zubehör Es gibt natürlich ungefähr eine Million verschiedenartiger Zubehörteile, die Sie mit sich führen könnten. Zum Glück beschränken sich die meisten Fotografen auf das Wesentliche wie Blitzdiffusoren, Stative, Weiß- und Graukarten sowie Belichtungsmesser. Sobald Sie sich mit der Welt der Fotografie vertraut gemacht haben, werden Sie schnell erkennen, was Sie brauchen und was nicht. Vergessen Sie also nicht an eine Reservebatterie und Speicherkarten für längere Fototermine zu denken.

Allerdings ist für einen Fototermin sehr viel mehr vorzubereiten als nur die benötigte Ausrüstung. Auch die Örtlichkeiten wollen vorgeplant sein. Braucht man eine Genehmigung, um dort zu fotografieren? Wenn es im Freien ist, was tun, wenn es zu regnen beginnt?

Außerdem lohnt es sich, vorher zu überlegen, was man mit den Fotos später anfangen will. Sollen sie für eine bestimmte Verwendung aufgenommen werden? Falls ja, welches sind die zu erfüllenden Kriterien? Vielleicht fotografieren Sie das Titelbild für eine Zeitschrift. Die meisten Zeitschriften erscheinen im Hochformat, was für die Planung der Aufnahme eine Rolle spielen kann. Wenn das Bild aber innerhalb des Magazins verwendet wird, könnte es auf einer Doppelseite erscheinen, womit wir wieder beim Querformat wären.

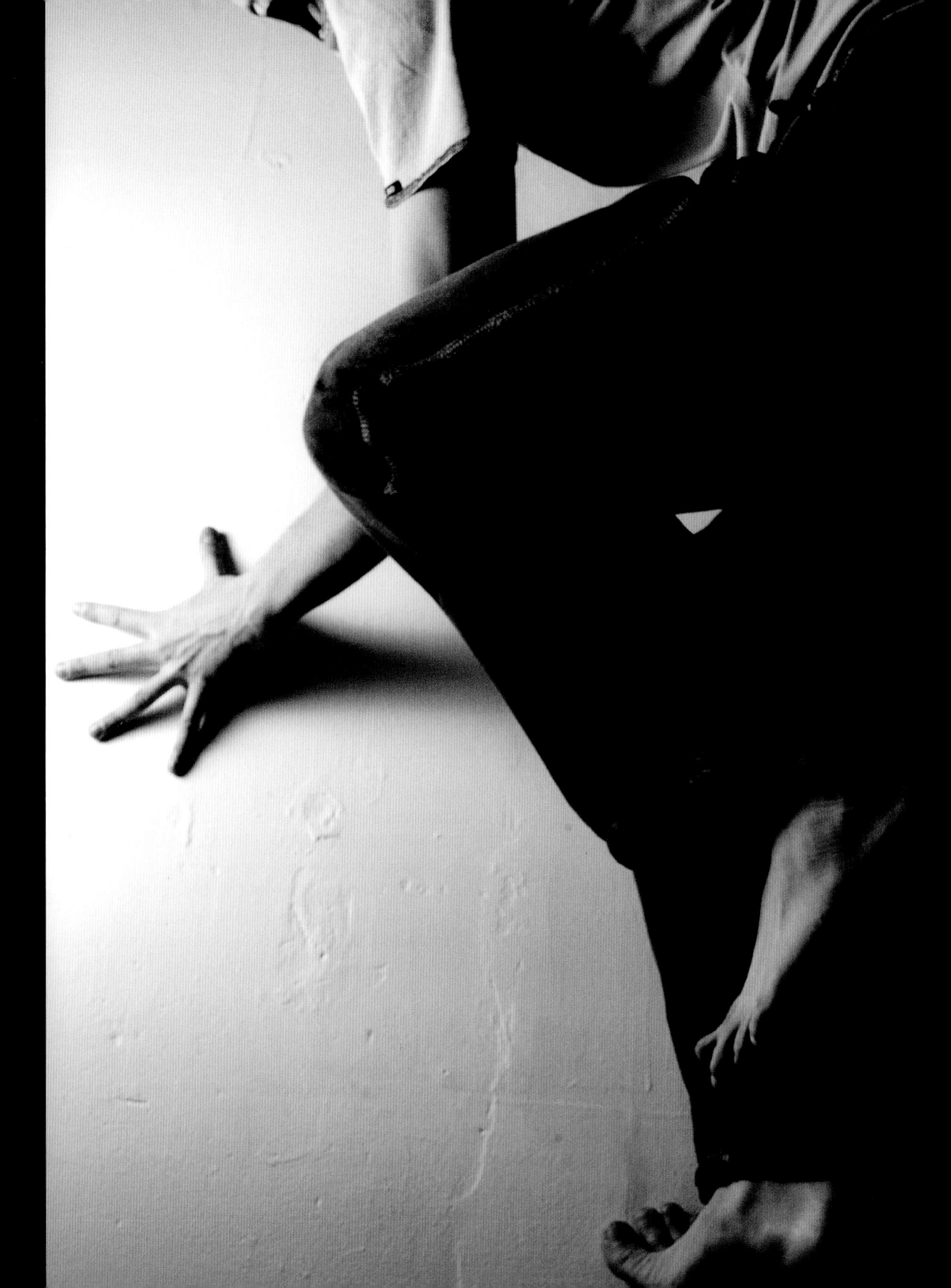

Die Regel brechen:

Ungeplant ad hoc fotografieren

Planen ist gut und schön, aber wenn Sie jemals etwas in letzter Sekunde arrangieren mussten, werden Sie wissen, dass es durchaus auch fantastische Resultate geben kann, wenn man schnell und entschlossen handelt und ein paar Schnappschüsse macht.

Fotografen haben sehr unterschiedliche Routinen bzgl. der Vorbereitung eines Fototermins, die sich im Laufe vieler Jahre aus eigenen Beobachtungen und Erfahrungen entwickelt haben. Für manche ist es den Zeitaufwand und die Arbeit nicht wert, sich Gedanken über jedes denkbare Szenario zu machen, das besondere Kameraausrüstung erfordern würde. Andere mögen hingegen instinktiv wissen, welche Ausrüstung sie benötigen, ohne bewusst darüber nachdenken zu müssen.

Wie erwähnt, haben Sie vermutlich eine Vorliebe für ein bestimmtes fotografisches Motiv (Wildtiere, Sport, Porträt usw.), und darauf wird Ihre Kamera meistens vorbereitet sein. Solange der Akku voll geladen, die Speicherkarte eingeschoben und das Objektiv angesetzt ist, gibt es nicht viel, worüber Sie sich noch Sorgen machen müssten – gehen Sie einfach ans Werk. Ein ungeplantes Fotoshooting hat einen besonderen Thrill – die Spontaneität und Lebendigkeit, die in die Aufnahmen eingehen, sind oft in den Fotos sichtbar, was ihnen einen besonderen Reiz verleiht.

Ganz egal, wie viel Sie vorausplanen: Auch sorgfältigst vorbereitete Fotografie verlangt ein gerüttelt Maß an spontaner Entschlossenheit und der kurzfristigen Reaktion auf Dinge, die da kommen. Mit wachsender Erfahrung lernt man, mit unerwarteten Ereignissen umzugehen, aber Sie können auch jederzeit abbrechen und später neu anfangen. Wenn Sie merken, dass sich Ihr Fototermin in die falsche Richtung bewegt, unterbrechen Sie kurz und fangen noch einmal von vorne an.

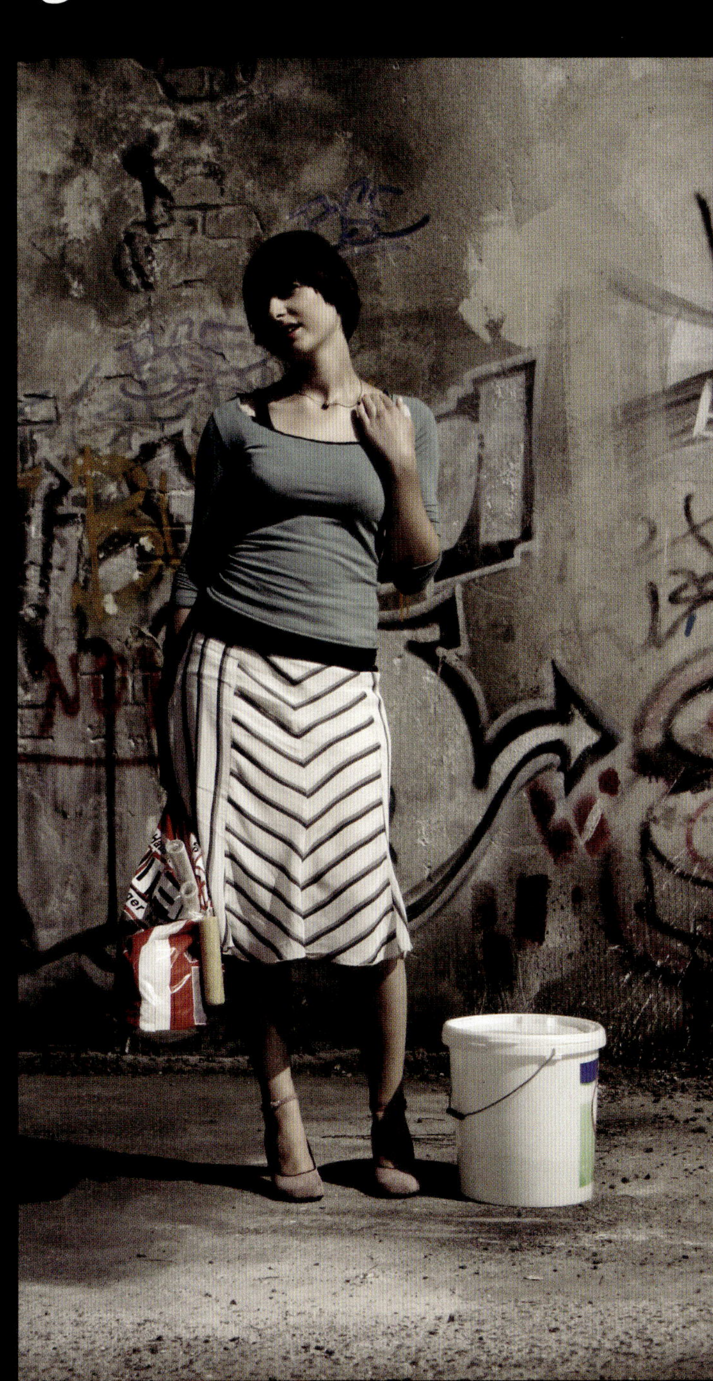

Die Regel:

Reisen Sie für Wildtierfotografie.

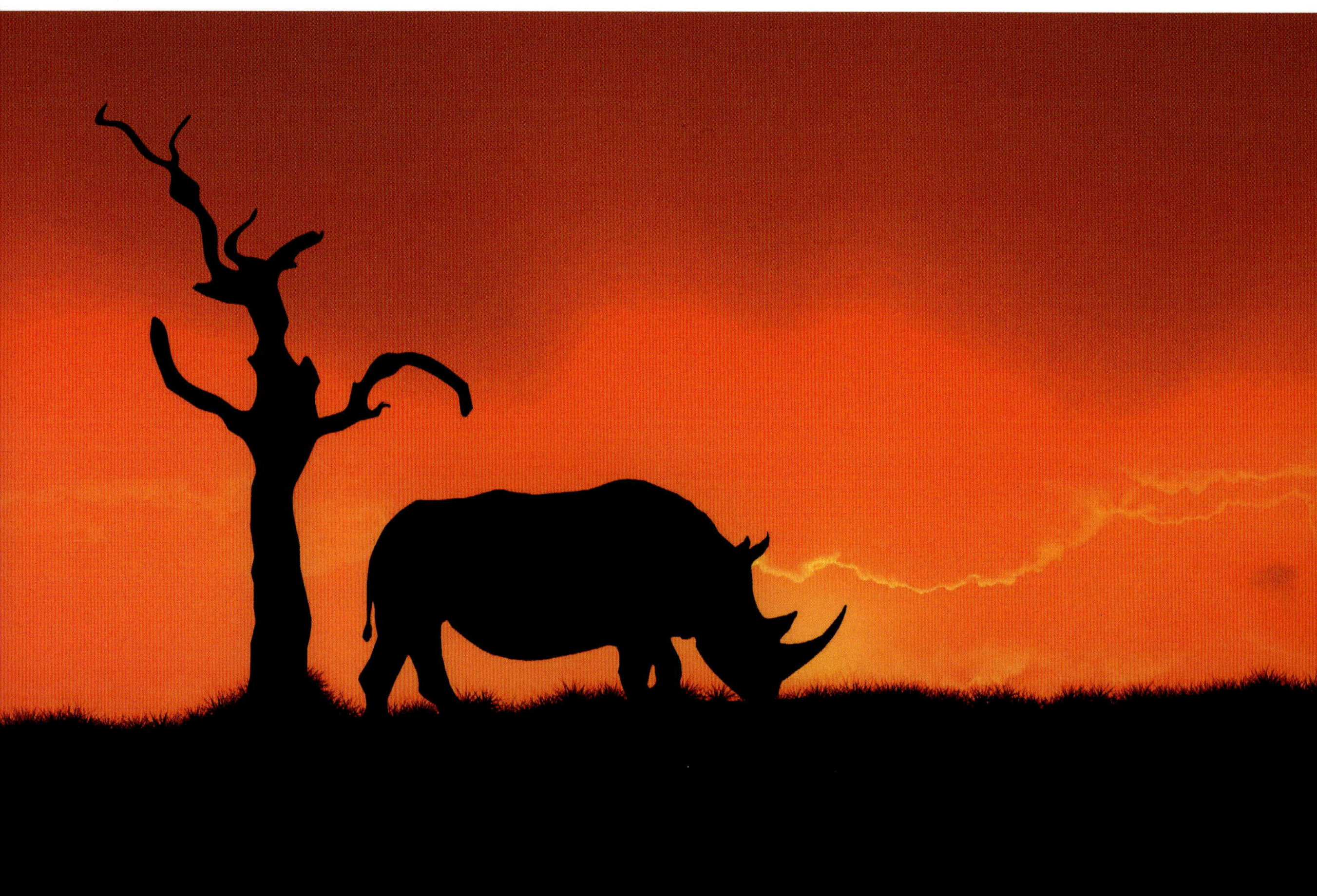

Wildtierfotografie ist ein unglaublich aufregendes Hobby ... und eine Fotosafari zählt sicherlich zu den inspirierendsten Unternehmungen, die man als Fotograf machen kann. Sie haben nicht wirklich gelebt, wenn Sie noch nie die Erregung in der Stimme eines Fährtenlesers vernommen haben, wenn er etwas sagt wie: »Wir kommen dem Nashorn näher!« Die Fotografen fangen dann an, an ihrer Ausrüstung herumzufummeln, Blutdruck und Puls steigen.

Ob Ihre Reise Sie in die Regenwälder Südamerikas führt, in die Wildreservate Afrikas, die unvorstellbaren, von Wild bevölkerten Weiten des Dschungels in Asien oder sogar an die Riffküste von Belize, das Paradies für Unterwasserfotografen schlechthin, Sie befinden sich dort überall in einem fotografischen Abenteuergebiet von epischen Ausmaßen.

Der Vorteil der Wildtierfotografie besteht darin, dass Sie, sobald Sie alle Arten in einem bestimmten Gebiet erfasst haben, nur in eine andere Gegend zu reisen brauchen, um ganz neuen Familien von Tieren zu begegnen. Vögel, Käfer, Vierbeiner – alle warten nur darauf, von der Kamera erfasst zu werden.

WAGEN SIE ES!

Die Planung einer Safari macht viel Arbeit und kostet eine ganze Menge Geld, aber dafür machen Sie an einem Nachmittag in einem Wildreservoir mehr unvergessliche Fotos als innerhalb eines Jahres im nächstgelegenen heimatlichen Wald. Sicher ist es eine Investition, aber wie alle Investitionen kann sie sich auszahlen.

Gegenüber *Zu Hause Kätzchen zu fotografieren, ist gut und schön – aber für die wirklich unvergesslichen Wildtierfotos, wie dieses Nashorn bei Sonnenuntergang, müssen Sie etwas weiter hinaus.*

Rechts *Die Wanderung der Gnus zu beobachten, ist ein unvergessliches Erlebnis – und davon auch noch Fotos mitzunehmen, umso besser!*

Unten *Eine Wildtiersafari ist vor allem ein Erste-Klasse-Ticket für Fotos, die es verdienen, an die Wand gehängt zu werden. Das ist nicht gerade preiswert, aber wie das Motiv in dieser Aufnahme sicherlich ein großartiges Erlebnis.*

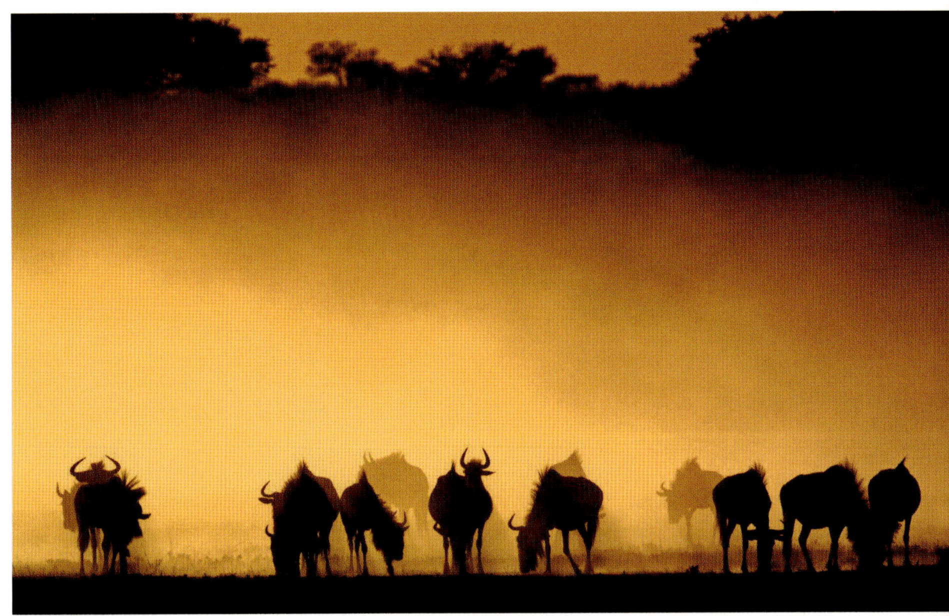

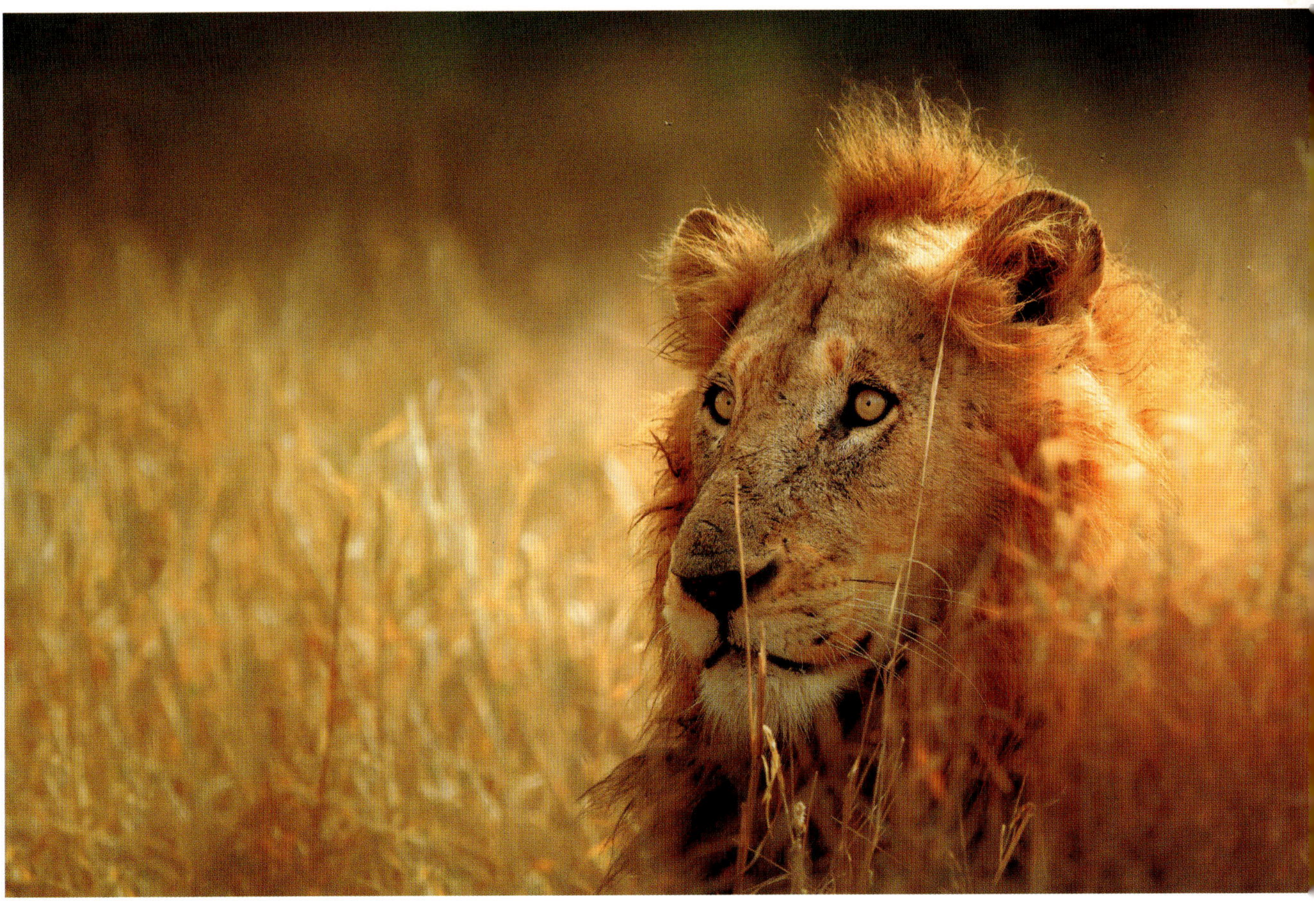

Wahrscheinlich könnten Sie in exotischeren Teilen der Welt eindrucksvollere Fotos von Löwen, Tigern und Bären (oha!) machen. Aber wo immer Sie auch leben, werden sich sicherlich auch einige Wildtiere in der Nähe finden. Ob es um Kolibris, Tauben, Füchse, einfach Ihr Kaninchen oder die Nachbarshunde geht: Das Fotografieren von Tieren, auch nichtexotischen, ist eine befriedigende Erfahrung.

Stellen Sie im Garten ein Vogelfutterhäuschen auf, um die Tiere anzulocken, oder gehen Sie zu einem Schmetterlingsmuseum oder in den örtlichen Zoo. Dort bieten sich viele Möglichkeiten, Ihre fotografischen Fähigkeiten vor Ort zu erproben.

Selbst wenn Sie nicht vorhaben, Wildtiere zu fotografieren, ist es doch immer ratsam, die Ka-

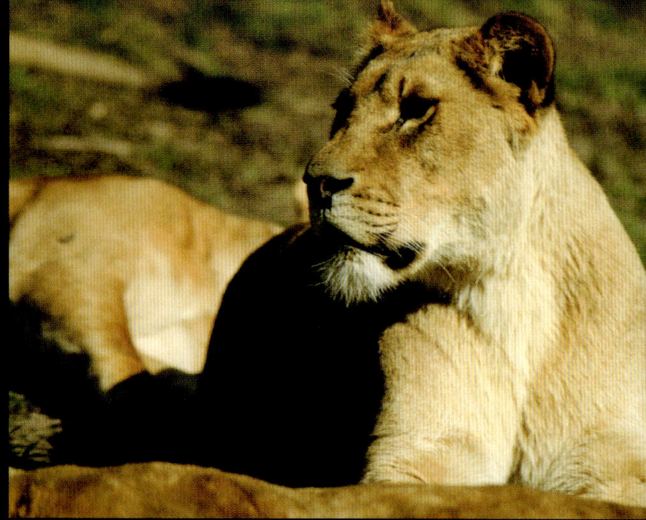

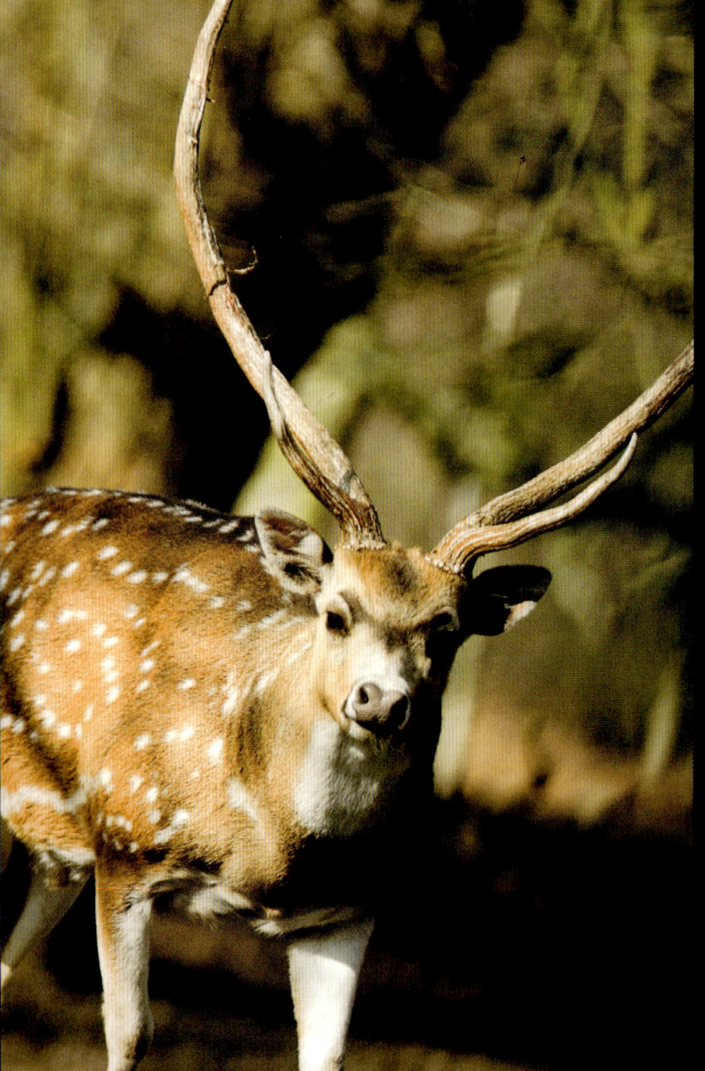

Oben *Ein Safaripark in der Nähe kann großartige Fotogelegenheiten bieten – und durch die Beschränkung des Hintergrundes entsteht der Eindruck, dass das Bild ganz woanders aufgenommen wurde.*

Links *Mit ein wenig Geduld und auf der Pirsch im nächstgelegenen Wald kann man sehr schöne Ergebnisse erzielen. Stehen Sie still und möglichst ruhig, um optimale Bilder mit nach Hause zu nehmen.*

Unten *Wenn es nicht klappt, näher heranzugehen, vielleicht können Sie ihn dann zu sich locken? Versuchen Sie es mit etwas mitgebrachtem Futter – dieser Gockel erwies sich als viel weniger scheu, sobald ihm Futter angeboten wurde.*

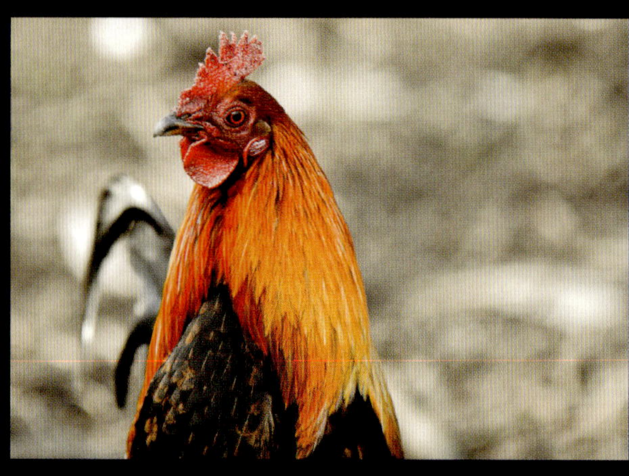

mera bei der Hand zu haben, wenn Sie im Freien spazieren gehen oder herumfahren, falls Sie auf der Straße spontan irgendwelchen Wildtieren begegnen sollten. Rotwild, Kojoten, Raubvögel, sogar Waschbären und Stinktiere können ausgezeichnete Bilder liefern. Und Sie müssen nicht in einem Feld oder Buschwerk darauf warten, dass sie auftauchen. Auch in ländlichen Gebieten kann man leicht eine Vielzahl von landwirtschaftlichen Tieren entdecken. Das sind natürlich keine Gnus oder Löwen, aber man kann auch mit ihnen wichtige fotografische Erfahrungen sammeln.

Zudem bieten örtliche Zoos, Aquarien und andere Wildtierzentren die Möglichkeit, nahe an Wildtiere heranzukommen, ohne dass man Begegnungen inszenieren oder allzu lange auf seine Chance warten muss. Lesen Sie immer die auf der Rückseite Ihrer Eintrittskarte aufgedruckten Bedingungen, da es verboten sein kann, die dort gemachten Bilder online zu stellen oder zu verkaufen.

Darunter und ganz unten *Katzen können großartige Fotosubjekte sein, aber wie beim Fotografieren von Kindern mag es sich als schwierig erweisen, sie zum Stillhalten zu bringen. Warten Sie dann, bis sie schlafen, um ein Foto zu versuchen.*

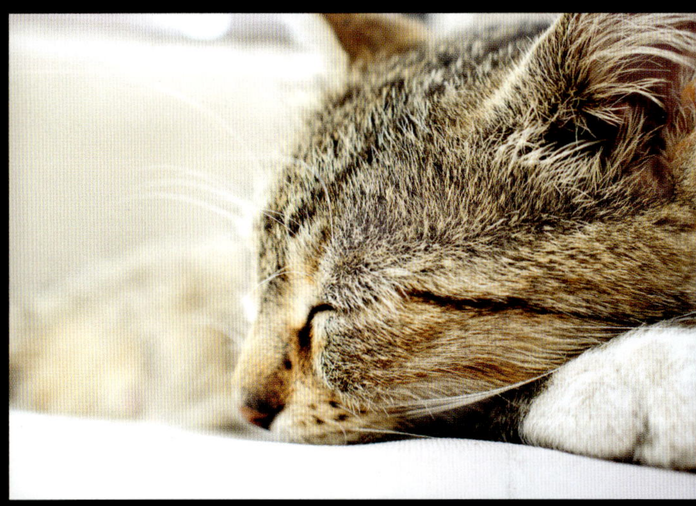

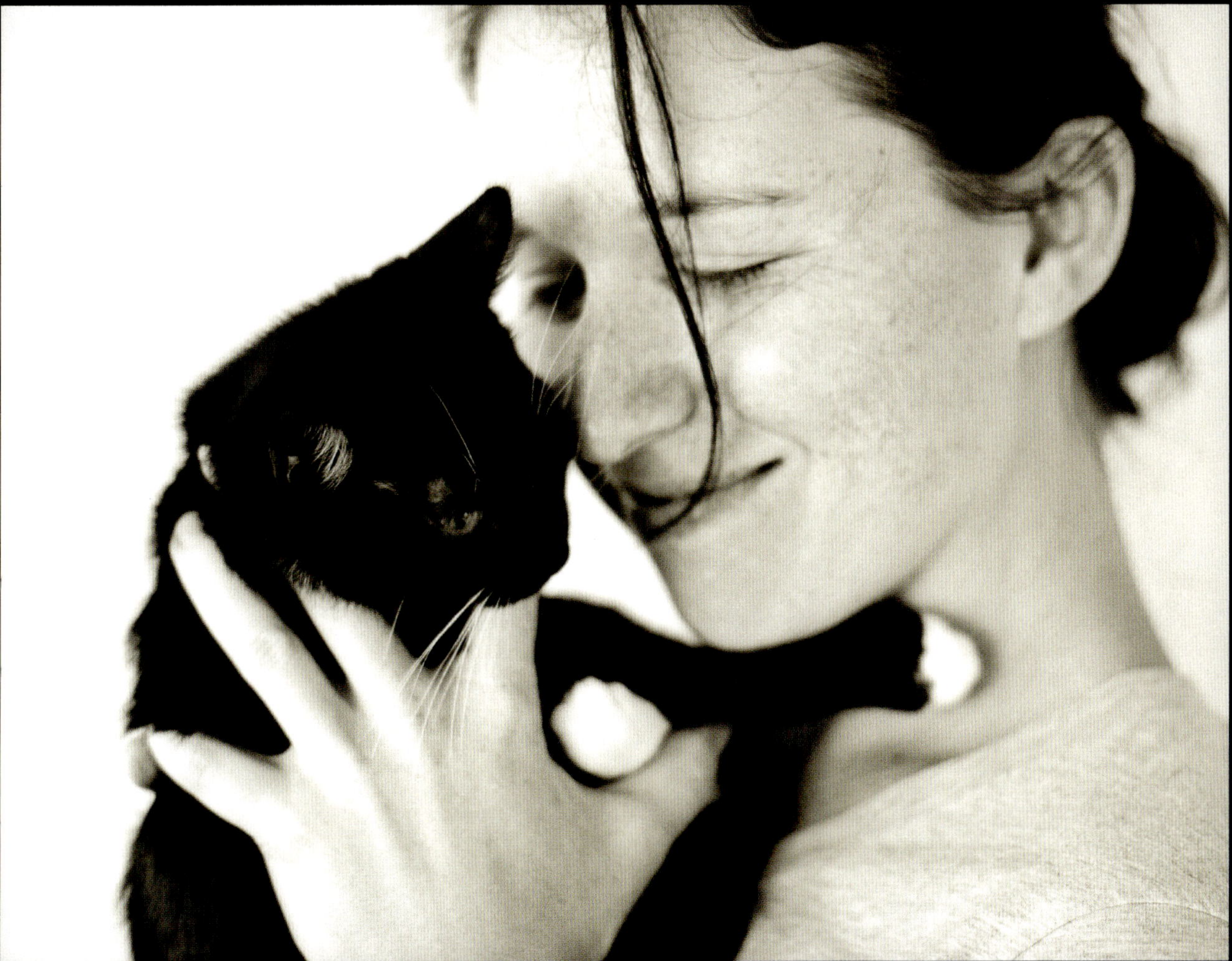

Die Regel:
Korrekten Weißabgleich verwenden

Der richtige Weißabgleich ist für ein gutes Foto von zentraler Bedeutung. Wenn er nicht wenigstens ungefähr stimmt, wird das Foto, egal wie hübsch die Szene bei der Aufnahme auch gewirkt haben mag, deutlich »daneben« aussehen.

Unten *Es kann schwierig sein, den Weißabgleich einzustellen, besonders wenn man es mit verschiedenen Lichtquellen zu tun hat. Dennoch ist es wichtig, alles neutral wiederzugeben, um die Bilder authentisch erscheinen zu lassen.*

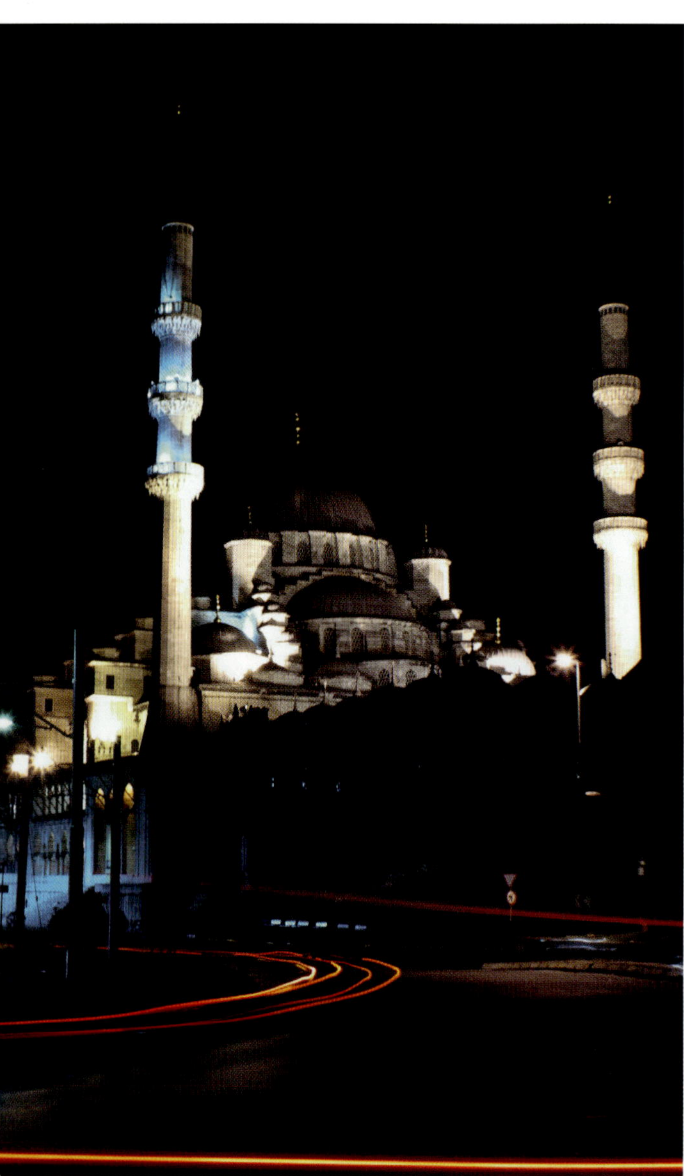

In unserem Lebensalltag brauchen wir uns nicht darum zu kümmern, wie die Farbtemperatur verschiedener Lichtquellen das beeinflusst, worauf wir schauen. Der Grund dafür liegt darin, dass unser Gehirn für die Anpassung sorgt. Leider sind Kameras bei Weitem nicht so geschickt wie das menschliche Gehirn. In einem Foto mit schlechtem Weißabgleich erscheinen alle anderen Farben in der Szenerie »daneben« – für gewöhnlich entweder »zu warm« (zu rötlich) oder »zu kalt« (zu bläulich).

In Szenarien, in denen die Kamera den korrekten Weißabgleich nicht schafft, lässt sich die erforderliche Korrektur leicht herstellen, indem man eine Aufnahme von einem weißen Blatt Papier oder einer Graukarte macht und danach den gewünschten Weißabgleich für weitere Aufnahmen voreinstellt. Damit sagt man der Kamera: »Das ist, wie Weiß/Grau in diesem Licht erscheint, also mach die notwendigen Korrekturen, damit alles richtig aussieht« – ganz einfach.

Wenn Sie es mit mehreren Lichtquellen zu tun haben, die unterschiedliche Farbtemperaturen aufweisen (wie Sonnenlicht und Blitz oder Blitz und Glühlampen), kann es manchmal schwierig sein, den korrekten Weißabgleich in der Kamera herzustellen. Sie können aber immer den Weißabgleich-Bracketing-Modus verwenden, um mehrere Aufnahmen mit unterschiedlichen Weißabgleich-Einstellungen zu machen, oder Sie fotografieren im RAW-Modus und nehmen alles Weitere in der Nachbearbeitung vor, wenn Sie mehr Zeit haben, um mit den unterschiedlichen Einstellungen zu experimentieren.

Der richtige Weißabgleich ist unerlässlich, wenn Sie – unabhängig von der Farbtemperatur des Lichtes, das die Szene erhellt – eine korrekte Farbwiedergabe erreichen wollen. Das ist wichtig für journalistische Fotografie, Sportfotografie, Porträts und viele andere Arten von Fotografie, bei denen Sie eine Szene so farbgetreu wie möglich wiedergeben wollen.

Gegenüber *Wenn man den Weißabgleich so neutral wie möglich einstellt, tritt der Himmel hervor und die Blumen springen einem ins Gesicht.*

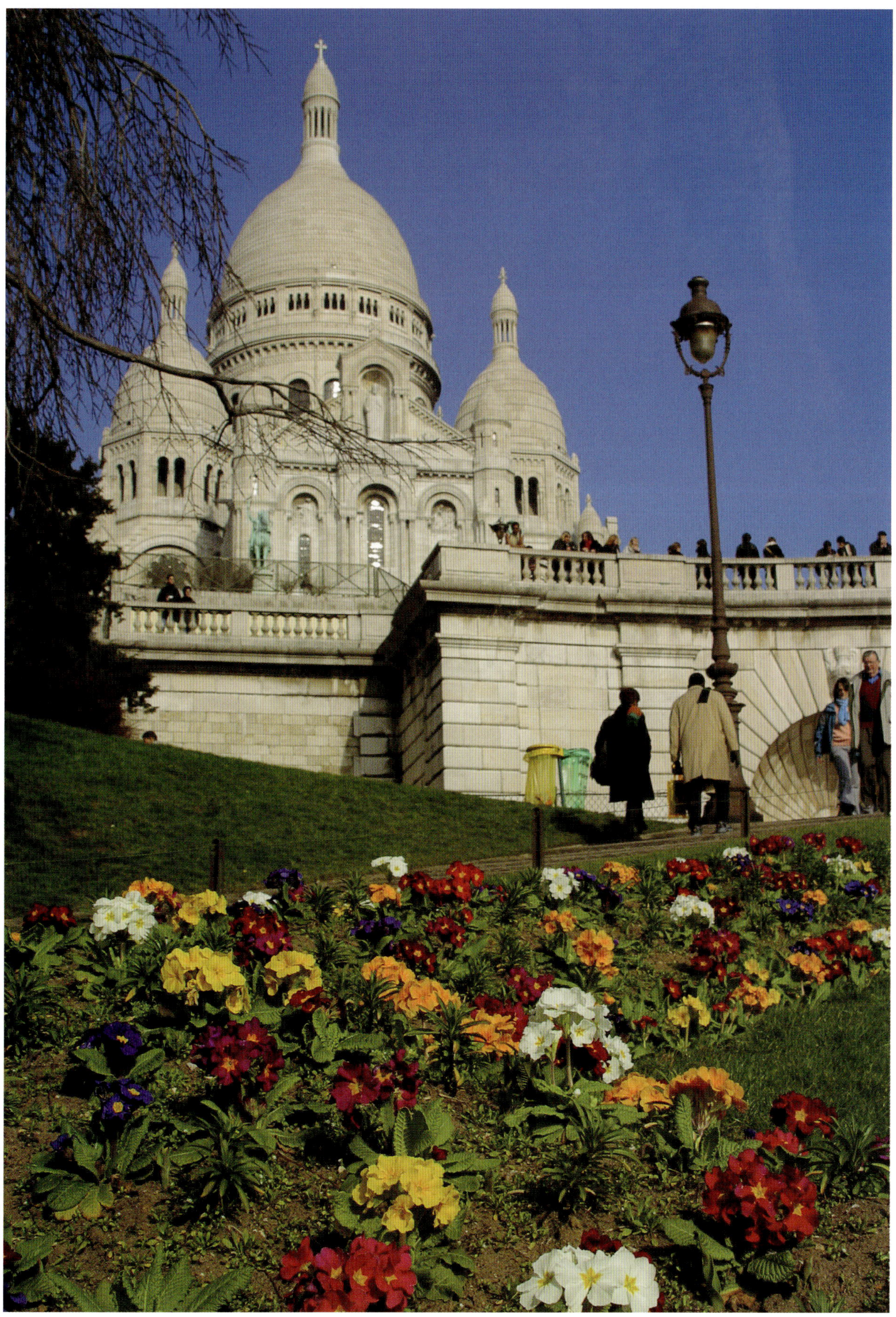

Die Regel brechen:

Den Weißabgleich verschieben

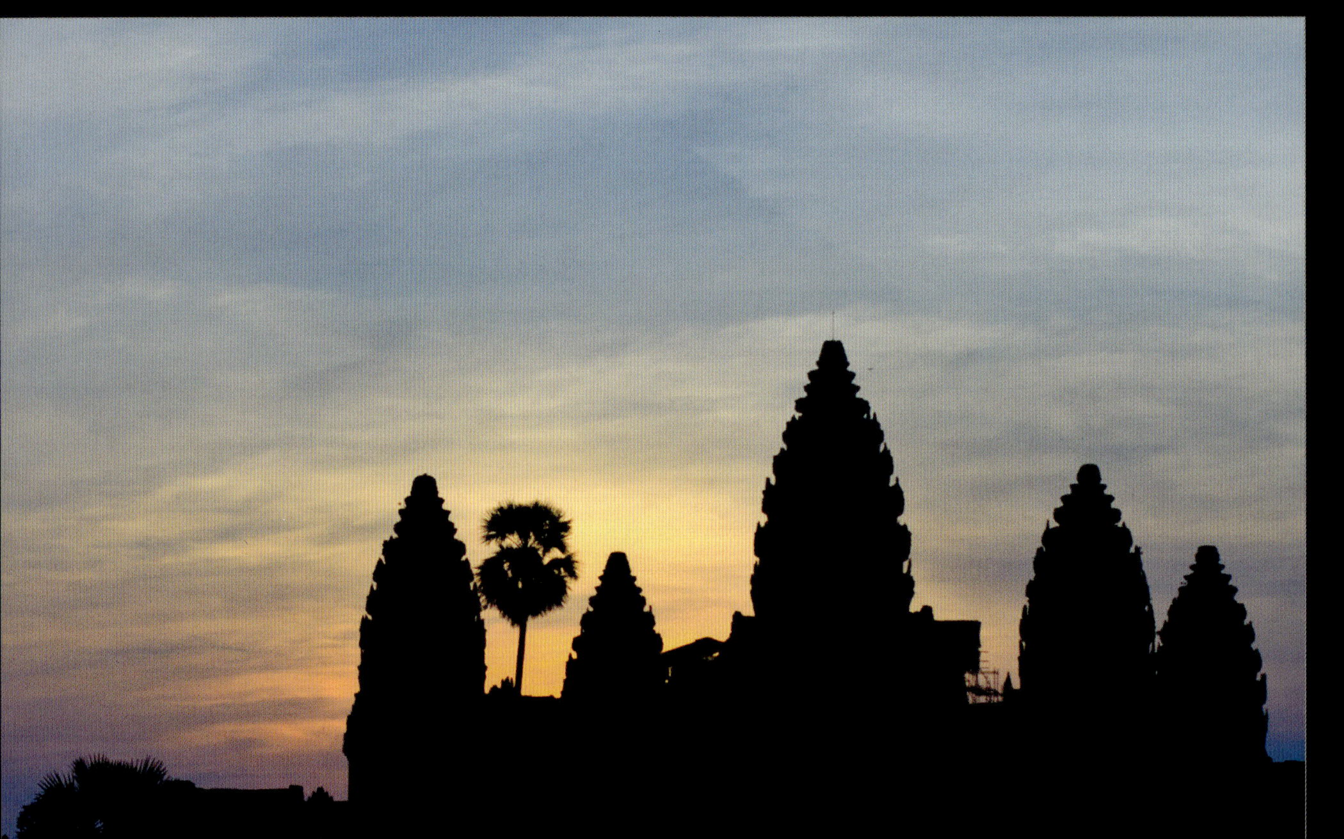

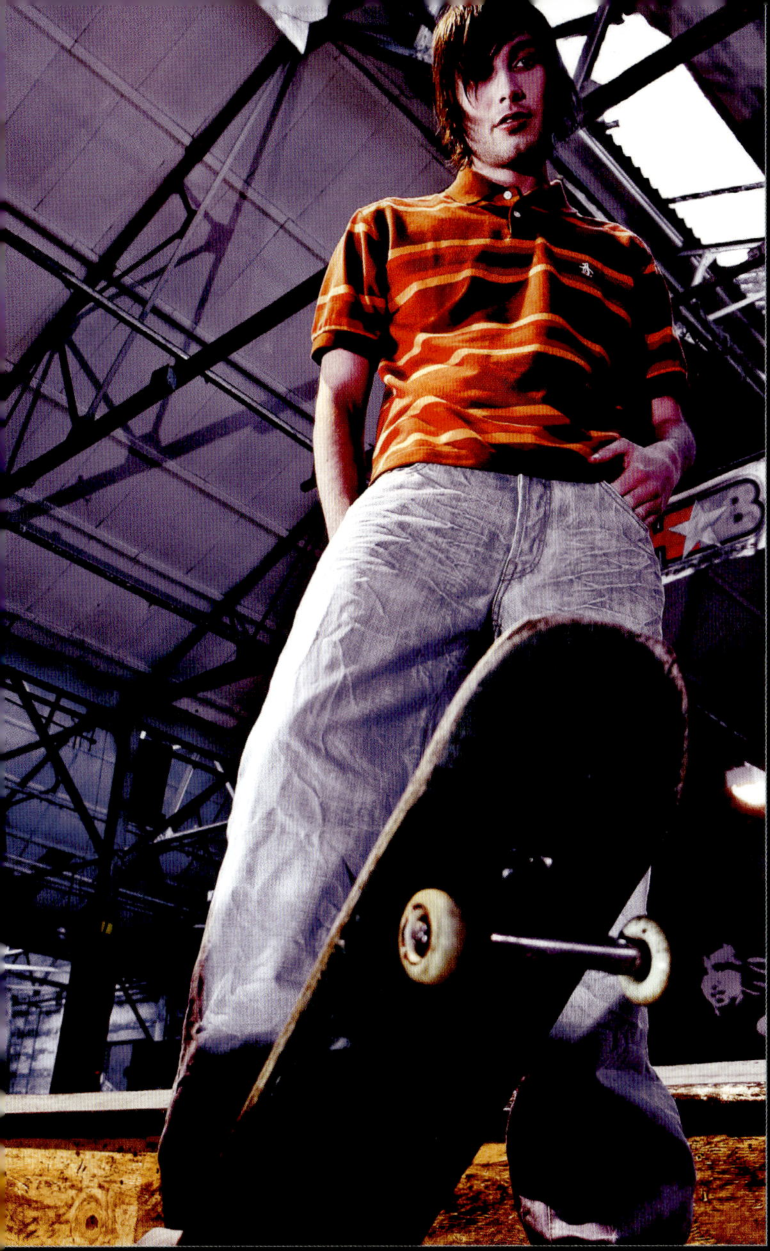

selbst wenn Sie einen manuellen Weißabgleich verwenden. Ist das also die »korrekte« Weißabgleich-Einstellung?

Solange es nicht um ein Fahndungsfoto geht, eher nicht. Sie können jedoch durch Einstellen eines Weißabgleich-Modus wie »Schatten« reichere und wärmere Töne bekommen, wodurch das Porträt ansprechender wirkt.

Welche Wahl werden Sie treffen? Den objektiven und wissenschaftlich »korrekten« Weißabgleich oder den, der das Foto besser aussehen lässt? Das hängt davon ab, wie puristisch Sie als Fotograf sein wollen. Ich persönlich bin glücklicher damit, wenn ein Foto mit dem »falschen« Weißabgleich besser aussieht, ja sogar ein bisschen stolz, wenn ich mit »falschen« Werten ein herrliches Ergebnis erziele.

TIPP

Für eine Vorschau des Weißabgleichs können Sie die Bildspeicherung auf »RAW + JPEG« einstellen. Dann enthalten die JPEG-Dateien den jeweils angewandten Weißabgleich; falls Sie diese Wahl aber später revidieren wollen, können Sie die RAW-Dateien verwenden, um sich anders zu entscheiden.

Oben *Ein schräger Weißabgleich verleiht dieser Aufnahme zusätzlichen Reiz.*

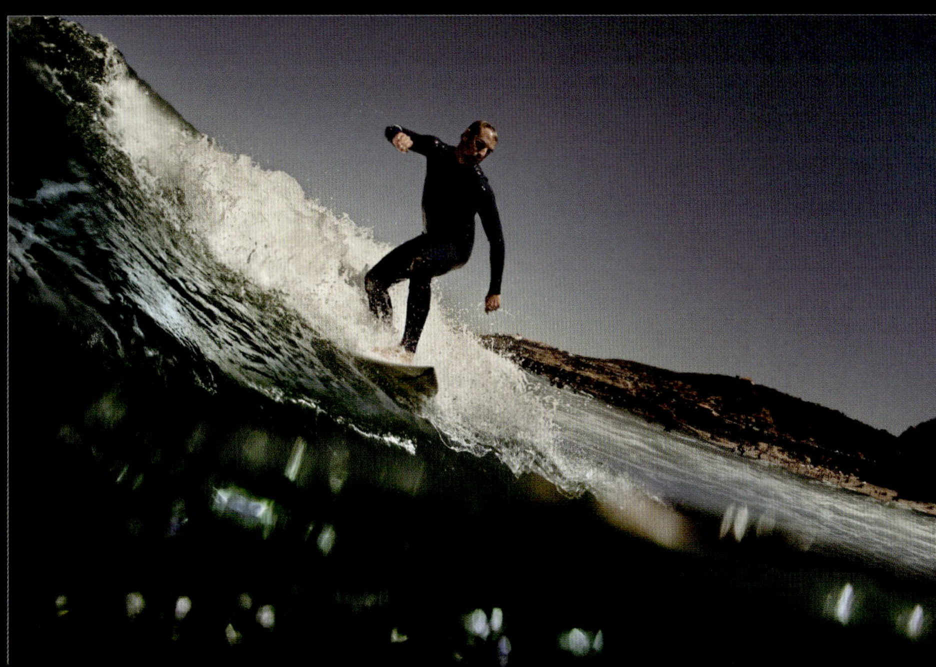

Rechts *Durch Einstellung eines etwas wärmeren Weißabgleichs sieht das Wasser in diesem Foto angenehmer aus und der Surfer wirkt gebräunter und gesünder – ein viel besseres Ergebnis.*

Die Regel:

Lassen Sie den Hintergrund verschwimmen.

Ehrlich gesagt gibt es nichts Wirkungsvolleres als ein Foto mit einem perfekt scharfen Motiv vor einem künstlerisch verschwommenen Hintergrund. Es lassen sich zahlreiche Gründe dafür nennen, dass diese Art Fotografie so gut wirkt, aber der wichtigste ist, dass sie den Motivschwerpunkt hervorhebt, sodass die Augen des Betrachters unwiderstehlich davon angezogen werden.

Sie können damit auch einigen Spaß haben: Positionieren Sie Ihr Subjekt vor kontrastierende Hintergründe, um das Foto interessanter zu machen. Zeigen Sie beispielsweise eine Katze vor einem unscharfen, schlafenden Hund im Hintergrund oder ein Kind vor einer Hütte oder vor dem Flügel eines Krankenhauses. Wie bereits in einem früheren Kapitel erläutert, dienen Hintergründe nicht einfach nur als »Hintergrund«, sondern haben auch das Potenzial, mehr Einblick in den Kontext eines Fotos zu vermitteln.

Wenn der Hintergrund nichts zur Verbesserung der Bildgeschichte beiträgt, lässt man ihn am besten so verschwimmen, dass er nicht zu erkennen ist. Zum Beispiel mag es interessant sein, wenn sich eine Person vor einer Menge von Postern an einer Mauer befindet, sofern die Poster etwas mit dem Bildinhalt zu tun haben; andernfalls würden sie ein ablenkendes Element darstellen, das vollkommen unscharf gemacht werden sollte.

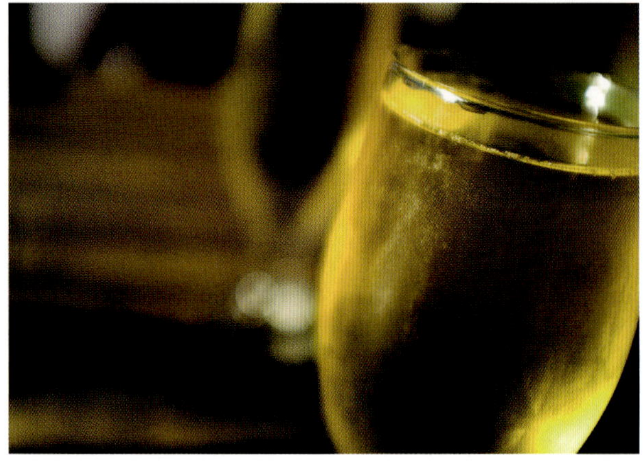

Oben *Durch die Isolierung dieses Glases mit Apfelwein vom Hintergrund tritt es im Bild hervor.*

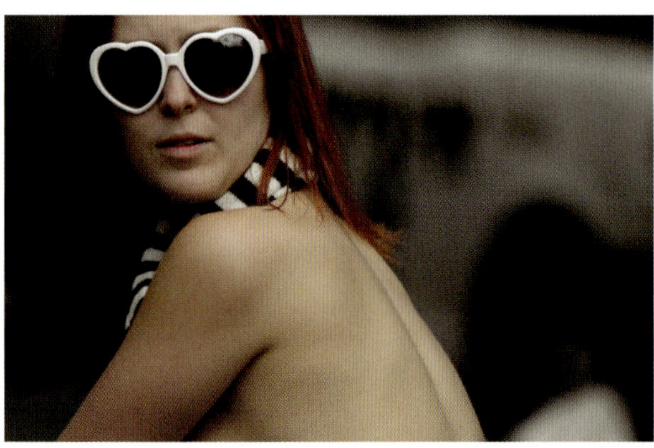

Oben *Eine enge Schärfentiefe sorgt dafür, dass der Blick nicht von der Person abgleitet. Da sich nichts Sehenswertes im Hintergrund befindet, zieht das Model alle Aufmerksamkeit auf sich.*

Unten *Durch Verwendung eines unscharfen Hintergrundes kann man die Farben der Umgebung als Kontext nutzen ohne die Sorge, dass der Betrachter dadurch abgelenkt würde.*

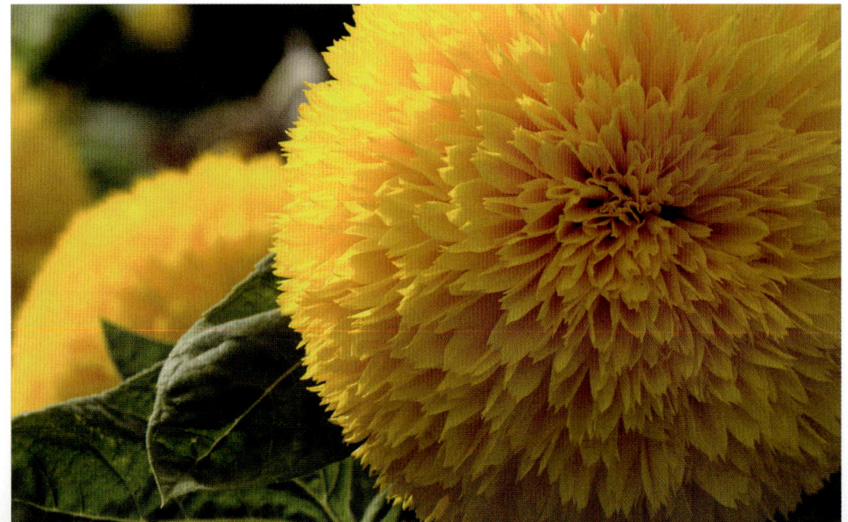

TIPP

Wenn Sie Probleme damit haben, den Hintergrund verschwimmen zu lassen, sollten Sie eine größere Blende verwenden, den Abstand zwischen Subjekt und Hintergrund vergrößern und die Distanz zwischen Kamera und Subjekt verringern.

Die Regel brechen:

Alles wunderbar scharf halten

Wenn Sie die perfekte Außenaufnahme geplant und »im Kasten haben«, warum sollten Sie dann all die harte Arbeit sabotieren, indem Sie die Blende öffnen und den Hintergrund in einem verschwommenen Sumpf aus Bokeh untergehen lassen? Je nach Art der Szene und des Subjekts kann die Einbeziehung des Hintergrundes ein Foto interessanter machen.

Wenn eine Person im Brennpunkt Ihres Fotos steht, kann die Einbeziehung des Hintergrundes etwas ablenkend wirken. Aber die Beschränkung der Schärfentiefe ist nur eines von vielen fotografischen Gestaltungsmitteln, die Ihnen jetzt zur Verfügung stehen; wir haben über Führungslinien, Kontrast und die Goldene Dreiecksregel gesprochen. Wenn Sie diese Techniken mit einbringen können und darauf hinarbeiten, dass Ihr Subjekt weiterhin als Brennpunkt der Aufmerksamkeit herausragt, dann beziehen Sie den Hintergrund unbedingt in den Schärfebereich mit ein, vorausgesetzt, er trägt etwas zur Szenerie bei.

Manchmal ist der Hintergrund selbst das Motiv, etwa wenn man Mauern, Fenster, Häuser, Türen und Landschaften fotografiert, denn bei dieser Art Fotos will man natürlich alles im Hintergrund scharf haben. Es kann hilfreich sein, indem man zunächst den interessantesten Teil des Hintergrundes identifiziert (das Aufmerksamkeitszentrum) und von dort ausgehend eine interessante Komposition erarbeitet.

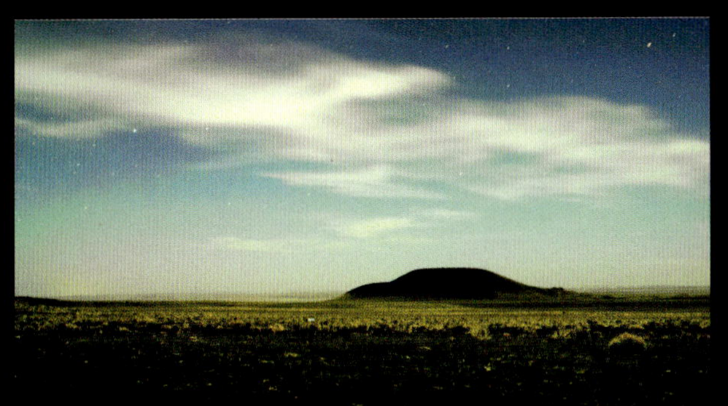

Links *In manchen Fotos ist nichts dadurch zu gewinnen, dass man den Schärfentiefe-Bereich gering hält, wie in diesem schönen Landschaftsbild. Also nutzen Sie die kleine Blende und machen alles wunderbar scharf.*

Unten *Es wäre leicht gewesen, einen Teil dieses Fotos aus der Schärfe zu nehmen, aber so treibt es das Mysterium und die Verspieltheit an, die sich eben auch daraus ergeben, dass man alles sieht und doch nicht genug.*

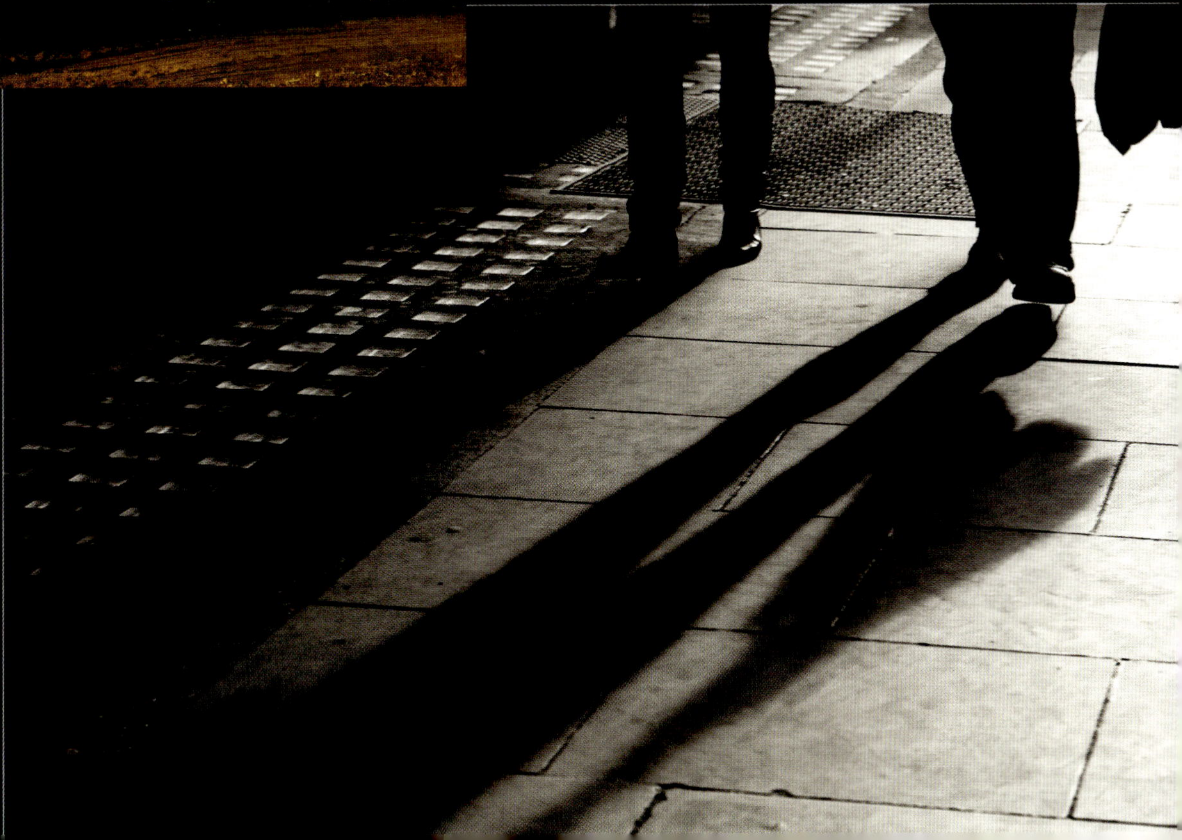

Die Regel:

Verwenden Sie immer ein Stativ.

Als ich anfing, etwas über Fotografie zu lernen, waren die zwei Ratschläge, die ich erhielt: »Beschaffen Sie sich ein Stativ und benutzen Sie es immer.« Da mochte etwas dran sein; wir fotografierten hauptsächlich mit sehr unempfindlichen Schwarz-Weiß-Filmen (ISO 25), und die benötigten Belichtungszeiten waren in der Tat sehr lang. Es gibt vieles, was man durch das Fotografieren mit einem Stativ lernen kann. Man kann den Bereich der Langzeitaufnahmen und der Fotografie bei sehr wenig Licht erforschen und zugleich superscharfe Bilder machen. Das Stativ bietet sich auch für Ereignisse an, bei denen man über längere Zeit fotografiert und die Kamera nicht ständig in der Hand halten will.

Vielleicht haben Sie schon von der Reziprokregel gehört, um zu entscheiden, wann Sie ein Stativ benötigen. Wann immer Sie eine Belichtungszeit verwenden, die länger ist als der Kehrwert Ihrer Brennweite (also 1/50 Sekunde bei 50 mm Brennweite oder 1/300 Sekunde bei 300 mm) riskieren Sie, dass die Aufnahme verwackelt wird, da es schwierig ist, mit dem Körper die Kamera für diese Zeit vollkommen ruhig zu halten. Jede Bewegung der Kamera fügt dem Bild etwas Unschärfe hinzu, sodass ein Stativ eine todsichere Methode ist, schärfere Aufnahmen zu bekommen.

Ein Stativ hält die Kamera bei längeren Belichtungszeiten absolut still. Wenn Sie sich noch nicht mit dem schwierigen Thema von Sonnenauf und -untergängen und Nachtfotografie abgeplagt haben, mit Stativ können Sie viele zusätzliche Stunden lang ausgezeichnete Fotos machen. Und Sie können sich selbst alleine oder in einer Gruppe von Leuten mittels des Zeitauslösers fotografieren, Sie sind nicht mehr auf einer Seite der Kamera gefesselt.

Bei Wildtieraufnahmen (Stichwort: Wildtierfotografie) kann man eine Einstellung darauf vorbereiten, wenn das Tier vorbeihüpft (oder trampelt). In Kombination mit einem Fernauslöser kann man die Aufnahme bequem sitzend auslösen, wenn das Motiv in Position ist. In der Sportfotografie hilft ein Stativ (oder Einbein, um beweglicher zu sein) dabei, einheitliche Aufnahmen zu machen, und es schont die Schultern und den Nacken, besonders bei schweren Teleobjektiven.

Schließlich bekommt man bei Makroaufnahmen oder im Studio die Hände frei, so dass man sich um die Komposition, das Licht oder das Model kümmern kann, um interessantere Bilder zu machen. Ein gutes Stativ kostet nicht viel, also beschaffen Sie sich eines und nutzen es regelmäßig.

Rechts *Für länger belichtete Nachtaufnahmen wie diese brauchen Sie ein Stativ als Hilfsmittel.*

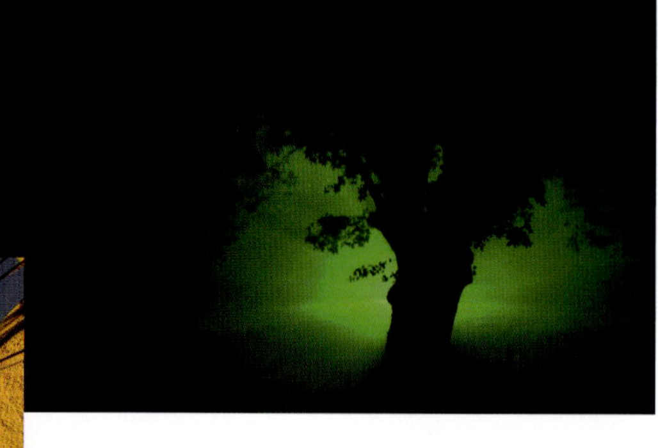

Links *Verwenden Sie bei der Aufnahme eines Stilllebens ein Stativ, damit alles knackscharf wird.*

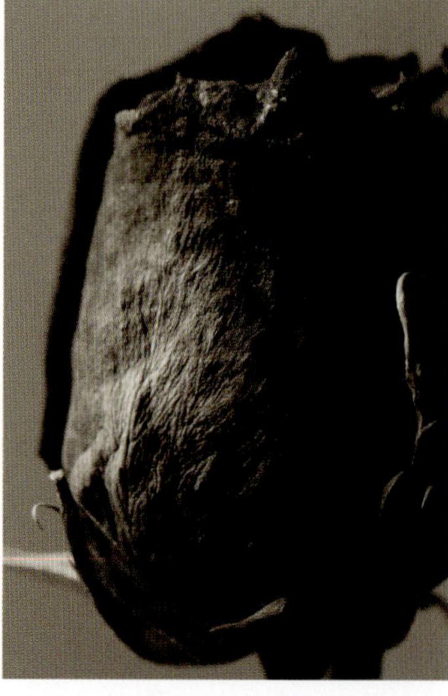

Rechts *Stative sind insbesondere bei der Makrofotografie unentbehrlich, da man die Kamera von Hand nicht still genug halten kann.*

Die Regel brechen: Freihändig

Rechts *Im Studio gibt es die Möglichkeit, ein Stativ zu verwenden, aber ich ziehe es vor, stattdessen meine Belichtungszeit zu verkürzen und das Licht heller zu machen. Es ist schwierig genug, eine gute Verbindung zu seinem Model herzustellen, wenn sich eine Kamera dazwischen befindet – und ein Stativ erschwert das noch mehr.*

Unten *Wenn Sie Wischeffekte durch Verwackeln kreativ einsetzen wollen, müssen Sie die Kamera in die Hand nehmen. Diese Aufnahme würde ihre Wirkung nicht entfalten, wenn die Kamera auf einem Stativ befestigt gewesen wäre.*

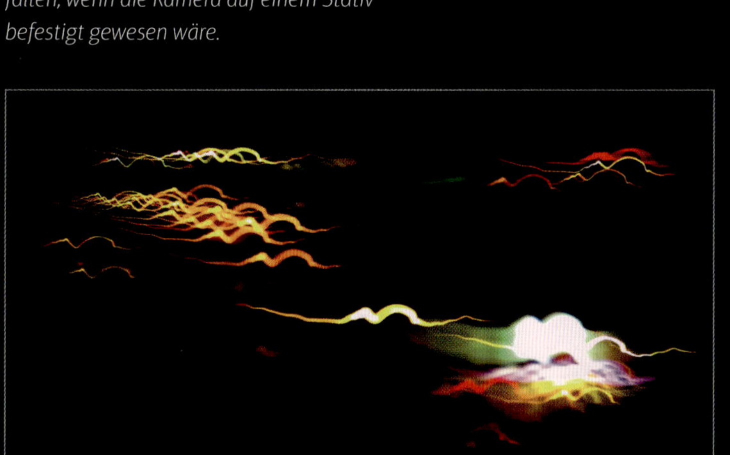

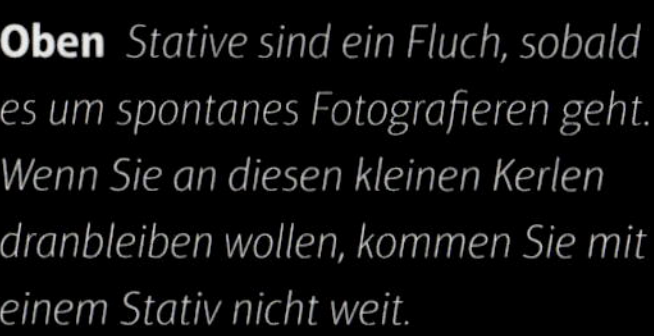

Oben *Stative sind ein Fluch, sobald es um spontanes Fotografieren geht. Wenn Sie an diesen kleinen Kerlen dranbleiben wollen, kommen Sie mit einem Stativ nicht weit.*

Es gibt viele gute Gründe, ein Stativ zu verwenden, ich arbeite aber lieber freihändig, wann immer möglich. Billige Stative können sehr schwer sein. Sehr leichte Stative sind meist ziemlich teuer. Und jedes Stativ beansprucht Platz. Schlimmer noch: Stative müssen zwischen den Aufnahmen neu eingestellt werden, was praktisch jede Spontaneität tötet. Dokumentarische Fotografie, Streetfotografie und die meisten Porträts lassen sich perfekt auch ohne Hilfe dieses dreibeinigen Metallungetüms erledigen.

Es gibt viele Hilfsmittel, die dafür gedacht sind, den Gebrauch eines Stativs überflüssig zu machen. Viele neue Objektive der Oberklasse haben eine eingebaute Bildstabilisierung (IS = image stabilization) oder Verwacklungsreduzierung (VR), womit man länger verwacklungsfrei belichten kann. Einige Kameras verfügen über eine in die Kamera eingebaute Bildstabilisierung, was von Vorteil ist, weil damit die Aufnahmen mit allen Objektiven bildstabilisiert werden.

Solange Sie nicht aus anderen Gründen eine längere Belichtungszeit wollen (z. B. um Bewegungen zu verwischen), bekommen Sie aus der Hand und mit entsprechender Einstellung der Blende oder des ISO-Wertes zugunsten einer kürzeren Belichtungszeit meistens genauso gute Aufnahmen. Mit einiger Erfahrung können Sie sich auch antrainieren, länger stillzuhalten, um verwacklungsfreie Aufnahmen zu machen. Ohne Stativ gelingen zudem mehr interessante Kompositionen aus unterschiedlichen Winkeln und man ist wesentlich flexibler beim spontanen Wechsel der Aufnahmeposition.

Die Regel:

Halten Sie den Vordergrund scharf.

Das Ziel der Fotografie liegt darin, eine Geschichte zu erzählen. Die »Worte« in Ihrer Geschichte sind die Komponenten der Komposition, und das Hauptmotiv ist die Pointe. Daher ist es wichtig, den Vordergrund scharf zu halten, wann immer das möglich ist, besonders bei Landschaften, in denen er die Szene bestimmt. So erzählt die Komposition die Bildgeschichte von Anfang bis Ende.

Vordergründe können wichtige Hinweise darauf liefern, wo in der Welt das Bild aufgenommen wurde, zu welcher Jahreszeit, ja sogar die Ära (bei Antikaufnahmen), daher liefert der Vordergrund mehr Interessantes zum Hinsehen und erzeugt eine dynamischere Komposition.

Die Schärfe des Vordergrundes ist auch wichtig, wenn Sie eine Fotoserie von ähnlichen Dingen aufnehmen, wie zum Beispiel Blumenauswahlen auf einem Markt. So lässt ein scharfer Vordergrund den Blick des Betrachters auf natürliche Weise vom Anfang (unten) des Fotos hin zum natürlichen Aufmerksamkeitspunkt des Bildes wandern.

Was immer sich der Kamera am nächsten befindet, muss scharf sein; andernfalls landen Sie bei einer konfusen Komposition. Wenn es irgendetwas in der Nähe gibt, was in Ihrem Bild nicht scharf ist, dann erwägen Sie einen Positionswechsel oder eine andere Komposition der Aufnahme; unscharfe Vordergründe bringen nichts Gutes!

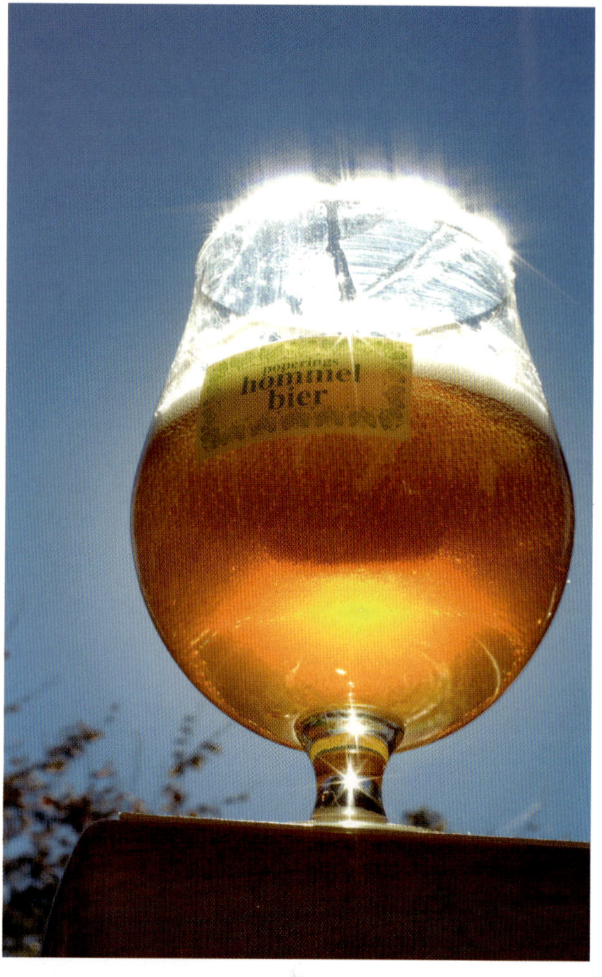

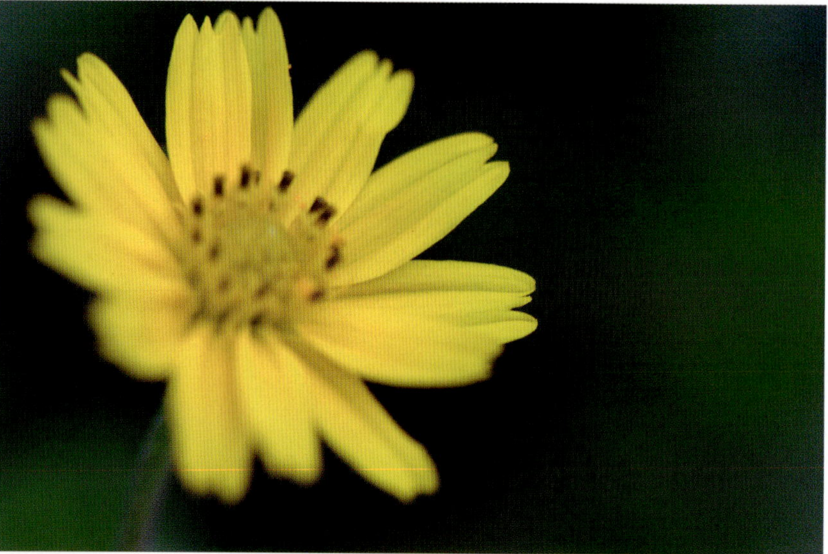

Oben *Es sollte selbstverständlich sein: Wenn der Vordergrund nicht scharf ist, haben Sie etwas falsch gemacht.*

Links *Was für eine Verschwendung! Das hätte ein wunderbares Foto werden können, aber ich habe es durch falsches Setzen der Schärfe ruiniert.*

Die Regel brechen:
Spielen mit mehreren Bildebenen

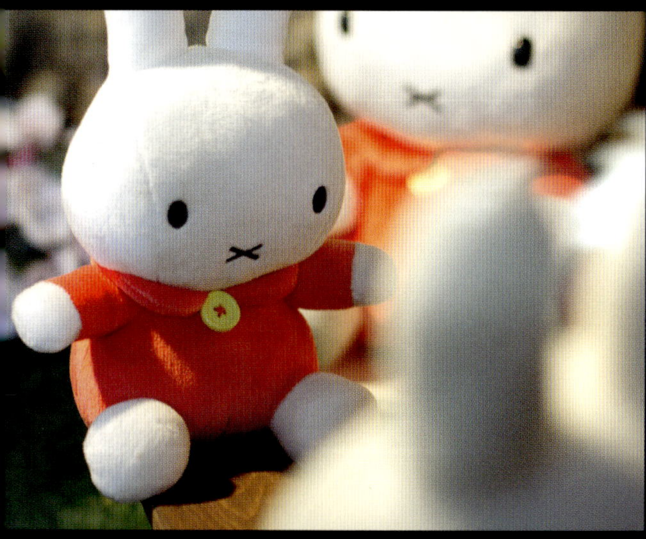

Porträts bilden eine der Hauptausnahmen von der Regel, den Vordergrund scharf zu halten. Bei ihnen besteht die Hauptaufgabe darin, die Aufmerksamkeit auf das Gesicht und die Augen zu lenken. Schließt man Vordergrundelemente in ein Porträt mit ein, können diese den Blick des Betrachters vom Subjekt ablenken, also sollte man sehr behutsam mit diesem Effekt umgehen.

Während Sie in den meisten Fällen nur nahe genug herangehen müssen, um das Bild mit dem Gesicht der Person auszufüllen, kann man manchmal ein paar Elemente in den Vordergrund einbeziehen, die in der Unschärfe bleiben, um die Aufnahme interessanter zu gestalten. Zum Beispiel kann sich die Person zwischen unscharfen Grashalmen oder Ästen oder zwischen ihren eigenen Händen befinden.

Der Haupteffekt von mehreren »Tiefenebenen« in einem Foto besteht darin, dass es so eine dreidimensionale Wirkung entfaltet.

Oben *Durch diese Technik, an einigen Figuren vorbeizufotografieren und sich auf andere dahinter zu fokussieren, wird ein Eindruck von Voyeurismus erzeugt, was der Aufnahme einen dokumentarischen Charakter verleiht.*

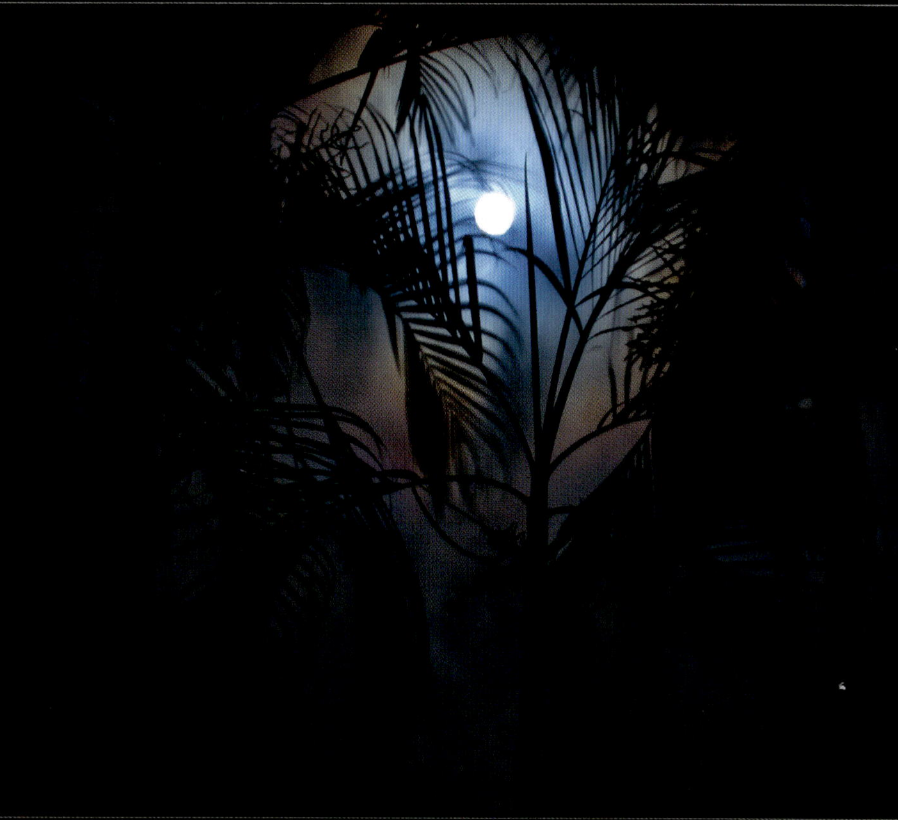

Rechts *Manchmal möchten Sie Ihren Fotos ein Gefühl von Tiefe verleihen, indem Sie verschiedene »Schärfe- und Unschärfeebenen« darin unterbringen. Hier sind die Palmen im Vordergrund scharf, aber die Wolken und der Mond dahinter unscharf. Wunderbar!*

TIPP

Wenn Sie versuchen, mit verschiedenen »Ebenen« in einem Foto zu arbeiten, achten Sie ganz besonders auf die Schärfeeinstellung – es kommt leicht zu Fehlern, die sich später nicht mehr korrigieren lassen. Verwenden Sie lieber etwas mehr Zeit darauf, das korrekt zu machen.

Die Regel:

Vermeiden Sie Kamerabewegungen.

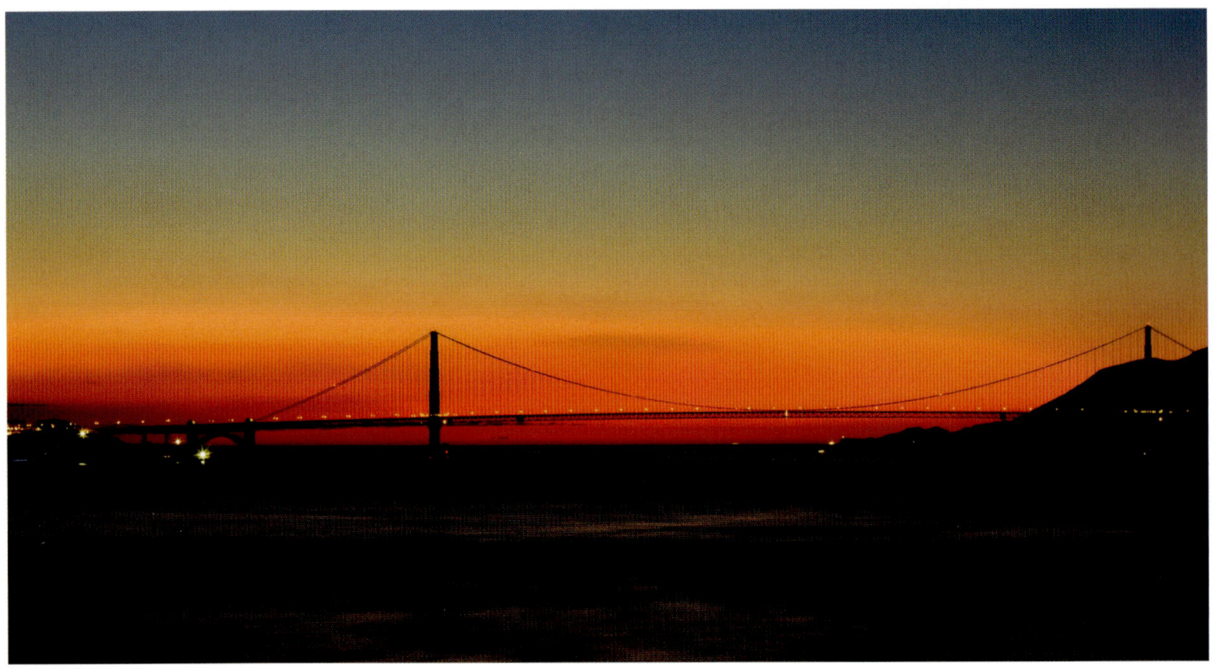

Oben *Mittels einer außergewöhnlich langen Belichtungszeit konnte ich Golden Gate Bridge in San Francisco von der Insel Alcatraz aus fotografieren. Wenn ich mein Stativ nicht dabeigehabt hätte, wäre das niemals gelungen*

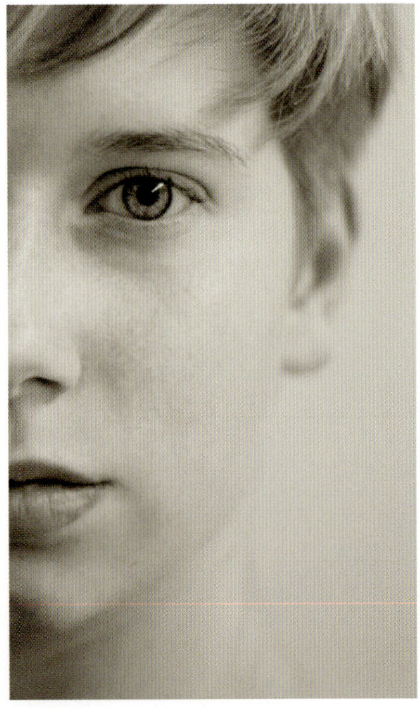

Links *Dieses Bild wurde mit einer ziemlich langen Belichtungszeit (1/15 Sekunde) aufgenommen. Achten Sie bei Aufnahmen wie dieser sorgfältig darauf, die Kamera sehr ruhig zu halten, sonst verfehlen Sie den gewünschten Effekt.*

Nichts ist schlimmer, als wenn man eine großartige Komposition erstellt hat, nur um schließlich festzustellen, dass das Bild durch Verwacklung unscharf erscheint, besonders wenn man die Verwischung erst nach dem Herunterladen der Fotos auf einen Computer entdeckt. Leider passiert das häufig bei längeren Belichtungszeiten, besonders bei Verwendung eines Teleobjektivs.

Bei Aufnahmen von einem Stativ kann man sehr viel längere Belichtungszeiten verwenden, wobei die Gefahr des Verwackelns sehr gering ist, außerdem hat man die Hände frei, um Notizen oder Einstellungen zu machen. Wenn Sie Fotos von Menschen oder anderen sich bewegenden Objekten machen, müssen Sie natürlich trotzdem mit dem Auftreten von Bewegungsunschärfe rechnen.

Denken Sie daran, dass es immer die Alternative gibt, den ISO-Wert und die Blende zu vergrößern, wenn Sie die Belichtungszeit verkürzen. Sie können es auch mit Weitwinkelobjektiven versuchen, wenn das möglich ist; Verwackeln durch Bewegung der Kamera ist dann immer noch ein Thema, aber bei Weitwinkelaufnahmen ist es weniger sichtbar. All das hilft, die Kamera für längere Belichtungszeiten möglichst ruhig zu halten.

Es gibt nicht eben wenige Möglichkeiten, die Kamera künstlerisch einzusetzen, um verblüffende Kompositionen durch die Kombination aus Langzeitbelichtung und Kamerabewegung zu schaffen, also schreiben Sie den Gedanken an Kamerabewegungen noch nicht ab.

Panoramaschwenks sind eine unterhaltsame Möglichkeit, Langzeitbelichtungen mit einer bewegten Kamera für fesselnde Fotos zu kombinieren. Für diese Art von Aufnahmen müssen Sie in der Lage sein, einen gleichmäßigen Schwenk von einer Seite zur anderen auszuführen und dem fotografierten Objekt zu folgen. Es wird ein wenig Experimentieren nötig sein, um das richtig hinzubekommen, wobei das Grundkonzept lautet, eine moderat lange Belichtungszeit zu verwenden – 1/15 Sekunde ist ein guter Ausgangwert. Halten Sie den Motivgegenstand im Bildfeld und drehen Sie Ihren Oberkörper, wenn das Subjekt vorbeikommt, sodass es während der Belichtung am selben Platz im Bildfeld bleibt. Der Effekt besteht darin, dass das Subjekt mehr oder weniger still zu stehen scheint, während der Hintergrund durch die Kamerabewegung verwischt wird. Fantastisch!

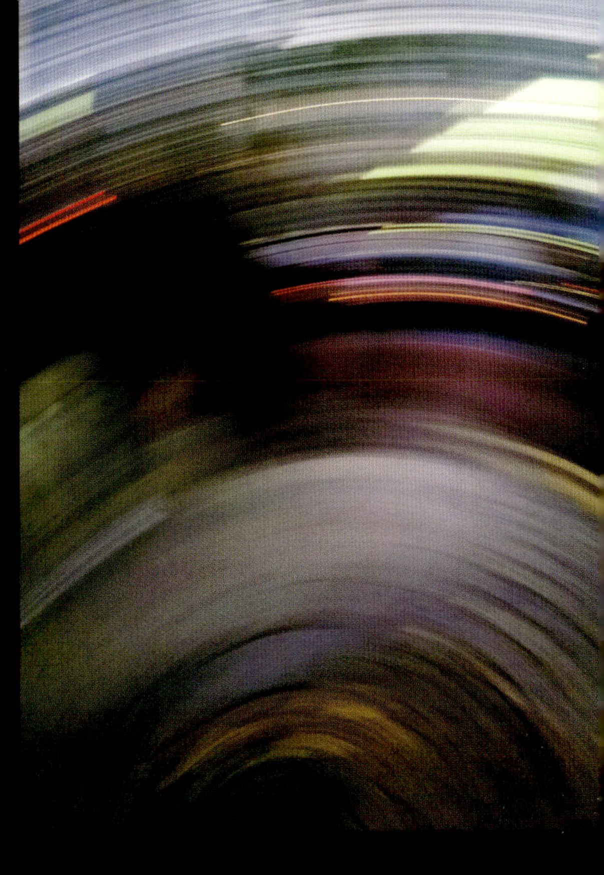

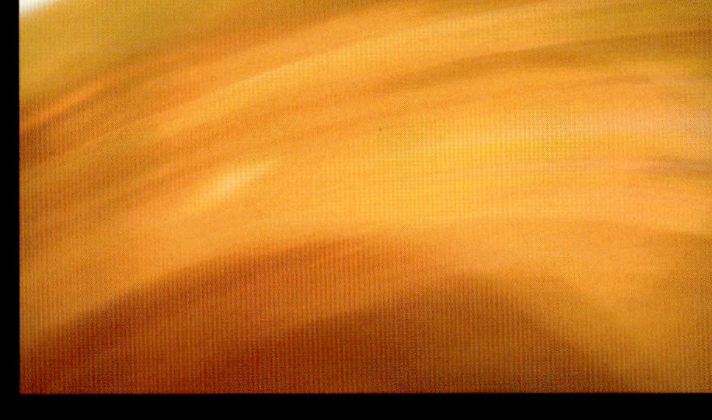

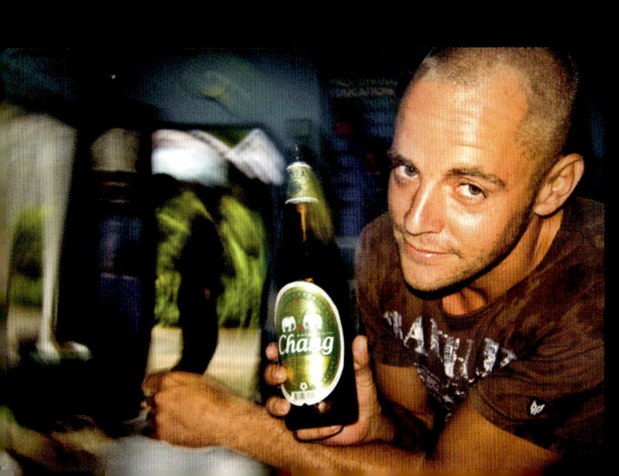

Oben *Durch Bewegen der Kamera während einer Langzeitbelichtung können wunderbar dynamische Fotos entstehen.*

Links *Kombinieren Sie Kamerabewegung und lange Belichtungszeit mit Blitzlicht, um ein teilweise eingefrorenes, teilweise verwischtes Foto zu erhalten. Um diesen Effekt zu erzielen, verwenden Sie den Av-Modus oder die manuelle Einstellung der Kamera*

Die Regel:

Bewegung einfrieren durch kurze Belichtung

Einfrieren! Das sollte Ihr Gedanke sein, wenn Sie Fotos von bewegten Motiven machen. Aber wie kurz muss die Belichtungszeit sein, um Bewegung einzufrieren? Das hängt von der Schnelligkeit ab, mit der sich das Motiv bewegt, und woher und wohin es sich bewegt. Nachfolgend einige Vorschläge.

Art der Bewegung	Empfohlene Belichtungszeit (in Sekunden)
Gehende Person	1/125
Joggende Person	1/250
Wellenreiten/Surfen	1/125–1/250
Regentropfen	1/60–1/125
Reitturnier	1/800–1/1000
Herumtollende Kinder	1/250–1/1000 (abhängig von der Schnelligkeit)
Wasserfälle	1/1000 oder kürzer
Fliegende Vögel	1/1000 oder kürzer
Autorennen	1/500 oder kürzer
Rennender Hund (Richtung Kamera)	1/250 oder kürzer
Tropfendes Wasser (oder andere Flüssigkeiten)	1/1000 oder kürzer

Denken Sie daran: Je näher Sie sich am Motiv befinden, desto kürzer muss die Belichtungszeit sein, um Bewegung zu erfassen. Außerdem brauchen Subjekte, die sich quer durch das Bild bewegen, kürzere Belichtungszeiten zum Einfrieren der Bewegung, als wenn sie sich auf die Kamera zu oder von ihr weg bewegen.

Das Einfrieren von Bewegung liefert dem Betrachter ein klares Bild davon, was die Person in Ihrem Bild macht – ob sie Basketball spielt, mit Surfing beschäftigt ist oder durch das Gras wandert. Durch Einfrieren der Aufnahme können Sie alle Inhalte scharf halten, sodass die Elemente des Bildes beschreiben, was geschieht, etwa einen Volltreffer beim Basketball vor einer grölenden Menge oder ein Hanging-Ten-Manöver eines Surfers vor einem tropischen Sonnenuntergang. Das Einfrieren der Bewegung hält alles sichtbar fest, sodass das Foto die Szene und die Person klar wiedergibt.

Das Einfrieren von Bewegung kann auch interessante Kompositionen erzeugen, speziell wenn Wasser mit im Spiel ist. Spritzendes Wasser, Wellen, Berieselungsanlagen, Regentropfen … die Liste ist endlos. Wann immer Sie sich in der Umgebung von Wasser befinden, versuchen Sie, ob Sie es »einfrieren« können. Sie werden die Ergebnisse lieben!

Rechts *Eidechsen sind bekanntlich schnell … und die einzige Möglichkeit, diese vor Ort einzufrieren, war die Wahl einer sehr kurzen Belichtungszeit von 1/2000.*

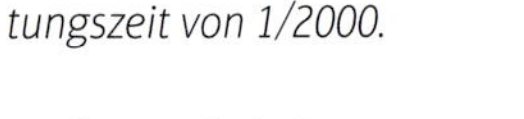

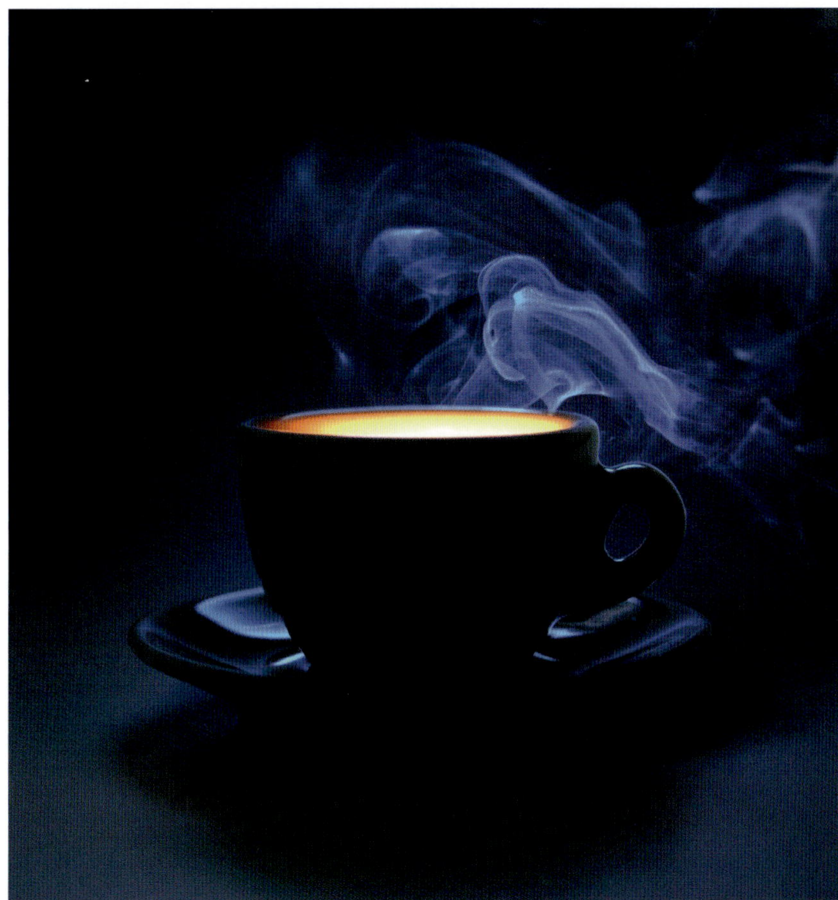

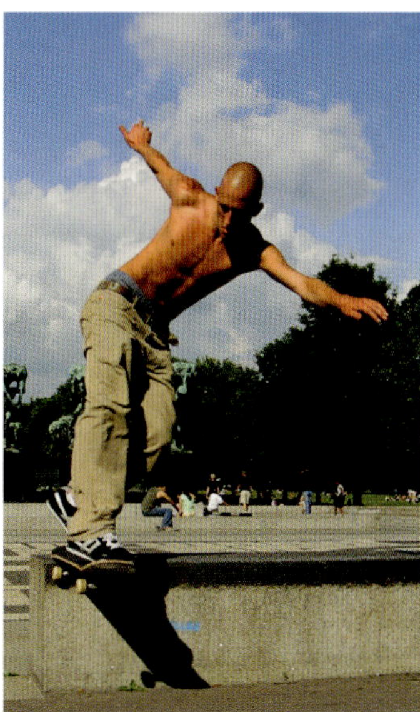

Oben *Eine blitzschnelle Belichtung von 1/1000 Sekunde stoppte diesen Skateboarder auf seinem Weg.*

Links *Die schwebende Bewegung von Rauch oder Dampf lässt sich perfekt einfrieren – aber man braucht dazu viel Licht und eine kurze Belichtungszeit.*

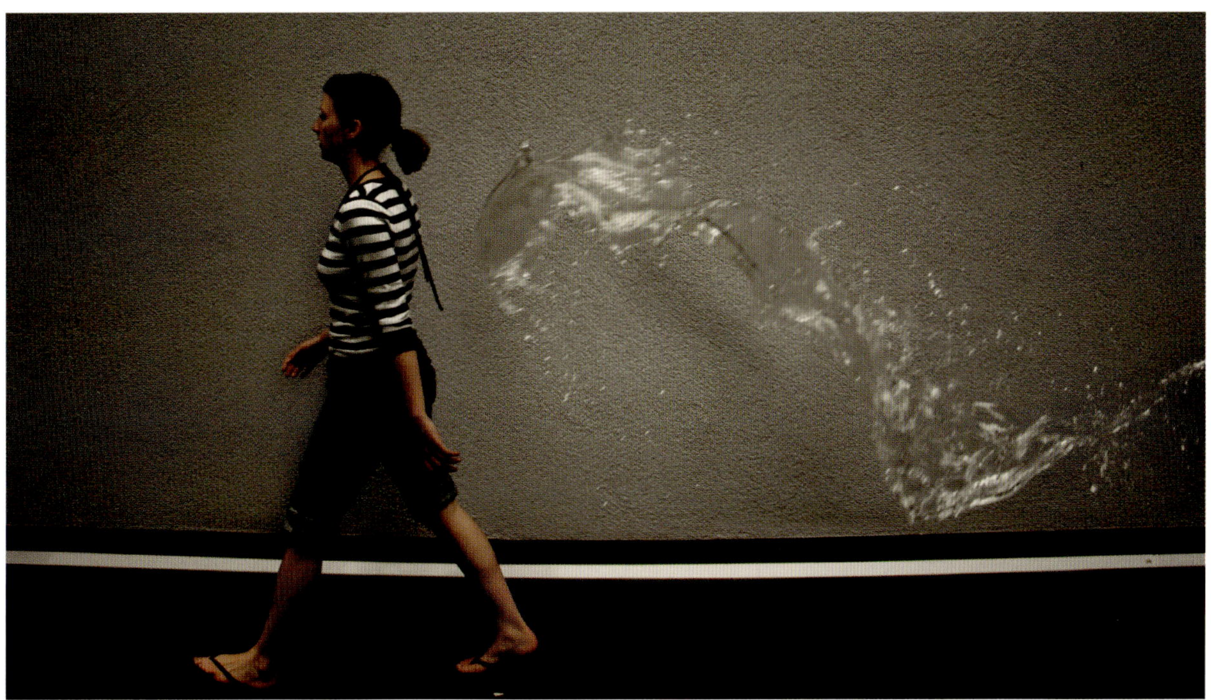

Oben *Nur durch eine sehr kurze Belichtungszeit haben Sie eine Chance, die Bewegung des aus einem Glas spritzenden Wassers einzufangen.*

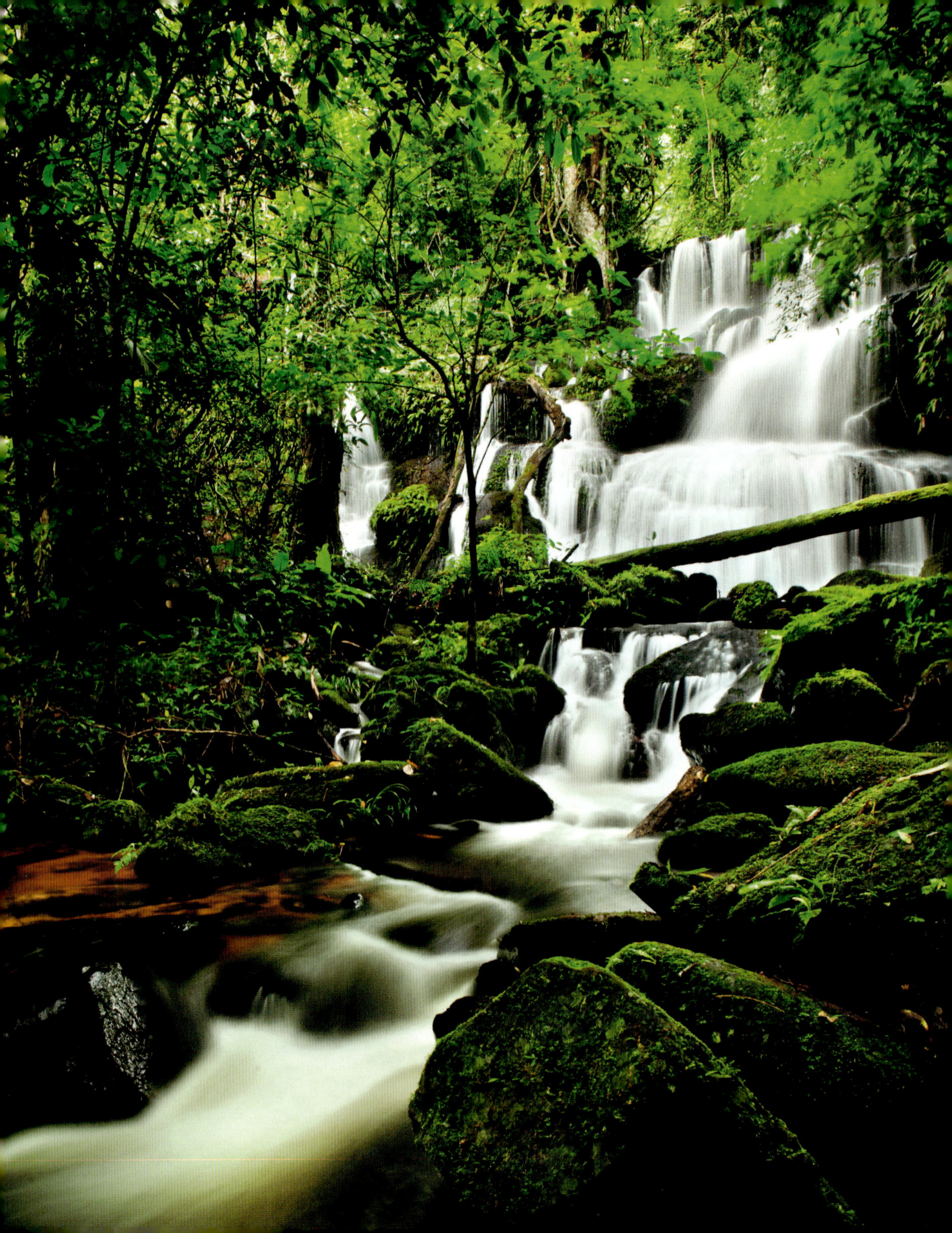

Das Einfrieren von Bewegung bereitet Vergnügen, aber es gilt zweierlei zu bedenken: zum einen, dass es in Situationen mit wenig Licht schwierig sein kann, mit kurzen Belichtungszeiten eine korrekte Belichtung zu bekommen. Zum anderen, dass das Einfrieren von Bewegung weniger dynamische Bilder erzeugt, als wenn man die Bewegung zeigt.

Nehmen Sie zum Beispiel ein Formel-1-Rennwagen, perfekt eingefroren mit scharfem Hintergrund, oder dasselbe Auto, dessen Hintergrund (mithilfe einer Schwenktechnik) farbig verwischt erscheint. Während das eine die Szenerie erfasst, gibt das andere einfach wieder, wie schnell sich das Auto bewegt.

Längere Belichtungszeiten verursachen leicht Bewegungsunschärfe, sorgen aber auch für amüsante Kompositionen. Was die früher erwähnten Wasseraufnahmen anbelangt, erzeugen längere Belichtungen wunderbare Bilder mit einem nebligen Fließeffekt, besonders bei Wasserfällen, Wellenreiten auf dem Meer und Flüssen oder Strömen.

Denken Sie daran, dass Sie ein Stativ benötigen, wenn Sie den Rest der Szenerie absolut scharf halten wollen, solange sie keine Panoramaschwenks versuchen. Vorteilhaft ist, dass man mit langen Belichtungszeiten in Situationen mit sehr wenig Licht arbeiten kann, sogar in der Dunkelheit! Bevor Sie nicht bei Sternen- oder Mondlicht (oder die Sterne und den Mond selbst) fotografiert haben, kennen Sie noch nicht alle Möglichkeiten der Fotografie!

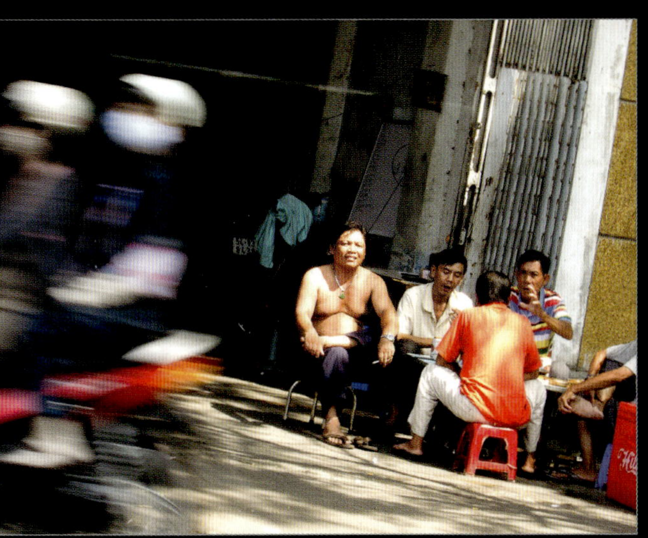

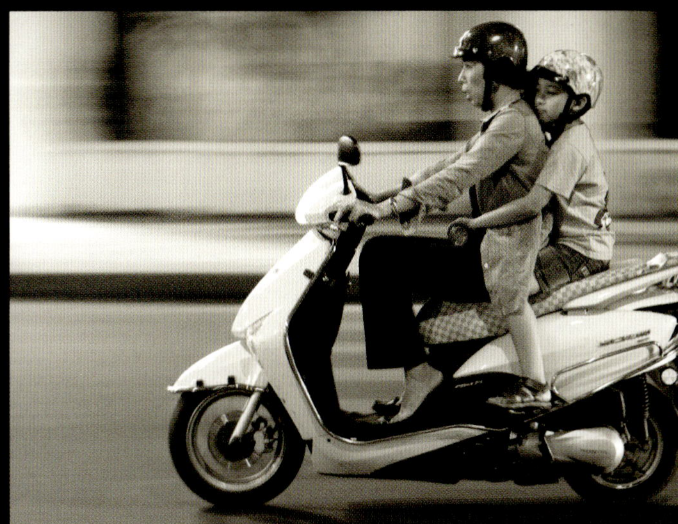

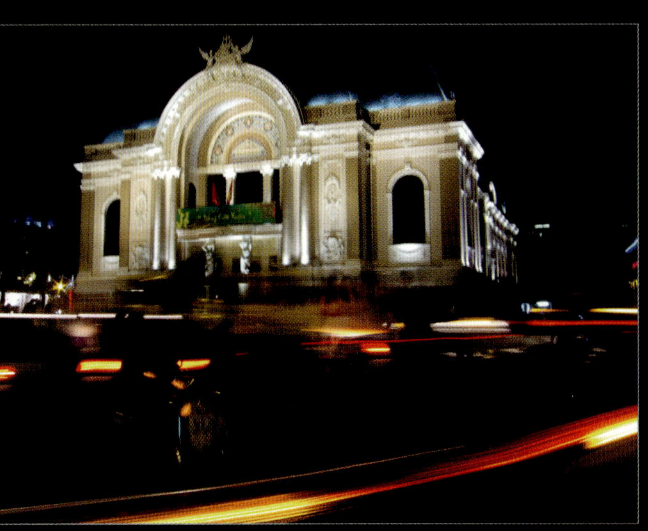

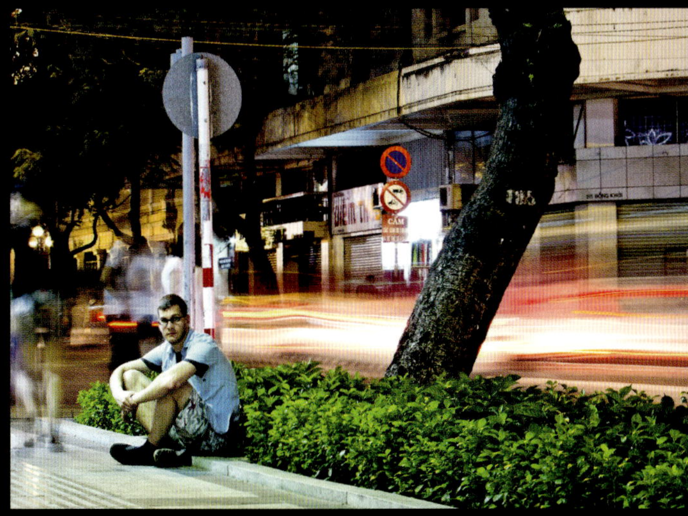

Gegenüber *Wasserfälle sind ein klassisches Motiv für Langzeitfotografie mit Schleiereffekt – verwenden Sie eine lange Belichtungszeit, um die einzelnen Tropfen in Streifen gemäß der fließenden Bewegung zu verwandeln.*

Ganz oben rechts, ganz oben links, oben rechts und oben links *Es gibt viele Wege, um in ein Foto den Ausdruck fließender Bewegung einzubringen – experimentieren Sie, um herauszufinden, wie es am besten funktioniert.*

Die Regel:

Schärfer ist besser.

Was ist Schärfe? In der Fotografie bedeutet Schärfe die Qualität Ihrer Bilder, die eine klare Wiedergabe Ihres Motivs zeigen. Fotos werden schärfer durch:

- Verwendung von hochwertiger Fotoausrüstung
- Beschränkung auf den »optimalen Schärfebereich« des Objektivs
- Sicherstellen, dass wirklich auf das scharfgestellt ist, was fotografiert werden soll
- Einen Schärfentiefe-Bereich wählen, in dem das Motiv knackscharf bleibt
- Vermeidung von Bewegungsunschärfe (eine kurze Belichtungszeit wählen)
- Vermeidung von Verwacklungsunschärfe (durch kurze Belichtungszeiten und Verwendung eines Stativs)

Scharfe Fotos sind also klarer, besser fokussiert usw. Der Vorteil von scharfen Bildern liegt darin, dass man feine Details besser erkennen kann und die Gesamtkomposition interessanter wirkt. Manchmal kann es aber eine Herausforderung sein, Fotos so scharf wie möglich zu bekommen.

Am wichtigsten für scharfe Fotos ist die Wahl der richtigen Blende und Belichtungszeit, um die passende Schärfentiefe zu erzielen und Bewegungs- oder Verwacklungsunschärfe zu vermeiden. Außerdem sollte es in einem scharfen Foto möglichst wenig Rauschen geben, weswegen niedrige ISO-Werte zu bevorzugen sind.

Es ist wichtig, die genauen Eigenschaften seiner Objektive zu kennen und zu wissen, was diese zu leisten im Stande sind. Viele Objektive stellen nicht richtig scharf, wenn man ihre Maximalwer-

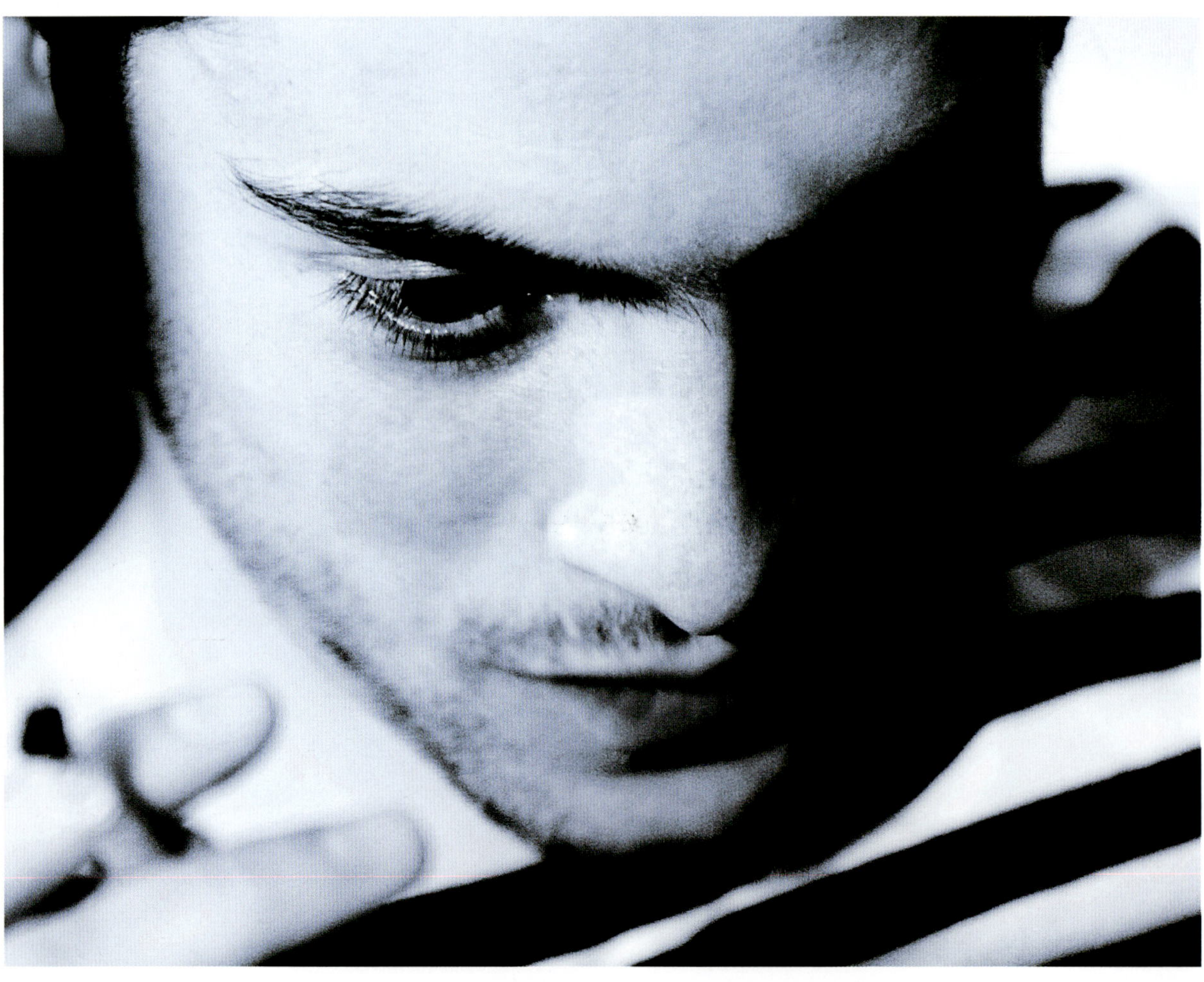

te wählt – also die größt- bzw. kleinstmögliche Blende einstellt oder den größten bzw. kleinsten Zoombereich. Um möglichst scharfe Bilder zu machen, sollte man wissen, wie man dafür das Objektiv am besten nutzt.

Es gibt ein paar weitere Faktoren, die Einfluss auf die Schärfe haben, etwa wie sauber die Ausrüstung ist. Reinigen Sie die Front- und Rücklinse der Objektive regelmäßig, ebenso wie verwendete Filter, damit sich darauf kein Schmutzfilm bildet. Außerdem können Sie die Schärfe in einem gewissen Maß bei der Nachbearbeitung verbessern.

DIE ROLLE DER SEHSCHÄRFE

Ihre Augen sind das einzige Hilfsmittel, mit dem Sie entscheiden können, ob Ihre Komposition so scharf wie möglich ist. Davon abgesehen schieben viele von uns die jährliche Augenuntersuchung vor sich her, weil wir glauben, dass unser Sehen »völlig in Ordnung« ist. Wenn es aber um Fotografie geht, braucht man eine normale Sehstärke, besonders wenn man manuell scharfstellen will.

Gegenüber *Die perfekte Schärfepositionierung auf die Augen macht dieses Bild so faszinierend.*

Rechts *Augen – wenn Sie damit in Verbindung kommen, ist es, als könnten Sie in jemandes Seele blicken.*

Unten *Es ist mir furchtbar unangenehm, wie albern ich hier aussehe, aber schauen Sie, wie reizend und scharf dieses Foto ist. Gutes Licht und eine relativ große Blende machten dieses Selbstporträt möglich.*

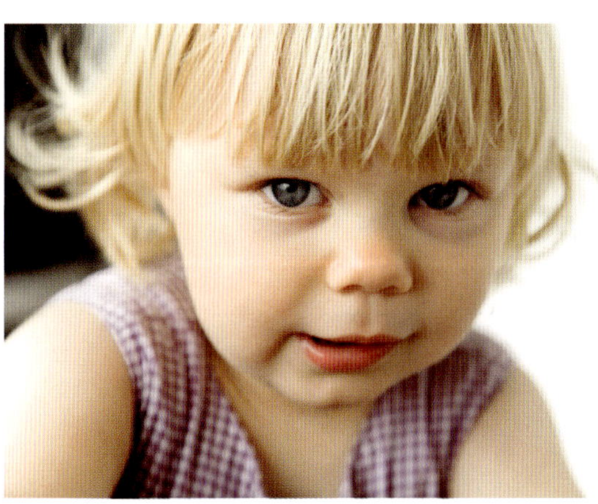

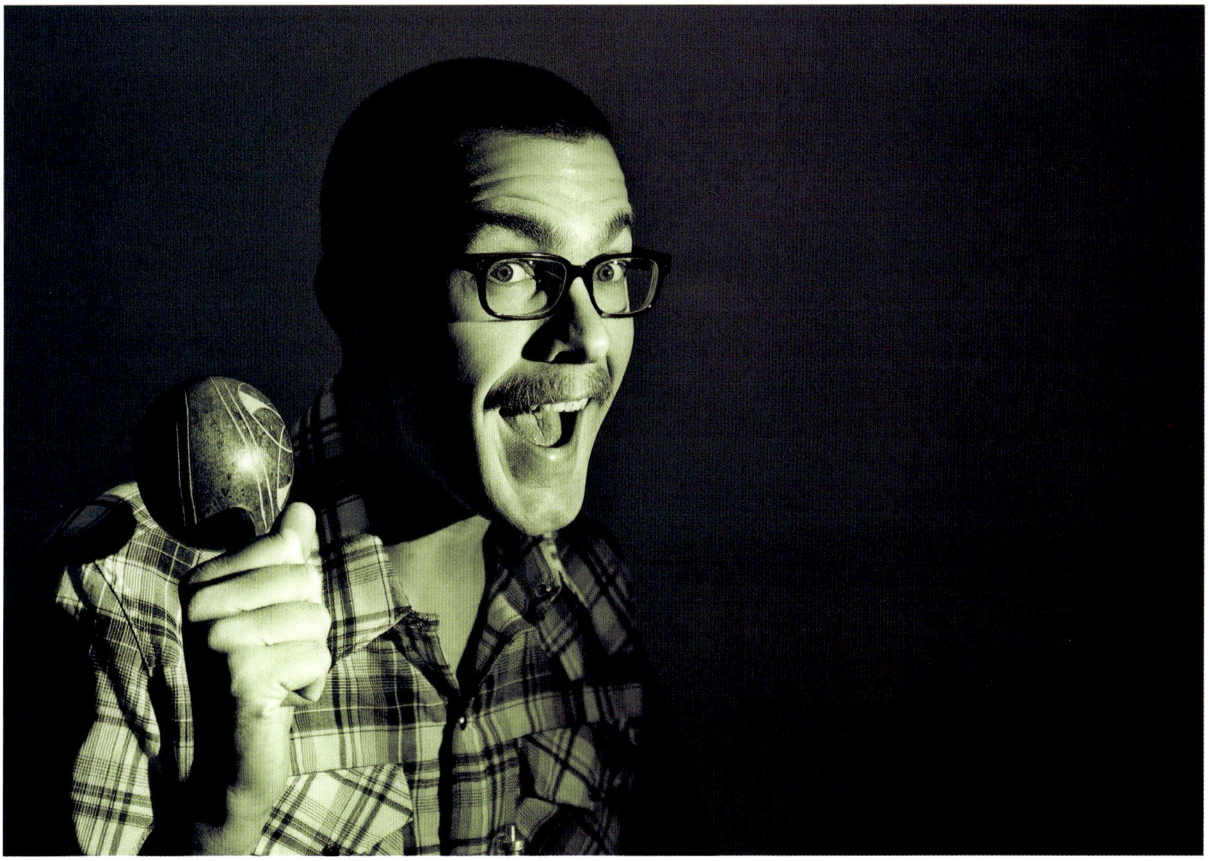

Die Regel brechen:
Unschärfe akzeptieren

Wenn das Foto, das Sie aufnehmen, viele Details enthält, die man erkennen soll, dann ist eine scharfe Aufnahme das Richtige. Wenn es um Makrofotografie oder dergleichen geht, sieht man jede Menge scharfer Aufnahmen. Das bedeutet aber nicht, dass schärfer immer gleich besser wäre. Manchmal tut auch ein bisschen Weichheit gut.

Ein Bereich, in dem perfekte Schärfe nicht immer die beste Wahl darstellt, ist die Porträtfotografie. Wer will schon jemandes Poren zählen? Bei dieser Art Fotografie kann zu viel Schärfe ablenken, sodass es eine gute Idee sein kann, etwas zurückzugehen oder als Letztes ein paar Tricks in der Nachbearbeitung anzuwenden, um Störendes zu entfernen und das Porträt ansprechender zu machen. Dennoch soll der Aufmerksamkeitspunkt (üblicherweise die Augen) perfekt in der Schärfe bleiben, also besteht hier ein sehr schmaler Grat zwischen zu scharf und nicht scharf genug.

Denken Sie daran, dass es – unabhängig von der gewählten Schärfe – darum geht, den Blick auf das Motivzentrum zu lenken, daher kann manchmal das Reduzieren auf eine einzelnes scharfes Element ein sehr dynamisches Bild ergeben.

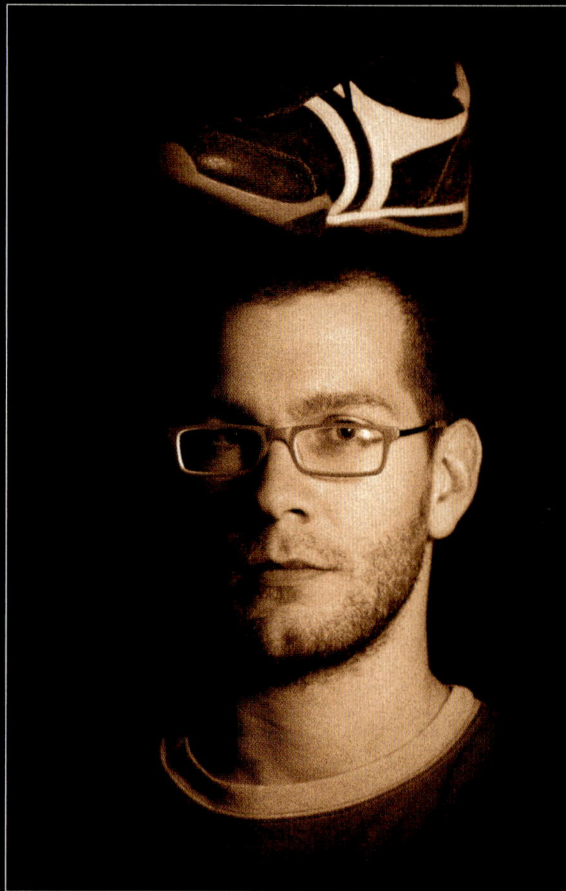

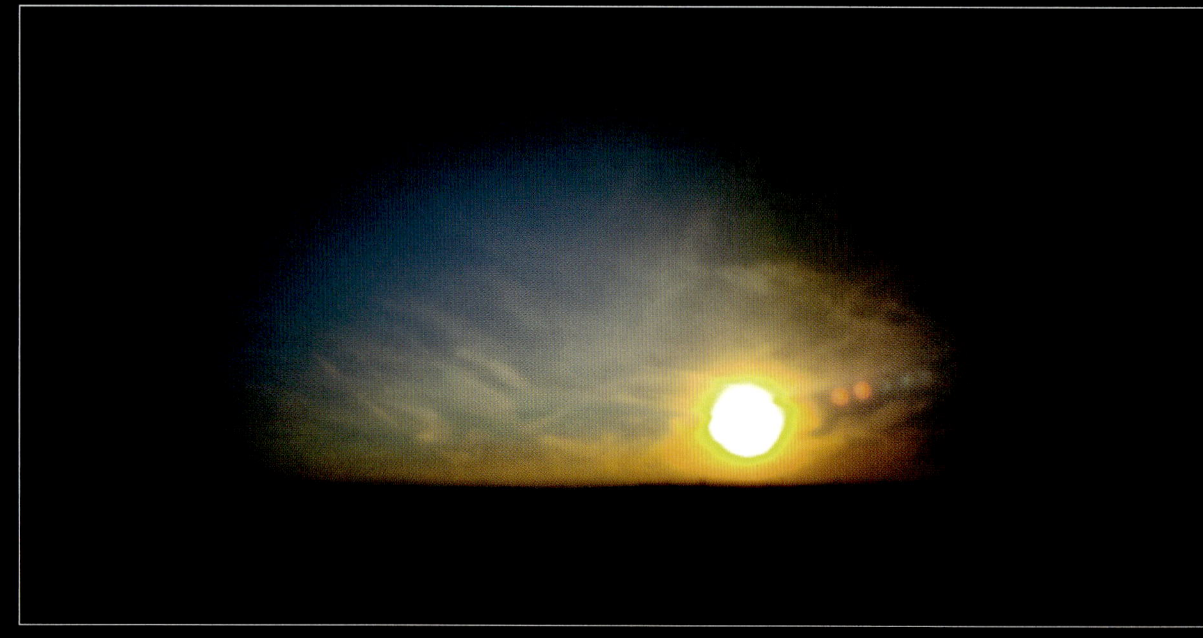

Was kommt als Nächstes?

Jetzt wissen Sie fast alles darüber, wie man großartige Fotos macht. Sie kennen sich mit Ihrer Kamera aus, mit den verschiedenen Einstellungen und welche Objektive sich am besten für bestimmte Motive eignen. Außerdem haben Sie die Grundregeln der Fotografie verinnerlicht. Was bleibt noch übrig?

Das nächste Kapitel behandelt einen sehr wichtigen Aspekt der Fotografie: das Licht. Da es in der Fotografie immer um das Einfangen von Licht mit einer Kamera geht, muss ein guter Fotograf wissen, wie man mit unterschiedlichen Arten von Licht umgeht, um die passende Belichtung zu bekommen, eine passende Stimmung zu erzeugen und hervorragende Aufnahmen bei jeder Art von Licht zu machen – vom vollen Sonnenlicht bis zur völligen Finsternis. Also schnallen Sie sich an, denn wir sind noch nicht am Ziel unserer Lerntour angekommen!

Gegenüber oben *In diesem Bild (das perfekt scharf war, bevor ich es digital bearbeitet habe) wollte ich den Look eines alten Fotos erreichen. Es hat mich viel Zeit gekostet, herauszufinden, warum mir seine Bearbeitung nicht wie gewünscht gelang, bis ich es etwas unscharf machte … und dadurch wurde es schön stimmig.*

Rechts *Manche Fotos sehen einfach besser aus, wenn sie nicht knackscharf sind. Hier ist die Gegenüberstellung eines billigen Wodkas und eines unscharfen Fotos kein Zufall: Da auch die Kamera ein wenig betrunken zu sein scheint, hilft das, einen Teil der Geschichte zu erzählen.*

Gegenüber *Bei manchen Bildern geht es um Impressionismus statt um Fotorealismus. Diese Aufnahme eines Sonnenuntergangs wurde mit einem selbst gebastelten Lochkamera-Objektiv gemacht; die Unschärfe trägt wirklich zur Bildaussage bei, indem sie hilft, das Gefühl von Farbe und Bewegung des Motivs einzufangen. Spielt es da eine Rolle, dass die Details fehlen? Ich finde nicht.*

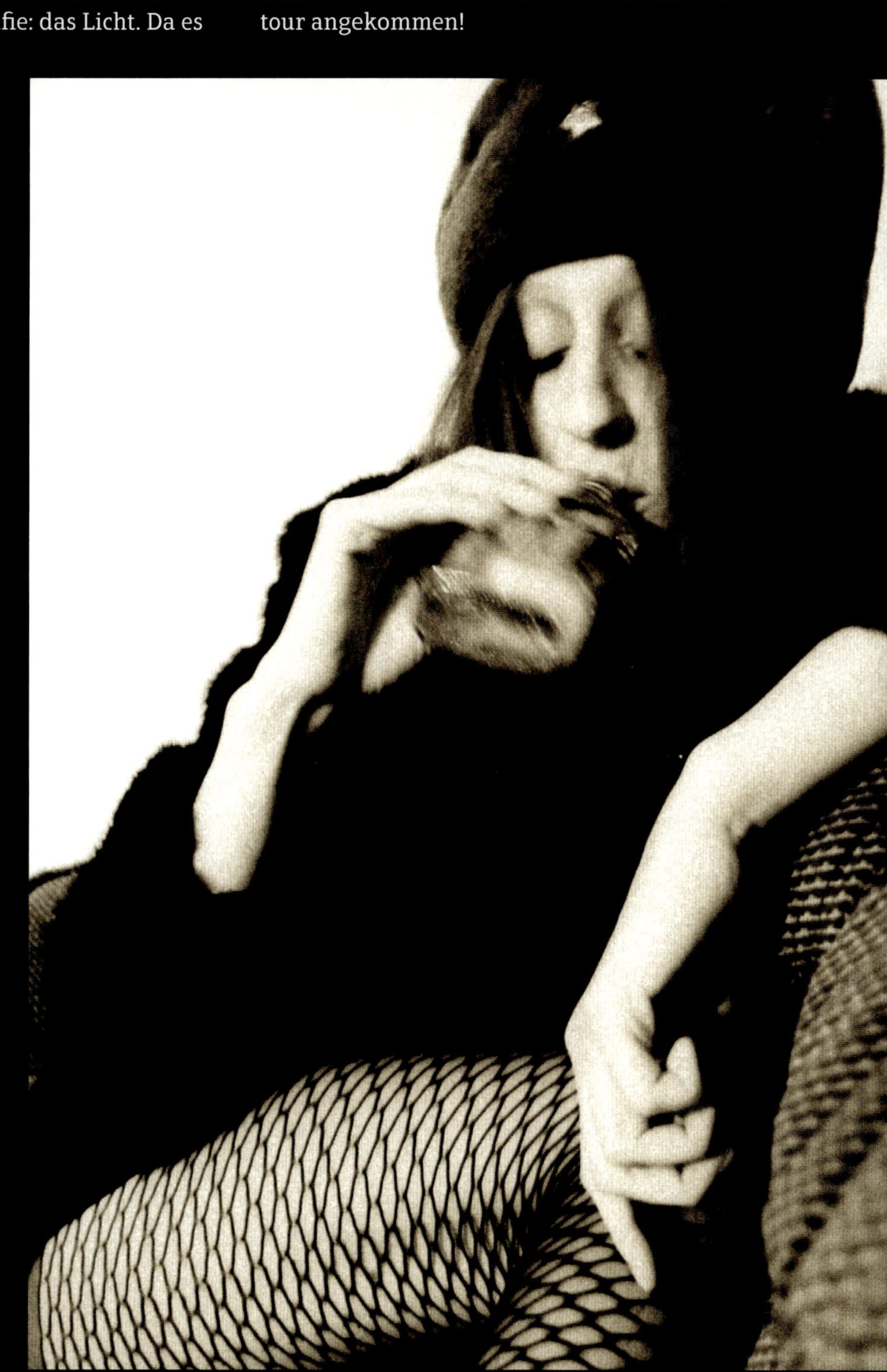

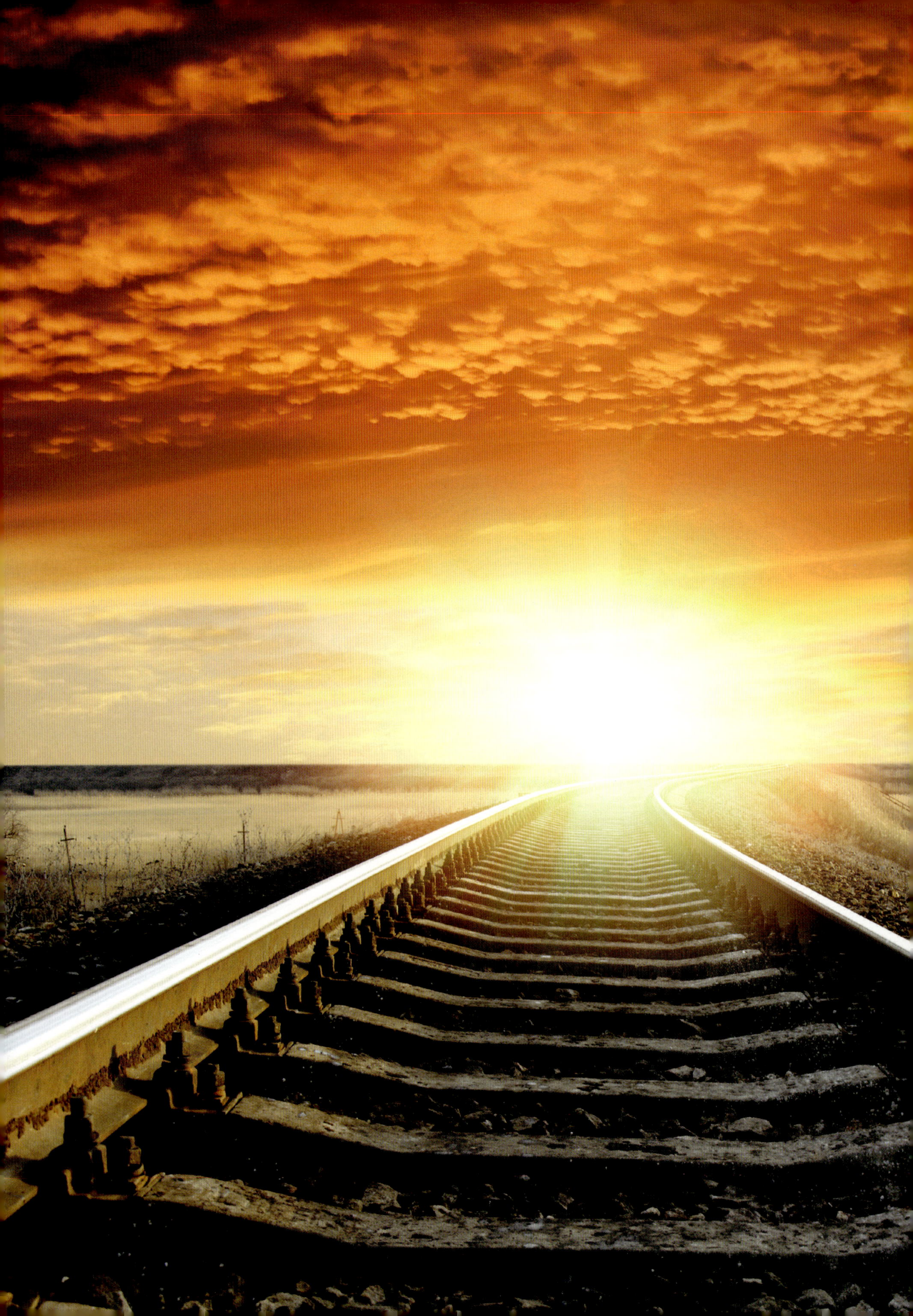

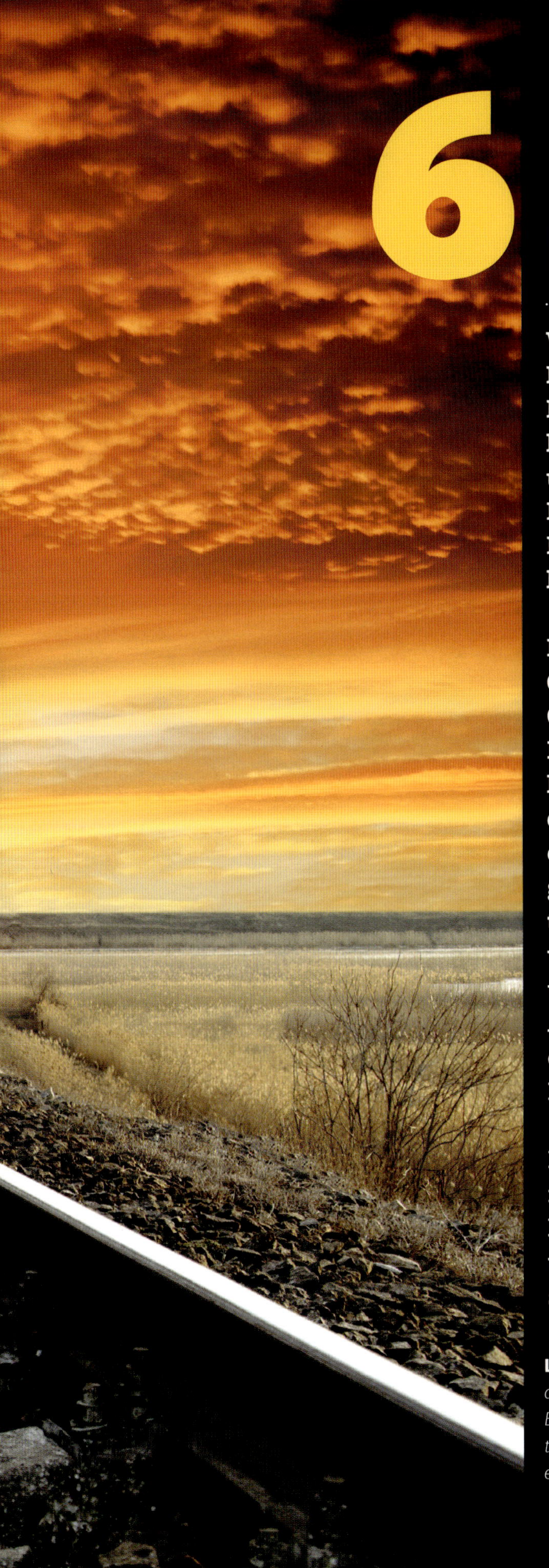

6 Licht

Wäre es nicht schön, wenn Sie bei jedem Foto, das Sie machen, immer perfektes Licht hätten? Wäre es sicherlich, aber leider ist das sehr selten der Fall, wenn es um Fotografie geht. Häufig gibt es zu viel Licht, zu wenig Licht, Licht in der falschen Farbe oder aus der falschen Richtung, zu hartes oder zu verschwommenes Licht …

Fotografen klagen aus einem simplen Grund darüber: Denn Licht ist Fotografie. Ohne Licht kann man keine Fotos machen. Ihre Kamera besitzt eine außergewöhnliche Fähigkeit, Licht einzufangen und daraus fantastische Kompositionen zu erzeugen. Sie müssen nur lernen, wie das geht! Indem Sie genau auf die Lichtsituation achten, können Sie dafür sorgen, das verfügbare Licht bestmöglich zu nutzen und einzuschätzen, wann Sie zusätzliche Ausrüstung benötigen (wie Blitzgeräte oder Reflektoren), um bei Bedarf mehr Licht zu erzeugen.

Es wird Sie nicht überraschen zu erfahren, dass es viele Regeln im Zusammenhang mit Licht und Beleuchtung gibt … wir wollen uns einige davon näher anschauen.

Links *Ob Sie es mit natürlichem Licht zu tun haben – wie bei diesem wunderschönen Sonnenaufgang – oder mit künstlicher Beleuchtung: Sie werden feststellen, dass Licht eines der wichtigsten Dinge ist, die man im Griff haben muss. Schlechtes Licht ergibt schlechte Fotos.*

Die Regel:

Halten Sie die Sonne im Rücken.

Die Sonne ist eine allgegenwärtige und mit Abstand die mächtigste Lichtquelle, der Sie je begegnen werden, also behandeln Sie sie mit gebührendem Respekt. Tagsüber, auch an tristen Tagen bei bedecktem Himmel, liefert sie für gewöhnlich reichlich Licht. Umgebungslicht von der Sonne, unabhängig von ihrer Position am Himmel, reicht aus, um praktisch jedes Motiv zu beleuchten. Daher ist es wichtig, beim Vorbereiten der Fotos auf die Sonne zu achten, insbesondere auf ihre Position in Bezug auf das Motiv.

Eine Grundregel für das Fotografieren im Sonnenlicht lautet: »Halten Sie die Sonne im Rücken.« Ich würde diese Regel gerne ein klein wenig modifizieren, indem ich sage, dass der Fotograf zwischen der Sonne und dem Motiv stehen sollte. Solange die Vorderseite Ihres Subjekts hell ist, schauen Sie in die richtige Richtung.

Fotografieren im Sonnenlicht funktioniert besonders gut später am Tag; um diese Zeit entsteht eine farbenprächtige, warme Stimmung. Bekannt als Goldene Stunde, verleiht dieses Licht Personen einen wärmeren Hautton und erzeugt weniger harte Schatten. Wenn irgend möglich, versuchen Sie Porträtaufnahmen während der Goldenen Stunde anzuberaumen, das liefert die besten Ergebnisse.

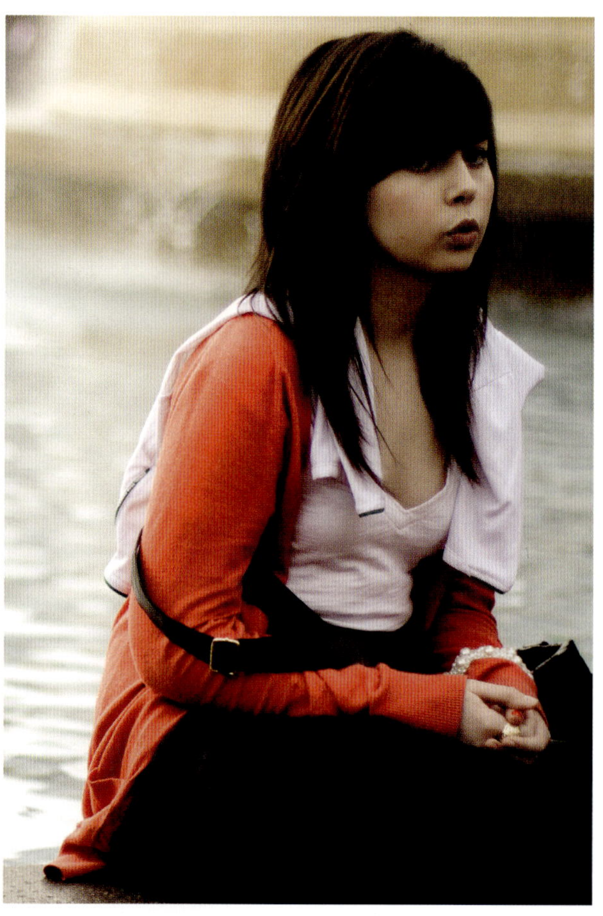

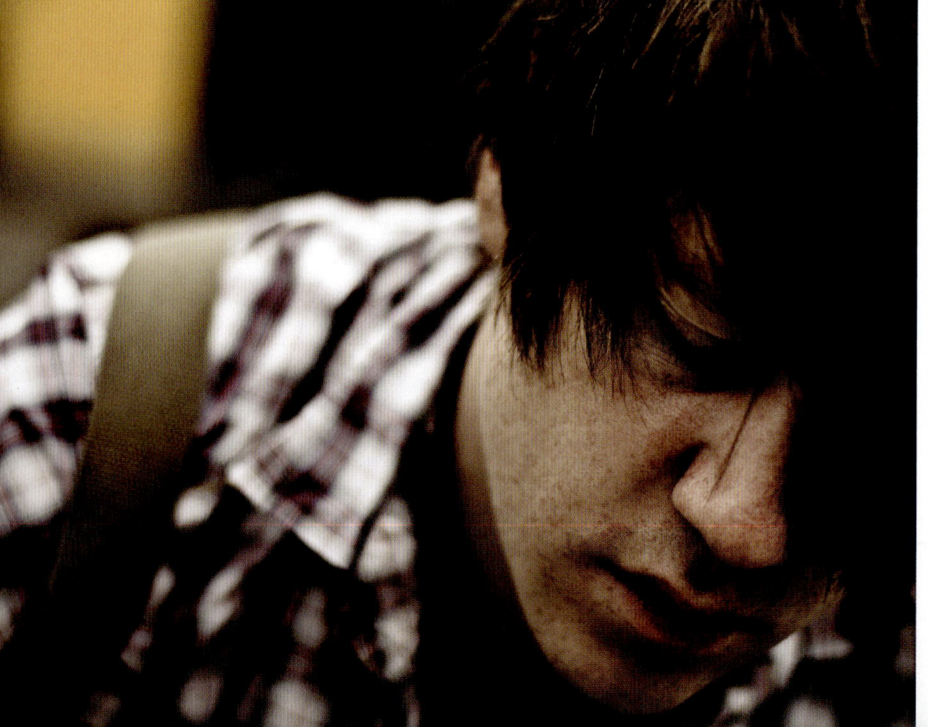

Oben *Wäre das Sonnenlicht in diesem Streetfoto von hinter dem Model gekommen, wäre sein Gesicht im Schatten verborgen geblieben – ein nicht annähernd so gutes Bild.*

Links *An einem leicht bedeckten Tag kann es schwierig sein, zu erkennen, wo die Sonne steht. Auf der hellen Seite erzeugt sie schönes, weiches Licht, wie es in diesem Porträt eines Freundes zu sehen ist.*

Die Regel brechen:
Blick in die Sonne

Irgendwann werden Sie in eine Situation kommen, in der Sie die Sonne nicht hinter sich bringen können, entweder wegen der Position des Subjekts oder wegen des gewünschten Hintergrundes. Auf solche Fälle sollte man vorbereitet sein, sodass man das Motiv dennoch korrekt belichten kann, einschließlich der dahinter stehenden Sonne.

Wenn sich Ihr Subjekt zwischen der Kamera und der Sonne befindet, besteht die größte Herausforderung darin, dass die Sonne ein riesiger Feuerball am Himmel ist. Sie ist sehr hell und verwendet all ihre Kraft darauf, die »falsche« Seite der Person zu beleuchten. Wenn Sie trotzdem so fotografieren wollen, haben Sie eine Handvoll Möglichkeiten zur Verfügung. Die erste besteht darin, das Gesicht auf irgendeine Weise aufzuhellen. Die beiden gängigsten Verfahren dafür lauten, entweder das Sonnenlicht darauf zu reflektieren oder das Gesicht durch einen »Aufhellblitz« leicht aufzuhellen.

Die zweite Möglichkeit ist, den Hintergrund überzubelichten. Es kann sich immer noch genug Licht in der Szene befinden, um das Gesicht der Person ausreichend zu beleuchten – was aber natürlich zu einem stark überbelichteten Hintergrund führt.

Die letzte Option besteht darin, auf den Hintergrund zu belichten. Das erzeugt Silhouetten, was wahrscheinlich nicht der großartigste Ansatz für Porträts ist, aber dennoch kann dadurch manch stimmungsvolles Foto entstehen, beispielsweise bei Sonnenuntergang.

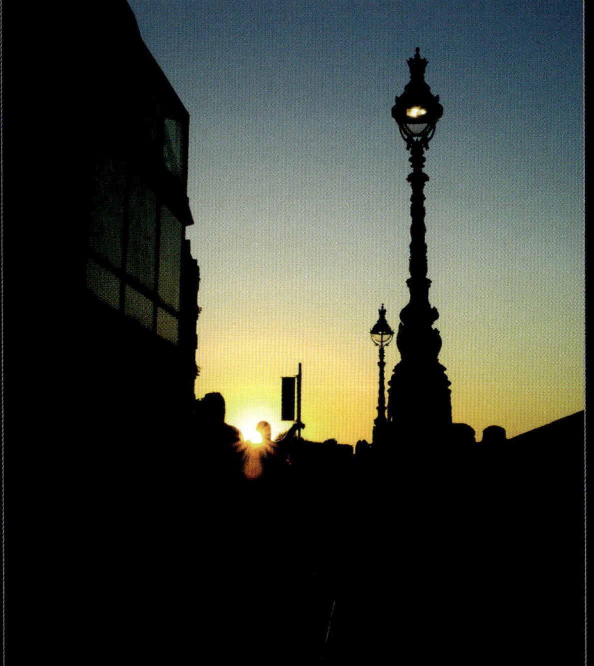

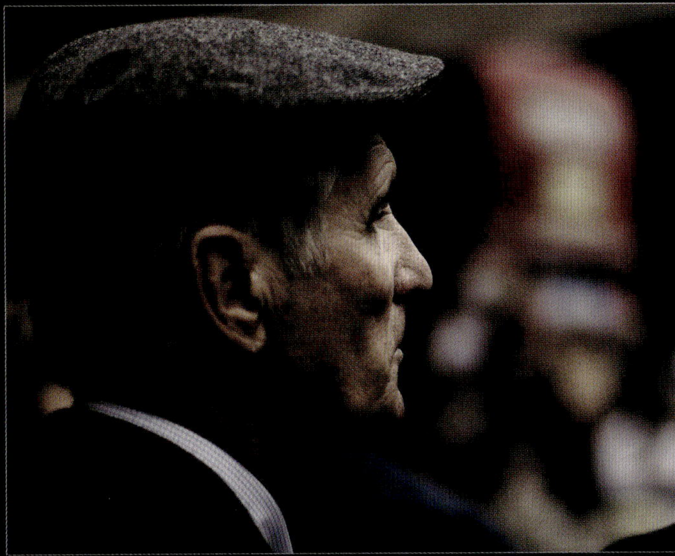

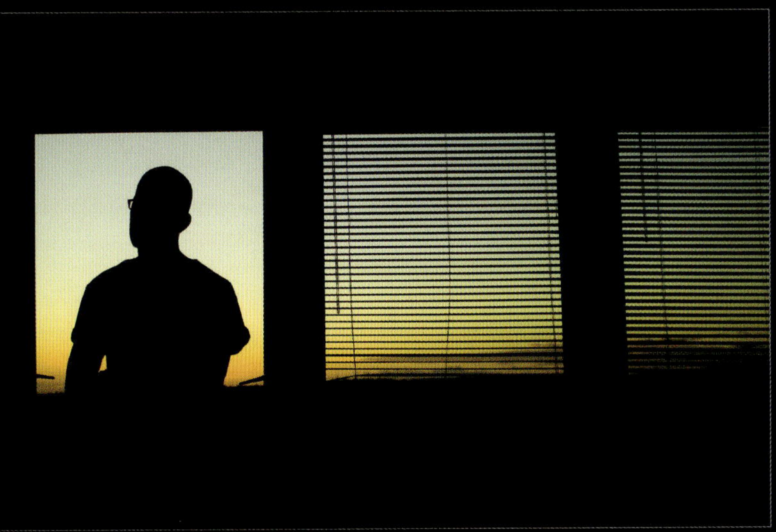

Ganz oben *Sonnenuntergänge sind eine weiterer offensichtlicher Anreiz, in die Sonne hineinzufotografieren – mit wunderbaren Ergebnissen.*

Oben *Bei dieser Aufnahme kommt das Licht fast senkrecht von oben – aber da es von den Gebäuden rings um die Person reflektiert wird, fallen die Schatten nicht zu hart aus und das Foto ist gut gelungen.*

Links *Durch Fotografieren in Richtung der Sonne kann man eindrucksvolle Silhouetten erzeugen, wie hier zu sehen ist.*

Die Regel:

Wenn es dunkel ist, dann blitzen Sie.

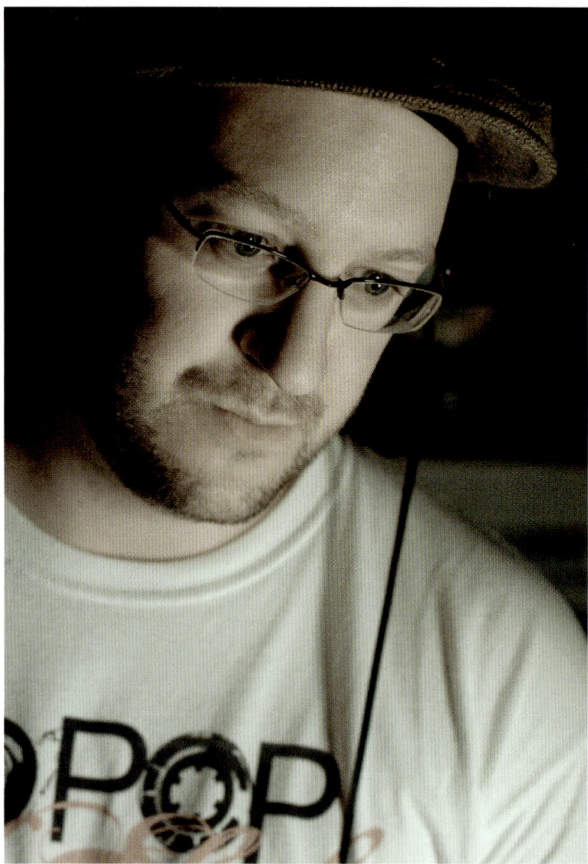

Ist es zu dunkel zum Fotografieren? Hm, das könnte ein Problem sein. Ich frage mich, wozu dieser Knopf hier ist. Hey, schau Dir das an! Ein Blitz klappt oben aus der Kamera heraus! Wie wundervoll.

Es spielt keine Rolle, ob Sie einen Klappblitz haben oder einen höherwertigen Zubehörblitz: Viele Leute werden Ihnen davon abraten, ihn zu verwenden, weil er scheußlich unrealistisches Licht erzeuge. Das ist Quatsch – wenn es zu dunkel ist, um wie gewohnt zu fotografieren, sollte man

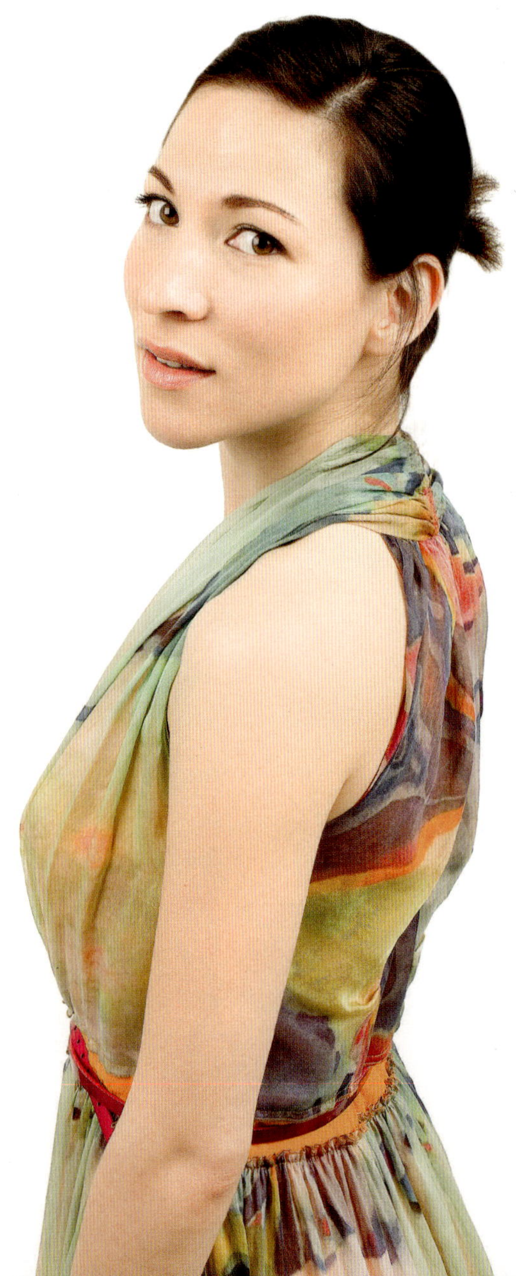

Oben *Durch Positionieren eines Blitzes mit Diffusor nahe der Seite dieses DJs kommt die Stimmung dieses nahezu stockdunklen Nachtklubs zur Geltung – und ich hatte gerade genug Licht, um die Aufnahme zu machen.*

Rechts *Bei Studioaufnahmen haben Sie die perfekte Kontrolle über das Licht. Wenn Sie sich das leisten können, dann nutzen Sie das voll und ganz aus.effect.*

AUFGESETZTEN BLITZ REFLEKTIEREN

Selbst wenn Sie keinen Zubehörblitz haben, können Sie jederzeit den Blitz an Ihrer Kamera über die Zimmerdecke reflektieren lassen. Verwenden Sie irgendetwas Weißes oder Reflektierendes in einem Winkel von 45° vor der Kamera, um das Licht nach oben zu reflektieren. Beachten Sie, dass nicht alle Kamerablitze leistungsfähig genug sind, um diesen Trick einzusetzen. Machen Sie sich also darauf gefasst, falls nötig die ISO-Einstellung zu erhöhen.

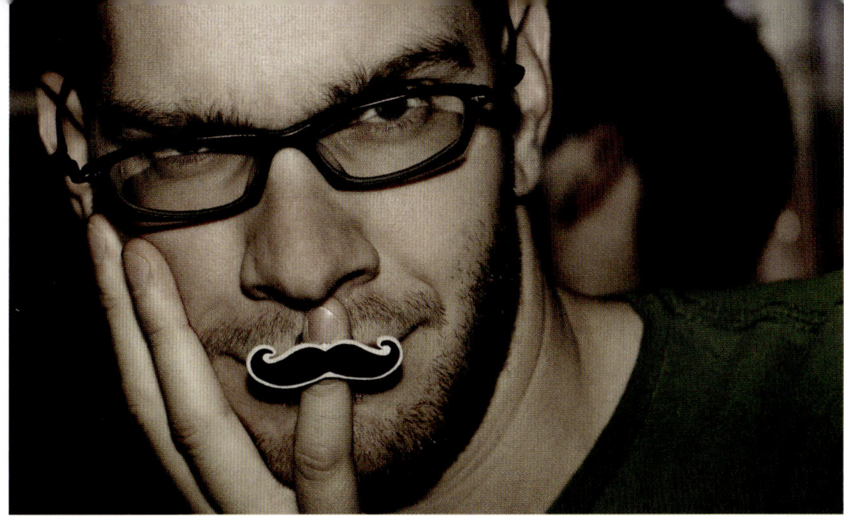

Links *Durch die Verwendung eines indirekten Blitzes wirkt das Licht in dieser Blitzaufnahme nicht allzu hart … und es blieb etwas von der Stimmung in der Aufnahme erhalten.*

die Technik, die zur Verfügung steht, benutzen, um die Situation zu retten.

Die Blitztechnik wird laufend verbessert, aber der in die Kamera eingebaute Blitz hat einen kleinen Nachteil: nämlich eben den, dass er in die Kamera eingebaut ist. Seine Position bewirkt, dass das Licht exakt aus Richtung der Kamera kommt. Um das Problem zu verstehen, machen Sie sich bewusst, dass wir es gewohnt sind, dass Lichtquellen von der Decke oder vom Himmel hoch über uns strahlen – aber nicht aus der eigenen Blickrichtung.

Deshalb ist es, falls Sie einen von der Kamera getrennten Blitz haben, oft besser, diesen statt des eingebauten Blitzes zu verwenden. Durch Verwendung des »entfesselten« Blitzes können Sie die Lichtquelle weiter von der Kamera entfernen, was die Lichtwirkung drastisch verbessert. Als Alternative, wenn Sie einen Zubehörblitz haben, können Sie stattdessen den schwenkbaren Blitzkopf benutzen, um das Blitzlicht zu reflektieren. Dazu schwenken Sie den Blitz nach oben. Das Licht wird von der Decke reflektiert (also »zurückgeworfen«). Auf diese Weise verwandeln Sie die ganze Decke in eine Lichtquelle, was zwei Vorteile hat: Eine so viel größere Lichtquelle bedeutet weicheres Licht, und dadurch, dass es von oben kommt, wirkt es viel natürlicher.

Außerdem müssen Sie sorgfältig auf den Weißabgleich achten, wenn Sie Blitzlicht mit anderen Lichtquellen wie zum Beispiel Glühlampenlicht oder Sonnenlicht kombinieren. Da sich die Farbtemperatur der letzteren beiden Lichtquellen stark von der des Blitzes unterscheidet, kann es Probleme bereiten, die Farben auszubalancieren. Die beste Lösung besteht in der Verwendung von Filterfolien, um die Farbe des Blitzlichtes an die anderen Lichtquellen anzupassen.

WAS IST EIN SKLAVE (SLAVE)?

Wenn Sie mit der Fachterminologie noch nicht vertraut sind, sagt Ihnen »Sklavenblitz« vielleicht nichts, aber es handelt sich um ein wichtiges Konzept, wenn man möglichst ideales Licht durch Blitze erzeugen will. Ein Sklavenblitz ist ganz einfach ein von der Kamera getrennter Blitz, der von dem Hauptblitz an der Kamera gesteuert wird (entweder dem eingebauten Blitz oder einem Zubehörblitz). Der vom Hauptblitz oder Masterblitz erzeugte Blitz löst gleichzeitig auch den Sklavenblitz aus. Das hat den Vorteil, dass Sie den Zusatzblitz in einem günstigeren Winkel zum Motiv platzieren können.

Wer sich wirklich für das Fotografieren mit Blitzlicht interessiert, kann weitere Sklavenblitze hinzufügen, um volles Studiolicht bei geringen Zusatzkosten zu erzeugen. Wenn Sie Ihre Fotografie bei schwachem Licht verbessern wollen, dann lernen Sie mehr über den Gebrauch von Sklavenblitzen, denn das kann die Lösung sein.

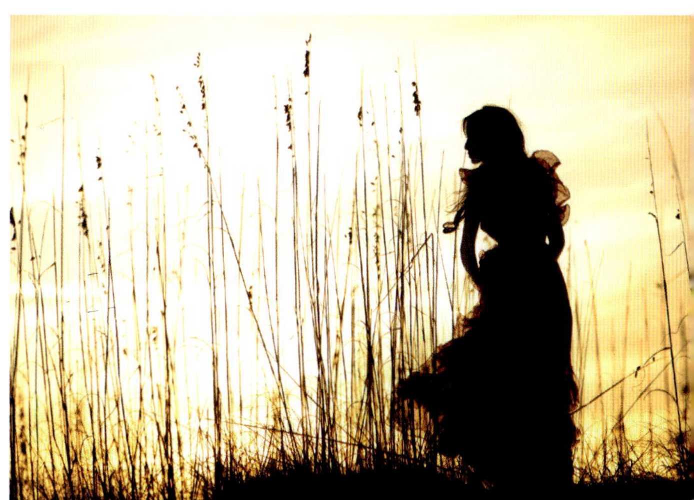

Rechts *Ein Blitz mit einer blauen Folie zur Aufhellung des Hintergrundes erzeugt eine schöne Stimmung.*

Im Dunkeln fotografieren

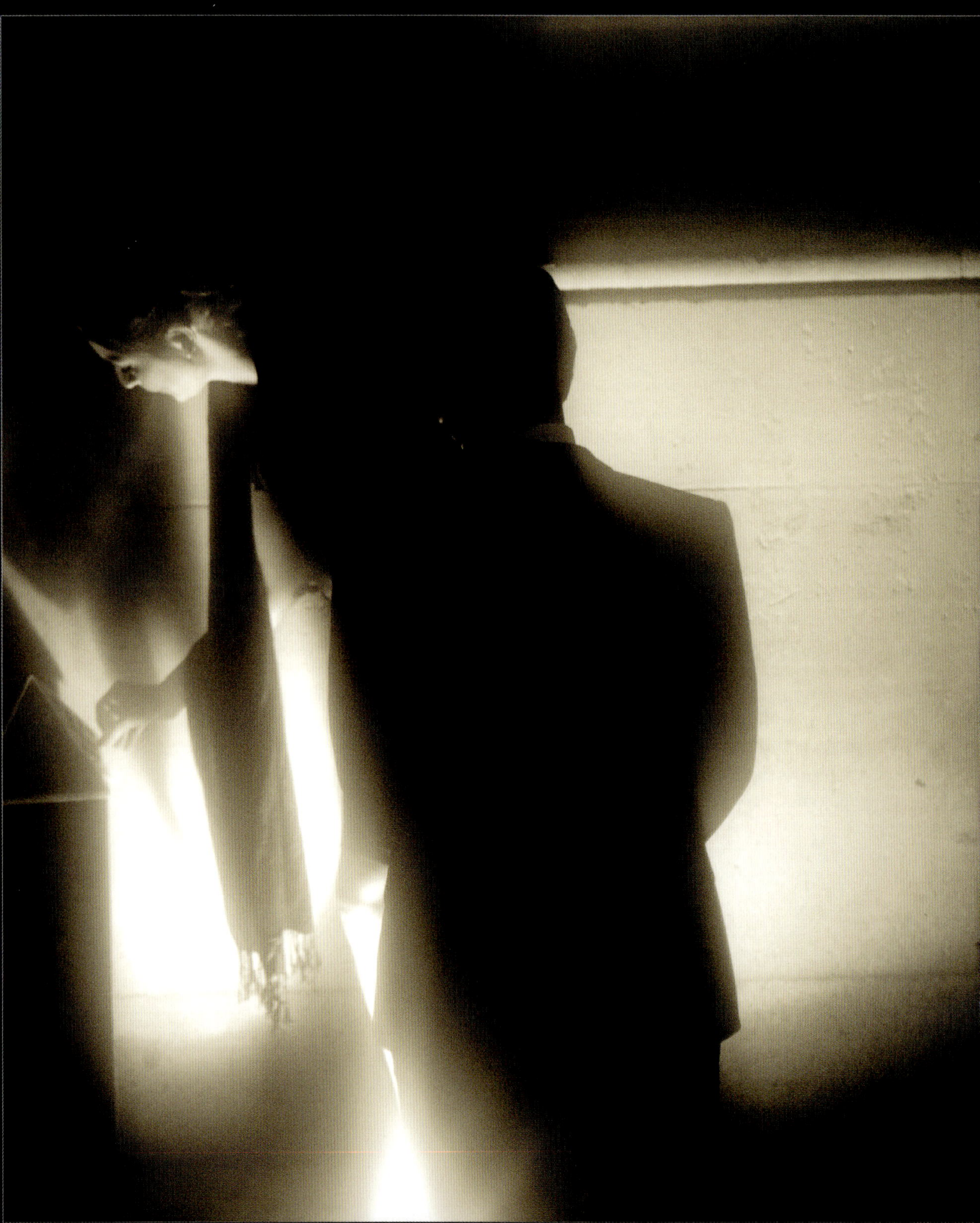

Wenn Sie Ihre Kamera auf Vollautomatik einstellen, wird sie häufig den Blitz dazuschalten. Das ist jedoch nicht immer die richtige Entscheidung. Wenn Sie das vorhandene Umgebungslicht nutzen können, versuchen Sie es erst einmal nur damit.

Verstehen Sie mich nicht falsch – Blitze sind in den Fällen sehr hilfreich, wo einfach nicht genug Licht vorhanden ist oder mehr Licht für eine kürzere Belichtungszeit benötigt wird. Es ist aber auch wichtig, sich nicht zu abhängig vom Blitz zu machen.

Erinnern Sie sich? Die Belichtungszeit ist bei knappem Licht Ihr bester Freund. Solange Sie keine Bewegung einfrieren müssen, können Sie die Belichtung so lang einstellen, wie Sie wollen, um die Aufnahme korrekt zu belichten. Mit ausreichend langer Belichtungszeit kann man sogar nachts ausgezeichnete Fotos machen, ohne dass es dafür einen Blitz bräuchte, selbst wenn die Szenerie nur vom Mond und den Sternen erhellt wird. Denken Sie für solche Langzeitaufnahmen an Ihr Stativ oder suchen Sie sich zumindest eine stabile Unterlage für die Kamera in der Nähe.

Sie müssen sich vor einer Aufnahme die Frage stellen: »Brauche ich wirklich Blitzlicht?« In vielen Fällen wird sich herausstellen, dass das Vergrößern der Blende, das Erhöhen der Empfindlichkeit (ISO) oder eine längere Belichtungszeit (bzw. eine Kombination daraus) die korrekte Belichtung ohne Blitz liefert.

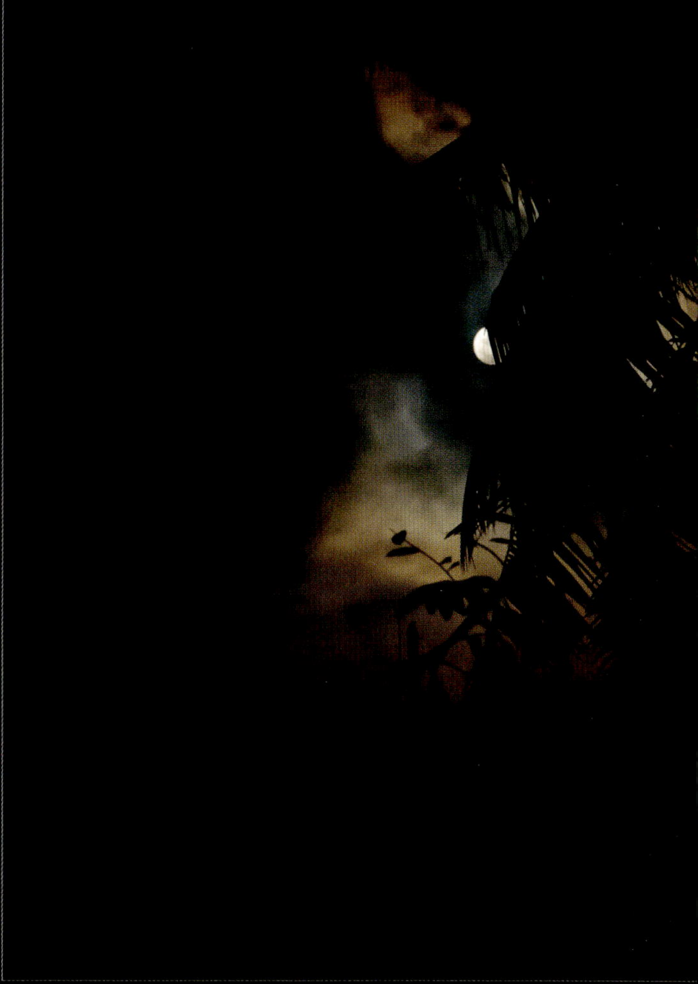

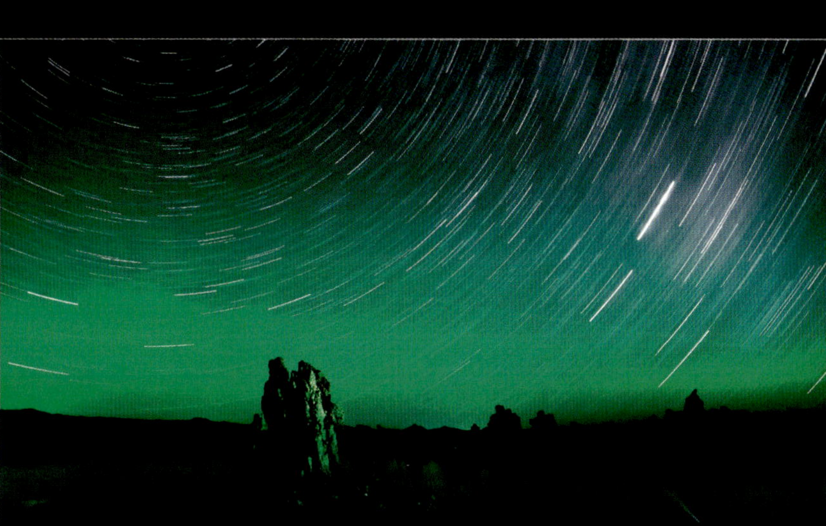

Oben rechts *Für ein Foto wie dieses braucht man eine lange Belichtungszeit, eine Menge Geduld, ein stabiles Stativ und … ja, einen ausgeschalteten Blitz.*

Gegenüber *Meine Kamera beharrte darauf, dass ich den Blitz aktivieren sollte; nur indem ich den Blitz manuell abschaltete, konnte ich die wunderbar gespenstische Atmosphäre dieser Szene einfangen.*

Rechts *Nachtaufnahmen bieten*

Die Regel:

Höherer Kontrast ergibt bessere Fotos.

Fotos sehen meist lebendiger aus, wenn sie sehr hohen Kontrast aufweisen. Daher kann ein Verständnis darüber, wie das funktioniert, dabei helfen, sie besonders werden zu lassen. Aber was ist Kontrast eigentlich? Um das Konzept zu erklären, greifen wir am besten auf die Schwarz-Weiß-Fotografie zurück. Hier beschreibt Kontrast die Differenz zwischen den hellsten und dunkelsten Bereichen eines Fotos. Eine größere Differenz bedeutet mehr Kontrast und ergibt ein dynamischeres Foto.

Sie können kontrastreiche Subjekte in Ihre Bilder einfügen. Was sieht zum Beispiel interessanter aus – eine graue Katze vor einem grauen Hintergrund oder eine weiße Katze vor einem schwarzen Hintergrund? Die Aufnahme mit dem stärkeren Kontrast wird natürlich den Blick auf sich ziehen. Kontrast ist aber auch ein Effekt, um den es in der Nachbearbeitung geht – wir werden das ausführlicher in Kapitel 7 behandeln.

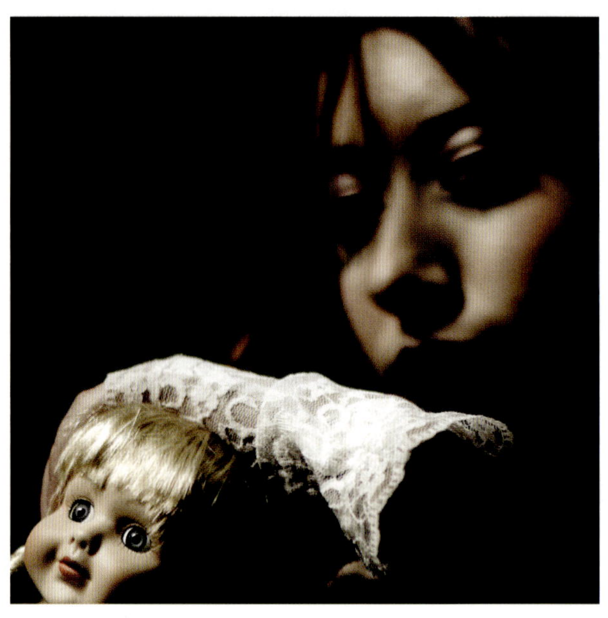

Oben *Durch hohen Kontrast können Sie Ihren Aufnahmen etwas Dramatik hinzufügen.*

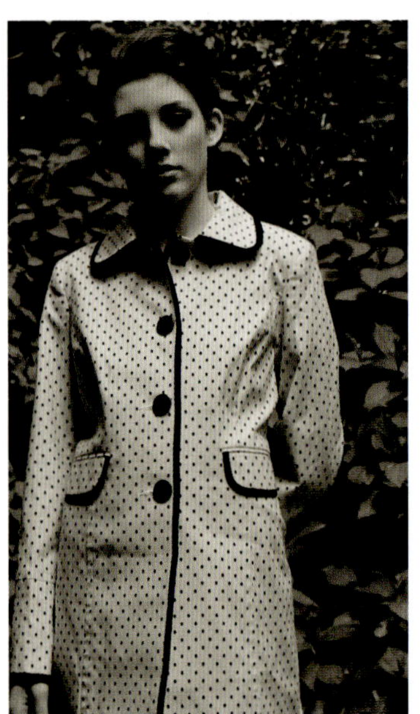

Links *Was dieses Foto so fesselnd macht, ist der große Unterschied zwischen den Lichtern und Schatten. Beachten Sie, dass das Licht dennoch ziemlich weich ist – der Übergang zwischen Lichtern und Schatten erweist sich als schön und gleichmäßig.*

Unten *Obwohl in der Landschaftsfotografie traditionell weiche und gleichmäßige Tonwerte vorkommen, können Sie diese Regeln brechen und dadurch sehr eindrucksvolle Bilder produzieren, besonders wenn es um städtische Umgebungen geht.*

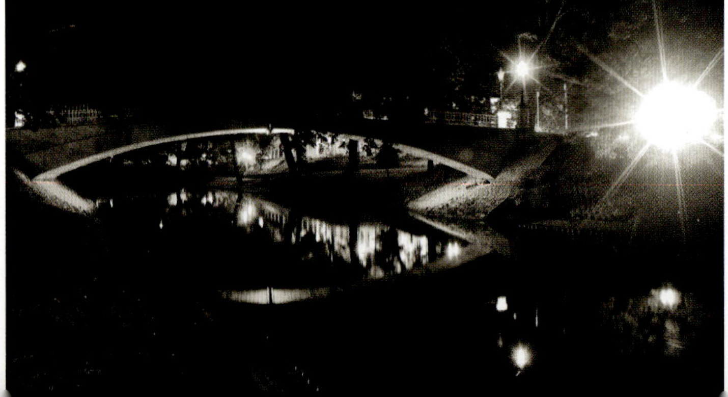

Es kann eine ziemliche Herausforderung sein, in eine Komposition kontrastierende Farben einzubeziehen, aber es gibt glücklicherweise viele Möglichkeiten für den Weg dorthin. Sie können – wiederum – Hell-Dunkel-Unterschiede wie in einem Schwarz-Weiß-Foto wählen (fotografieren Sie z. B. eine rote Murmel zwischen hellrosafarbenen) oder Sie können aus dem Farbkreis kontrastierende Farben einander gegenüberstellen. Den größten Kontrast bilden sogenannte Komplementärfarben, die sich im Farbkreis auf gegenüberliegenden Seiten befinden, wie zum Beispiel roter Schmuck an einem grünen Christbaum oder die orangefarbene Sonne über dem blauen Meer. Farbkontrast ist ein sehr einfaches Mittel, um eine Komposition interessanter zu machen, und lenkt die Aufmerksamkeit auf den Motivschwerpunkt, wenn er mit seiner Umgebung kontrastiert.

Mit wenig Kontrast komponieren

Verschneite oder neblige Landschaften haben von Natur aus wenig Kontrast und lassen die Szene schön und ruhig erscheinen.

Viele Fotoanfänger nutzen den Kontrast als Krücke, wenn sie ihre Aufnahmen machen oder bearbeiten. Ich kenne das gut, ich habe eine riesige Bibliothek an Fotos aus der Zeit, als ich zu fotografieren anfing – alle enorm kontrastreich. Rückblickend halte ich das für einen Fehler. Hoher Kontrast ist keine automatische Gewähr für tolle Fotos. Natürlich können Sie den Kontrasteinsteller benutzen, um Ihre Fotos eindrucksvoller zu machen, aber zu guter Fotografie gehört sehr viel mehr als das.

Fotos mit wenig Kontrast können eine Welt aus Subtilität, Stimmung und Unschuld vermitteln. Zum Beispiel ist die High-Key-Fotografie eine eigene Stilrichtung, die bewusst das genaue Gegenteil von kontrastreicher Fotografie anstrebt.

Durch die Wahl von Szenarien, die von sich aus für Low-Key-Fotografie geeignet sind, erschließen Sie sich traumhafte Fotos, einschließlich der subtilen ätherischen Qualität von Wolken und feinem Schneegestöber. Irgendwie haben wir es geschafft, uns aus der bewährten Welt kontrastreicher und deshalb hochwertiger Bilder in eine andere Sphäre hineinzubegeben, in der verderbliche, fragile Schönheit existiert, die nicht lange fortbesteht. Greifen Sie nach der Welt der geringen Kontraste und machen Sie, was Sie tun wollen.

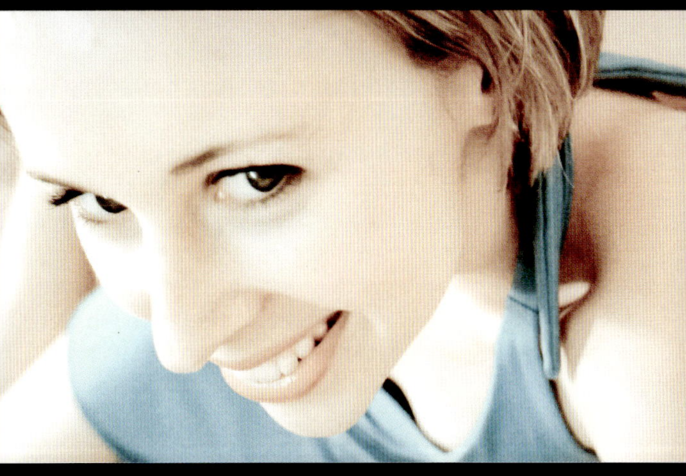

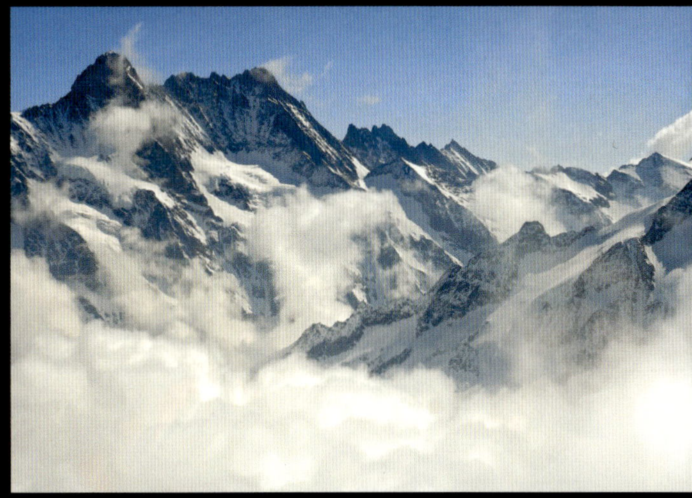

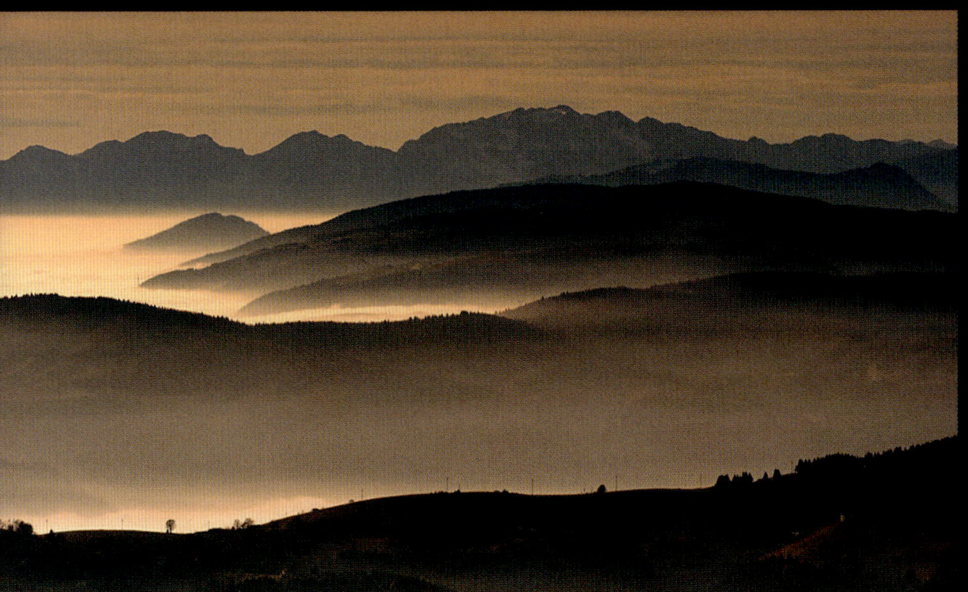

Ganz oben *Mit niedrigem Kontrast zu fotografieren, bedeutet einen völlig anderen Stil als kontrastreiche Fotografie.*

Oben und links *Verschneite oder neblige Landschaften neigen dazu, von Natur aus kontrastärmer zu sein. Die niedrigeren Kontraste sind es, die die Szenen so besinnlich und atemberaubend erscheinen lassen.*

Die Regel:

Mit Farbe Stimmung erzeugen

Farbe! Wer liebt nicht die Farben? Von den hellen und zarten Pastelltönen, die nach dem allmählichen Untergang der Sonne über dem Meer verbleiben, bis hin zu den satten und kräftigen Tönen frischer Farben – überall ist die Welt um uns herum bunt. Als Fotograf können Sie durch die Stimmung der Farben eine gefühlsmäßige Reaktion beim Betrachter hervorrufen.

Wissen Sie, welche unterschiedlichen Gefühle durch bestimmte Farben hervorgerufen werden? Obwohl das stark von der jeweiligen Kultur ab-

Farbe	Stimmung
Schwarz	*Autorität, Macht, Stil, Böses*
Weiß	*Unschuld, Reinheit, Sterilität*
Rot	*Liebe, Lust, Zorn*
Blau	*Frieden, Ruhe, Depression, Kälte*
Grün	*Natur, Gelassenheit, Frische, Entspannung, Fruchtbarkeit, Wohlstand*
Gelb	*Fröhlichkeit, Optimismus*
Violett	*Königtum, Luxus, Perfektion, Romantik, Feminität*
Braun	*Natürlichkeit, Schwermut, Urtümlichkeit*

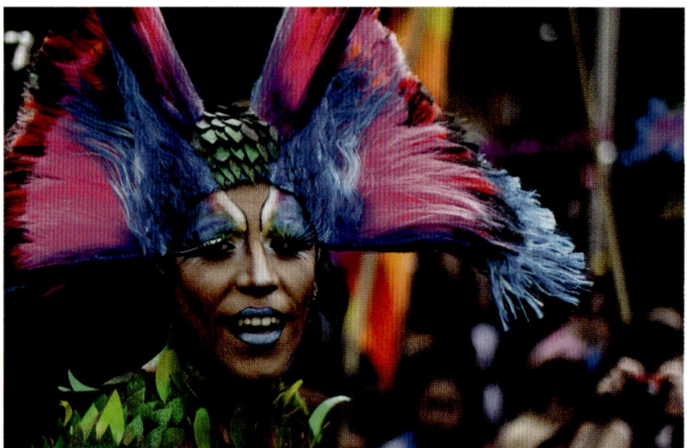

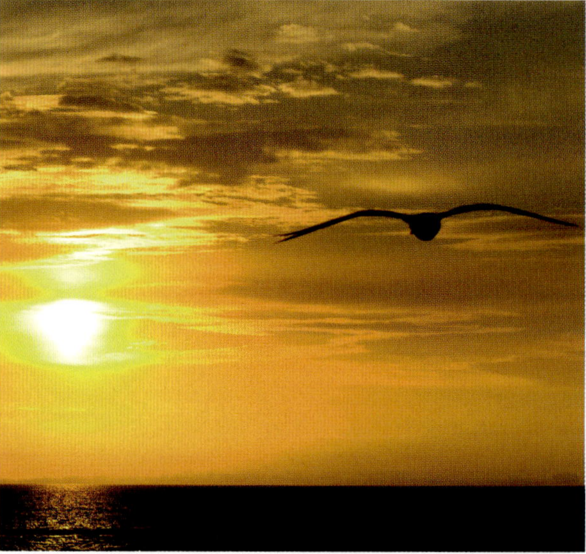

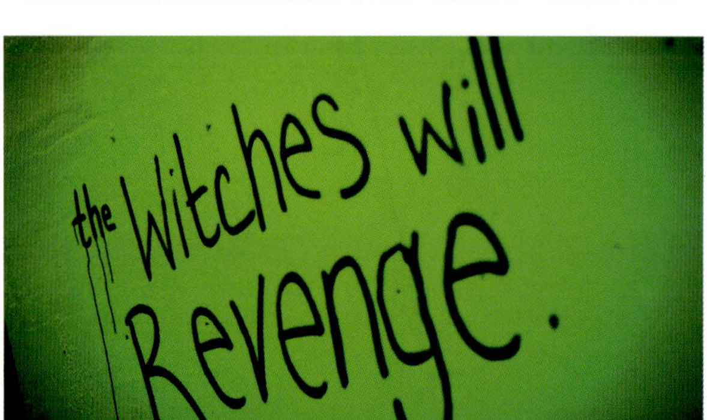

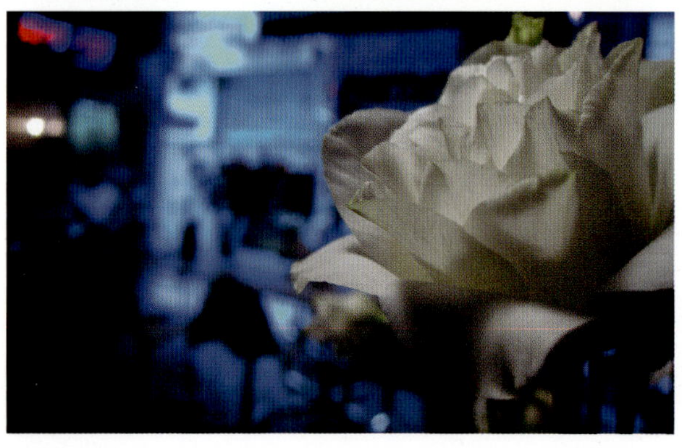

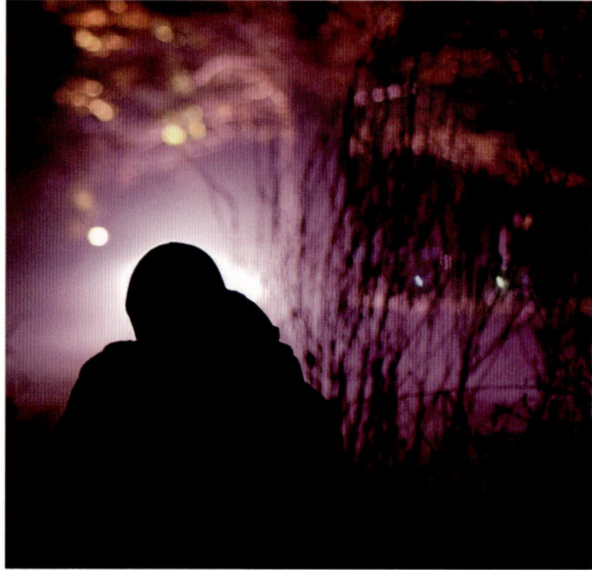

hängig ist, habe ich hier ein paar gängige Farbassoziationen zusammengetragen.

Wenn Sie sich diese Bedeutungen einprägen, ist es keine große Kunst, einige dieser Farben in Ihrer Fotografie einzusetzen. Ziehen Sie daraus Ihren Vorteil, um eine gewünschte Stimmung zu erzeugen. Zum Beispiel scheint es einem Kind, das im Regen gelbe Stiefel trägt, einen gelben Regenmantel anhat und einen gelben Schirm hält, gut zu gehen, während dasselbe Kind, wenn es komplett in Schwarz gekleidet ist, nicht dieselbe Stimmung vermittelt, oder?

Es gibt keine Regel, die festlegt, welche Farbe Sie für eine bestimmte Gemütslage verwenden müssten. Trotzdem kann es hilfreich sein, sich die Liste auf der vorherigen Seite einzuprägen, wenn Sie eine bestimmte Reaktion hervorrufen wollen. Beispielsweise erzeugt eine helle Farbe im Allgemeinen eine positivere Stimmung als dunkle oder düstere Farben. Es hängt natürlich auch immer davon ab, was vor Ort zur Verfügung steht.

Es kann auch Spaß machen, wenn ein Foto nur von Farben handelt, wie zum Beispiel eine Ansammlung von Farbstiften, eine leuchtend bestrichene Mauer und Tür, verschüttete Farbe oder sogar eine Gruppe von verschiedenfarbigen Autos. Farbe bringt Freude, also erfreuen Sie sich daran.

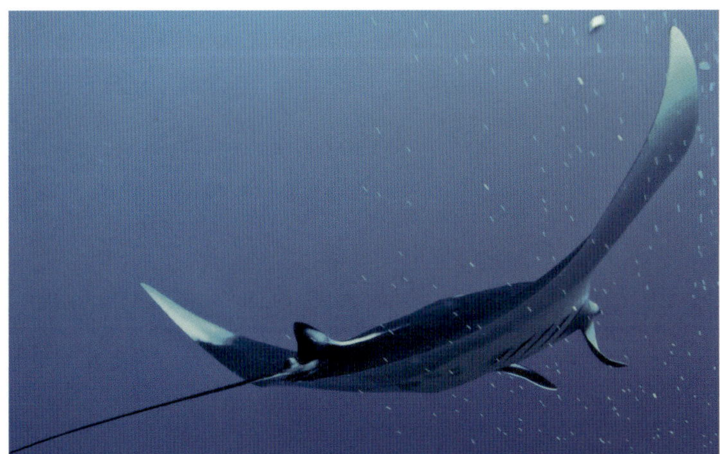

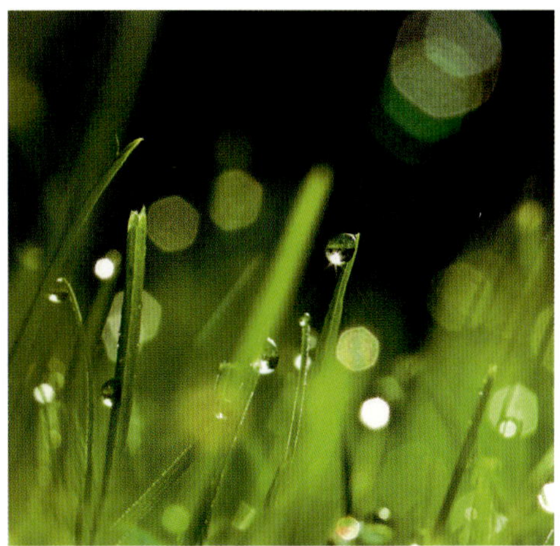

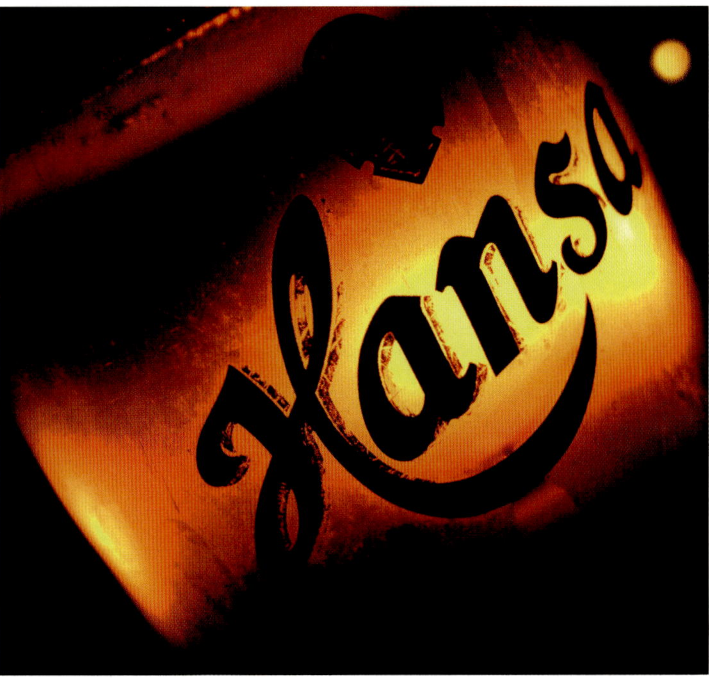

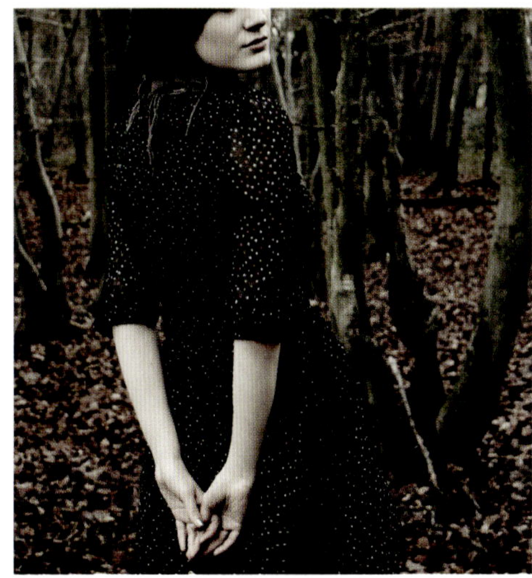

Die Regel brechen:
Die Ästhetik gedämpfter Farben

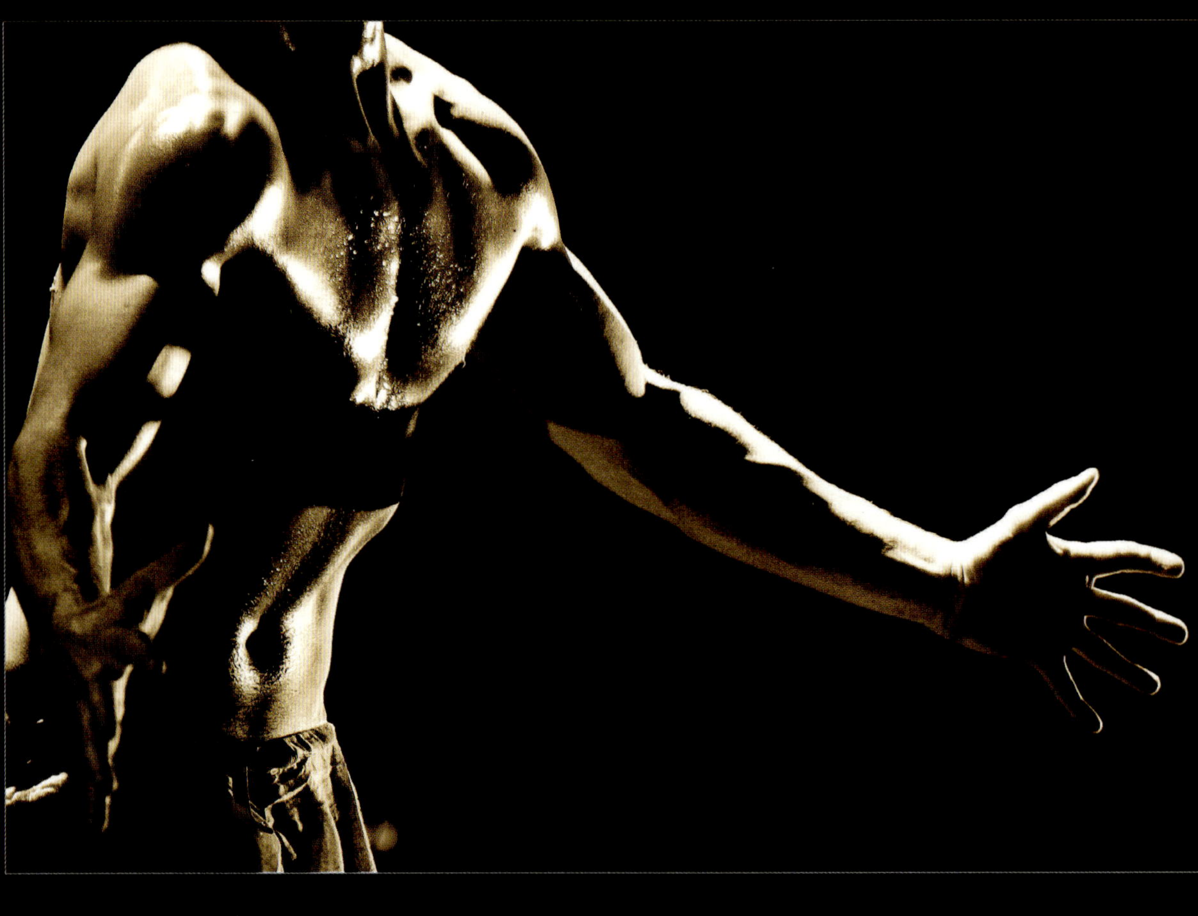

Trotz allem, was hier über Farben gesagt wird, ob hell und fröhlich, gedämpft und pessimistisch, vibrierend oder teilweise entsättigt: Es lässt sich nicht leugnen, dass die Fotografie eine lange Vorgeschichte ganz ohne Farben hat. Zu Beginn dieser Kunstform war das technisch alternativlos, doch selbst nachdem die Farbfotografie gebräuchlicher wurde (in der heutigen digitalen Zeit findet man reines Schwarz-Weiß nur noch in bestimmten Bereichen der medizinischen oder wissenschaftlichen Fotografie), sehnten sich viele Fotografen nach der Abstraktion und Ästhetik, die durch Abwesenheit von Farbe entstehen kann.

Zunächst einmal gibt es Fotos, die besser wirken, wenn sie keine Farben enthalten. Man kann in Schwarz-Weiß wunderbare Bilder machen, die das Publikum ansprechen. Dasselbe gilt für sepiafarbene oder andere monochromatische Fotografie. Manchmal hilft das Entfernen der Farben (oder diese im ganzen Bild gleichzusetzen) dem Betrachter, sich auf das zu konzentrieren, was in der Komposition wichtig ist, anstatt sich in der Farbenpracht zu verlieren.

Farbe lässt sich nicht immer kontrollieren, auch nicht mit einem guten Fotobearbeitungsprogramm, selbst wenn man damit eine Menge ausrichten kann, nachdem das Foto gemacht wurde. Grämen Sie sich nicht, wenn es nicht gelingt, die »perfekte« Kombination von Farben in einem Foto zu erreichen. Es ist viel wichtiger, sich auf den Inhalt eines Fotos als auf dessen Farben zu konzentrieren. Schlussendlich werden Sie ein Fotoprojekt nicht einfach abbrechen, weil das Auto in dem Bild blau anstatt rot ist, oder? Wahrscheinlich nicht, außer Sie haben etwas ganz Spezielles im Sinn. Häufig ist die Farbe in einer Aufnahme kein bestimmender Faktor dafür, dass das Bild gut wird, sie ist nur ein weiteres Mittel, um das Bild noch besser zu machen.

Treten Sie einen Schritt zurück und schauen auf Ihre Komposition. Benötigt sie Farbe, um eine Stimmung oder ein Gefühl zu vermitteln? Würde das Hinzufügen von Farbe die Aufnahme verbessern oder würde sie von der Bildgeschichte ablenken? Durch die Auseinandersetzung mit diesen Fragen können Sie entscheiden, ob Ihr Foto mehr von einer bestimmten Farbe benötigt oder ob es gut ist, so wie es ist. Denken Sie daran, dass Sie andere Ausdrucksmittel für die Darstellung der Stimmung verwenden können, etwa Posen, Gesichtsausdrücke oder die Person in Ihrer Komposition.

Gegenüber *Dieses Bild ist nahezu farblos – tatsächlich enthält es nur Braun, Schattierungen von Braun, Schwarz und Weiß. Aber gerade das bewirkt zu Teilen, dass es so ein kraftvolles Bild ist.*

Rechts *Dieses Foto wirkt so gut, weil es anscheinend keinem vorgefassten Schema über Fotografie oder Farbe entspricht.*

Unten *Die weichen, teilweise entsättigten Farben in dieser Aufnahme tragen dazu bei, dass sie ein bestimmtes Gefühl vermittelt – von Unschuld, vermutlich … und die Anmutung eines etwas altmodischen Looks.*

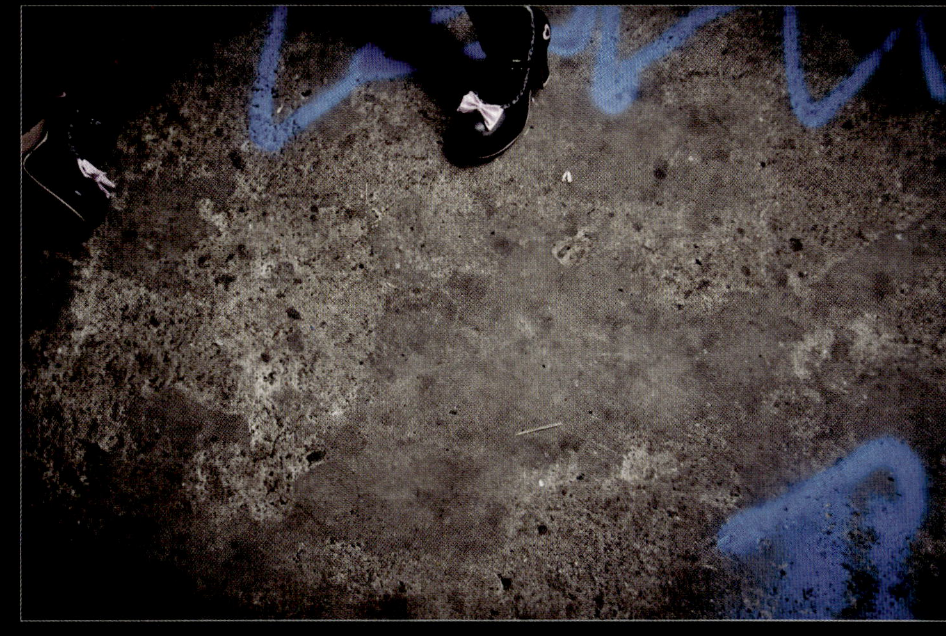

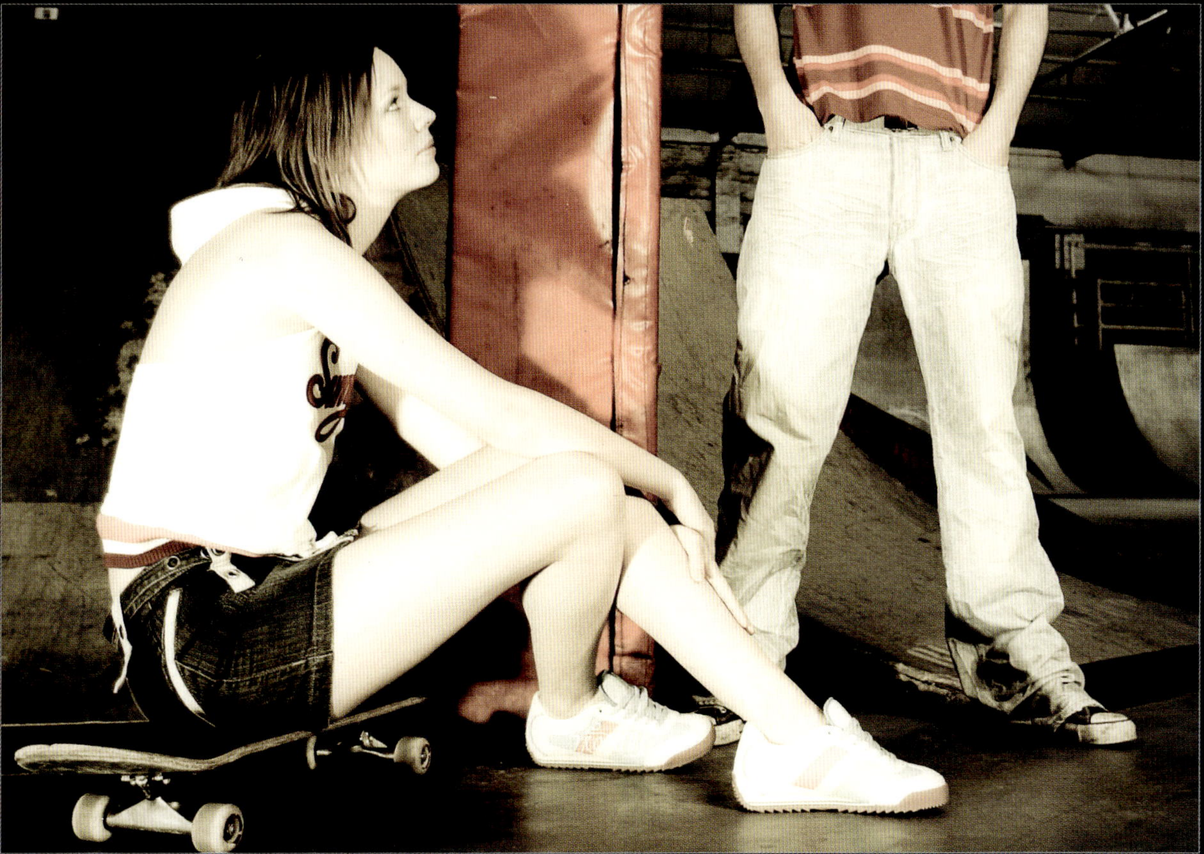

Die Regel:
Machen Sie einen Weißabgleich.

Unabhängig davon, ob der Betrachter eines Fotos versteht, was Weißabgleich ist oder nicht, wird er sicher bemerken, wenn der Weißabgleich der Komposition nicht stimmt. Falsche Weißabgleich-Werte können einen dramatischen Effekt auf Fotos haben, besonders wenn sie Personen zeigen, da ein unnatürlicher Hautton entstehen kann, der sich nicht ignorieren lässt: Schlecht abgeglichene Fotos sehen »daneben« aus.

Weißabgleich ist also wichtig … und deshalb ist es an der Zeit, sich damit zu beschäftigen, falls Sie noch nicht darüber Bescheid wissen, wie man die verschiedenen Weißabgleich-Einstellungen und einen manuellen Weißabgleich verwendet. Begehen Sie nicht den Fehler, einfach den automatischen Weißabgleich-Modus an der Kamera eingestellt zu lassen. Denn in manchen Situationen reicht das nicht aus und Sie müssen eingreifen, um hochwertige Fotos zustande zu bringen.

Ein korrekter Weißabgleich ist besonders wichtig, wenn man mit unterschiedlichen Lichtquellen arbeitet, da es dann für die Kamera schwierig wird, weil unterschiedliche Farbtemperaturen zusammenkommen. Die Einstellung des korrekten Weißabgleichs ist ganz einfach, indem man ein weißes Blatt Papier fotografiert und eine Taste an der Kamera drückt, die bewirkt, dass das Papier für die Einstellung des korrekten Weißabgleichs verwendet wird. Das dauert keine Minute und gewährleistet, dass die Fotos korrekt aufgenommen werden.

Ein anderer Fall, bei dem die Einstellung des Weißabgleichs sinnvoll ist, sind Aufnahmen bei Schnee, da es der Kamera schwerfällt, mit so viel Weiß umzugehen. Ohne Einstellung des Weißabgleichs bekommen Sie am Schluss möglicherweise Aufnahmen mit einem Blaustich, womit die Szene nicht richtig dargestellt wird.

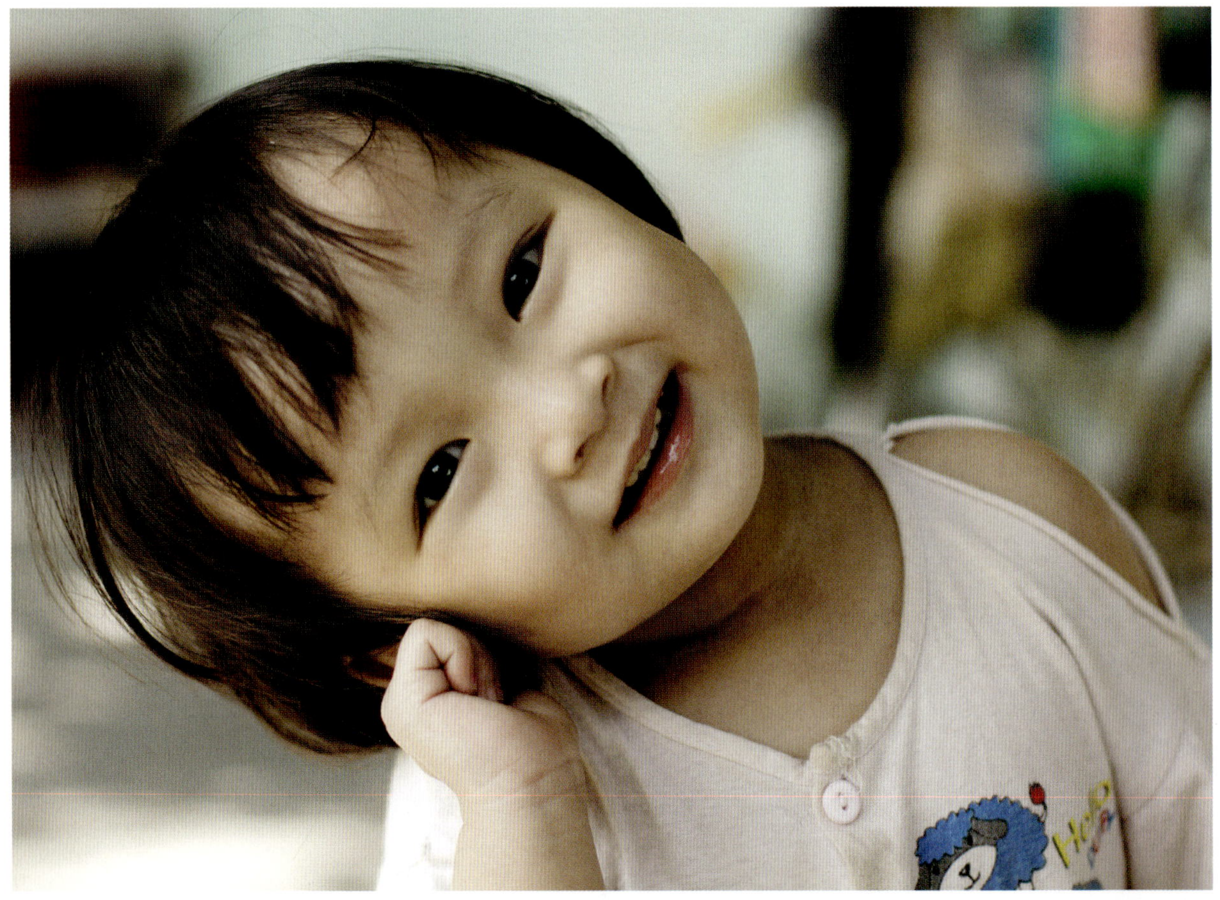

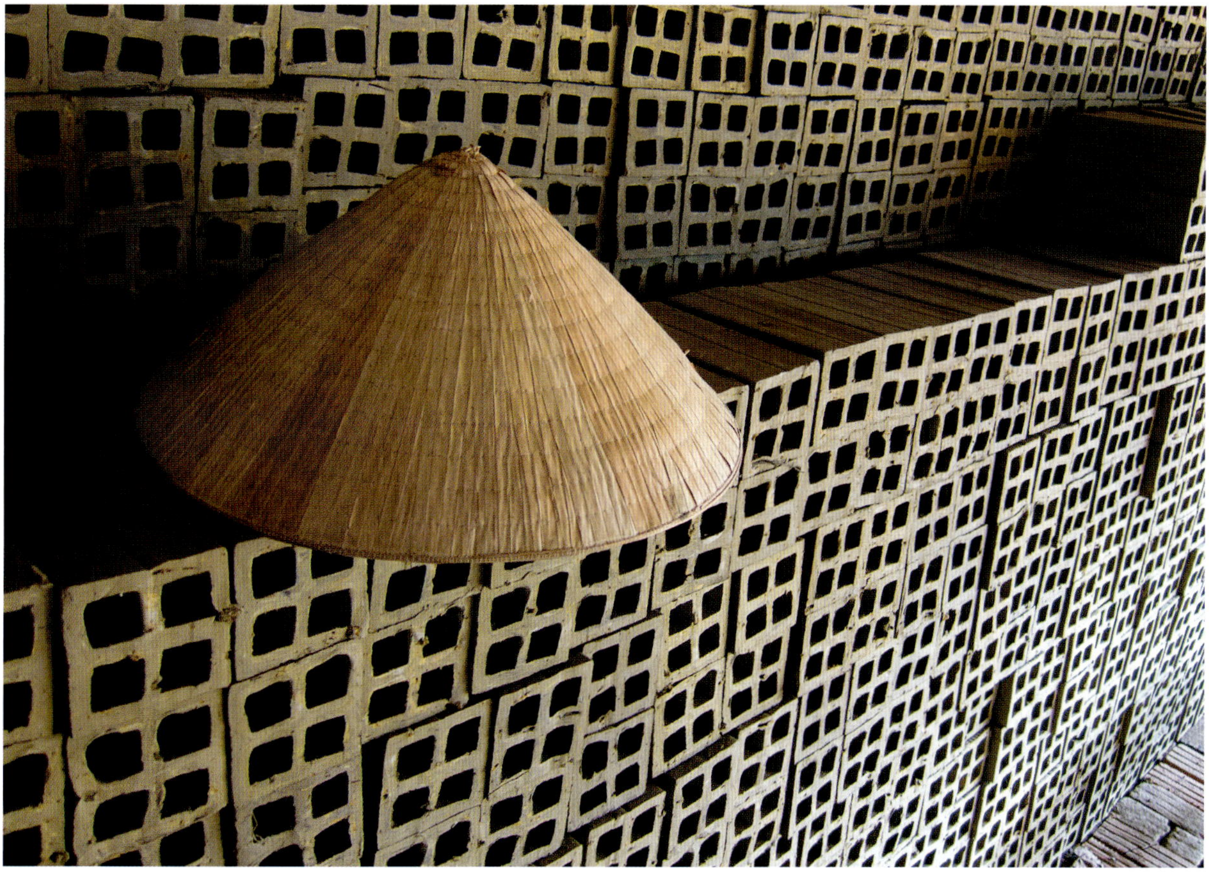

Oben, unten und gegenüber *Bei Porträts, Landschaftsaufnahmen und Lebensmittelfotografie ist der Weißabgleich ein Muss. Wenn die Aufnahmen nicht realistisch aussehen, wird sich das Publikum abwenden und zum nächsten Bild weitergehen.*

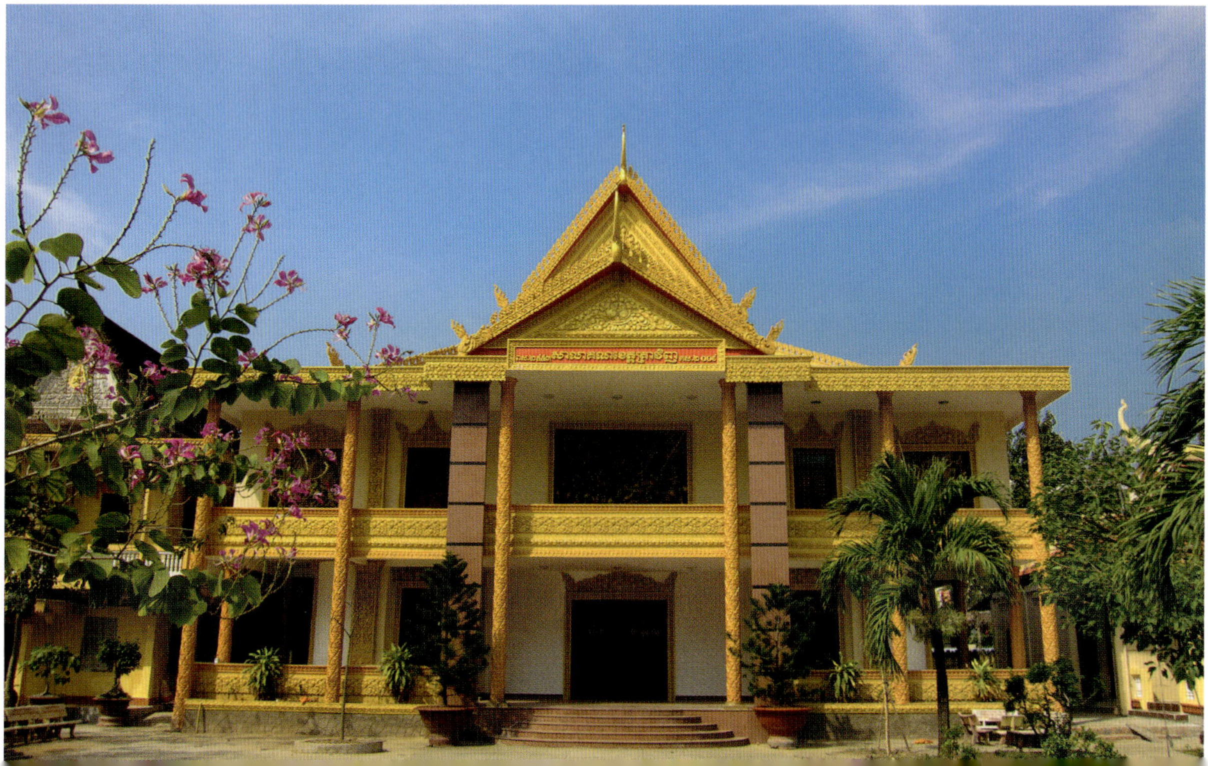

Die Regel brechen:

Den Weißabgleich in den Wind schlagen

Wenn Sie im RAW-Format fotografieren, brauchen Sie sich um den Weißabgleich keine großen Sorgen zu machen; die RAW-Datei speichert alle vom Bildsensor erfassten Daten, deswegen können Sie den Weißabgleich auch im Nachhinein einstellen.

Grundsätzlich aber halte ich den Weißabgleich nicht für ein absolutes Muss. Für mich gilt also nicht, dass man nie, niemals absichtlich die Balance eines Fotos verschieben darf. Ganz im Gegenteil: Manchmal wirken Fotos sehr gut, wenn man sie ein wenig »wärmer« oder »kälter« macht, als es die Kamera vorschreibt. Porträts wirken zum Beispiel verbindlicher, wenn sie ein bisschen mehr Wärme enthalten – das lässt die Leute freundlicher erscheinen, und die wärmeren Farben vermitteln ein Eindruck von … eben von Wärme.

Das Gegenteil trifft ebenso zu. Karge Landschaften und Szenen voller Verzweiflung können besonders reizvoll mit einem etwas »zu kühlen« Weißabgleich wirken. Experimentieren Sie – und wenn der »falsche« Weißabgleich ein »richtiges« Foto liefert, zögern Sie nicht, ihn zu verwenden, denn wenn er passend wirkt, kann er nicht falsch sein. Folgen Sie Ihrem Instinkt dorthin, wo Ihre Kreativität Sie hinführt. Das gilt, nebenbei gesagt,

Unten *Wenn man bei Landschaftsaufnahmen die Farbtemperatur ein wenig erhöht, wie ich es hier getan habe, können wunderschöne Fotos in warmen Farben entstehen, die ansprechender sind als ihre neutralen Geschwister.*

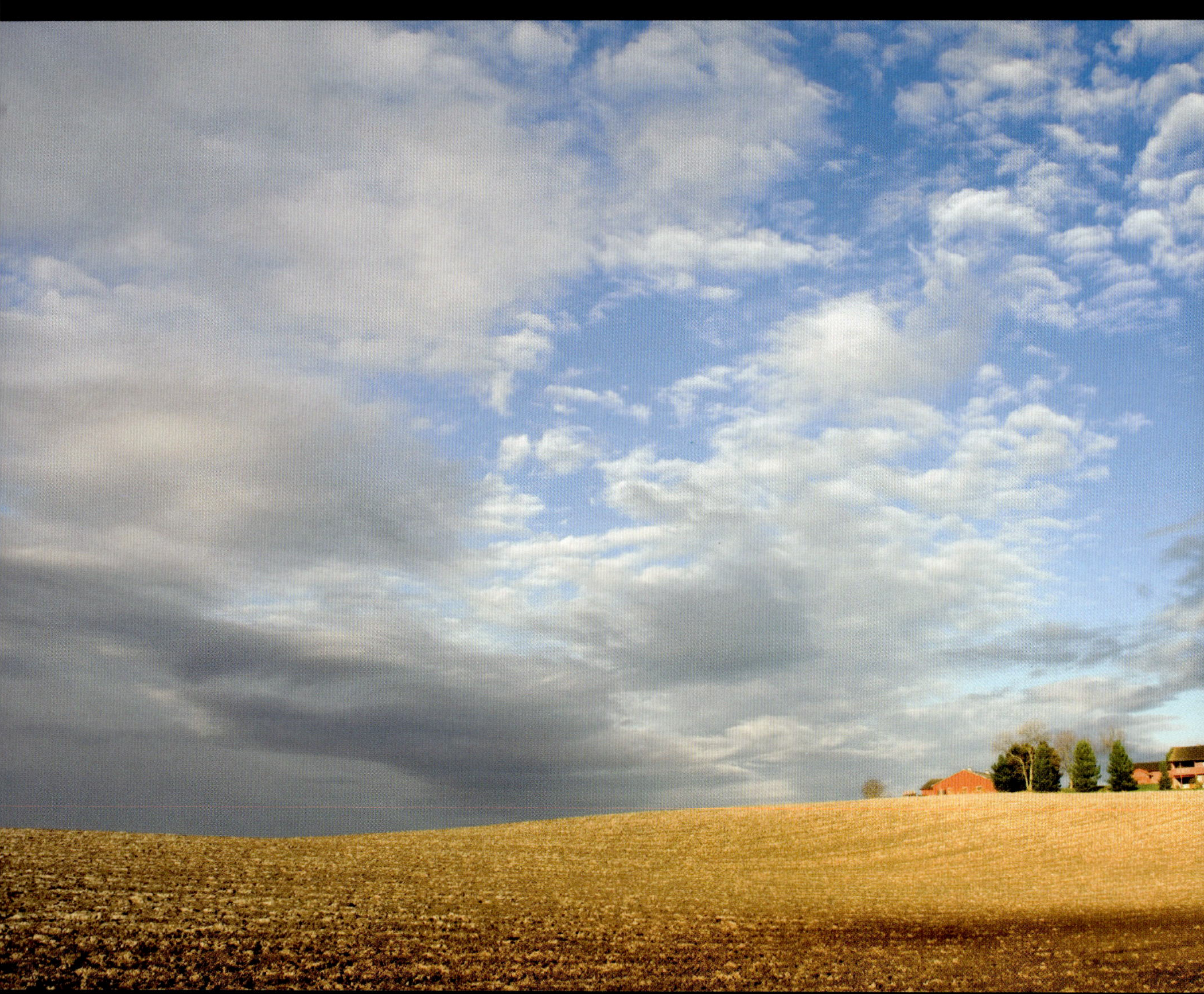

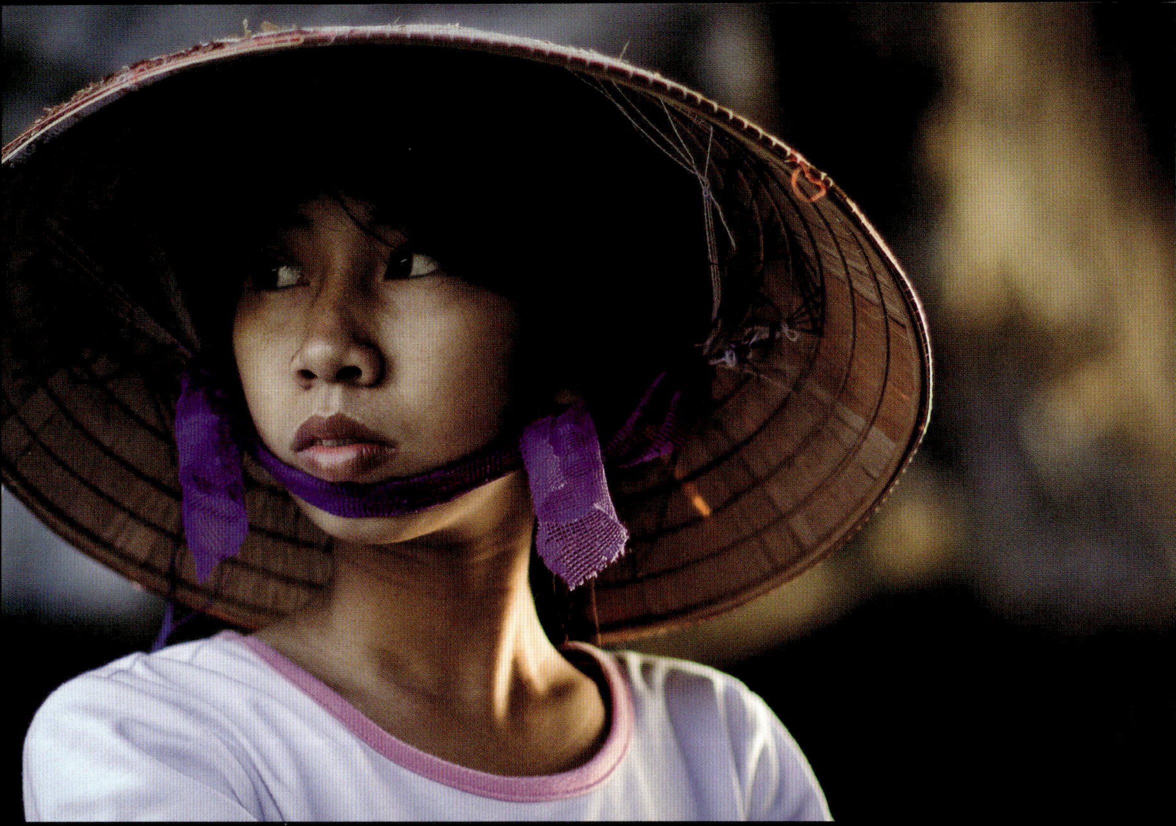

Oben *Porträts können durch etwas mehr Wärme gewinnen. Das lässt die Leute gesünder, braungebrannt und auch freundlicher erscheinen.*

nicht nur für diese, sondern für jede Regel, die Ihnen jemand in der Welt der Fotografie aufzubürden versucht – wenn etwas »falsch« ist, aber ein schönes Resultat liefert, ist es nicht verkehrt.

Was kommt als Nächstes?

Wir haben etliche Kapitel mit der Diskussion verbracht, wie man fotografiert, Bilder komponiert und welche Einstellungen an Kamera, Objektiv und Zubehör sich für bestimmte Situationen am besten eignen. Sie haben hoffentlich viel gelernt, um Ihre Kompositionen besser zu gestalten. Jetzt ist es an der Zeit, die Kamera aus der Hand zu legen und einen völlig anderen Bereich der Fotografie zu erforschen – die digitale Bildbearbeitung.

Das bedeutet nicht, dass Sie alle oder die meisten der Regeln, die Sie bisher gelernt haben, vergessen und einfach hoffen könnten, das ideale Resultat nur durch digitale Nachbearbeitung zu erzielen. Diese stellt ihnen lediglich weitere Hilfsmittel zur Verfügung, um so dynamische und interessante Fotos wie möglich zu bekommen.

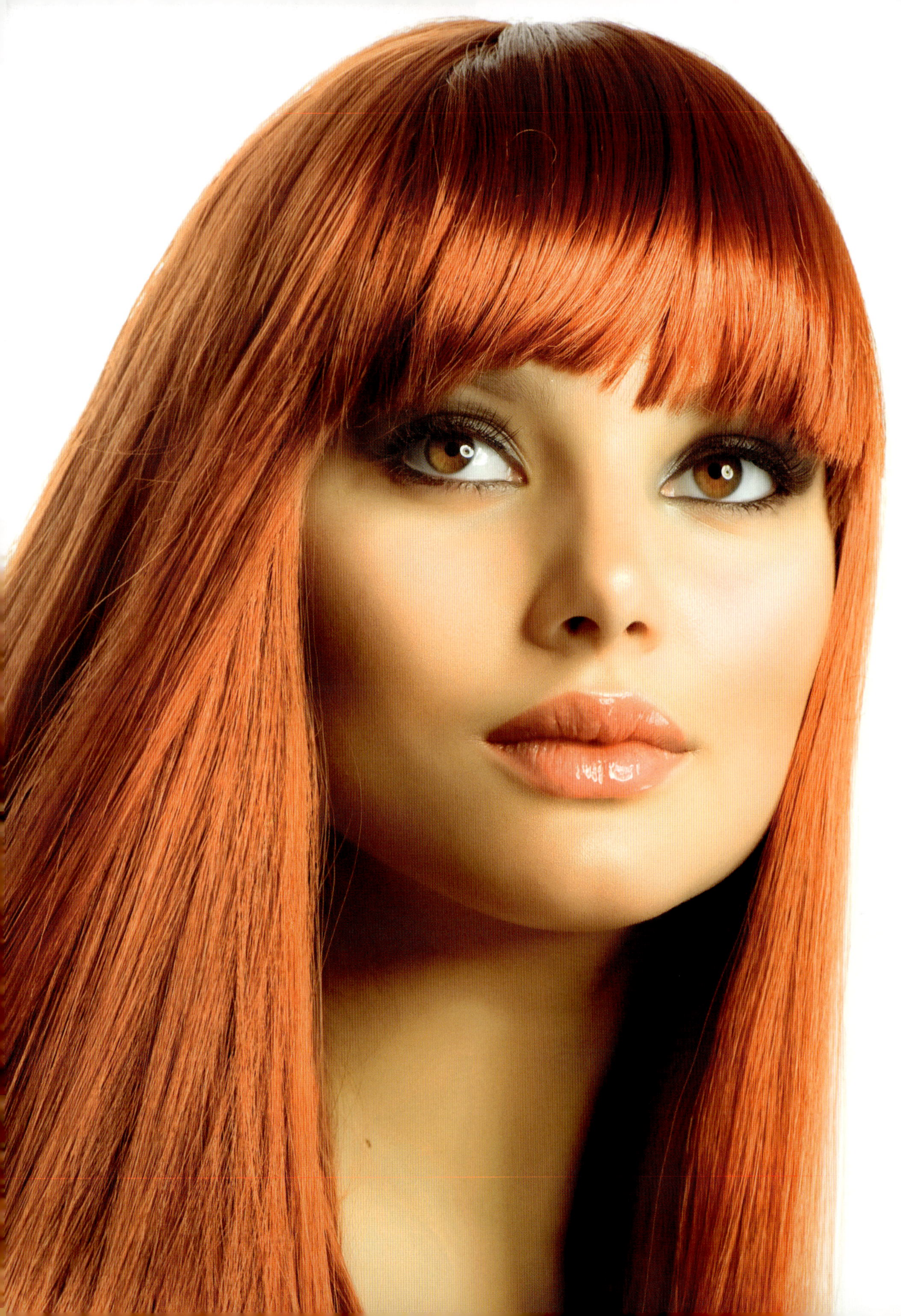

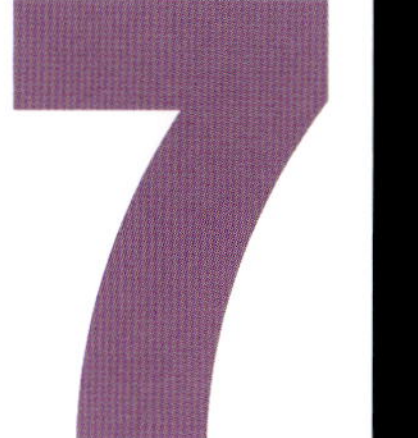

Die Regeln der digitalen Dunkelkammer

Es gibt wenige Dinge, die die fotografische Gemeinde mehr polarisieren als die Nachbearbeitung von Fotos. Außerdem ist es extrem herausfordernd, sich durch die Masse an Ratschlägen hindurchzubeißen, die on- und offline verfügbar sind. In diesem Kapitel werfen wir einen näheren Blick auf die Regeln und Ratschläge darüber, was zu tun ist, nachdem Sie zu Hause ein sicheres Back-up erstellt haben: Nun stehen Sie da, mit Ihrer Speicherkarte in einem Kartenleser, einer Tasse Tee oder einem Glas Bier in der Hand, und mit ein paar tausend zu bearbeitenden Bildern …

Links *Dieses Model ist schön, ohne jeden Zweifel. Aber glauben Sie mir, so hat die Dame nicht ausgesehen, bevor nicht einige magische Arbeit in der digitalen Dunkelkammer stattgefunden hatte.*

Die Regel:

Verwenden Sie Adobe Photoshop.

Photoshop existiert, seitdem es digitale Grafiken gibt. Heutzutage wird dieses Softwarepaket nahezu überall in der Industrie verwendet, wo irgendeine Art von grafischem Output erzeugt wird. Wenn Sie etwas sehen, was an irgendeinem Punkt gestaltet wurde, gehe ich jede Wette ein, dass dabei auf die eine oder andere Weise Photoshop mit im Spiel war. Zeitschriften, grafische Layouts, Verpackungsgestaltung, Produktdesign, 3-D-gerenderte Objekte; sogar Hollywood-Filme greifen häufig auf Photoshop zurück, zumindest bei einem Teil ihrer Nachbearbeitung.

Als digitales Kraftpaket ist Photoshop dafür bekannt, über ein halbes Dutzend Methoden für nahezu jeden Effekt zu verfügen, dessen Anwendung auf ein Foto nur denkbar ist (aus dem Stegreif fallen mir z. B. mehr als 20 Möglichkeiten ein, ein Farbfoto in Schwarz-Weiß umzuwandeln). Photoshop ist ungeheuer mächtig, und obwohl es zweifellos ziemlich knifflig sein kann, den Umgang damit zu lernen ist, lässt sich nicht leugnen, dass man als ernsthafter Fotograf, der die Möglichkeiten der digitalen Nachbearbeitung (oder der »digitalen Dunkelkammer«, wie man es oft nennt) voll nutzen will, daran nicht vorbeikommt.

Es gibt einige verschiedene Versionen der Software. Die beiden bekanntesten sind die Creative Suite (CS) – diese Kaufversion wurde inzwischen durch Photoshop CC (Creative Cloud, zu Jahresbeiträgen mietbar) abgelöst – und die vereinfachte Heimanwenderversion Photoshop Elements. Neue Versionen erscheinen regelmäßig, von denen jede neue Eigenschaften, mehr Leistung und weitere kreative Möglichkeiten aufweist. Die CS-Version war die Vollversion und für professionelle Grafikkünstler gedacht. Sie ist mit allen Schikanen ausgestattet, die man sich nur vorstellen kann, und enorm leistungsfähig. Nicht überraschend, dass sie deshalb auch ziemlich teuer war. Am besten informieren Sie sich im Internet über die aktuelle Preislage.

Die Elements-Version von Photoshop beruht auf derselben internen Softwarebasis wie die Vollversion, es sind aber zahlreiche Features entfernt. Adobe behauptet, dass der Umgang mit der Software dadurch sehr viel leichter zu erlernen sei. Ich bin nicht davon überzeugt, dass die Erlernbarkeit derzeit so viel einfacher ist, aber Elements hat den großen Vorzug, dass es sehr viel preiswerter ist (dem entspricht inzwischen eine Sonderversion für Fotografen, das Creative Cloud Foto Abo). Darin findet man mehr Möglichkeiten, als sie die meisten Neulinge verwenden, außerdem gibt es dazu eine Vielzahl an in die Software integrierten Hilfestellungen und Tutorials (auch als Videos online abrufbar), die beim Einstieg helfen.

Es finden sich im Markt zahlreiche Alternativen zu Photoshop, doch nach meiner Auffassung hat diese Regel ihren Sinn: Wählen Sie Photoshop.

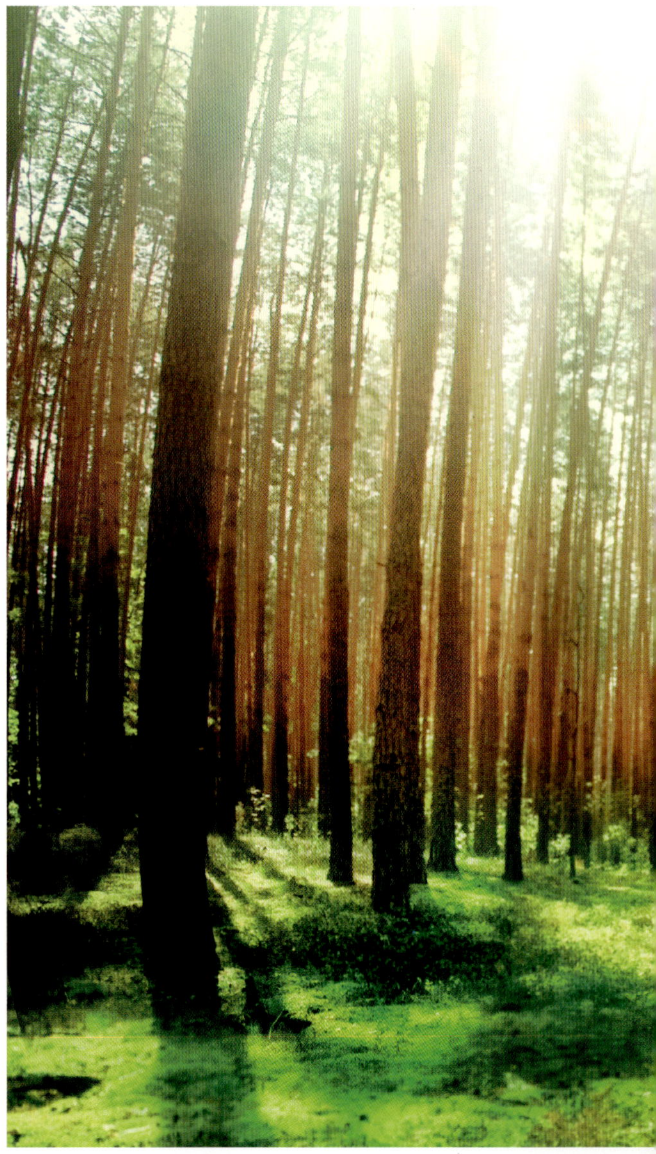

WAS IST MIT ALL DEN ANDEREN PROGRAMMEN?

Die Creative-Suite-Version bzw. in der Nachfolge CC (Creative Cloud) ist ohne Zweifel das umfangreichste Werkzeug für die Fotobearbeitung: Wenn das, was Ihnen vorschwebt, mit Photoshop nicht ausführbar ist, dann gibt es dafür vermutlich überhaupt keine Softwarelösung.

So mächtig Photoshop CC und Photoshop Elements auch ist, sollte man daran denken, dass es bei dem Arbeitsprozess in der digitalen Dunkelkammer um mehr geht als um das Bearbeiten der Bilder. Bevor Sie jetzt also Ihr Erstgeborenes verpfänden, um sich ein Version von Photoshop CC leisten zu können, blättern Sie weiter, um herauszufinden, was sonst erhältlich und erschwinglich ist.

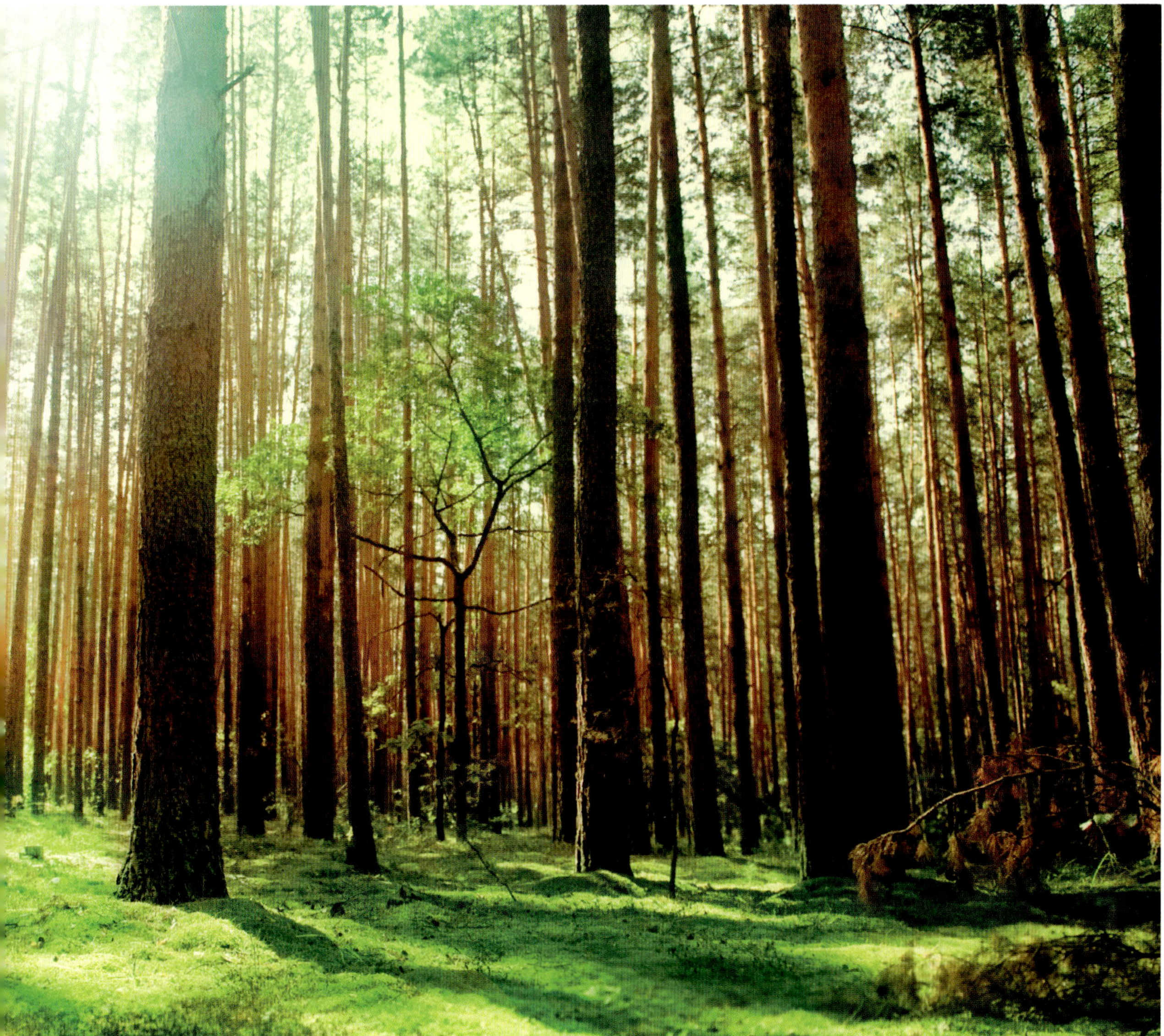

Unten *Durch Erhöhen der Sättigung und Retuschieren einiger kleiner Flecken auf dem Waldboden entsteht ein wesentlich eindrucksvolleres Bild.*

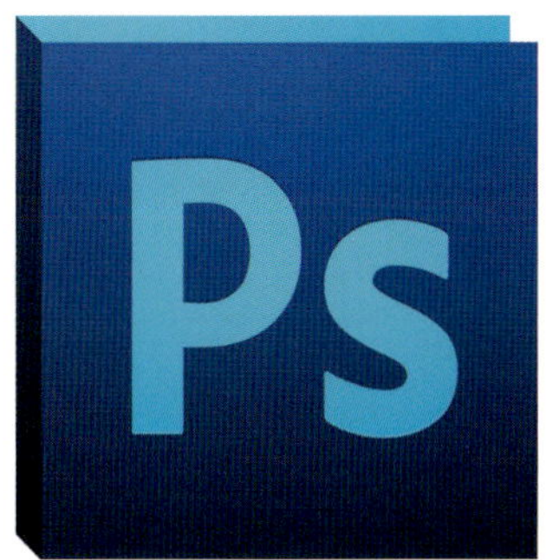

Alternativen zu Photoshop

Es lässt sich nicht wegdiskutieren: Wenn es nur darum geht, Fotos zu bearbeiten, ist Photoshop das beste erhältliche Tool. Jedoch geht es in der digitalen Dunkelkammer um viel mehr als nur darum, einzelne Fotos hübsch aussehen zu lassen; es gibt einige Einstellungen, die häufig vorgenommen werden, einschließlich Weißabgleich, Beschnitt, Farbsättigung und verschiedener kleiner Ausbesserungen hier und da. Außerdem würde das Öffnen jedes einzelnen Fotos aus einer Serie von 1000 Aufnahmen in Photoshop eine Ewigkeit dauern. Ich weiß das nur zu gut, da es für mich lange der einzige gangbare Arbeitsweg war.

Heute gibt es zwei alternative Softwarepakete mit einigen extrem verlockenden Fähigkeiten für Fotografen: Adobe Lightroom und Apple Aperture. Hier stehen die Werkzeuge zur fortgeschrittenen

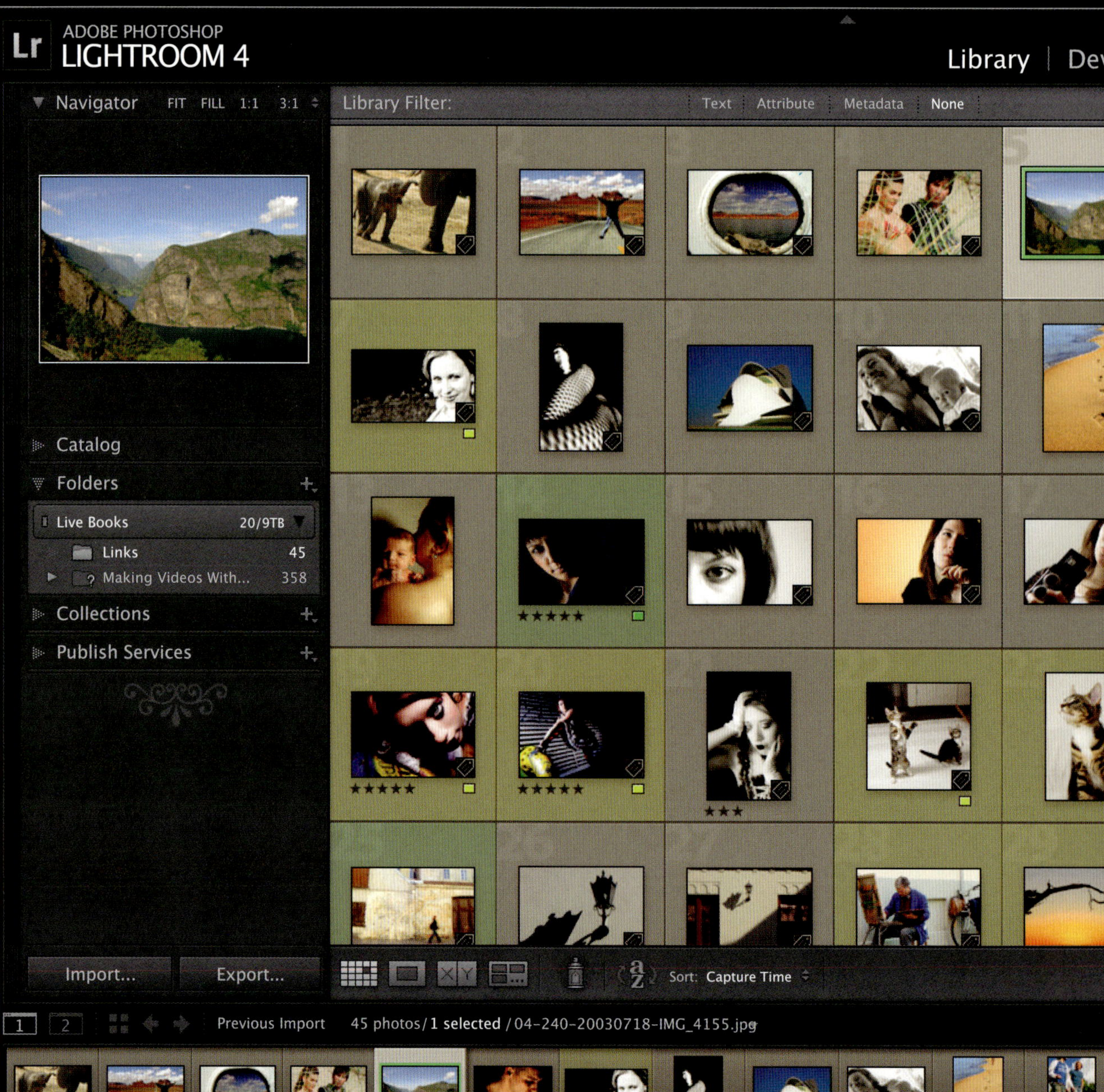

Bearbeitung eines einzelnen Bildes weniger im Vordergrund, stattdessen eignen sie sich dazu, große Bibliotheken zu durchsuchen und zu organisieren, Bearbeitungen und Einstellungen für eine große Anzahl von Fotos vornehmen und die Aufnahmen zu sortieren, auszuwählen und festzulegen, mit denen Sie weiterarbeiten wollen.

Selbstverständlich haben auch Aperture und Lightroom eine Vielzahl an Bearbeitungswerkzeugen. Die meisten davon sind »globale Editierungen«, also Bearbeitungen, die auf das gesamte Bild angewendet werden, wie zum Beispiel der Weißabgleich, Bildbeschnitt, Farbbearbeitung, Rauschreduzierung und kreative Filter. In beiden Paketen gibt es auch eine begrenzte Anzahl von Werkzeugen zur punktuellen Bearbeitung (mit denen man kleine Bereiche in einem Bild korrigiert, etwa die Entfernung eines Pickels aus jemandes Gesicht oder eines Schokoladenpapiers von einem ansonsten makellosen Strand), sie sind aber nicht so gut für die tiefer gehende Bildbearbeitung ausgestattet.

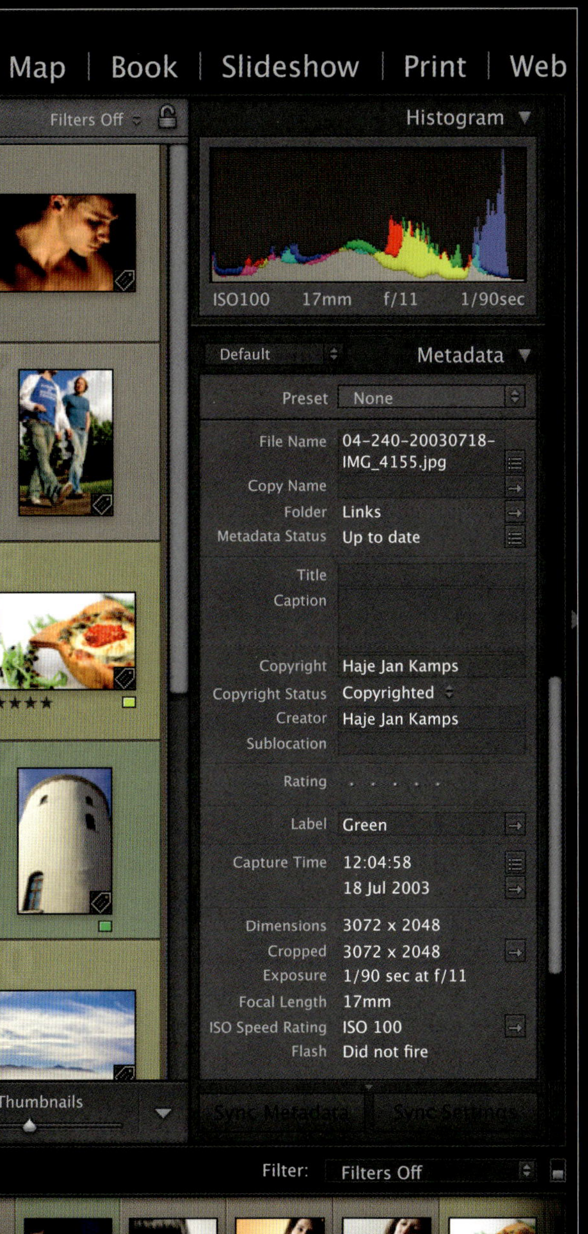

Links *Die Benutzeroberfläche von Lightroom mag ein wenig einschüchternd wirken, aber sobald Sie sich damit vertraut gemacht haben, werden Sie sich fragen, wie Sie jemals ohne diese Software ausgekommen sind. Aus produktionstechnischen Gründen sehen Sie einen Screenshot von LR 4 in der englischen Version, die deutsche Oberfläche von LR CC sieht aktuell sehr ähnlich aus.*

WAS IST MIT PREISWERTEREN MÖGLICHKEITEN?

Es gibt eine Vielzahl von Alternativen zu Photoshop, die nur wenig oder gar nichts kosten, manche davon sind auch recht brauchbar. Suchen Sie online nach GIMP, einem der beliebtesten Programme. Ich selbst schaue mir alle paar Monate Alternativen zu Photoshop an, um auf dem Laufenden zu bleiben. Da gibt es viel Kreativität und manch fantastische Bemühungen, aber ich kehre immer wieder zu Photoshop zurück. Denn im Gebrauch zeigt sich, warum es die meistverkaufte Software ist – Photoshop ist das beste Programm!

Die Regel:
Machen Sie stets Back-ups.

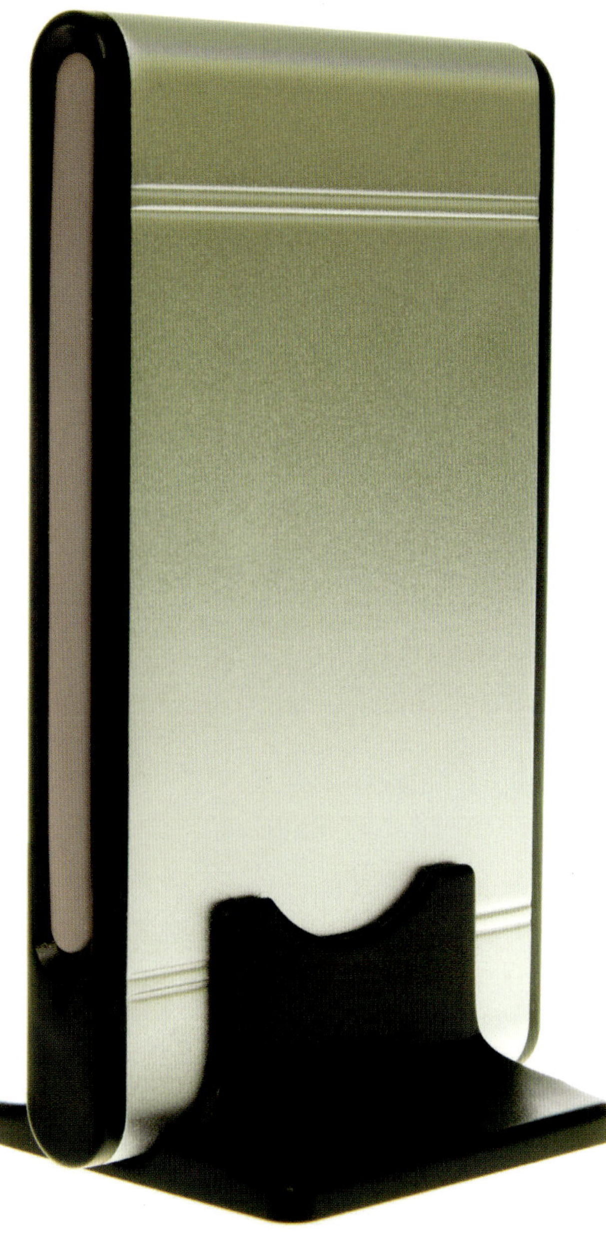

Oben *Feuer, Feuer – abgebrannt. Eine schreckliche Tragödie, aber bedenken Sie, dass Ihre Ausrüstung ersetzt werden kann, Fotografien leider nicht – sorgen Sie also stets dafür, dass es solide Sicherungen Ihrer wichtigsten Aufnahmen gibt!*

Es scheint, als gäbe es eine ungeschriebene Regel für Fotografen, niemals im Leben Back-ups zu machen.

»Aber was, wenn irgendetwas mit Deinem Haus passiert? Was, wenn jemand Deinen Computer stiehlt? Was, wenn Deine Festplatte streikt?«, höre ich das drangsalierende Geschrei.

Die deprimierende Wahrheit lautet, dass viele Amateurfotografen – und eine peinlich große Zahl von Professionellen – Sicherheitskopien nicht als Regel betrachten. Zweifellos machen Fotografen viel zu selten und planlos Back-ups ihrer Arbeit und speichern sie dann auf wenig sinnvolle Weise.

Wahrscheinlich ahnen Sie, worauf ich hinauswill: Dies ist eine der Regeln, von denen ich mir wünsche, dass Sie sie brechen. Immer. Machen Sie Back-ups auf eine Art, die der folgenden entspricht, und dann sollte alles in Ordnung sein:

- Stellen Sie immer sicher, dass Sie ein Back-up davon haben, woran Sie gerade arbeiten. Das heißt, dass Sie niemals Fotos von der Speicherkarte löschen sollten, bevor Sie sie nicht an zwei verschiedenen Orten gesichert haben – vorzugsweise auf einer externen Festplatte und der internen im Computer.

- Bewahren Sie eine Sammlung von Sicherheitskopien auswärts auf. Es ist nicht gut, alle Fotos auf der internen Festplatte, einer externen Festplatte und auf DVDs am selben Ort unterzubringen, wenn ein Hausbrand oder Einbruch alle Back-ups auf einmal vernichten kann.

- Versuchen Sie, von Zeit zu Zeit von einem Back-up eine Wiederherstellung zu machen: Es gibt nichts Schlimmeres als zu glauben, man besitze eine Datensicherung, und wenn dann eine Wiederherstellung benötigt wird, muss man feststellen, dass die Strategie nicht funktioniert oder man aus irgendeinem Grund die falschen Dateien gesichert hat. Das kommt häufiger vor, als Sie glauben. Ich habe schon von Fotografen gehört, die versehentlich Back-ups von der Bibliothek mit den niedrig aufgelösten Vorschaubildern gemacht haben anstatt von den RAW-Dateien mit voller Auflösung.

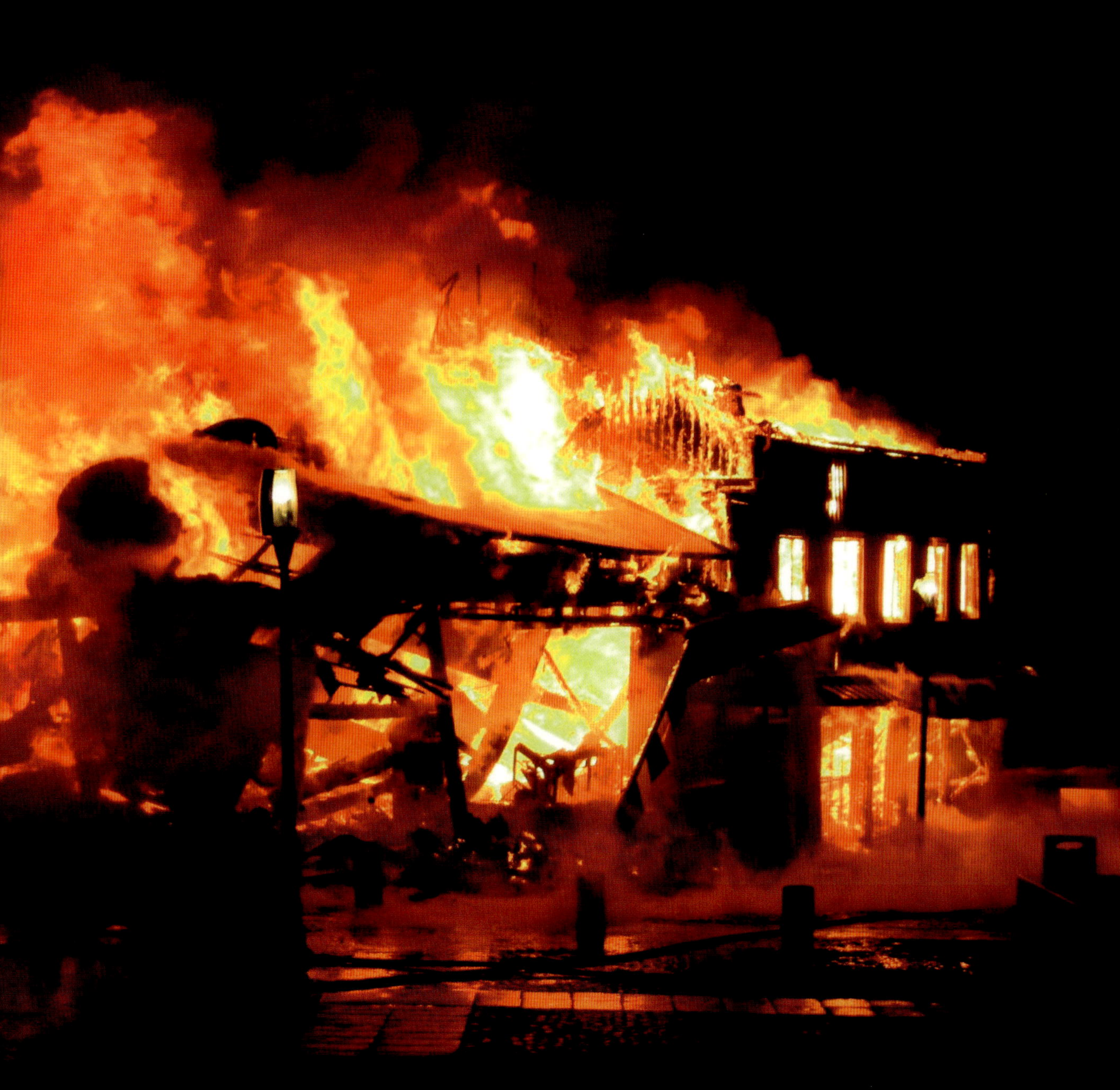

Die Regel:

Fotografieren Sie immer im RAW-Format.

Die Aufnahmen Ihrer Kamera können in einem der Formate JPEG, TIFF oder RAW abgespeichert werden. Jedes davon hat bestimmte Vor- und Nachteile, aber wenn es in erster Linie um die Bildqualität geht, gibt es keine Alternative zum RAW-Format.

RAW-Dateien enthalten erheblich mehr Informationen als JPEG- und TIFF-Dateien, und sie sind auch zukunftssicherer. Tatsächlich werden RAW-Dateien mit der Zeit immer besser. Klingt unwahrscheinlich? Nun, was tatsächlich geschieht, ist, dass die Heimcomputer immer leistungsfähiger werden, und auch die von professionellen Softwarepaketen verwendeten Algorithmen werden immer besser. So kann in fünf Jahren ein heute aufgenommenes Foto mit dem neuesten Prozess »aktualisiert« werden, was möglicherweise zu einem Bild führt, das weniger Rauschen, mehr Schärfe und präzisere Farben enthält, als es mit der heutigen Technologie möglich ist.

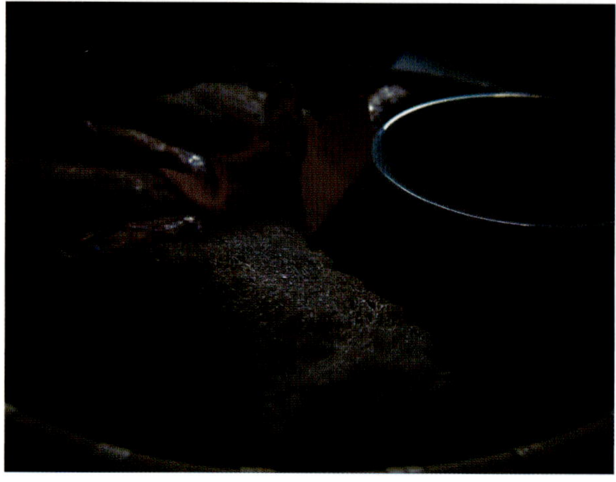

Oben *Es war mein nachlässiger Fehler bei der Aufnahme dieses Fotos, dass es viel zu dunkel geriet. Wenn ich es nicht im RAW-Format aufgenommen hätte, wäre es unrettbar gewesen.*

Unten *Die gerettete Version sieht recht gut aus – dank RAW-Format.*

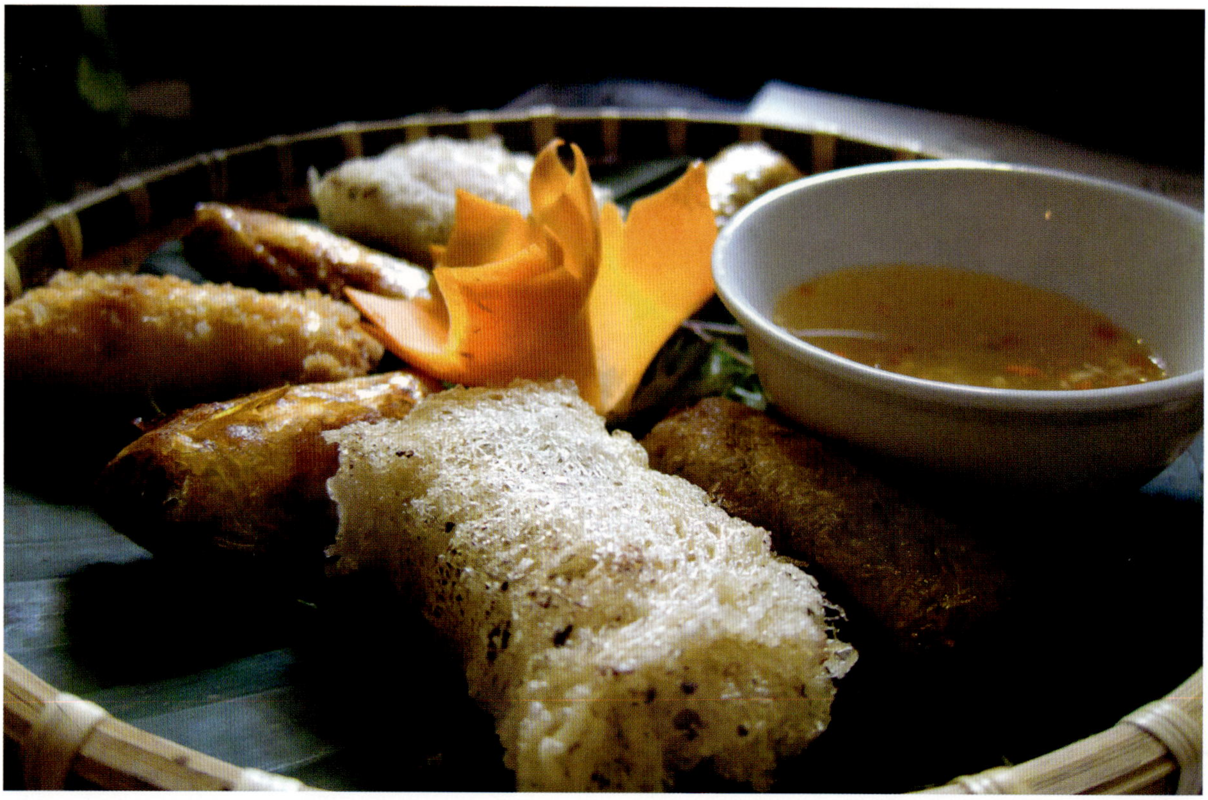

Nachdem ich in diesem Buch so viel Platz mit Argumenten für das RAW-Formaten gefüllt habe, woher nehme ich nun die Dreistigkeit, wiederum auch dagegen zu argumentieren?

Der einzige gravierende Nachteil des RAW-Formats liegt in der Dateigröße – auf meiner Kamera sind RAW-Dateien fünfmal so groß wie JPEGs von der gleichen Aufnahme.

Zudem ist das Aufnehmen im RAW-Format langsamer. Dies gilt für alle SLR-Kameras, auch für besonders schnelle. Das Problem liegt darin, dass die Kamera einen internen »Puffer« besitzt, in dem die Fotos während der Bearbeitung zwischengespeichert werden, bevor sie auf die Speicherkarte geschrieben werden. Wenn der Puffer voll ist, hindert Sie die Kamera daran, weitere Aufnahmen zu machen. Wenn Sie gerade dabei sind, etwas zu fotografieren, das viele Fotos in kürzester Zeit erfordert, ist dies ein großer Nachteil. Sport- und Eventfotografie sind zwei Gebiete, bei denen man es mit einem Pufferüberlauf zu tun bekommen kann. Die Verwendung der schnellsten verfügbaren Speicherkarten lindert das Problem ein wenig, schafft es aber nicht aus der Welt. Wenn Sie befürchten, Aufnahmen zu verlieren, weil Sie in einen Pufferüberlauf hineingeraten, schalten Sie auf JPEG um. Es ist immer noch besser, ein Foto zu bekommen, dessen Qualität ein wenig schlechter ist, als gar keines.

RAW-Dateien sind nur dann von Vorteil, wenn Sie vorhaben, Ihre Fotos zu bearbeiten. Wenn Sie einen engen Abgabetermin haben, etwa beim Fotografieren eines Ereignisses, und wissen, dass Sie die Aufnahmen in Zukunft niemals nachbearbeiten werden, macht RAW alles nur langsamer. Für mich war das allerdings nie ein Grund, da ich mir nie zu 100 % sicher bin, dass ich ein Foto in Zukunft auf keinen Fall bearbeiten werde … aber das mag bei Ihnen anders sein.

Die Verarbeitung von RAW-Dateien ist langsamer. Wenn man eine große Anzahl von Fotos zu verarbeiten hat, wie zum Beispiel Zeitrafferaufnahmen, die nicht groß zu bearbeiten sind, aber zu einem Video zusammengefasst werden sollen, hält einen RAW unnötig auf. Einfach gesagt, braucht es dafür keine Extraqualität. Und das Importieren, Verarbeiten, größenmäßige Anpassen und Exportieren all der RAW-Aufnahmen als Filmbilder würde Ewigkeiten dauern, ohne dass es einen guten Grund dafür gäbe. Ziehen Sie in solch einem Fall ebenfalls JPEG in Betracht.

Unten *In der Sportfotografie kann es wichtiger sein, einen speziellen Moment zu erwischen, als die Aussicht darauf, ein Bild später umfangreich nachbearbeiten zu können. In dem Fall kann JPEG die beste Wahl sein.*

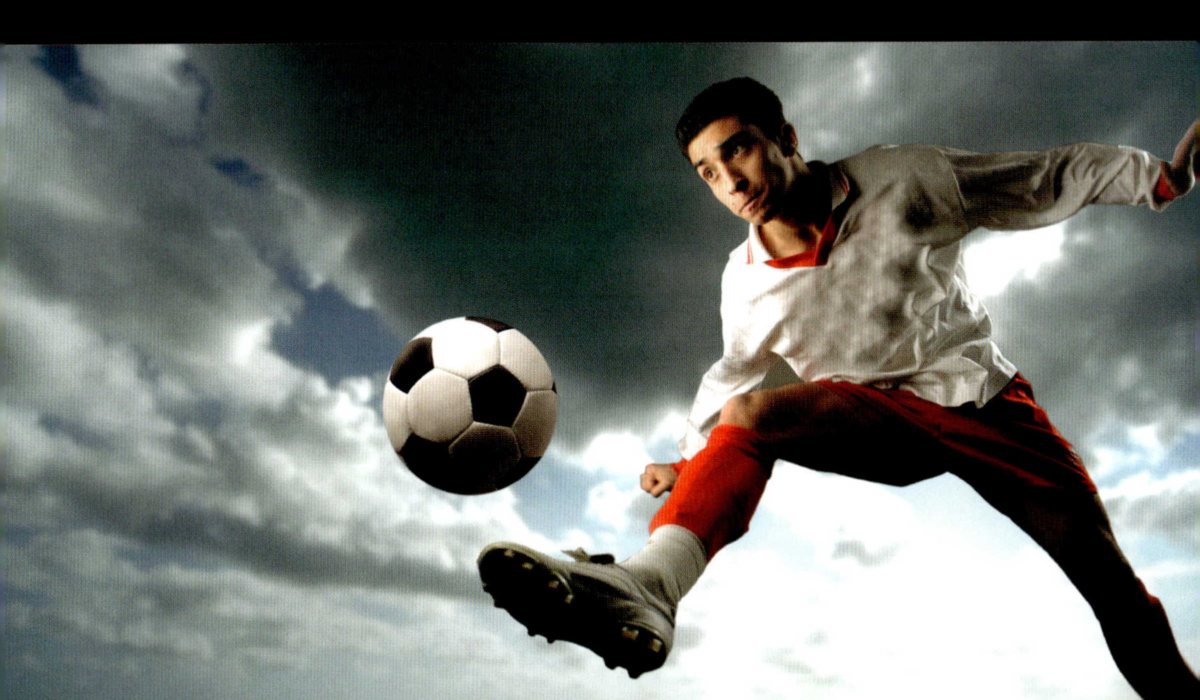

Die Regel:

Standard-Seitenverhältnis einhalten

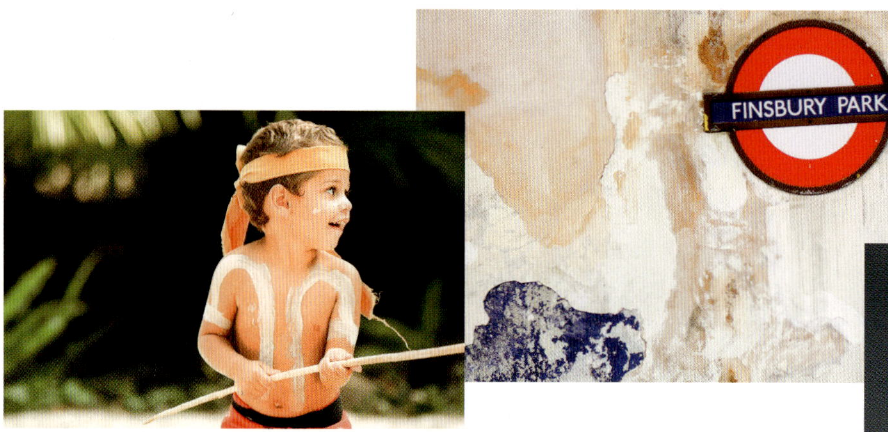

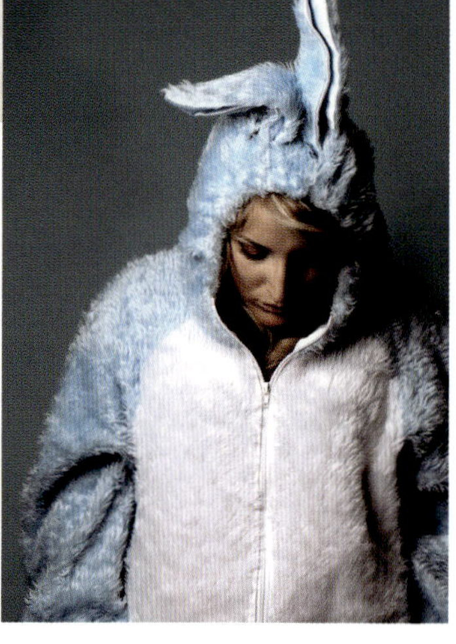

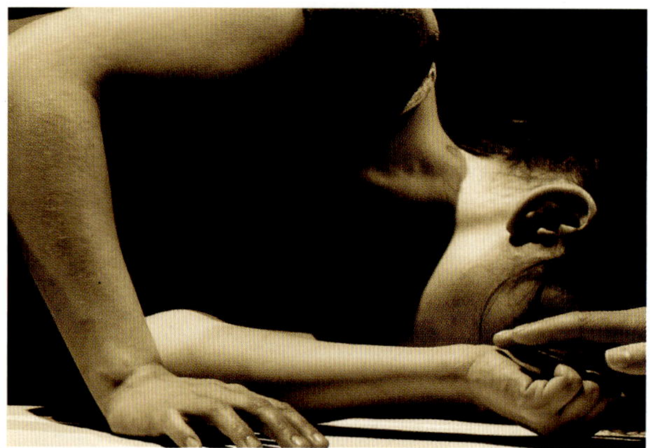

Alle *Nahezu alle meine Fotos sind im Format 3:2 beschnitten.*

Wir sind sehr daran gewöhnt, Fotos zu sehen, die ein bestimmtes Seitenverhältnis aufweisen. Verbreitete Formate sind 3:2 (das typische »Kleinbildfilm-Format«, das in der Fotografie sehr lange verwendet wurde), 4:3 (alte Fernseher verwenden dieses Format), 16:9 (Breitbildfilme haben oft dieses Seitenverhältnis) und 1:1 (quadratische Fotos).

Es gäbe eine Menge darüber zu sagen, weshalb man an diesen Formaten festhält, und es finden sich viele psychologische Gründe dafür, warum wir auf Fotos in diesen Formaten besser reagieren: Vertrautheit, ein Gefühl von Leichtigkeit und die Regel des Goldenen Dreiecks (siehe Seite 97), das alles spielt eine Rolle.

Subjektiv bin ich der Meinung, dass Fotos im Format 3:2 einfach besser aussehen. Wenn ich durch meinen Flickr-Stream klicke, stelle ich fest, dass die meisten meiner Fotos dieses Seitenverhältnis aufweisen. Vielleicht seltsam, da man das Seitenverhältnis 3:2 als veraltete Vorgabe bezeichnen kann. Im digitalen Zeitalter können Sie Ihre Fotos in jedem beliebigen Seitverhältnis darstellen, und online kümmert sich niemand darum, welches Format Ihre Bilder haben. Auf dem Bildschirm erscheinen sie ohne Weiteres.

Ich finde, dass das Festhalten am 3:2-Format Fotos ihr natürliches Aussehen bewahrt; das hilft die Illusion zu erhalten, dass sie mit perfektem Beschnitt so aus der Kamera gekommen sind (obwohl ich glaube, dass fast alle meine Fotos nachträglich beschnitten wurden).

Natürlich ist das Geschmackssache, aber insgesamt glaube ich, dass man sich an die etablierten Grundlagen halten sollte. Das hilft, die eigene Fotografie zu erden und auf ansprechende Weise zu gestalten, sodass die Leute zu den Bildern schneller und leichter in Beziehung treten und sie schätzen können.

Die Regel brechen:
Kreativ mit dem Seitenverhältnis umgehen

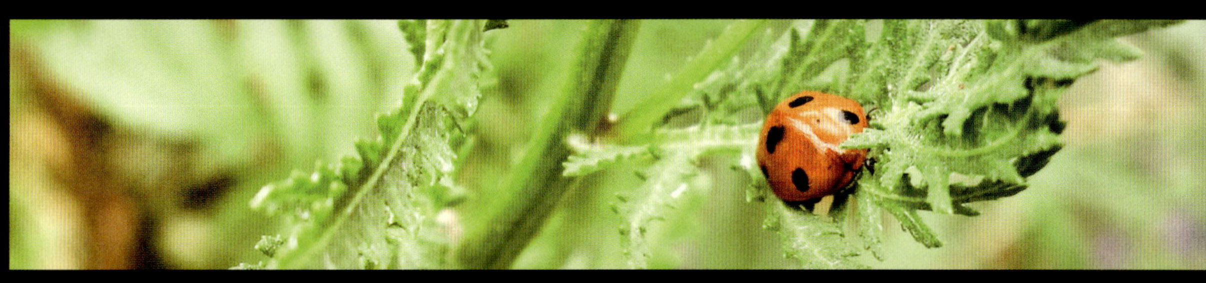

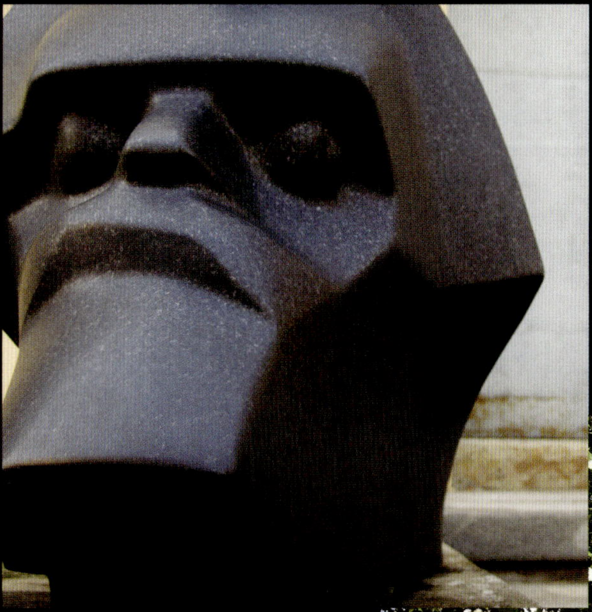

Festhalten an etablierten Seitenverhältnissen? Mensch, seien Sie nicht so spießig! Wir leben nicht mehr im Mittelalter, und wenn es über Sie kommt, dann tun Sie, was Sie nicht lassen können. Panoramafotografie ist ein gutes Beispiel. Die Möglichkeit, eine Serie von Bildern zu einem Gesamtbild zusammenzufügen (zu »stitchen«), befreit einen vollkommen von dem Zwang, Fotos auf dieselben alten Vierecke zu beschränken. Toben Sie sich aus, experimentieren Sie, drehen Sie durch!

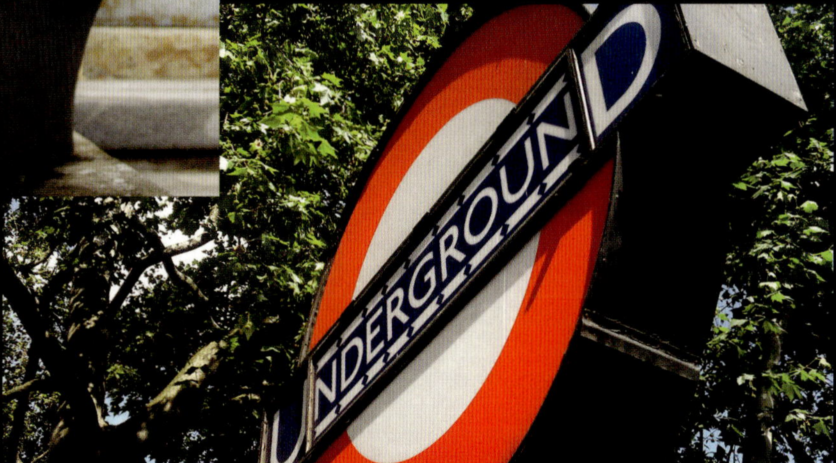

Alle *In Wahrheit gibt es kein Richtig oder Falsch für das Format Ihrer Bilder – flippen Sie ruhig aus!*

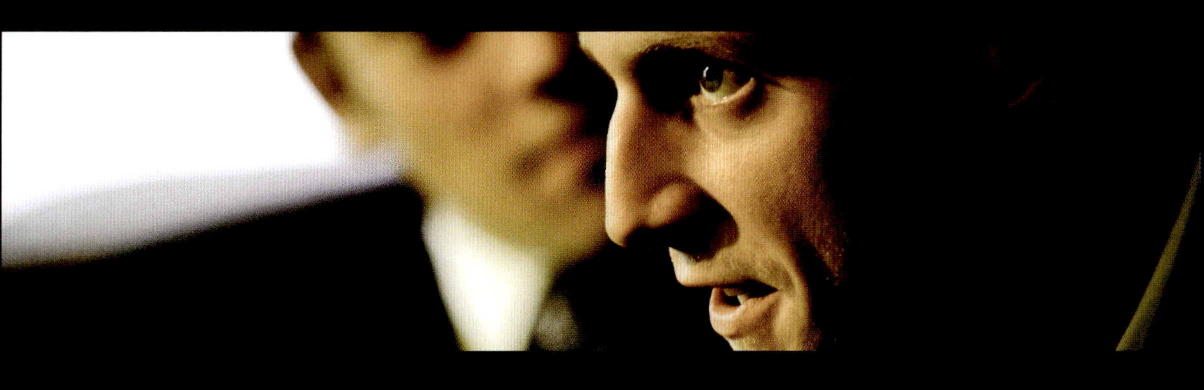

Die Regel:

Achten Sie auf natürlich wirkende Sättigung.

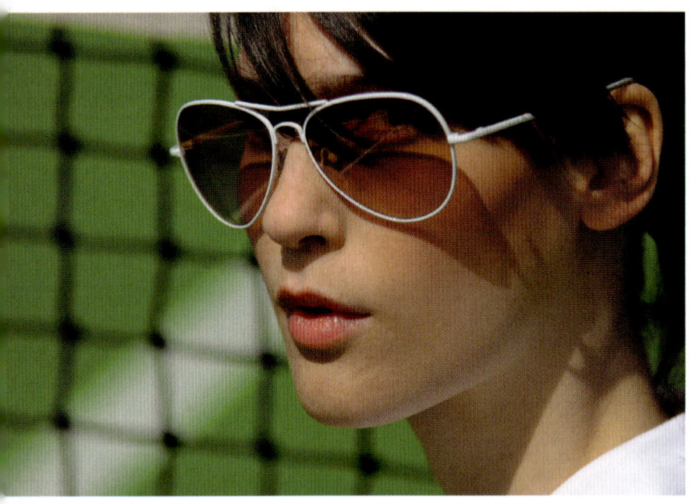

Oben *Es ist wesentlich, Farbtöne und Sättigung neutral zu halten. Bei dieser Aufnahme war das Original zu farbintensiv, darum habe ich die Sättigung etwas zurückgenommen, wodurch das Model natürlicher wirkt.*

Die digitale Dunkelkammer bietet sehr viel Flexibilität bei der Bearbeitung von Fotos, nicht zuletzt wenn es darum geht, Farben anders erscheinen zu lassen als bei der Aufnahme des Fotos.

Am schnellsten zerstört man die subtile, vielleicht intensive Stimmung in einem Foto durch Verlust der Neutralität. Das Ziel der Fotografie besteht zum Teil darin, starke Gefühle zu wecken. Ein Weg dahin ist, die Bilder so lebensecht wie möglich zu halten. Wenn es für den Betrachter so aussieht, als könnte er direkt in die Szene eintreten, hat er stärker das Gefühl, etwas Reales und Greifbares zu sehen. Dafür ist das Bewahren von Neutralität ein Schlüssel.

Besonders in der Porträtfotografie ist das Bewahren eines neutralen Eindrucks entscheidend dafür, die Personen real erscheinen zu lassen.

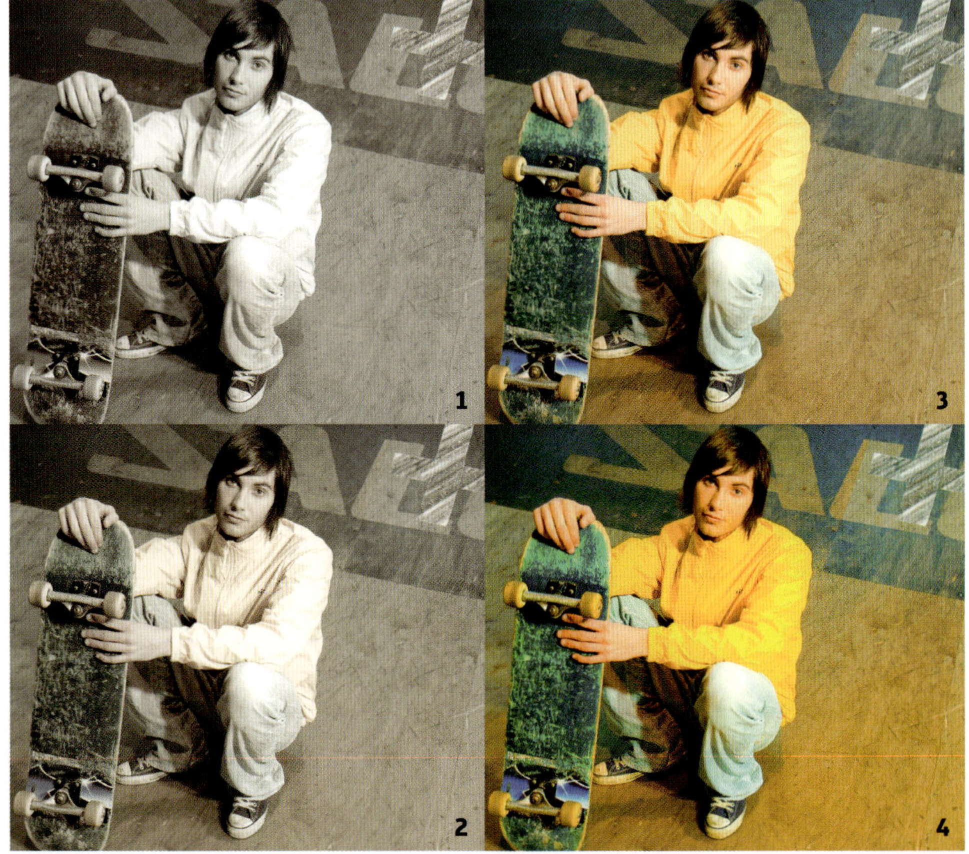

Rechts *Dieses Bild liefert ein exzellentes Beispiel dafür, wie unterschiedlich eine Fotografie je nach eingestellter Sättigung aussehen kann, angefangen von der völligen Entsättigung (schwarz-weiß, Bild 1) über teilweise entsättigt (Bild 2), neutral (Bild 3) und übersättigt (Bild 4). Jedes dieser Bilder erzeugt einen individuellen Gefühlseindruck und erzählt seine eigenständige Geschichte. Ich finde, dass in diesem Fall die neutrale Wiedergabe (Bild 3) am besten wirkt.*

Die Regel brechen:

Natürlich ist für Warmduscher – Sättigung als Markenzeichen

Natürlich? Neutral? Wer hat jemals gesagt, dass Fotografie von Natur aus dokumentarisch sei? Schauen Sie sich Kinofilme an, die meistens eine bestimmte Farbpalette verwenden, und manche Produktionen – Moulin Rouge ist ein ausgezeichnetes Beispiel – verwenden Farbe als absoluten Angriff auf die visuellen Sinne. Zurückhaltung ist in Ordnung und gut für dokumentarische Fotografie, aber wenn Sie wollen, dass die Leute durch Ihre Bilder gefesselt werden und sie sich voller Stolz an ihre Wand hängen, dann müssen sie sich vom Üblichen abheben.

Es bringt nichts, wenn Sie Ihre Fotos in einem Loch verstecken wie ein scheues Kaninchen. Seien Sie stolz! Seien Sie unkonventionell! Greifen Sie nach dem Sättigungsregler und stellen ihn auf 11!

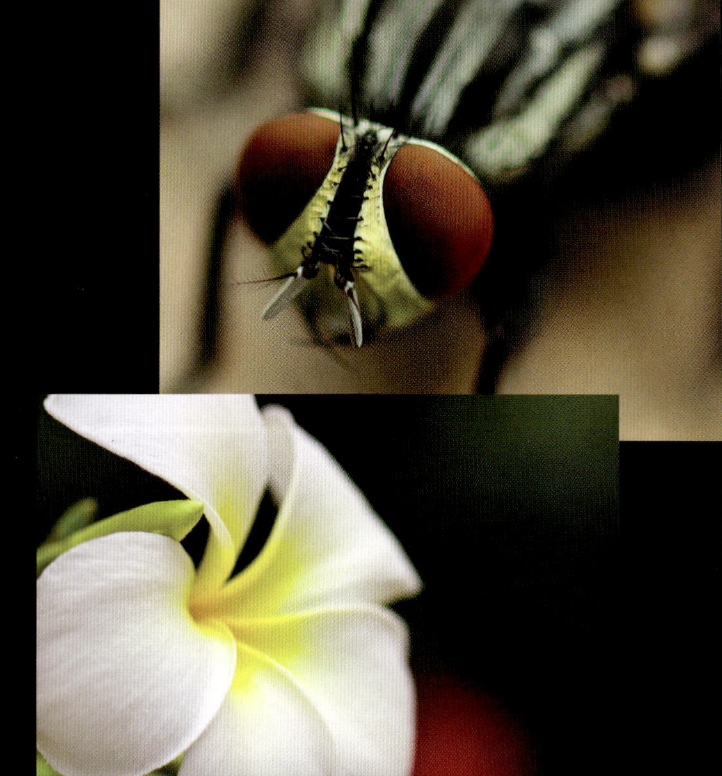

Oben *Die Natur ist voll schöner Farben, und indem wir ihre Sättigung verstärken, erhalten wir eindrucksvolle Fotos.*

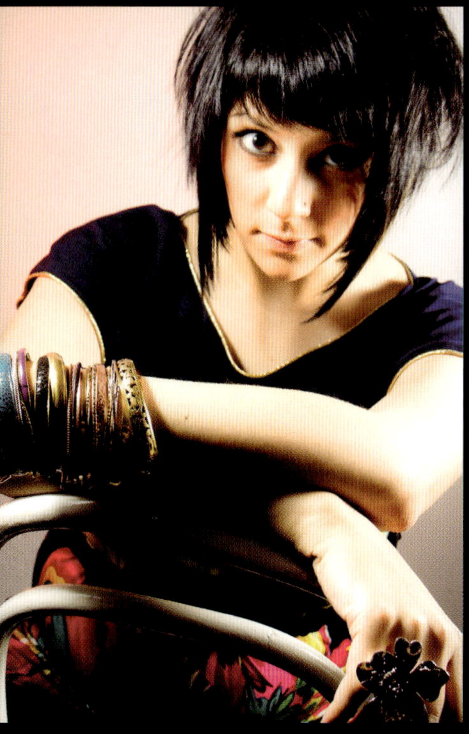

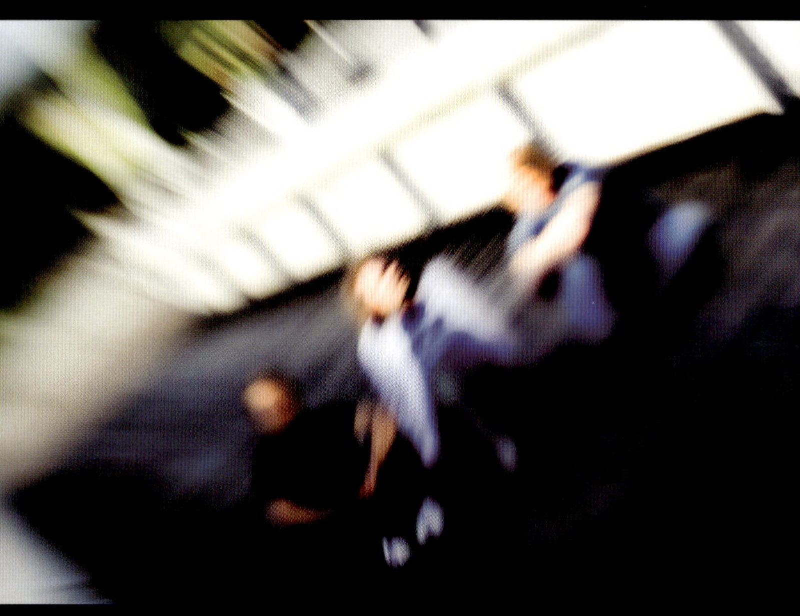

Oben und rechts *Es gibt Zeiten und Orte für Subtilität, aber bei Porträts ist sie nicht angebracht. Menschen sind kühn, abenteuerlustig, lebenslustig … und sollten die Aufnahmen das nicht widerspiegeln?*

Die Regel:
In Schwarz-Weiß konvertieren

Das Umwandeln von Fotos in Schwarz-Weiß ist keine Wunderwaffe, um bessere Bilder zu erhalten, aber in vielen Fällen können Sie ihnen dadurch einen Hauch von Gehobenheit verleihen, der sonst fehlen würde.

Bevor Sie in Ihrem Softwarepaket die Farbe abschalten, sollten Sie darüber nachdenken, was es bedeutet, ein Bild in Schwarz und Weiß zu konvertieren. Um das einzuschätzen, gehen Sie die Frage von der anderen Seite her an. Was trägt Farbe zu einem Foto bei? Manche Aufnahmen wirken einfach nicht in Schwarz-Weiß, da die Schönheit des Bildes wesentlich auf der Farbe beruht. In solch einem Fall kann noch so viel Bearbeitung oder Tüfteln kein besseres Schwarz-Weiß-Bild ergeben.

Aber natürlich ist auch das Gegenteil richtig. Es gibt Bilder, die in Farbe nicht wirken, da die Farben in dem Foto in einem unharmonischen Kontrast zueinander stehen. Wenn man so eine Aufnahme in Schwarz-Weiß umwandelt, entsteht ein völlig anderes Bild, das womöglich sehr gut aussieht.

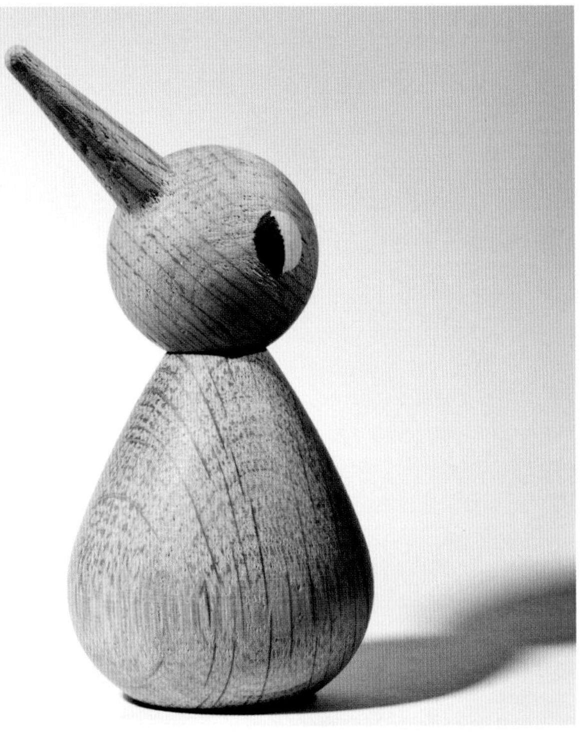

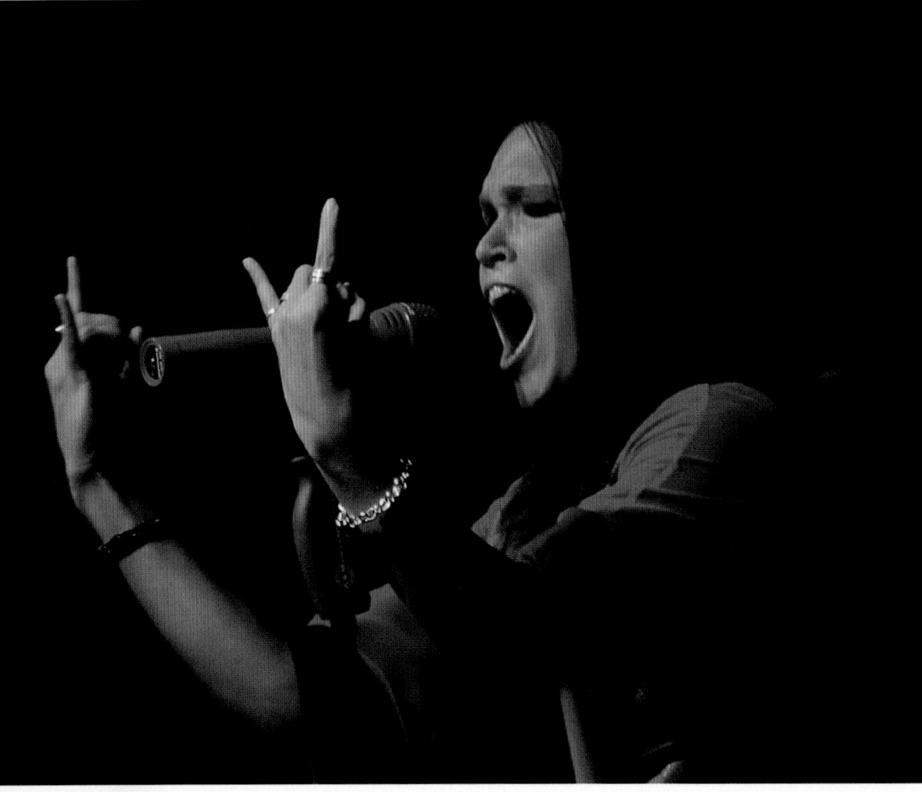

Oben *Die Schwarz-Weiß-Darstellung hilft dabei, sich auf das Wechselspiel von Licht und Schatten zu konzentrieren, sowie auf die Textur dessen, was fotografiert wurde. Diese hölzerne Figur sah in Schwarz-Weiß weitaus besser aus als in Farbe.*

Links *Wenn ich Konzertfotografie betreibe, bin ich oft verzweifelt darüber, wie schrecklich das Licht auf der Bühne ist. Bei dieser Aufnahme hat die Schwarz-Weiß-Version wieder einmal den Tag gerettet.*

Gegenüber *Bei diesem Foto machte es die Farbe der Beleuchtung unmöglich, einen Weißabgleich herzustellen. Das ist jedoch kein guter Grund, darauf zu verzichten; eine kecke Konversion nach Schwarz-Weiß reichte, um daraus eine wunderbare Aufnahme zu machen.*

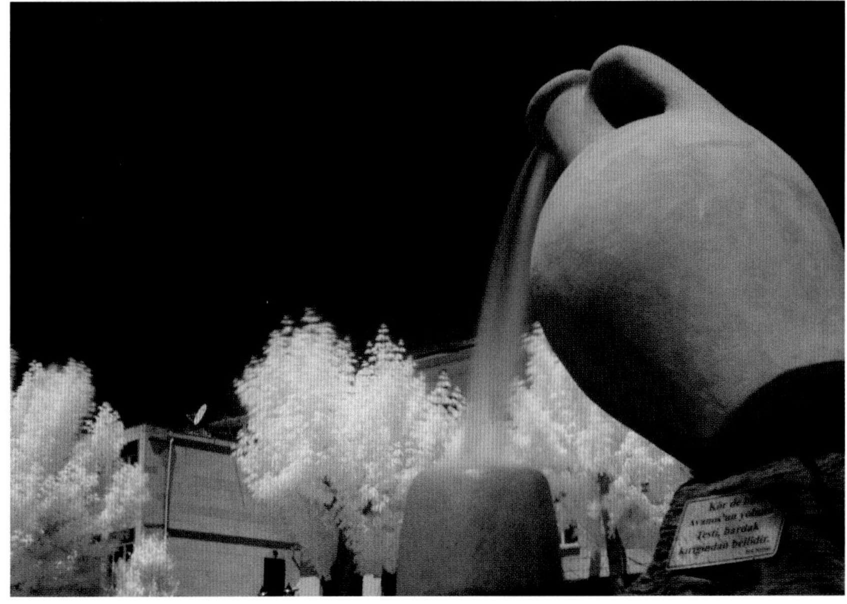

Oben *In manchen Genres der Fotografie, wie bei dieser Infrarot-Aufnahme, ist die Schwarz-Weiß-Wiedergabe die einzige Möglichkeit, die Bilder zu zeigen.*

WAS IST IN EINEM SCHWARZ-WEISS-FOTO?

Das Weglassen der Farben führt tatsächlich zu einem ganz anderen Foto – alles, was übrig bleibt, sind Grautöne (Kontrast) und Texturen. Monochromatische Fotos entfernen eine Dimension (die der Farben), können aber ein unfassbares Maß an Tiefe hinzufügen, das man in Farbaufnahmen vermisst. Experimentieren Sie mit Ihren Lieblingsaufnahmen sowohl in Farbe als auch in Schwarz-Weiß, um ein Gefühl für den Unterschied zu bekommen.

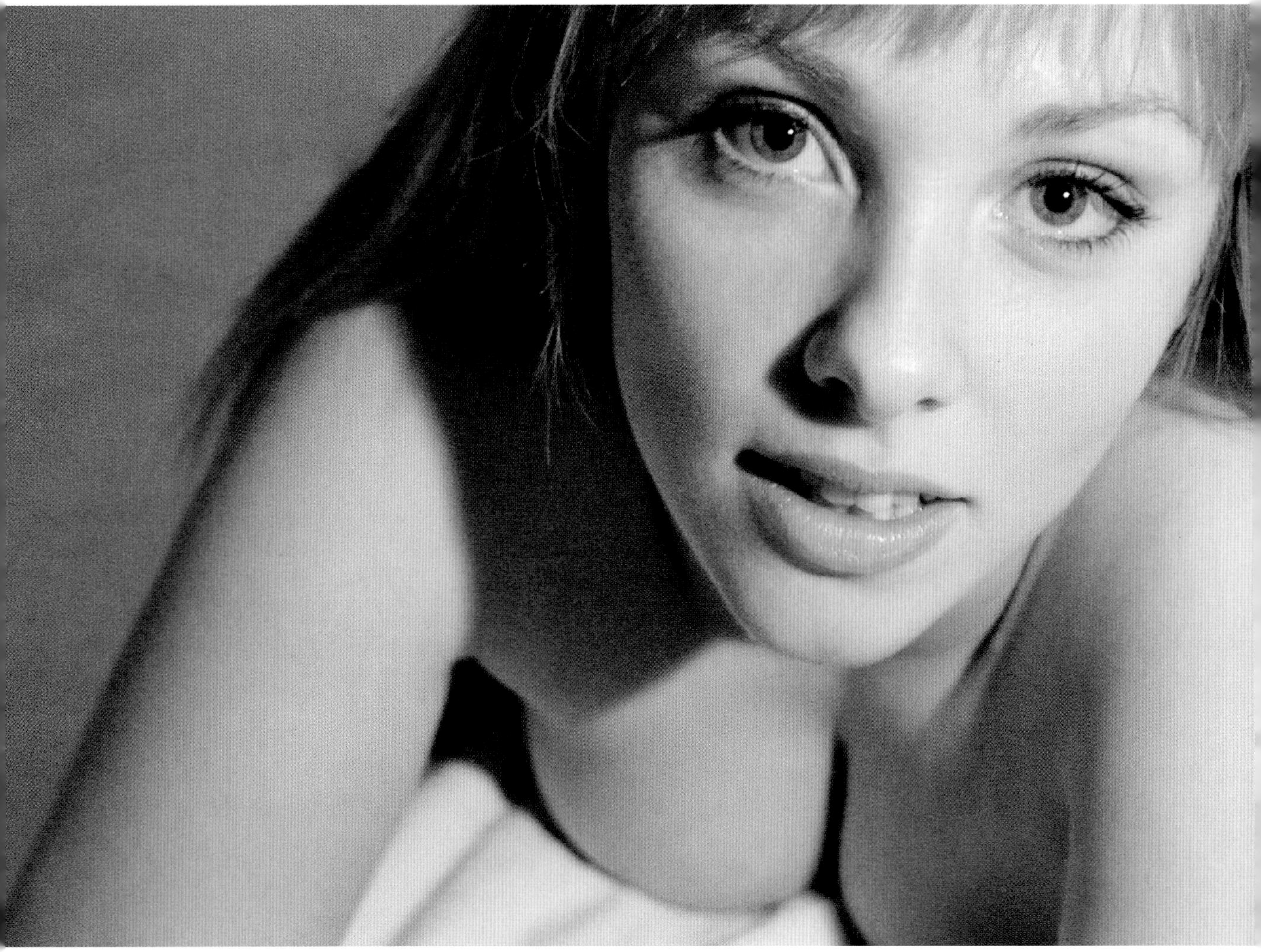

Kreative Konversion von Fotos in Schwarz und Weiß

Natürlich geht es bei der Umwandlung eines Farbbildes nach Schwarz-Weiß um mehr als nur darum, einen mit »Farbe« bezeichneten Schalter auf »Aus« zu stellen. Fotografien bestehen aus einer sehr großen Anzahl verschiedener Farben, und durch die Anwendung kreativer Effekte beim Umwandeln in Schwarz-Weiß-Töne kann man dramatisch unterschiedliche Effekte erzeugen.

In Lightroom und Aperture (siehe Seiten 170-71) ist eine Reihe von Schwarz-Weiß-Konversionsverfahren integriert. Ich verwende sie häufig, da man damit gut ausprobieren kann, ob sich ein bestimmtes Bild für die Schwarz-Weiß-Darstellung eignet, und nutze verschiedene Konversionseinstellungen, um zu sehen, welche am besten wirkt. Wenn Ihnen die Resultate der Voreinstellung gefallen, können Sie diese so belassen, oder aber Sie verändern eines der Verfahren, so wie Sie möchten. Noch besser: Wenn Sie eine bestimmte Schwarz-Weiß-Konversion gefunden haben, die Ihnen gefällt, können Sie diese abspeichern und als eigene Vorgabe in der Zukunft verwenden.

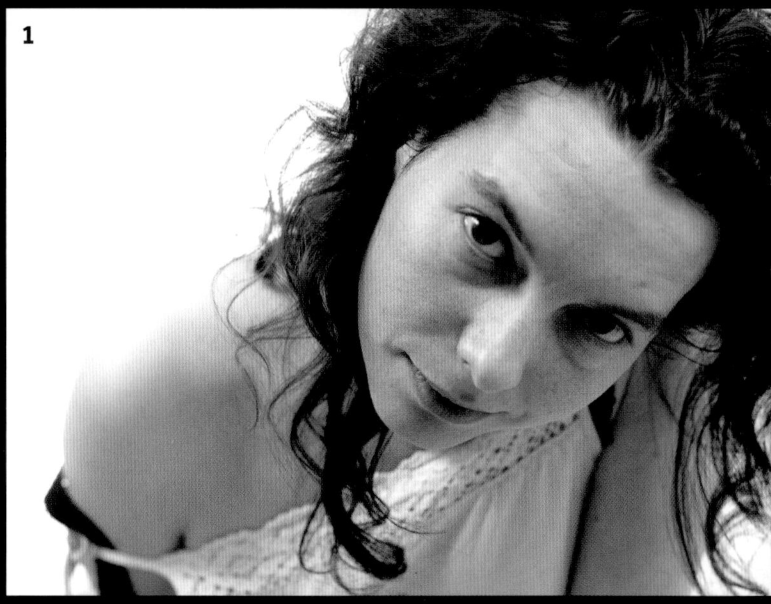
1

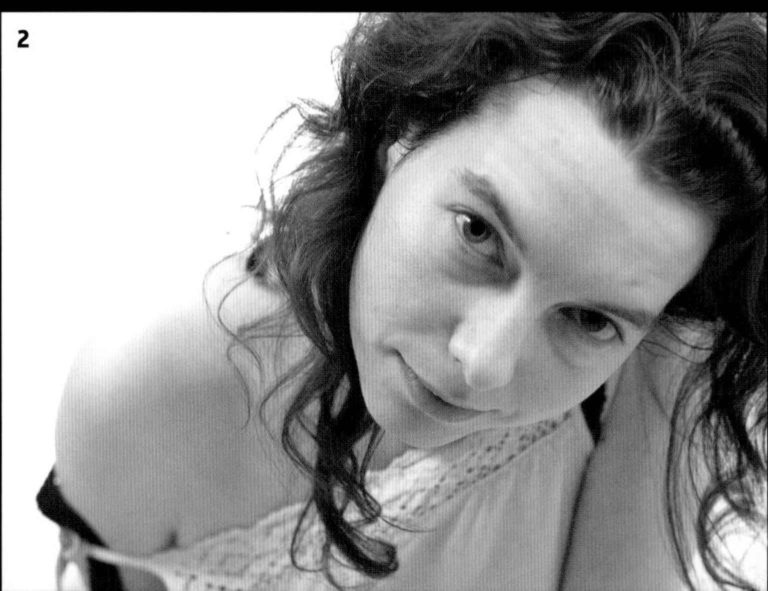
2

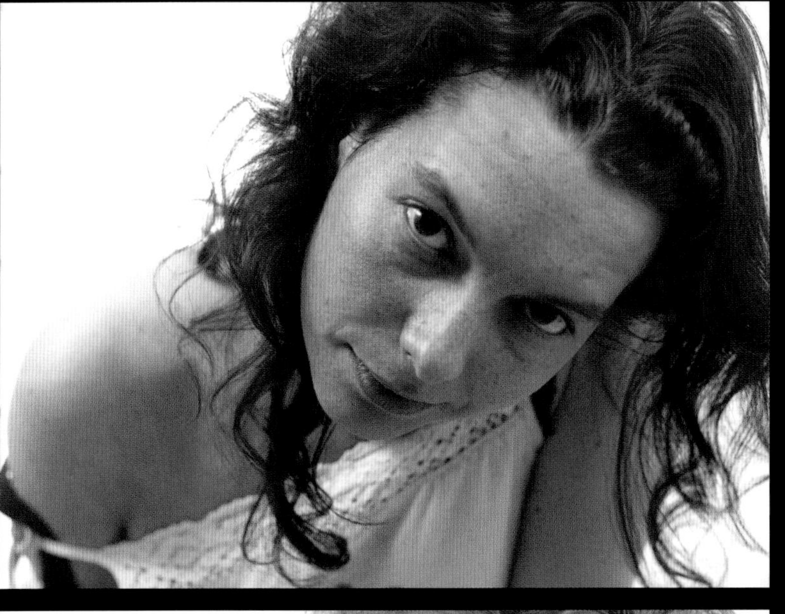

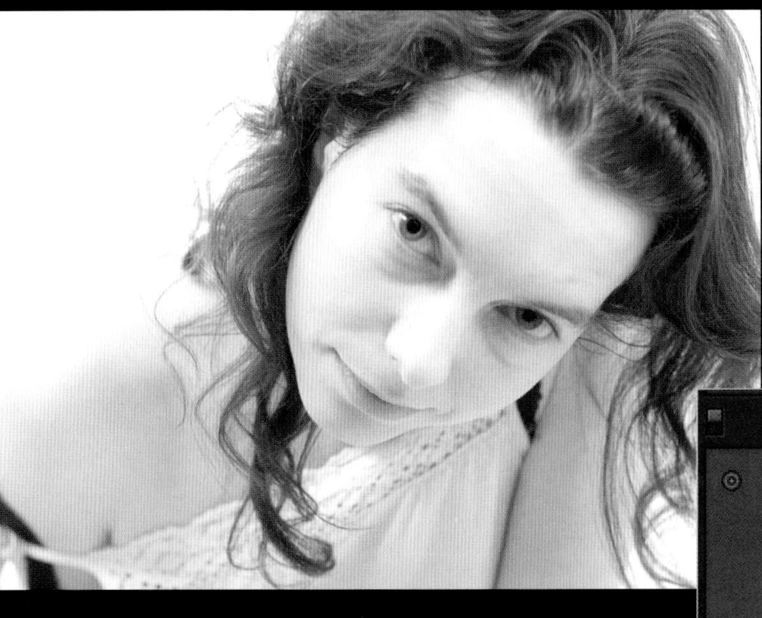

Links *Schwarz-Weiß ist nicht einfach Schwarz-Weiß – es ist eine Kombination aller verfügbaren Farbkanäle. Sie erkennen die gewaltigen Unterschiede, die zur Verfügung stehen, in diesen Versionen ein und desselben Fotos. Bild 1 verwendet den gleichen Datenanteil aus allen Farbkanälen. Bild 2 beruht hauptsächlich auf dem Grünkanal. Die Bilder 3 und 4 zeigen entsprechend den Inhalt des Blau- und Rotkanals.*

Die Regel:

Fotos dürfen nicht/können/sollten lokal retuschiert werden.

Die strikte Sicht

Fotografische Puristen sagen Ihnen, dass Sie ein Foto niemals lokal retuschieren sollten. Das bedeutet, Sie sollen keine Veränderungen vornehmen, die sich nur auf einen kleinen Bildteil auswirken. Das ist eine harte Forderung.

Wenn Sie in einem Ihrer Fotos ein auf dem Boden liegendes Bonbonpapier entfernen müssen, bedeutet das, dass sie zuvor einen Fehler begangen haben: Sie hätten es aufheben sollen, bevor Sie das Foto machten. Und wenn Sie ein Zeichen von einer Mauer entfernen, einen Schönheitsfehler von jemandes Haut, dann sind Ihre Aufnahmen für den Puristen keine Fotos mehr: Sie zeigen die Welt nicht, wie sie ist, sondern als das, wozu Sie als Fotograf sie gemacht haben. Es ist eine heikle Angelegenheit: Wenn Sie irgendetwas aus einem Foto entfernen, stempelt Sie das zum Lügner. Und Sie wollen doch kein Lügner sein, oder?

Die moderate Sicht

Eine andere Auffassung der Retusche sieht diese als einen Weg, das zu erreichen, was hätte sein können, aber an jenem Tag nicht passte, als die Fotos gemacht wurden. Während ein Purist das Bonbonpapier auf der Wiese liegen lässt, insistieren Sie vielleicht, dass es nicht möglich war, es zum Zeitpunkt der Aufnahme aufzuheben. Das Papier mag sich auf der anderen Seite eines Zaunes befunden haben oder es schwamm in einem See. Offensichtlich gehört das Bonbonpapier nicht zur Szene, und wenn man das Foto einen Tag früher oder später gemacht hätte, wäre es nicht da gewesen. Also ist das Wegretuschieren des Papiers zwar ein Schwindel, aber ein verzeihbarer … und außerdem sind wir hier, um gute Fotos zu machen, oder nicht?

Das Gleiche gilt für das Retuschieren von Personenaufnahmen. Sie haben ein Porträtfoto gemacht, aber am Tag der Aufnahme hatte Ihr Model einen kleinen Kratzer von einer Katze auf der Wange. Der Schnitt wird natürlich im Laufe der Zeit heilen. Das Retuschieren des Kratzers in der Nachbearbeitung ist ähnlich wie das Entfernen des Bonbonpapiers – es handelt sich nicht um ein dauerhaftes Merkmal im Gesicht der Person, also könnten Sie es locker entfernen und es wäre keine glatte Lüge.

Wenn das gleiche Model Leberflecken, Narben, Muttermale, Sommersprossen, Falten oder andere permanente Merkmale hätte, dann würden Sie diese belassen. Solches zu entfernen, wäre so ähnlich wie das Entfernen eines Zaunpfahls aus einer Landschaftsaufnahme. Das ist kein Papier, das im Laufe der Zeit weggeblasen worden wäre.

Die Laisser-faire Auffassung

Sie haben ein einfaches Ziel – nämlich das schönste Foto zu machen, das Sie zustande bringen können, und zwar mit allen Mitteln, die Ihnen zur Verfügung stehen. Die »Wahrheit« sei verdammt! Landschaften und Menschen sehen besser aus, wenn sie retuschiert wurden. Fotos sind das Rohmaterial, der Ausgangspunkt für die weitere Bearbeitung. Wenn Sie das Foto von einem wunderschönen Himmel haben, ein anderes mit schönem Vordergrund und ein drittes, auf dem die Arme des Models ein bisschen besser aussehen als beim Originalvordergrund, dann ist es halt so. Lebe wohl, Genauigkeit! Und willkommen, manipuliertes Foto!

Letztendlich zählt nur die Vergrößerung, die man sich an die Wand hängt! Sie sind ein Künstler, verdammt noch mal, kein Archivar!

TIPP

Für welche Art von Nachbearbeitung Sie sich entscheiden, ist allein Ihre Angelegenheit. Wenn Sie möchten, dass Ihre Fotos im »National Geographic« veröffentlicht werden, beachten Sie, dass deren Macher nur sehr geringe (wenn überhaupt irgendwelche) Retuschen zulassen. Wenn Sie dagegen anstreben, Zeitschriften- oder Modefotograf zu sein, werden Sie sich häufig in der Situation befinden, dass Ihre Fotos nur die Grundlage für eine intensive Bearbeitung sind … probieren Sie alle Ansätze aus, um zu sehen, was für Sie das Beste ist.

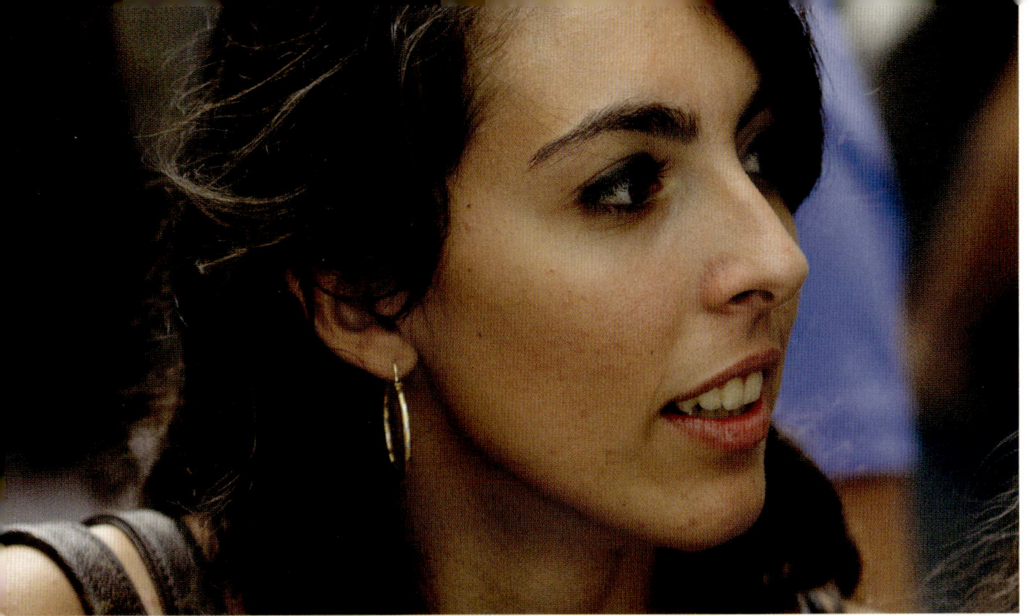

Links *Dieses ist die Originalaufnahme ohne jegliche Retusche.*

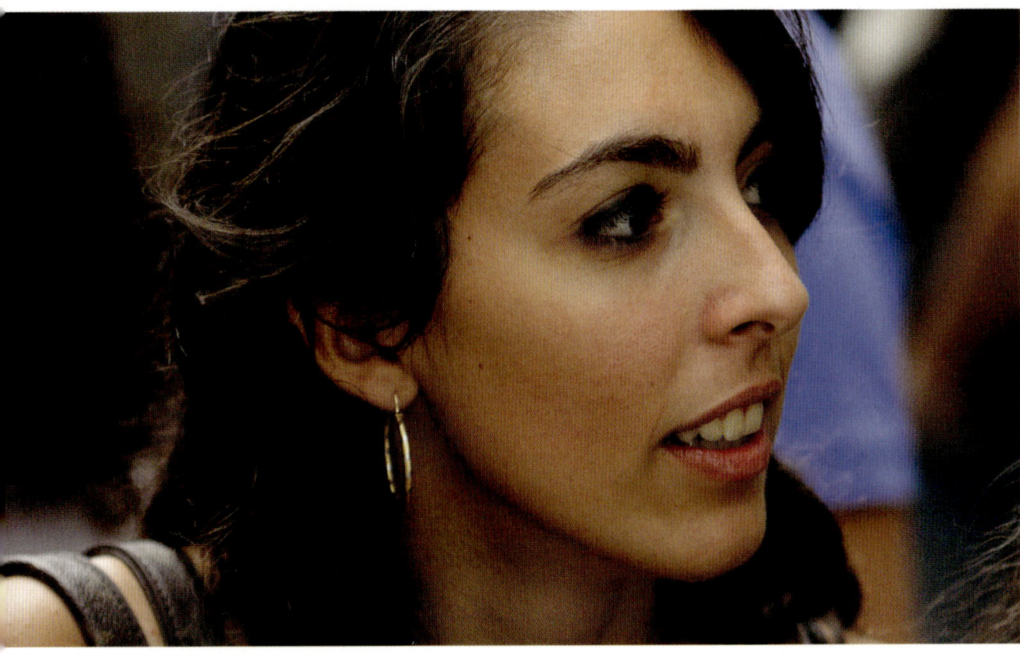

Links *Hier wurde das Foto entsprechend der »moderaten Sicht« über lokale Retuschen bearbeitet.*

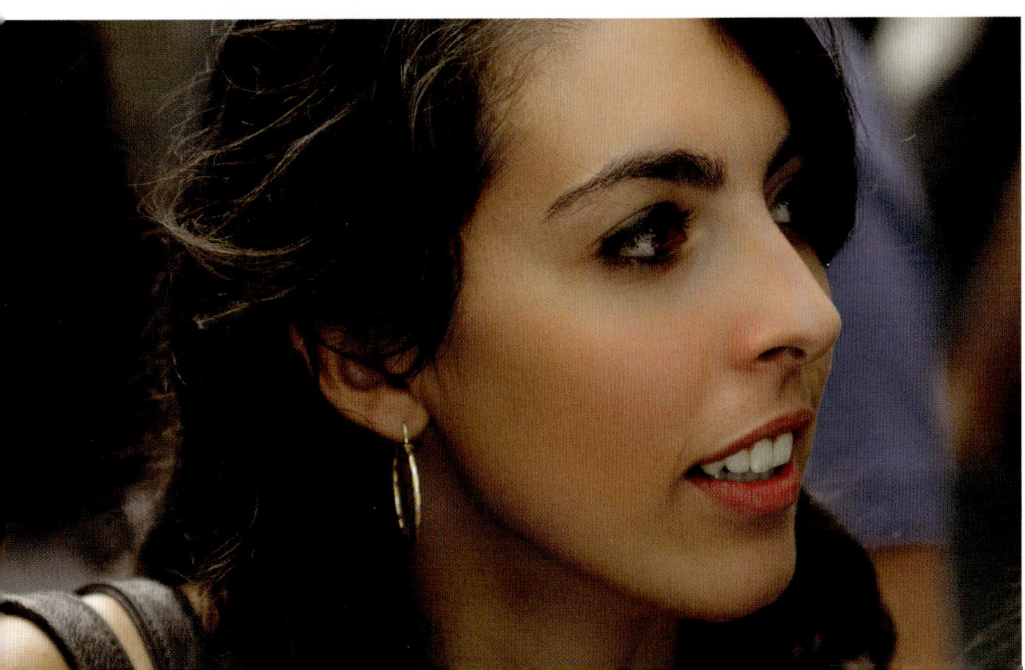

Links *Diese Version des Bildes zeigt die kompromisslose Anwendung der Laisser-faire-Vorgehensweise.*

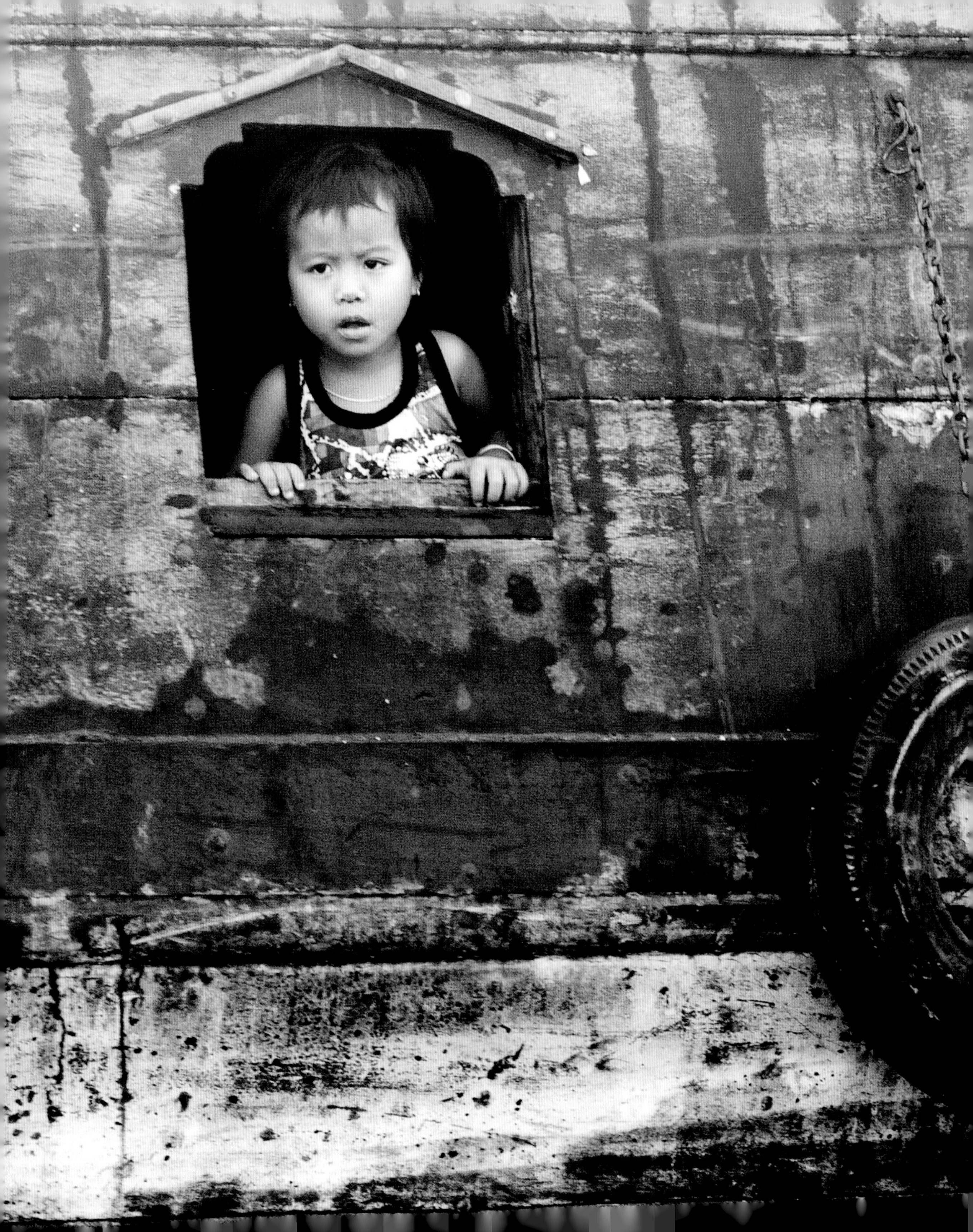

8 Anhang

Glossar

Adobe Eine Softwarefirma, zu deren Produkten unter anderem Photoshop und Lightroom gehören.

Autofokus Bei der Verwendung der automatischen Scharfstellung wird das Motiv vor dem Objektiv von der Kamera scharfgestellt.

Automatische Belichtung Die Lichtmessung in der Kamera bestimmt, welche Belichtungszeit und welche Blende zur Aufnahme einer bestimmten Szene verwendet werden sollen.

Belichtung Die Kombination aus Blende, Belichtungszeit und Empfindlichkeitseinstellung (ISO) bestimmt bei der Aufnahme die Belichtung des Bildes.

Belichtungszeit Die Dauer, während der der Verschluss offen ist. Typische Belichtungszeiten in der Makrofotografie reichen von 1/1000 Sekunde bis zu zwei Sekunden.

Bildsensor Ein lichtempfindlicher Chip, der Licht in elektrische Signale umwandelt. Ersetzt in der Digitalkamera den Film.

Blitz Eine einzelne Blitzleuchte, die zum Fotografieren verwendet wird.

Blitzschuh, auch Zubehörschuh. Metallische Vorrichtung auf allen SLR- und vielen EVIL-Kameras zum Aufstecken von externen Blitzen.

Bokeh Die Gestalt und Qualität der unscharfen Lichter in einem Bild, die sich üblicherweise im Hintergrund befinden.

Brennweite Die Brennweite eines Objektivs bezeichnet die Distanz, die das Licht zwischen der Frontlinse und dem Film oder Sensor zurücklegen muss, gemessen in Millimetern. (Allerdings gibt es Objektive mit verkürzter oder verlängerter Baulänge, bei diesen bezieht sich die Brennweitenangabe auf den effektiven Abbildungsmaßstab bzw. Bildwinkel.)

Dauerlicht Das Gegenteil von Blitzlicht. Tischleuchten, Deckenlampen und die Sonne sind Beispiele für kontinuierliche Lichtquellen.

Diffusor Ein fotografisches Hilfsmittel, um Licht durch Streuung weicher erscheinen zu lassen.

Display An Digitalkameras bezeichnet »Display« den kleinen LCD-Monitor auf der Rückseite, der eine Vorschau auf das Foto liefert.

DSLR Digital Single-Lens Reflex (Spiegelreflexkamera).

Einbeinstativ Ein Stativ mit nur einem statt drei Beinen: besser, als freihändig zu fotografieren, aber weniger stabil als das Dreibein.

EVIL-Kamera Eine Kamera mit elektronischem Sucher und Wechselobjektiven, auch als »Kompakt-Systemkamera« bezeichnet.

Festbrennweite Ein Objektiv, bei dem man die Brennweite – im Gegensatz zum Zoom – nicht ändern kann. Diese Objektive weisen oft eine hohe Qualität auf, obwohl sie im Vergleich zu entsprechenden Zoomobjektiven wesentlich preiswerter sind.

Gegenlicht Das Subjekt befindet sich zwischen der Kamera und der Lichtquelle.

Gerichtetes Licht Licht, das aus einer bestimmten Richtung kommt, wie direktes Sonnenlicht oder Blitzlicht, nennt man gerichtet. Wenn das Licht gleichzeitig aus vielen Richtungen kommt, wie durch Wolken gestreutes Sonnenlicht, nenn man es diffus.

Glanzlicht Ein Glanzlicht ist ein kleiner heller Punkt in jemandes Auge – er verleiht dem Model ein Funkeln im Blick, das ein Foto oft natürlicher wirken lässt, als wenn er fehlt.

Goldene Stunde Die Stunde direkt nach dem Sonnenaufgang oder vor dem Sonnenuntergang, benannt nach der warmen Qualität des Sonnenlichtes. Üblicherweise eine großartige Zeit zum Fotografieren.

Graukarte Ein Stück Plastik oder Karton, das auf einen neutralen Grauton von exakt 18 % kalibriert ist. Damit kann man die Belichtung und den Weißabgleich bestimmen.

Histogramm Eine an vielen Kameras vorhandene Funktion, die als Diagramm die Grauwerte in einem Foto darstellt. Hilfreich beim Lösen von Belichtungsproblemen.

JPEG Eine Datei im nach der Joint Photographic Experts Group benannten Format enthält verlustbehaftet komprimierte Bilddaten. Die Dateien sind kleiner als TIFFs oder RAWs aus der Kamera, aber durch die Kompressionsalgorithmen wird die Bildqualität infolge mehrfachen Öffnens, Bearbeitens und Sicherns verschlechtert.

Leerraum Alles, was nicht zum eigentlichen Inhalt oder Motiv des Bildes gehört.

Photoshop Der Industriestandard für professionelle digitale Bildbearbeitung, gegenwärtig in der aktuellen Version CC (Creative Cloud). Die weniger umfangreiche und wesentlich günstigere Consumer-Version heißt Photoshop Elements.

Rauschen Digitales Rauschen erscheint in einem Bild in Form von kleinen Pünktchen abweichender Helligkeit. Üblicherweise macht es sich bei hohen ISO-Einstellungen und bei langen Belichtungszeiten bemerkbar.

RAW-Format RAW-Dateien aus der Kamera sind ein verlustfreies Datenformat.

Reflektor Ein fotografisches Requisit, um Licht zu reflektieren.

RGB Allgemeine Abkürzung für Rot, Grün und Blau, die in der digitalen Bearbeitung verwendeten Farbkanäle. Ein anderer häufig verwendeter Begriff lautet CMYK, der für die Druckwiedergabe steht.

Scharfstellen Das Scharfstellen eines Objektivs bedeutet, dass es so justiert ist, dass vom Motiv ein scharfes Bild auf dem Sensor oder Film der Kamera entsteht.

Schärfentiefe Der Bereich in einer Aufnahme, der scharf erscheint, wird als Schärfentiefe bezeichnet. Eine kleine Schärfentiefe bedeutet, dass nur ein geringer Entfernungsbereich scharf wiedergegeben wird, eine große Schärfentiefe heißt, dass ein tieferer Bereich scharf erscheint.

Seitenverhältnis Das Verhältnis zwischen Breite und Höhe eines Bildes. Herkömmliches Fernsehen hatte ein Seitenverhältnis von 4:3, bei 35-mm-Film betrug es 3:2 und Breitbildfernseher weisen eines von 16:9 auf.

SLR Single-Lens Reflex, ein Kameratyp, der ein einzelnes, am Kameragehäuse angesetztes Objektiv verwendet. Schärfeeinstellung und Ausschnittbestimmung erfolgen beim Blick durch das Objektiv über ein Prisma und einen Spiegel.

Speicherkarte Eine Karte, auf der die aufgenommenen Fotos gespeichert werden. Sie werden in verschiedenen Größen angeboten, im Allgemeinen von 4 bis 16 GB, heute auch verstärkt mit 64, 128 oder gar 256 GB.

Subjekt Das Subjekt bezeichnet den Gegenstand der Aufnahme, zumeist eine Person, eventuell aber auch ein Tier.

Systemkamera Ein Kameratyp, an den sich verschiedene Objektive, Blitzgeräte und anderes Zubehör ansetzen lässt, im Gegensatz zu einer Kamera mit festem Objektiv.

TTL Diese Abkürzung steht für »Through The Lens« – durch das Objektiv, womit gemeint ist, dass die Kamera die abgegebene Blitzleistung durch das Objektiv misst.

Weißabgleich Ein Verfahren, um der Kamera zu vermitteln, welche Farbe in der Aufnahme als »Weiß« zu betrachten ist.

Zoomobjektiv Ein Fotoobjektiv, das mehr als eine Brennweite aufweist, zum Beispiel 28–100 mm. Ein Objektiv mit nur einer Brennweite wird als Festbrennweite bezeichnet.

Zwischenring Mechanische Vorrichtung, um ein Objektiv mit verlängertem Auszug am Kameragehäuse zu befestigen.

Index

Danksagungen

Die Regeln der Fotografie ist das Ergebnis einer Menge harter Arbeit von vielen Leuten; ihr wisst, wen ich meine, und ohne euch hätte ich das nicht geschafft.

Besonderer Dank geht an Angela Heidt, ohne deren Hilfe, Beratung und vielfache Feedbacks ich das Buch nicht zu Ende gebracht hätte.

Weiterhin großen Dank an all die feinen, aufrechten Leute bei Ilex press; im Besonderen Adam Juniper, Natalia Price-Cabrera, Tara Gallagher und James Hollywell. Ihr zählt zu den inspirierendsten Leuten, mit denen zu arbeiten ich jemals die Freude hatte. Schließlich: Bleibt in Verbindung – trefft mich auf @Photocritic bei Twitter, auf http://flickr.com/photocritic bei Flickr oder unter http://photocritic.org!

Widmung

Für meine Eltern,
die mir beigebracht haben, die Regeln nicht zu verletzen,
sondern stattdessen meine eigenen zu schaffen.

Bildreferenzen

Fotolia: S. 30, S. 69 (oben), S. 104, S. 124, S. 125 (beide), S. 157 (Mitte, unten), S. 166, S. 169, S. 172, S. 173, S. 175.

iStockphoto: S. 145 (oben), S. 148, S. 153 (unten), S. 155 (unten).

Photocase: S. 14, S. 15 (beide), S. 19, S. 21, S. 27 (oben), S. 114, S. 123, S. 131, S. 138, S. 141 (oben links, unten), S. 159 (oben rechts, unten rechts), S. 164, S. 174 (unten rechts).

Shutterstock: S. 142.

Produktaufnahmen wurden freundlicherweise von Nikon, Canon, Olympus und Tokina zur Verfügung gestellt.